2025年3月1日正式实施

国家金融监督管理总局
《金融机构合规管理办法》

金融机构合规管理实施指南

曹军武 ◎ 编著

图书在版编目（CIP）数据

金融机构合规管理实施指南 / 曹军武编著. -- 北京：企业管理出版社，2025.4. -- ISBN 978-7-5164-3069-9

Ⅰ．F832.33-62

中国国家版本馆CIP数据核字第2025VS6959号

书　　名：	金融机构合规管理实施指南
书　　号：	ISBN 978-7-5164-3069-9
作　　者：	曹军武
责任编辑：	徐金凤　宋可力　黄　爽　田　天　练　瑞
出版发行：	企业管理出版社
经　　销：	新华书店
地　　址：	北京市海淀区紫竹院南路17号　　邮　编：100048
网　　址：	http://www.emph.cn　　电子信箱：emph001@163.com
电　　话：	编辑部（010）68701638　　发行部（010）68414644　68417763
印　　刷：	河北宝昌佳彩印刷有限公司
版　　次：	2025年4月第1版
印　　次：	2025年4月第1次印刷
开　　本：	787mm×1092mm　1/16
印　　张：	26
字　　数：	523千字
定　　价：	98.00元

版权所有　翻印必究　·　印装有误　负责调换

读者导航

欢迎阅读《金融机构合规管理实施指南》，本书旨在为金融机构的合规管理人员及从业人员提供一套权威、全面、系统、实用的合规管理操作方法。通过本书，读者不仅能够深入了解合规管理的核心理念与原则，还能掌握一系列实战技巧与工具，有效提升合规管理水平。

（一）系统性与完整性：构建全面合规知识体系

本书的最大特点之一在于其权威性、实战性、系统性、完整性。全书共五章五十八节，从总则、合规管理架构和职责、合规管理保障、监督管理与法律责任到附则，全面覆盖了金融机构合规管理的各个方面。

1. 总览全局，把握核心

《金融机构合规管理办法》（以下简称《办法》）共五章五十八条，《办法》思维导图如图前–1所示。本书依据《办法》体系整体架构如下。

第一章为金融机构合规管理总体介绍，包括《办法》的制定依据、适用范围、基本原则、相关定义和监管主体等，为读者明确了合规管理的基本框架和理论基础。

第二章为合规管理架构和职责，详细介绍了合规管理的组织架构、董事会及高级管理人员的职责、首席合规官及合规官的设置与职责等，为金融机构构建合规管理体系提供了具体指导。

第三章为合规管理保障，介绍了合规管理所需的各项保障措施，包括人力资源、技术支持、合规文化培育等，确保合规管理工作得到有效执行。

第四章为监督管理与法律责任，介绍了相关行政处罚及其他监管措施，强化了合规管理的权威性。

第五章为附则，对《办法》的施行日期、过渡期等事项进行了规定。

2. 逐章研读，深入理解

建议读者按照章节顺序研读，每读完一章后，可以结合该章的思维导图、合规管理工具模板、国内外案例进行总结和回顾，确保对每章内容有深入的理解和掌握。

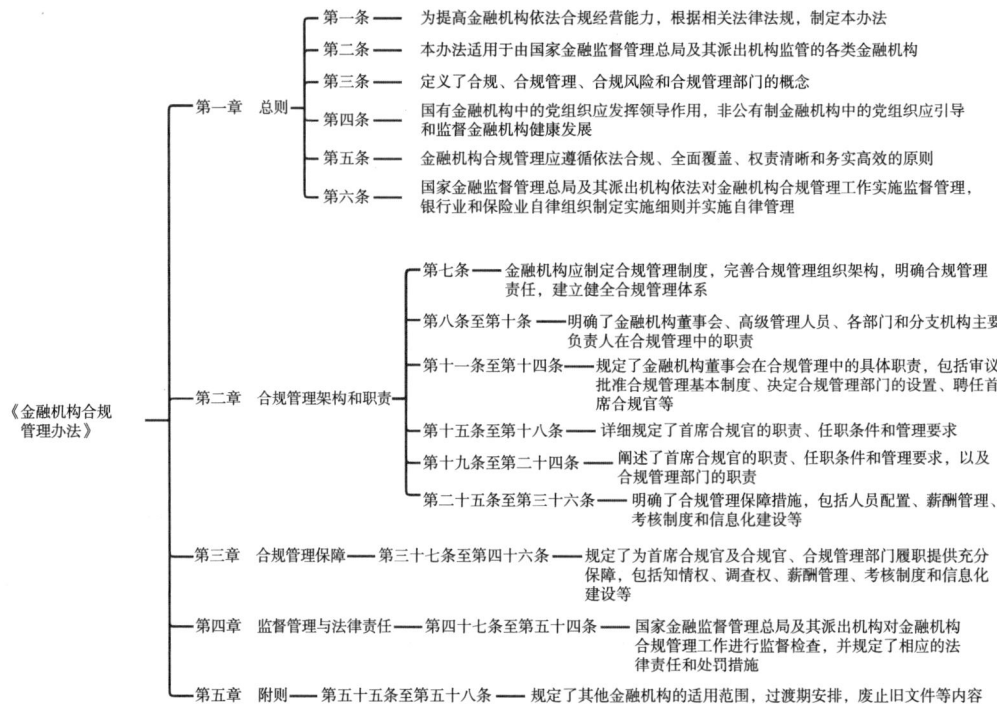

图前-1 《金融机构合规管理办法》思维导图

（二）可读性：轻松掌握合规管理技巧

本书在注重系统性和完整性的同时，也非常注重可读性，全书语言表达准确，逻辑性强，便于读者理解和接受。

1.图文并茂，直观易懂

本书用了大量图表、思维导图等工具，例如，58张思维导图，以直观的方式展示了合规管理的各个环节和要点。这些图表不仅有助于读者更好地理解合规管理的复杂流程，还能提高阅读效率和记忆效果。

2.案例丰富，实战导向

本书包含了58个国内外合规管理案例，这些案例涵盖了金融机构合规管理的各个方面，如反洗钱、客户身份识别、信息披露、内部审计。通过研读这些案例，读者可以了解不同金融机构在合规管理方面的成功经验和失败教训，可以之为自身合规管理工作的有益借鉴。

3. 工具模板，拿来即用

为了方便读者在实际工作中应用合规管理知识，书中还提供了58个合规管理工具模板，如"合规管理体系检测一览表""分支合规官职责一览表"。这些工具模板可以直接应用于金融机构的合规管理工作中，提高工作效率和合规管理水平。

（三）高效利用本书获得合规管理实战能力

为了帮助读者高效利用本书获取合规管理实战精华，以下是一些具体的阅读和使用建议。

1. 制订阅读计划

建议读者根据自身的工作需求和时间安排，制订一个详细的阅读计划，可以将全书分为若干个部分，每天或每周阅读一部分，设定具体的阅读目标和时间节点。

2. 结合思维导图进行总结

在阅读过程中，建议读者结合书中的思维导图进行总结和回顾。可以将每章的重点内容和要点记录在思维导图中，以便后续查阅和复习。

3. 深入研究合规管理工具模板

书中的合规管理工具模板是实战导向的重要资源。建议读者深入研究这些模板的具体内容和应用场景，并根据自身的工作需求适当修改和完善。在实际工作中，可以直接应用这些模板制定合规管理制度、流程和表单等。

4. 借鉴国内外合规管理案例

书中的国内外合规管理案例为读者提供了丰富的实战经验和教训。建议读者仔细阅读这些案例，并结合自身的工作实际进行思考和借鉴。

5. 积极参与合规培训和交流

除了阅读本书外，建议读者积极参与金融机构组织的合规培训和交流活动。通过与其他合规管理人员的沟通和交流，可以了解行业最新的合规动态和监管要求，拓宽视野和思路。同时，还可以将本书中的知识和技巧应用到实际工作中，不断提升自身的合规管理水平。

（四）结语

《金融机构合规管理实施指南》是一本权威、全面、系统、实用的合规管理操作

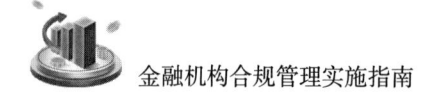

手册。通过本书的阅读和使用，读者可以深入了解合规管理的核心理念与原则，掌握一系列实战技巧与工具，有效提升合规管理水平。希望广大读者能够充分利用本书的资源优势，不断提升自身的合规意识和能力，为金融机构的稳健运营和持续发展贡献自己的力量。

前　　言

为提升金融机构依法合规经营水平，培育中国特色金融文化，国家金融监督管理总局发布了《金融机构合规管理办法》（以下简称《办法》）。

（一）写作背景与动机

合规管理是金融机构稳健经营、高质量发展的关键要素，是健全公司治理结构、提高防范化解重大风险能力的迫切需要。随着金融业发展环境不断变化，金融机构合规管理的实践探索也在持续深化。国家金融监督管理总局在总结前期制度执行实践的基础上，结合新形势、新要求，制定了《办法》，旨在切实提升金融机构合规管理有效性，促进金融业高质量发展。

《办法》的出台，为金融机构合规管理工作提供了全面的指导和规范。然而，如何将《办法》的各项要求有效落地，转化为金融机构的实际行动，成为一项重要任务。基于此，我们撰写了《金融机构合规管理实施指南》一书，旨在为金融机构从业者、风险管理人员、合规专员及相关领域学习者提供一套实战性强、系统全面的合规管理操作办法。本书紧密围绕《办法》的五十八条具体要求，结合金融机构合规管理的实际操作，详细阐述了合规管理的理念、流程、方法和案例，帮助读者深入了解合规管理的内涵和精髓，提升合规管理的实践能力和水平。

（二）图书定位与目标读者

本书专门为金融机构从业者、风险管理人员、合规专员及相关领域学习者编写，旨在成为读者合规管理工作中的得力助手和工具书。本书注重实战性和操作性，通过详细阐述合规管理的理念、流程、方法和案例，帮助读者将《办法》的各项要求有效转化为实际行动。同时，本书还注重系统性和全面性，对合规管理的各个环节进行了全面梳理和深入剖析，帮助读者建立完整的合规管理知识体系。

本书的目标读者群体广泛，包括但不限于金融机构的董事会成员、高级管理人员、风险管理人员、合规专员、内部审计人员，以及业务部门的相关人员。此外，本书还可作为金融、法律、经济等相关专业学生的教材和参考书，帮助他们深入了解金融机构合规管理的实践经验和最新动态。

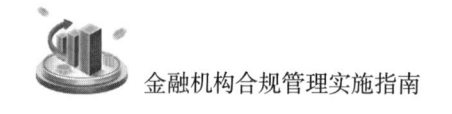

（三）本书特色与亮点

1. 全面覆盖，一册尽览

本书涵盖了金融机构合规管理的各个方面，从基础概念到高级策略，从国内法规到国际准则，一册在手，合规管理无忧。

2. 国际国内，一书全含

本书不仅包括中国的金融机构合规管理的政策、工具、方法和案例，同时收录美国、英国、澳大利亚、日本、新加坡、加拿大、德国、法国、瑞士等众多国家和地区的金融机构监管政策、案例等，国际国内，一书全含。

3. 权威解读，专业指导

本书由行业资深专家曹军武精心编著，对金融机构合规管理的法律法规、政策要求进行了深入解读，为读者提供专业、实用的合规管理指导。

4. 实战案例，即学即用

书中穿插了58个国内外金融机构合规管理的案例，分析其成功经验和失败教训，帮助读者即学即用，快速提升合规管理水平。

5. 系统框架，清晰明了

本书从构建金融机构合规管理的系统框架的视角出发，涉及合规管理体系的构建、合规文化的培育、合规风险的防控等内容，使读者能够全面、系统地掌握合规管理的核心要义。

6. 图表丰富，一目了然

书中配有58张操作实施思维导图，将复杂的合规管理理论以直观、清晰的方式呈现出来，便于读者理解和记忆。

7. 工具模板，实操性强

本书提供了58个合规管理工具模板，包括"首席合规官任职条件检测实施一览表""其他部门合规人员配备检测实施一览表""合规管理信息化建设检测实施一览表"等，读者可直接套用，提升工作效率。

8. 易于理解，通俗易懂

本书采用通俗易懂的语言和生动的案例，将复杂的合规管理理论和流程转化为易于理解的知识点和操作步骤，帮助读者轻松掌握合规管理的核心要点和实践技巧。

9. 高层视角,战略思维

本书从金融机构高层管理的角度出发,探讨了合规管理与企业战略发展的紧密关系,帮助读者建立战略性的合规管理思维。

10. 监管支持,保驾护航

本书介绍了国家金融监督管理总局对金融机构合规管理的支持措施和监管要求,帮助读者了解监管动态,确保合规管理工作符合监管导向。

《金融机构合规管理实施指南》一书紧密结合国家金融监督管理总局《办法》的要求,为金融机构从业者、风险管理人员、合规专员及相关领域学习者提供了一套实战性强、系统全面的合规管理操作办法。本书不仅注重内容的实用性和可操作性,还注重版面的美观和阅读的舒适度,力求为读者带来最佳的阅读体验和学习效果。希望本书的出版,能够为提升金融机构的合规管理水平贡献一份力量。

书中若有不妥或疏漏之处,敬请各位读者不吝赐教,批评指正,以便我们不断改进和完善。

目 录

第一章 金融机构合规管理总体介绍 ... 1
第一节 金融机构合规管理遵循的法律法规 ... 3
第二节 《办法》的适用范围 ... 6
第三节 合规管理四重定义 ... 11
第四节 金融机构党组织合规管理职责 ... 17
第五节 金融机构合规管理四原则 ... 22
第六节 金融机构合规管理监管单位 ... 28
本章小结 ... 33

第二章 合规管理架构和职责 ... 37
第一节 建立健全合规管理体系 ... 40
第二节 董高管分工负责合规管理 ... 44
第三节 下属各机构主要负责人承担首要责任 ... 49
第四节 深化合规文化建设 ... 54
第五节 董事会合规管理职责 ... 59
第六节 高级管理人员合规管理职责 ... 65
第七节 设立首席合规官及合规官 ... 71
第八节 设立或兼任合规官管理 ... 76
第九节 首席合规官及合规官职责冲突管理 ... 82
第十节 首席合规官任职条件 ... 87
第十一节 合规官任职资格及条件 ... 92
第十二节 首席合规官职责概述 ... 98

第十三节　法规变动合规应对 …………………………………… 105
　　第十四节　发展战略合规审查 …………………………………… 110
　　第十五节　经营管理合规监督 …………………………………… 116
　　第十六节　重大违规风险报告 …………………………………… 122
　　第十七节　违规风险及时报告 …………………………………… 129
　　第十八节　分支合规官职责参照确定 …………………………… 135
　　第十九节　监管事项处理跟踪 …………………………………… 142
　　第二十节　违规风险内部报告 …………………………………… 148
　　第二十一节　合规管理部门设立 ………………………………… 153
　　第二十二节　合规管理部门职责 ………………………………… 159
　　第二十三节　境外机构合规管理 ………………………………… 168
　　第二十四节　合规管理部门层级管理 …………………………… 175
　　第二十五节　合规管理部门独立性 ……………………………… 182
　　第二十六节　其他部门合规人员配备 …………………………… 189
　　第二十七节　合规管理体系一 …………………………………… 197
　　第二十八节　垂直管理合规部门 ………………………………… 204
　　第二十九节　三方合规责任 ……………………………………… 211
　　第三十节　员工合规行为规范 …………………………………… 218
　　本章小结 ……………………………………………………………… 226

第三章　合规管理保障 …………………………………………… **229**

　　第一节　保障合规官及部门履职权利 …………………………… 231
　　第二节　合规管理部门人员配备要求 …………………………… 240
　　第三节　各部门及境外合规管理人员配置 ……………………… 246
　　第四节　合规官双线汇报机制 …………………………………… 254
　　第五节　保障合规管理部门知情权与调查权 …………………… 260
　　第六节　首席合规官、合规官独立性保障 ……………………… 266
　　第七节　合规管理人员薪酬与考核管理 ………………………… 273
　　第八节　合规工作考核制度 ……………………………………… 279
　　第九节　加强合规管理信息化建设 ……………………………… 287

第十节	建立合规培训机制	295
本章小结		303

第四章　监督管理与法律责任　　307

第一节	监管机构对合规管理的监督检查	309
第二节	监管谈话要求	315
第三节	未及时报告或提供资料的处理	323
第四节	违法违规行为的整改要求	330
第五节	董事、高管未能勤勉尽责的处罚	339
第六节	违反规定的法律责任	346
第七节	首席合规官或合规官违规的责任	353
第八节	合规管理有效的从轻、减轻处理	359
本章小结		366

第五章　附　　则　　369

第一节	其他金融机构参照执行	371
第二节	已设置合规管理人员过渡期安排	379
第三节	条文中"以上""以下"含义	386
第四节	《办法》解释权、施行日期及过渡期	392
本章小结		397

第一章

金融机构合规管理总体介绍

本章详细阐述了金融机构合规管理的相关办法及其核心要义。

为提高金融机构依法合规经营能力，根据《中华人民共和国银行业监督管理法》《中华人民共和国商业银行法》《中华人民共和国保险法》《中华人民共和国信托法》等一系列法律法规，制定了《金融机构合规管理办法》（以下简称《办法》），为金融机构的合规经营提供了法律保障和指导。

《办法》明确适用于依法由国家金融监督管理总局及其派出机构监管的各类金融机构，包括但不限于政策性银行、商业银行、金融资产管理公司，确保了监管的全面性和覆盖性。

在定义与解释方面，本办法对合规、合规管理、合规风险和合规管理部门等关键概念进行了明确界定，强调了金融机构及其员工的行为应符合法律法规和内部规范，金融机构应建立合规制度、完善运行机制、培育合规文化等，以有效防控合规风险。

《办法》也指出了合规风险可能带来的法律责任、财产损失和声誉损失等负面影响，以及金融机构应设立合规管理部门牵头承担合规管理职责。

此外，《办法》还强调了国有金融机构中党组织的领导作用，以及非公有制金融机构中党组织的引导和监督作用，促进金融机构的健康发展。

在合规管理原则方面，《办法》提出了依法合规、全面覆盖、权责清晰和务实高效四项原则，要求金融机构严格执行法律法规，将合规要求贯穿全流程、覆盖各领域，明确合规管理框架和各方责任，持续完善合规管理体系并提升管理效能。

《办法》明确了国家金融监督管理总局及其派出机构对金融机构合规管理工作的监督管理职责，以及银行业和保险业自律组织对会员单位合规管理工作的自律管理职责，确保了合规管理工作的有效实施和监督。

第一节 金融机构合规管理遵循的法律法规

一、《办法》遵循的法律法规

第一条 为提高金融机构依法合规经营能力,根据《中华人民共和国银行业监督管理法》《中华人民共和国商业银行法》《中华人民共和国保险法》《中华人民共和国信托法》等法律法规,制定本办法。

二、理解和学习:金融机构合规管理遵循的法律法规

为强化金融机构合规管理能力,确保业务活动严格遵循法律法规要求,根据《中华人民共和国银行业监督管理法》《中华人民共和国商业银行法》《中华人民共和国保险法》《中华人民共和国信托法》等法律条款的明确规定与指导,特制定本《办法》。此《办法》致力于指导金融机构建立横向到边、纵向到底的合规管理体系,将合规基因注入金融机构发展决策、业务经营的全过程、全领域,实现从"被动监管遵循"向"主动合规治理"的转变。

三、思维导图:金融机构合规管理遵循的法律法规

《办法》第一条如此表述,是为了强调提高金融机构依法合规经营能力的重要性,并明确其制定依据为《中华人民共和国银行业监督管理法》等相关法律法规,以确保合规管理的合法性和有效性。金融机构合规管理遵循的法律法规思维导图,如图1-1所示。

四、工具:金融机构合规管理遵循的法律法规一览表

在合规管理的过程中,一个关键工具便是金融机构合规管理遵循的法律法规一览表,如表1-1所示。表1-1列出了金融机构在进行各项业务操作时,必须严格遵守的所有相关法律法规的汇总,它为金融机构提供了全面、准确、及时的法律法规信息,助力金融机构构建完善的合规管理体系,保障金融机构的稳健发展。

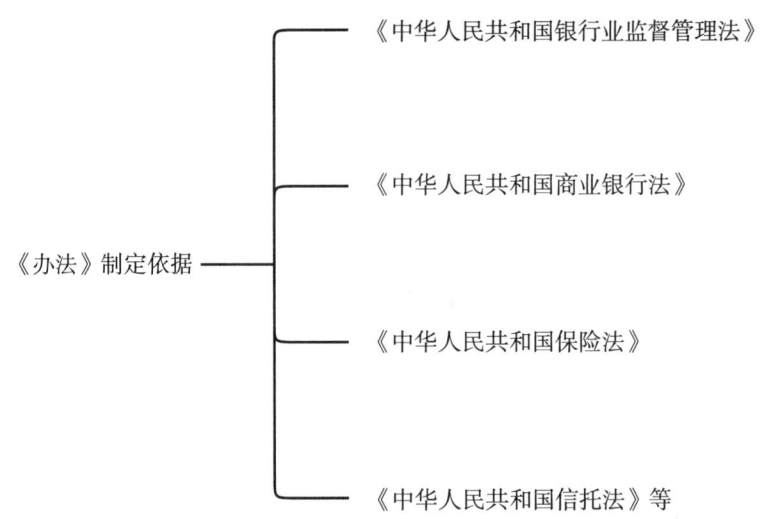

图1-1　金融机构合规管理遵循的法律法规思维导图

表1-1　金融机构合规管理遵循的法律法规一览表

项目	内容
金融机构合规管理遵循的法律法规	《中华人民共和国银行业监督管理法》
	《中华人民共和国商业银行法》
	《中华人民共和国保险法》
	《中华人民共和国信托法》等

五、案例

美国银行遵循法律法规合规管理

（一）金融机构介绍

美国银行，原中文名"美国美洲银行"，总部设在美国旧金山，以资产计是美国第一大商业银行。该行的成立可以追溯到1784年的马萨诸塞州银行，是美国历史最悠久的银行之一。美国银行在全球范围内提供广泛的金融服务，包括零售银行业务、投资银行业务、财富管理等，拥有庞大的客户基础和业务网络。

（二）具体措施

1. 建立完善的合规管理体系

美国银行设立了专门的合规部门，负责制定和执行全行的合规政策，确保银行业务的合规性；合规部门与业务部门紧密合作，对新产品、新业务进行合规审查，确保在业务开展前就能识别并控制潜在的风险；定期对全行进行合规培训，提高员工的合规意识和能力。

2. 强化内部控制和风险管理

美国银行建立了完善的内部控制体系，包括审计、风险评估、合规检查等多个环节，确保规章制度的有效运行；通过先进的风险管理工具和技术，对信用风险、市场风险、操作风险等进行全面监测和管理；对重大风险事件进行及时报告和处理，确保风险得到有效控制。

3. 加强客户身份验证和交易监测

美国银行严格遵守《反洗钱法与银行保密法修正案（2020）》等法律法规，对客户的身份进行严格的识别并监测其交易行为；使用先进的客户尽职调查程序，验证客户提供的身份证明和其他相关文件；对可疑交易进行及时报告和调查，防止非法资金流动和金融风险的发生。

（三）案例特色和亮点

美国银行在合规管理方面的实践，体现了其在遵循法律法规、保护消费者权益和应对金融危机与风险等方面的特色和亮点。

1. 全面遵循美国银行法规

美国银行严格遵守《外国账户税收合规法案》《银行保密法》《外国腐败行为法》等法律法规，确保业务的合规性。美国银行积极响应监管要求，及时调整业务策略和操作流程，以适应不断变化的监管环境。例如，美国银行与美国货币监理署达成和解协议，成立合规委员会，并聘请第三方顾问审查其合规工作，以解决制裁合规和可疑活动监控方面的问题。

2. 注重消费者权益保护

美国银行将消费者权益保护纳入公司治理和经营发展战略，确保在业务开展过程中充分尊重和保护消费者权益。美国银行建立了完善的消费者投诉处理机制，对消费者的投诉进行及时、有效的处理，提高了消费者的满意度和忠诚度。此外，美国银行严格遵守《多德－弗兰克法案》，该法案旨在对金融监管体系进行全面改革，并对所

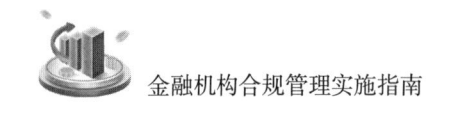

有联邦金融监管机构和几乎所有美国金融服务业部门产生影响。

3. 积极应对金融危机和风险

在金融危机期间，美国银行积极采取措施应对风险，包括加强风险管理、提高资本充足率等。通过有效的风险管理和应对措施，美国银行成功渡过了金融危机，并保持了稳健的发展态势。此外，美国银行严格遵守《金融服务现代化法案》，该法案于1999年通过，部分废除了《格拉斯－斯蒂格尔法案》有关条款，消除了银行、证券公司和保险公司之间的"分业经营"壁垒，促进了金融服务的现代化。

这些实践不仅体现了美国银行对合规经营的高度重视，也为其在全球金融市场的稳健发展奠定了坚实的基础。

第二节 《办法》的适用范围

一、金融机构合规管理适用范围的监管政策

第二条 依法由国家金融监督管理总局及其派出机构监管的政策性银行、商业银行、金融资产管理公司、企业集团财务公司、金融租赁公司、汽车金融公司、消费金融公司、货币经纪公司、信托公司、理财公司、金融资产投资公司、保险公司（包括再保险公司）、保险资产管理公司、保险集团（控股）公司、相互保险组织等机构（以下统称金融机构）适用本办法。

二、理解和学习：金融机构合规管理适用范围

《办法》适用于依据国家相关法律法规之规定，由国家金融监督管理总局及其各地派出机构进行全面、严格监管的各类金融机构。

第一，这些金融机构的类型广泛且多样，具体包括政策性银行、商业银行等传统的存款类金融机构，它们承担着吸收存款、发放贷款、服务实体经济等重要职责。同时，也涵盖了金融资产管理公司、企业集团财务公司等专注于资产管理和处置的机构，它们在金融市场中发挥着清理不良资产、优化资源配置的重要作用。

第二，《办法》还适用于金融租赁公司、汽车金融公司等提供特定金融服务的专业机构。这些机构通过融资租赁、汽车消费贷款等方式，为实体经济提供了更加灵活多样的金融服务，满足了不同行业和客户的个性化需求。

第三，消费金融公司、货币经纪公司等服务于消费市场和金融市场的中介机构也在《办法》的监管范围之内。它们通过提供消费信贷、货币市场交易等服务，促进了消费市场的繁荣和金融市场的稳定发展。

第四，信托公司、理财公司等财富管理类机构，以及金融资产投资公司等投资类机构，也是《办法》的重要适用对象。这些机构通过信托计划、理财产品等方式，为投资者提供了多样化的投资渠道和财富管理服务，有助于提升居民的财产性收入和金融市场的活跃度。

第五，保险公司（包括再保险公司）、保险资产管理公司、保险集团（控股）公司、相互保险组织等保险类机构，同样受《办法》的约束和监管。它们在保险市场中扮演着风险保障、资金管理的重要角色，为经济社会的稳定发展提供了有力的保险保障。

为确保本办法的顺利实施和有效执行，各类金融机构应深入学习和理解其各项规定，严格按照要求开展业务活动。同时，国家金融监督管理总局及其派出机构将加强对各类金融机构的监管和指导力度，通过定期检查、风险评估等方式，确保其合规经营、风险可控。此外，还将建立健全相关的监管制度和机制，为金融市场的稳定和健康发展提供有力的制度保障。

三、思维导图：金融机构合规管理适用范围

在深入探讨合规管理的相关领域时，我们不得不提及一个极为重要的辅助工具，即金融机构合规管理适用范围思维导图，如图1-2所示。图1-2以直观、清晰的方式，全面展现了金融机构合规管理适合的各个领域和范畴，为我们理解和实施合规管理提供了有力的视觉支撑。

四、工具：金融机构合规管理适用范围检测一览表

在金融机构的日常运营与管理中，合规性是一项至关重要的工作。为了确保金融机构能够严格遵守相关法律法规，规范业务操作，降低合规风险，我们特别推出了金融机构合规管理适用范围检测一览表，如表1-2所示。表1-2作为金融机构合规管理的重要工具，旨在帮助机构全面、系统地检测和评估自身的合规状况，具有极高的实用性和可操作性，是一份极具价值的合规管理工具。

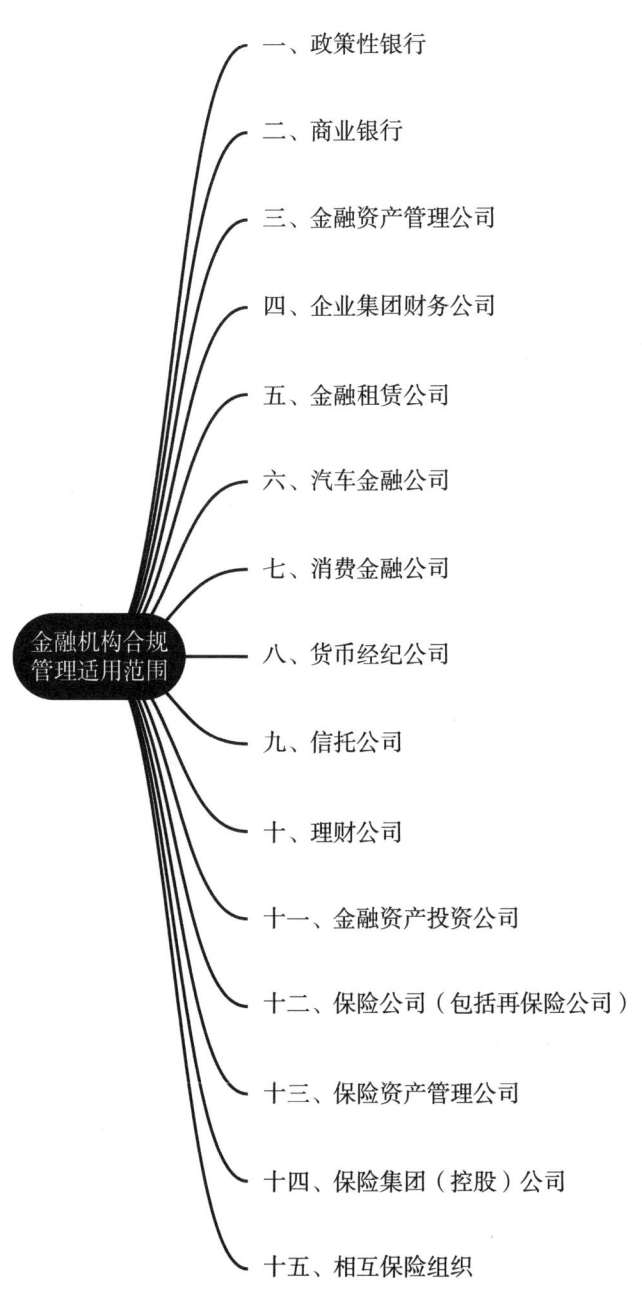

图1-2 金融机构合规管理适用范围思维导图

表1-2 金融机构合规管理适用范围检测一览表

项目	检测项目	属于此类机构	不属于此类机构
金融机构合规管理适用范围	政策性银行		
	商业银行		
	金融资产管理公司		
	企业集团财务公司		
	金融租赁公司		
	汽车金融公司		
	消费金融公司		
	货币经纪公司		
	信托公司		
	理财公司		
	金融资产投资公司		
	保险公司（包括再保险公司）		
	保险资产管理公司		
	保险集团（控股）公司		
	相互保险组织		

五、案例

美国花旗集团合规管理

（一）金融机构介绍

美国花旗集团（以下简称花旗集团），作为全球领先的金融服务提供商，拥有悠久的历史和广泛的业务范畴。自1998年通过合并旅行者集团与花旗银行组建以来，花旗集团已发展成为一家集商业银行、投资银行、保险、共同基金、证券交易等金融服务业务于一身的综合性金融集团。其总部设在纽约，业务遍布全球多个国家和地区，为各类客户提供全方位的金融服务解决方案。

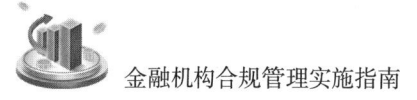

（二）具体措施

花旗集团在依法合规管理方面采取了多项切实有效的措施，以确保其业务运营符合全球各地的法律法规要求。具体包括以下措施。

1. 建立完善的合规管理体系

花旗集团设立了专门的合规部门，负责制定和执行全集团的合规政策，确保各项业务活动的合规性。该部门与业务部门紧密合作，参与新业务、新产品的合规审查，确保在业务开展前就能识别并控制潜在的风险。花旗集团通过定期举办合规培训、发布合规手册等方式，提高全体员工的合规意识和能力。员工在入职时就会接受合规培训，并在职业生涯中持续接受相关培训，以确保其始终了解并遵守最新的法律法规和内部规章制度。

2. 强化风险防控和内部控制

花旗集团建立了全面的风险防控机制，包括风险识别、评估、监测、控制等环节。通过先进的风险管理工具和技术，对信用风险、市场风险、操作风险等进行全面监测和管理。花旗集团还实施了严格的内部控制制度，定期开展内部审计和合规检查，对发现的问题及时进行整改和问责。同时，建立健全举报机制，鼓励员工积极举报违规行为，形成全员参与合规管理的良好氛围。

3. 积极适应监管变化

随着全球金融监管政策的不断变化和完善，花旗集团积极适应监管要求的变化。通过及时调整业务策略、完善内部规章制度等方式，确保业务始终符合监管要求。同时，花旗集团还积极与各国监管部门沟通合作，共同推动金融监管工作的顺利开展。

4. 推动合规文化建设

花旗集团高度重视合规文化建设，将合规文化作为企业文化的重要组成部分。通过持续开展合规文化宣教活动、树立合规先进典型等方式，营造全员重视合规、参与合规的良好氛围。这种文化氛围不仅提高了员工的合规意识和能力，还为花旗集团的稳健发展提供了有力保障。

（三）合规管理范围

花旗集团在全球范围内实施了广泛且深入的合规管理，涵盖其所有业务活动和分支机构，具体体现在以下几个方面。

1. 业务合规

花旗集团对所有业务活动进行严格的合规审查，确保其符合相关法律法规和监管要求。无论是传统的银行业务、投资银行业务，还是保险、资产管理等新兴业务，均纳入合规管理的范畴。例如，2022年5月2日，花旗集团伦敦交易部门因交易系统和控制存在缺陷，导致欧洲股市出现"闪崩"，5分钟内蒸发市值3000亿欧元。该事件暴露了花旗集团在交易系统和控制方面的不足，并引发英国监管机构对其处以总计约5.68亿元人民币的罚款。事后，花旗集团针对交易系统和控制缺陷进行了全面整改，以确保业务的合规性并防止类似事件再次发生。

2. 机构合规

花旗集团对全球各地的分支机构实施严格的合规管理，确保各机构遵守当地法律法规和监管要求。同时，花旗集团加强对子公司的合规指导和监督，确保其业务活动符合集团的整体合规战略。然而，在风险管理和内部控制方面，花旗集团仍面临挑战。例如，因未能充分履行2020年10月与美联储关于风险和控制问题的同意令规定的义务，花旗集团遭受了相应的监管处罚。这一事件促使集团进一步优化内部控制机制，强化合规执行力。

3. 员工合规

花旗集团对员工进行系统的合规培训，确保其了解并遵守相关法律法规和内部规章制度，同时建立健全员工合规档案，对违规行为进行记录和处理。例如，花旗集团曾因内部控制和风险管理不足，导致交易员操作失误，引发市场波动，并因此受到监管机构的处罚。此后，集团强化了交易员的合规培训和风控措施，以降低类似风险的发生概率。

4. 风险合规

花旗集团将合规管理与风险管理相结合，通过识别、评估、监测和控制风险，确保业务的合规性。尽管如此，过去的事件表明，花旗集团的交易系统和控制方面仍有改进空间。例如，因系统缺陷导致的重大交易错误，使花旗集团面临监管机构的处罚。这促使花旗集团加大对合规风险的管理力度，优化技术系统，并加强风控措施，以提高整体合规水平。

花旗集团在合规管理方面采取了多项措施，但这些事件显示，仍存在进一步完善的空间。这些经验教训为其他金融机构提供了有益的借鉴，强调了持续优化合规管理体系、强化风险防控和内部控制、积极适应监管变化，以及推动合规文化建设的重要性。

第三节　合规管理四重定义

一、合规管理四重定义的监管政策

第三条　本办法所称合规，是指金融机构经营管理行为及其员工履职行为应当符合法律、行政法规、部门规章和规范性文件,以及金融机构落实监管要求制定的内部规范(以下统称合规规范)。

本办法所称合规管理,是指金融机构以确保遵循合规规范、有效防控合规风险为目的,以提升依法合规经营管理水平为导向,以经营管理行为和员工履职行为为对象,开展的包括建立合规制度、完善运行机制、培育合规文化、强化监督问责等管理活动。

本办法所称合规风险,是指因金融机构经营管理行为或者员工履职行为违反合规规范,造成金融机构或者其员工承担刑事、行政、民事法律责任,财产损失、声誉损失以及其他负面影响的可能性。

本办法所称合规管理部门,是指金融机构设立的、牵头承担合规管理职责的内设部门。金融机构设置多个职责不相冲突的部门共同承担合规管理职责的,应当明确合规管理职责的牵头部门。

二、理解和学习：合规管理四重定义的理解和学习

金融机构在经营管理活动及员工履行职责的过程中,必须严格遵守国家法律、行政法规、部门规章及各类规范性文件的规定,同时还应遵循金融机构为落实监管要求而制定的内部规章制度(以下统称合规规范)。

合规管理是指金融机构为确保全面遵循合规规范、有效防范和控制合规风险,以提升依法合规经营管理的整体水平为目标,针对金融机构的经营管理行为和员工的履职行为,所开展的一系列管理活动。这些活动包括但不限于建立健全合规管理制度体系、完善合规运行机制、积极培育合规文化、强化合规监督与问责机制等,旨在通过一系列具体、可操作的管理措施,确保金融机构的合规经营。

合规风险是指因金融机构在经营管理过程中或员工在履行职责时,违反合规规范的要求,可能导致金融机构或其员工面临刑事、行政、民事法律责任的风险,以及可能遭受的财产损失、声誉损失及其他不良后果或负面影响的可能性。合规风险的防控是金融机构经营管理中的重要环节,必须予以高度重视。

合规管理部门是指金融机构内部设立的、专门负责牵头承担合规管理职责的部门。如金融机构设置多个部门共同承担合规管理职责,且这些部门的职责之间不存在冲突,那么金融机构应当明确指定其中一个部门作为合规管理的牵头部门,负责协调、组织和推动全机构的合规管理工作,确保合规管理的有效性和高效性。

第一章 金融机构合规管理总体介绍

三、思维导图：合规管理四重定义

合规管理四重定义思维导图（见图1-3）深入解析了合规管理的四个核心概念。首先，合规，明确了金融机构及员工必须遵循国家法律、行政法规等多个层面。其次，合规管理通过构建体系、优化机制，确保行为符合准则，防范风险。再次，合规风险则是指违背准则可能带来的不良后果，包括法律责任、财产损失等。为降低风险，需加强监督与责任追究。最后，合规管理部门作为专门机构，牵头执行合规管理，确保工作统一有效，此为金融机构合规管理提供了重要指导。

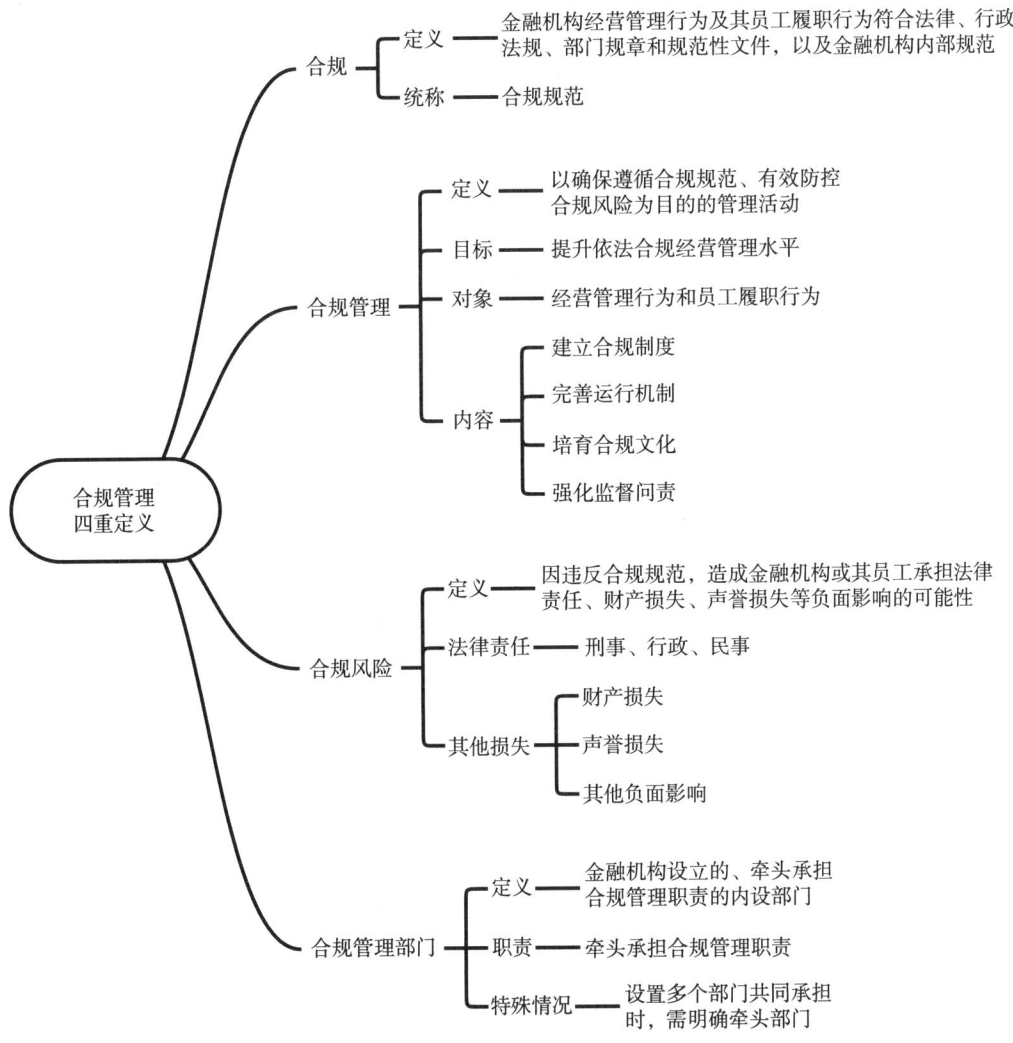

图1-3 合规管理四重定义思维导图

四、工具：合规管理四重定义检测实施一览表

为了检测是否已经完全理解"合规管理四重定义"，制作了如表 1-3 所示的合规管理四重定义检测实施一览表，该表格为金融机构合规管理提供了清晰的指导和参考，合规管理四重定义涵盖了金融机构在运营管理及员工履行职务过程中必须严格遵循的合规性准则。通过自我理解，明确了合规的核心要义，包括国家法律等规范性文件的遵守。评价检测部分列出了具体的检测项目，用于评估合规管理的实施情况。评价部分则分为已经做到和尚未做到，帮助金融机构及员工识别合规管理中的不足，并持续改进。

表 1-3 合规管理四重定义检测实施一览表

项目	内容	检测项目	评价已经做到	评价尚未做到
合规管理四重定义	合规	金融机构在经营管理及员工履行职务过程中，必须严格遵循的合规性准则		
	合规管理	构建合规管理体系		
		优化运行机制		
		营造合规文化氛围		
		加强监督与责任追究		
	合规风险	因金融机构的运营管理行为或员工履职行为违背合规性准则，可能导致的不良后果的潜在可能性。包括但不限于刑事、行政、民事法律责任，遭受行政处罚，以及财产损失、声誉损失等		
	合规管理部门	金融机构内部设立的，专门负责牵头执行合规管理职责的部门		
		若金融机构设立由多个部门共同承担合规管理责任，且职责间无冲突，应明确指定一个部门作为主导部门		

五、案例

S集团"合规管理四重含义"理解与实施

（一）金融机构介绍

S集团是中国领先的综合性金融服务集团，业务范围涵盖保险、银行、投资等多个领域。作为金融行业的领军企业，S集团深知合规管理的重要性，始终将合规视为企业稳健运营的基石。S集团通过建立健全的合规管理体系，确保公司经营管理行为及员工履职行为符合法律法规和行业规范，以维护公司的良好声誉和可持续发展。

（二）具体措施

1.合规规范的理解与实施

S集团深刻理解合规规范的重要性，将法律、行政法规、部门规章及规范性文件、行业自律规范及公司内部规范作为经营管理的基石。S集团通过内部培训、制度建设和流程优化等方式，确保员工充分了解并严格遵守各项合规规范。例如，S集团定期组织合规培训，邀请法律专家和行业资深人士为员工讲解最新法律法规和监管要求，提升员工的合规意识和能力。此外，S集团还建立了合规风险识别与评估机制，对可能存在的合规风险进行及时识别和有效防控。

2.合规管理的组织与实施

S集团设立了专门的合规管理部门，负责牵头承担合规管理职责。该部门负责制定和完善合规制度，明确各项业务的合规要求和操作流程，确保公司经营管理行为符合合规规范。同时，合规管理部门还与其他部门紧密合作，共同推动合规管理在公司的全面落地。例如，在保险业务方面，合规管理部门与保险产品开发、销售、理赔等部门密切协作，确保保险产品的设计、销售、理赔等环节均符合监管要求。

3.合规文化的培育与传承

S集团将合规文化视为企业文化的重要组成部分，通过多种方式培育和传承合规文化。S集团高层领导参与合规管理活动，为合规文化的建设树立了良好榜样。同时，S集团还通过内部宣传、案例分享、表彰先进等方式，激发员工参与合规管理的积极性和主动性，形成人人讲合规、事事守合规的良好氛围。例如，S集团定期举办合规文化月活动，通过知识竞赛、演讲比赛等形式，让员工深入了解合规文化的重要性，并自觉践行合规理念。

4. 合规风险的防控与应对

S集团建立了完善的合规风险防控体系，通过风险识别、评估、监控和应对等流程，有效防控合规风险。S集团利用大数据、人工智能等先进技术手段，对经营管理行为和员工履职行为进行实时监测和预警，及时发现并纠正违规行为。同时，S集团还制定了严格的合规问责机制，对违反合规规范的行为进行严肃处理，以儆效尤。

5. 合规管理部门的监督与指导

S集团的合规管理部门不仅负责制定和执行合规制度，还承担着对各部门合规管理工作的监督和指导职责。该部门定期对各部门合规管理情况进行检查和评估，发现问题及时提出整改建议，并跟踪整改落实情况。同时，合规管理部门还积极与公司其他部门沟通协作，共同推动公司合规管理水平的持续提升。例如，在银行业务方面，合规管理部门与信贷、风控等部门紧密合作，共同制定和完善信贷业务合规管理制度，确保信贷业务的合规性和稳健性。

（三）案例特色和亮点——S集团的合规管理实践

S集团在合规管理方面的创新与实践，展现了其作为行业领军者的责任担当和前瞻性布局。以下五个方面尤为突出，构成了S集团合规管理的核心亮点。

1. 高层领导率先垂范，构建强有力的合规引领机制

S集团的高层领导不仅仅是合规管理的倡导者，更是实践者。从董事会到执行层，合规管理被纳入战略议题，每年合规委员会会议由核心高管主持，并在重要经营决策中强调合规优先。例如，在某次合规风控会议上，董事长直接指出某子公司在新业务开展中存在的合规隐患，并责令相关负责人限期整改，强调合规管理必须与业务发展并重。这种自上而下的推动力，使合规成为企业经营不可逾越的底线。

2. 先进科技赋能，实现智能化合规管理

S集团充分运用人工智能、大数据、区块链等前沿技术，实现精准、实时的合规监测和预警。例如，S集团自主研发的"智能合规风控系统"，可实时分析百万级交易数据，甄别异常行为，提前识别潜在合规风险。在某次风控排查中，该系统成功发现某业务条线存在数据异常，避免了上亿元的损失。此外，S集团还搭建了合规人工智能助手，帮助员工实时查询法规政策，减少因理解偏差导致的违规行为。

3. 合规文化深植企业基因，形成全员自觉合规生态

S集团通过全方位的合规文化建设，使"人人讲合规、事事守合规"成为企业文化的重要组成部分。例如，S集团设立"合规先锋"奖项，表彰在合规管理中表现突

出的团队和个人，激励员工主动发现、预防合规风险。此外，S集团还通过案例复盘、线上合规微课堂、沉浸式合规演练等方式，让员工在真实情境中理解合规要求。某支行员工因合规培训意识到反洗钱的重要性，成功拦截了一起涉及跨境资金违规转移的案件，充分展现了合规文化的实际价值。

4. 严格的合规问责机制，构建高压监管环境

S集团对合规违规行为实行"零容忍"政策，制定了严密的合规问责体系，确保违规行为得到及时处理。例如，S集团设立了专门的合规举报渠道，并引入匿名举报机制，鼓励员工主动揭发潜在违规行为。对于涉及重大违规的员工，S集团不仅进行严肃处理，还可能追究法律责任。在某起高管违规审批案件中，相关负责人被严肃问责，甚至被解除职务，以此向全集团传递合规底线不可触碰的强烈信号。

5. 构建全方位合规管理体系，实现从制度到执行的闭环管理

S集团建立了覆盖"制度——执行——监督——问责"的闭环式合规管理体系，确保合规管理不流于形式。例如，S集团推出了"合规责任制"，要求每位业务负责人都要签署年度合规承诺书，接受合规考核，并与绩效挂钩。此外，S集团定期开展合规风险排查，并对发现的问题制定整改方案，确保制度真正落地。在近期的一次监管审查中，S集团因其合规管理体系的完备性，受到监管机构的高度认可。

S集团的合规管理不仅仅是对法规的被动遵守，更是对行业未来发展趋势的主动引领。通过高层领导的强力推动、科技创新的深度融合、合规文化的全面渗透、严格的问责机制及完善的合规体系，S集团在合规管理领域树立了行业标杆。

这一案例向金融行业传递了一个明确的信息，合规管理不仅仅是风险控制的手段，更是企业可持续发展的基石。S集团的成功经验，为金融机构乃至整个企业界提供了值得深思和借鉴的合规管理范本。

第四节 金融机构党组织合规管理职责

一、金融机构党组织合规管理职责的监管政策

第四条 国有金融机构中的党组织，应当充分发挥领导作用，将党的领导与公司治理有机结合，支持金融机构依法行使职权。非公有制金融机构中的党组织，应当引导和监督金融机构贯彻党的方针政策，遵守国家法律法规，维护各方合法权益，促进金融机构健康发展。

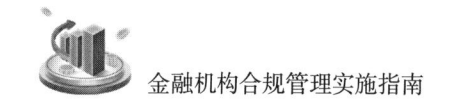

二、理解和学习：金融机构党组织合规管理职责

国有金融机构中的党组织，应当全面、深入且充分地发挥领导核心作用，成为金融机构稳健发展的坚强后盾。这意味着，党组织不仅要稳固确立自身在金融机构内部的引领地位，更要勇于担当、积极作为，不断探索和实践将党的领导与公司治理体系有机融合的新模式、新路径。

在这一融合过程中，党组织要充分发挥其政治优势和组织优势，将党的先进理念和决策智慧融入金融机构的战略规划、业务运营和风险管理等各个环节。通过党组织的引领和推动，金融机构能够更加明确其发展方向和使命担当，确保在依法合规的前提下行使各项职权，提供更加优质、高效的金融服务。同时，党组织还要加强对金融机构高管人员的监督和管理，确保忠诚干净担当，为金融机构的健康发展保驾护航。

在非公有制金融机构中，党组织的存在同样具有极其重要的意义。这些党组织应当积极发挥其引导和监督作用，成为金融机构贯彻党的方针政策和决策部署的桥梁和纽带。要密切关注国家经济社会发展的大局，及时将党的政策传达到金融机构的每一个角落，确保金融机构在经营过程中能够始终保持正确的政治方向。

同时，党组织还要加强对金融机构遵守国家法律法规情况的监督，确保金融机构在追求经济效益的同时，始终牢记社会责任和法律底线。在维护各方合法权益方面，党组织更要发挥积极作用，协调处理好金融机构与投资者、客户、员工等各方的利益关系，促进金融机构内部的和谐稳定。

此外，党组织还要积极引导和鼓励非公有制金融机构参与社会公益事业，为构建和谐社会贡献自己的力量。通过党组织的引导和监督，非公有制金融机构能够在健康、稳定的轨道上持续发展壮大，为经济社会发展提供更多、更好的金融产品和服务。同时，这也为构建和谐、有序的金融市场环境奠定了坚实基础，推动了金融行业的整体进步和发展。

三、思维导图：金融机构党组织合规管理职责

在国有金融机构中，党组织发挥领导核心与政治引领作用，确保机构合法合规运营，推动合规文化普及，保护各方权益，营造良好的金融生态环境。金融机构党组织合规管理职责思维导图如图1-4所示。

第一章 金融机构合规管理总体介绍

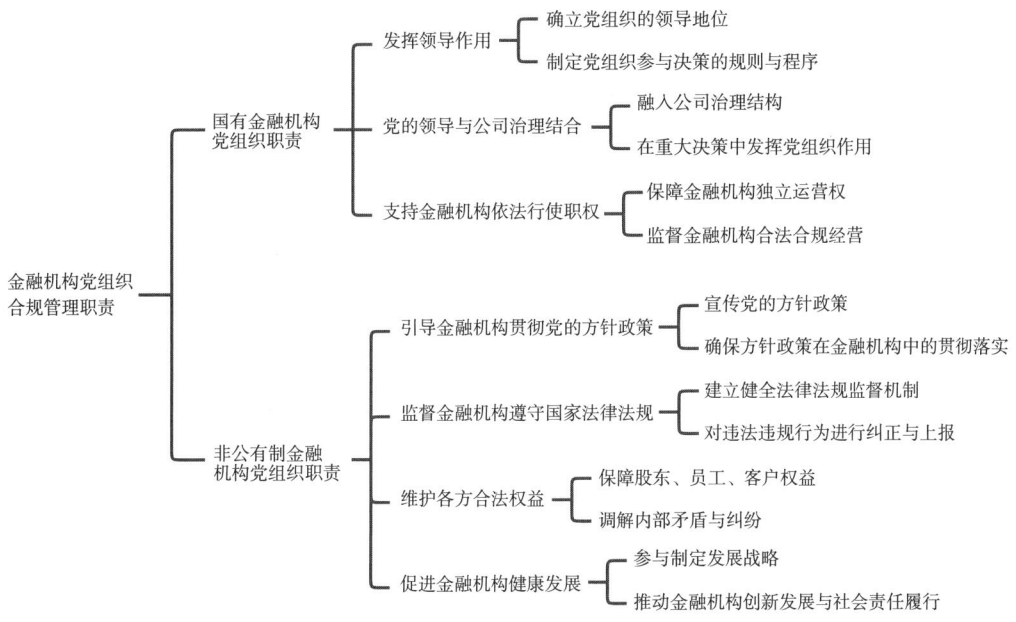

图 1-4 金融机构党组织合规管理职责思维导图

四、工具：国有金融机构党组织职责检测实施一览表

为了检测是否已经完全理解"党组织合规管理职责"，制作了表 1-4 所示的国有金融机构党组织职责检测实施一览表，该表格是对国有金融机构党组织职责的全面梳理和检测，旨在确保党组织在金融机构中发挥有效的领导核心和政治引领作用。具体内容如下。

首先，表 1-4 强调了国有金融机构党组织作为党组织的领导核心职责，具体体现在践行国家全面依法治国宏观战略方面，包括融入党的金融工作领导原则、引领合规工作稳健前行。

其次，党组织对金融机构的引导与监督职责也被详细列出，包括遵守国家法律法规及监管要求；确保金融机构运营活动合法合规；保护投资者、消费者及员工合法权益等关键方面。

再次，表 1-4 还展示了党组织在金融机构中的重要作用，如提供组织保障和合规支撑，为持续健康发展提供坚实保障；鼓励建立健全合规管理机制，推动合规文化的深入普及；提升员工合规意识与风险防控能力，营造风清气正的金融生态环境。

最后，针对非公有制金融机构中党组织的政治引领作用，表 1-4 也提出了贯彻党

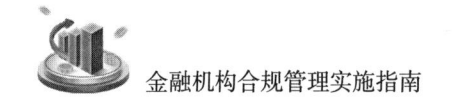

的路线方针政策和加强合规工作的监督与引导等具体要求。

表1-4 国有金融机构党组织职责检测实施一览表

项目	职责	具体职责	检测项目	评价已经做到	评价尚未做到
国有金融机构党组织职责	党组织的领导核心职责	践行国家全面依法治国宏观战略	融入党的金融工作领导原则		
			引领合规工作稳健前行		
		对金融机构的引导与监督	遵守国家法律法规及监管要求		
			确保机构运营活动合法合规		
			保护投资者、消费者及员工合法权益		
	党组织在金融机构中的作用	提供组织保障和合规支撑	为持续健康发展提供坚实保障		
		鼓励建立健全合规管理机制	推动合规文化的深入普及		
		提升员工合规意识与风险防控能力	营造风清气正的金融生态环境		
	党组织在非公有制金融机构中的政治引领作用	贯彻党的路线方针政策	发挥政治引领作用的具体要求		
		加强合规工作的监督与引导	加强合规工作的监督与引导		

五、案例

T保险国有金融机构党组织领导作用与合规管理的实施

（一）金融机构介绍

T保险作为中国金融保险行业的领军企业，始终秉持着服务国家、服务人民的宗旨，致力于提供包括寿险、财险、养老保险、资产管理等在内的多元化金融服务。T保险拥有庞大的客户基础和广泛的市场覆盖，其稳健的经营和卓越的服务赢得了社会各界的广泛赞誉。

（二）具体措施

在T保险，国有金融机构党组织的领导作用得到了充分体现，坚决贯彻全面依法治国战略部署，将党对金融工作的领导贯穿合规管理全过程。具体体现在以下几个方面。

1. 党组织领导作用的发挥

T保险党组织在公司决策过程中始终坚持党的领导，确保公司发展方向与国家战略和政策要求高度契合。党组织定期召开会议，深入讨论和决策公司重大事项，如战略规划、业务拓展、风险管理等，确保公司运营始终沿着正确的轨道前行。

2. 全面依法治国战略的贯彻

T保险将全面依法治国战略融入日常运营和合规管理中，建立健全了合规管理体系。通过制定和完善各项规章制度，确保各项业务活动合法合规。党组织定期审查和监督合规管理工作，确保各项制度得到有效执行，有效防范了各类风险。

3. 合规管理的全过程覆盖

在产品设计、销售、客户服务等各个环节，T保险都严格按照法律法规和监管要求进行。公司定期开展合规培训，提升员工的法律意识和合规能力，确保各项业务活动在合法合规的框架内开展。

（三）案例特色和亮点

在贯彻党对金融工作的领导中，T保险始终把党的理论和政策精神融入企业治理、合规管理和人才培养的各个环节，构建了一套既科学严谨又充满活力的管理体系，展现出独具特色的实践亮点，具体体现在以下几个方面。

1. 党组织决策机制的完善

T保险构建了一套高效、科学的党组织决策机制，确保党组织在重大决策中始终居于主导地位。T保险定期召开党委专题会议，针对战略规划、风险防控、业务转型等关键问题进行深入调研、专家论证和数据评估，形成"定期讨论＋临时应急"的决策模式，从而确保每一项重大决策都既符合国家政策要求，又具备前瞻性和科学性。通过这种机制，T保险不仅大幅提升了决策效率，还使得企业运行始终与国家宏观调控和金融监管精神高度契合。

2. 合规管理体系的健全

T保险以"合规创造价值"为理念，从制度设计到部门建设，全方位打造了一套严密的合规管理体系。T保险成立了专门的合规部门，配备高水平专业合规人才，并通过内部审计、风险预警和定期评估等多重手段，对全业务流程进行严格监控。无论是新业务的推出还是日常经营活动，都严格遵循法律法规和监管要求，确保每个环节都不留合规死角。这种体系化管理不仅提升了公司的整体合规水平，也为企业在激烈的市场竞争中提供了坚实保障。

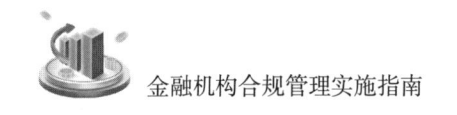

3. 员工合规培训的常态化

T 保险将合规培训制度化、常态化，构建了覆盖全员的持续学习平台。T 保险不仅定期组织专题培训、案例剖析和模拟演练，还结合最新的法律法规和监管动态，邀请专家现场讲解，确保每一位员工都能深入理解和灵活运用合规知识。通过这种"学以致用"的培训方式，员工的法律意识和风险防范能力显著提升，从而在实际工作中主动识别和化解潜在风险，为企业稳健发展提供了坚强的人才支撑。

T 保险在贯彻党对金融工作的领导、推动全面依法治国战略部署中，通过构建完善的决策机制、健全的合规管理体系和常态化的员工培训，充分展现了国有金融机构在推动行业高质量发展中的示范作用。这一实践案例不仅为企业内部管理注入了强大动力，也为其他金融机构提供了宝贵的经验和启示，令人耳目一新、印象深刻。

第五节　金融机构合规管理四原则

一、金融机构合规管理四原则的监管政策

第五条　金融机构合规管理应当遵循以下原则：

（一）依法合规。严格执行法律法规和各项监管规定，将依法合规经营作为金融机构一切活动必须坚守的底线和红线。

（二）全面覆盖。将合规要求贯穿决策、执行、监督、反馈等全流程，覆盖各领域、各环节，落实到各部门、各机构、各岗位以及全体员工。

（三）权责清晰。明确合规管理框架，落实业务及职能部门的主体责任、合规管理部门的管理责任和内部审计部门的监督责任，做到有机统筹、有效衔接。

（四）务实高效。持续完善与本机构金融业务和人员规模相匹配的合规管理体系，加强对重点领域、关键人员和重要业务的管理，充分运用数字化、智能化等手段，不断提升合规管理效能。

二、理解和学习：金融机构合规管理四原则

金融机构合规管理是一项至关重要的工作，它关乎金融机构的稳健运营、风险防范及可持续发展，应当严格遵循以下核心原则，以确保金融机构在复杂多变的市场环境中保持合规经营，维护良好的市场秩序和客户信任。

（一）依法合规原则

金融机构必须将依法合规经营视为一切活动的基石和不可逾越的底线。这要求金融机构在日常运营中，必须严格执行国家法律法规和各项监管规定，确保所有业务活动都在法律框架内进行。无论是产品开发、市场营销、客户服务，还是内部管理、风险控制等环节，都必须坚守依法合规的原则，不得有任何违法违规的行为。金融机构应当建立健全合规制度体系，将法律法规和监管要求内化为企业规章制度，确保每一位员工都能明确知晓并严格遵守。同时，金融机构还应当加强对法律法规和监管动态的跟踪研究，及时调整和完善合规管理制度，以适应不断变化的监管环境。

（二）全面覆盖原则

合规管理应当贯穿金融机构的决策、执行、监督、反馈等全流程，确保合规要求覆盖到各领域、各环节，落实到各部门、各机构、各岗位以及全体员工。这意味着，无论是高层管理人员还是一线员工，无论是前台业务部门还是后台支持部门，都必须将合规管理纳入日常工作范畴，确保各项业务活动都符合合规要求。金融机构应当建立完善的合规管理组织架构，明确各部门、各岗位的合规职责，形成全员参与、全程覆盖的合规管理体系。同时，金融机构还应当加强对业务流程的梳理和优化，确保合规要求融入每一个业务环节中，实现合规管理的全面覆盖。

（三）权责清晰原则

金融机构应当明确合规管理框架，落实业务及职能部门的主体责任、合规管理部门的管理责任和内部审计部门的监督责任，做到有机统筹、有效衔接。业务及职能部门作为业务活动的直接执行者，应当承担起合规管理的主体责任，确保本部门业务活动的合规性。合规管理部门则负责制定和执行合规管理制度，提供合规咨询和培训，监督和评估业务部门的合规管理情况。内部审计部门则负责对合规管理体系的有效性和合规管理的执行情况进行独立审计和监督。三个部门之间应当形成相互协作、相互制约的良性机制，共同推动合规管理工作的深入开展。

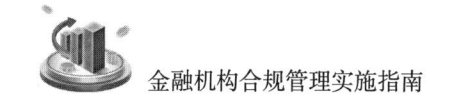

（四）务实高效原则

金融机构应当持续完善与本机构金融业务和人员规模相匹配的合规管理体系，确保合规管理的务实性和高效性。这要求金融机构在合规管理中注重实效，避免形式主义和走过场。金融机构应当加强对重点领域、关键人员和重要业务的管理，制定针对性的合规管理措施和风险控制策略。同时，金融机构还应当充分运用数字化、智能化等手段，提升合规管理的效率和准确性。通过建立合规管理系统、运用大数据分析等技术手段，实现对合规风险的实时监测和预警，提高合规管理的智能化水平。此外，金融机构还应当加强对合规管理人员的培训和教育，提高他们的专业素养和合规意识，为合规管理的务实高效提供有力保障。

三、思维导图：金融机构合规管理四原则

在金融机构日常运营中，合规管理是一项核心且至关重要的工作。为了更好地理解和实施合规管理，我们特别设计了一份金融机构合规管理四原则思维导图，如图1-5所示。图1-5清晰、直观地展示了金融机构合规管理的四大核心原则及其下属的具体要点和细节。它不仅帮助我们全面、清晰地了解金融机构合规管理的四大核心原则及其下属的具体要点和细节，还为我们制定和实施合规管理措施提供了有力的支撑和依据。

四、工具：合规管理四原则检测实施一览表

为了确保各项业务操作能够严格遵循法律法规和内部规章制度，我们特别设计了一份实用的工具——合规管理四原则检测实施一览表，如表1-5所示。

表1-5不仅融合了合规管理的核心要素，还以清晰、条理的方式呈现了检测的具体实施要点。表1-5基于合规管理的四项基本原则，这四大原则构成了金融机构合规管理的基石，也是确保业务稳健运行的重要保障。在表1-5中，我们对每一个原则都进行了详细的阐述和解释，帮助使用者更好地理解和把握合规管理的核心要义。

第一章 金融机构合规管理总体介绍

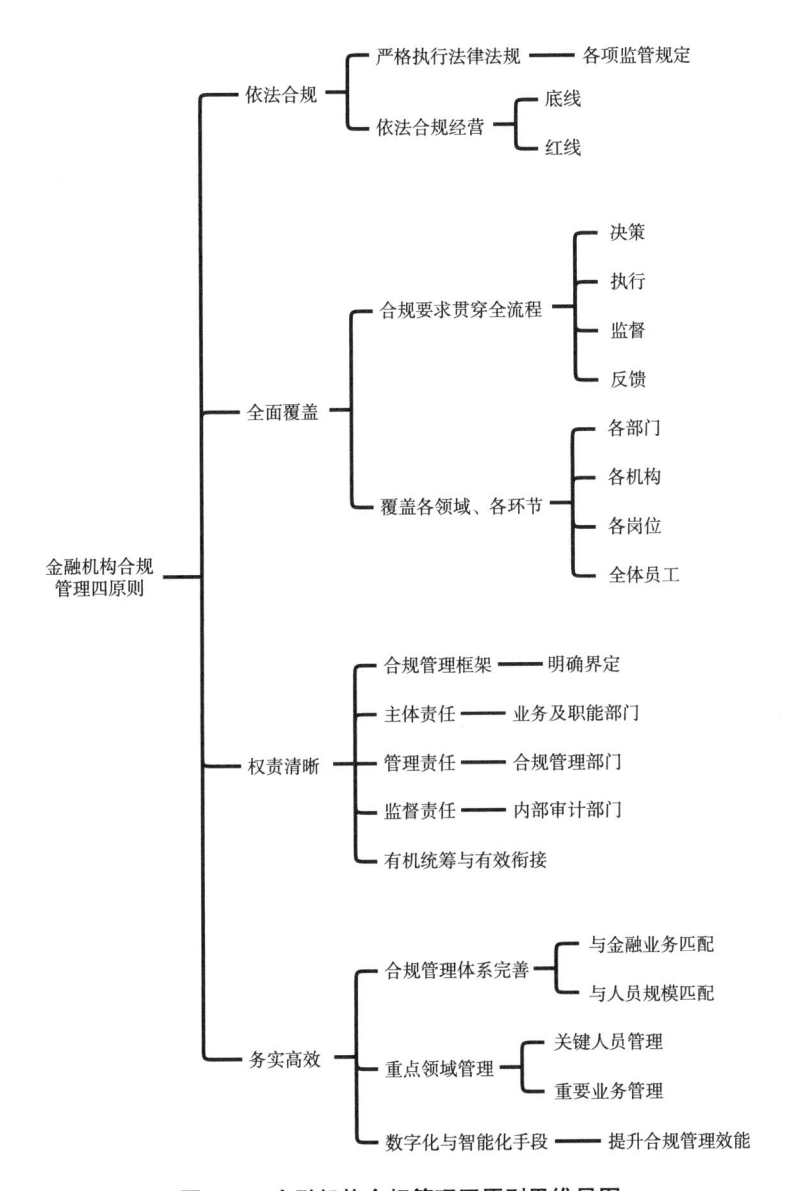

```
                        ┌─ 严格执行法律法规 ── 各项监管规定
              ┌─ 依法合规 ┤
              │         └─ 依法合规经营 ┬─ 底线
              │                        └─ 红线
              │
              │                              ┌─ 决策
              │         ┌─ 合规要求贯穿全流程 ┤ 执行
              │         │                    │ 监督
              │         │                    └─ 反馈
              ├─ 全面覆盖┤
              │         │                    ┌─ 各部门
              │         │                    │ 各机构
              │         └─ 覆盖各领域、各环节 ┤ 各岗位
金融机构合规    │                              └─ 全体员工
管理四原则     ┤
              │         ┌─ 合规管理框架 ── 明确界定
              │         │ 主体责任 ── 业务及职能部门
              ├─ 权责清晰┤ 管理责任 ── 合规管理部门
              │         │ 监督责任 ── 内部审计部门
              │         └─ 有机统筹与有效衔接
              │
              │         ┌─ 合规管理体系完善 ┬─ 与金融业务匹配
              │         │                   └─ 与人员规模匹配
              └─ 务实高效┤ 重点领域管理 ┬─ 关键人员管理
                        │              └─ 重要业务管理
                        └─ 数字化与智能化手段 ── 提升合规管理效能
```

图 1-5 金融机构合规管理四原则思维导图

此外，表 1-5 还注重实用性和可操作性，它不仅帮助金融机构全面、系统地梳理和评估自身的合规管理状况，还提供了具体、可操作的检测步骤和方法。通过使用这份一览表，金融机构可以更加有效地提升合规管理水平，确保业务的稳健运行和持续发展。

表 1-5 合规管理四原则检测实施一览表

项目	内容	检测项目	评价已经做到	评价尚未做到
金融机构合规管理四原则	严格法治遵循	坚定不移地执行法律法规及监管机构的各项规定		
		将依法合规作为金融机构所有业务活动的根本遵循与不可逾越的界限		
	全流程渗透	确保合规要求渗透至决策制定、执行实施、监督评估及反馈改进等每一个环节		
		实现全方位、无死角覆盖,确保每个部门、机构、岗位乃至每位员工均能有效践行合规要求		
	责任明确划分	清晰界定业务部门及职能部门、合规管理部门、内部审计部门的责任与协作		
		确保三者之间既能各司其职又能紧密协作		
	注重实效与效率	根据金融机构的业务特性与人员规模,持续优化合规管理体系		
		特别关注高风险领域、关键岗位及核心业务		
		积极采用数字化、智能化等先进技术手段,不断提升合规管理的精准度与效率		
		确保合规管理体系既符合实际又高效运行		

五、案例

伯克希尔·哈撒韦公司合规管理四原则体系构建与实施

（一）金融机构介绍

伯克希尔·哈撒韦公司是全球知名的多元化投资集团,它虽然不是一家传统意义上的金融机构,但它确实是一家非常重要的金融控股公司,由沃伦·巴菲特领导。公司总部位于美国奥马哈,业务涵盖保险、能源、铁路、公用事业、零售等多个领域。伯克希尔·哈撒韦公司以其稳健的投资策略和出色的风险管理能力著称,是全球投资者公认的蓝筹股之一。

（二）具体措施

伯克希尔·哈撒韦公司在合规管理方面,严格遵循依法合规、全面覆盖、独立权威、权责清晰、务实高效的原则,并采取了以下具体措施。

1. 依法合规

伯克希尔·哈撒韦公司严格遵守美国及全球各地的法律法规和监管要求，确保所有业务活动都在法律框架内进行。公司设有专门的法律事务部门，负责跟踪和解读最新的法律法规变化，确保公司政策与法规保持一致。

2. 全面覆盖

伯克希尔·哈撒韦公司将合规要求贯穿于决策、执行、监督、反馈等全流程，覆盖所有业务领域和环节。公司建立了全面的合规管理体系，包括合规政策、合规流程、合规培训和合规监测等，确保合规要求落实到各部门、各机构和全体员工。

3. 权责清晰

伯克希尔·哈撒韦公司明确了三道防线的合规管理框架。第一道防线，业务部门和职能部门承担主体责任，负责确保业务活动的合规性。第二道防线，合规管理部门承担管理责任，负责监督合规政策的执行和合规风险的识别与评估。第三道防线，内部审计部门承担监督责任，负责对合规管理体系的有效性进行审计和评估。各部门之间有机统筹、有效衔接，共同维护公司的合规管理秩序。

4. 务实高效

伯克希尔·哈撒韦公司持续优化合规管理体系，使其与公司的金融业务和人员规模相匹配。公司充分利用数字化、智能化等手段，提升合规管理效能。例如，通过大数据分析技术监测合规风险，通过人工智能技术辅助合规审查等。

（三）案例特色和亮点

1. 高度重视合规文化建设

伯克希尔·哈撒韦公司始终将合规视为企业生存与长青的基石。公司不仅定期组织全员参与合规培训，还发布了内容翔实、案例丰富的合规指南，帮助员工全面理解并内化合规理念。为了让合规即责任这一理念深入人心，公司设立了专门的匿名举报平台和定期反馈机制，鼓励员工主动报告潜在问题，对表现卓越者给予表彰和奖励，从而营造出人人关注、全员参与的良好合规文化氛围。

2. 强化合规风险管理

在风险管理方面，伯克希尔·哈撒韦公司构建了一套多层次、全覆盖的合规风险管理体系。公司依托先进的数据分析平台，定期开展风险评估与监测，对重点领域、关键岗位和重要业务实行严格的风险责任制，确保每个环节都能实时捕捉潜在风险并迅速制定应对方案。通过预防在先、动态监控、快速响应的机制，企业有效降低了合规风险对运营的冲击，并确保所有业务活动始终符合最新法律法规要求。

3. 数字化、智能化合规管理

伯克希尔·哈撒韦公司率先引入数字化和智能化技术，打造了一个自动化、实时化的合规管理平台。利用大数据和人工智能，公司能够对海量业务数据进行精准分析，及时发现异常交易和潜在违规行为，为管理层提供实时决策支持。这一系统不仅大幅提升了合规监控的效率，还使风险预警和应对措施更加科学和智能化，确保企业在瞬息万变的监管环境中始终立于不败之地。

4. 高效的合规管理体系

伯克希尔·哈撒韦公司的合规管理体系以其高度灵活性和适应性著称。该体系能够根据公司业务发展和法律法规变化，迅速进行内部流程和政策的调整与优化。合规管理部门与各业务部门紧密协作，通过定期跨部门联合审查、反馈会议和持续改进机制，共同推动合规管理创新，确保合规要求在每一项业务操作中得到落地执行，并为企业稳健运营提供坚实保障。

从伯克希尔·哈撒韦公司的实践中，我们可以清晰地看到，一个成功的金融机构必须高度重视合规管理，不仅要建立科学、全面、权责清晰且独立权威的合规体系，还需从根本上培养员工的合规意识，强化风险管理，并充分利用数字化、智能化技术提升管理效能。这样的措施不仅保障了企业的稳健运营和持续发展，更为金融机构赢得了良好的社会声誉和投资者的深厚信任。

第六节 金融机构合规管理监管单位

一、原文：金融机构合规管理监管单位的监管政策

第六条 国家金融监督管理总局及其派出机构依法对金融机构合规管理工作实施监督管理。

银行业自律组织、保险业自律组织依照本办法制定实施细则，对会员单位的合规管理工作实施自律管理。

二、理解和学习：金融机构合规管理监管单位

国家金融监督管理总局及其派出机构在金融机构合规管理工作中扮演着至关重要的监督管理者角色。依据相关法律法规和监管规定，对金融机构的合规管理工作进行

全面、深入、细致的监督管理,以确保金融机构能够严格遵守法律法规,规范经营行为,防范化解风险,维护金融市场的稳定和健康发展。

国家金融监督管理总局及其派出机构通过制定一系列合规管理政策和制度,明确金融机构在合规管理方面的责任和义务,为金融机构提供清晰的合规指引。定期对金融机构的合规管理情况进行现场检查和非现场监管,通过查阅相关资料、询问相关人员、实地查看等方式,全面了解金融机构的合规管理状况,及时发现和纠正存在的合规问题。

同时,国家金融监督管理总局及其派出机构还注重加强对金融机构合规管理工作的指导和培训。组织专家学者、业内专业人士等,为金融机构提供合规管理方面的培训和教育,帮助金融机构提高合规管理意识和能力,提升合规管理水平。此外,还积极与金融机构沟通交流,及时了解金融机构在合规管理中遇到的困难和问题,为金融机构提供有针对性的帮助和支持。

银行业自律组织、保险业自律组织作为行业内的自律管理机构,也承担着对会员单位合规管理工作的自律管理职责。依照国家金融监督管理总局及其派出机构制定的相关办法和实施细则,结合本行业的实际情况,制定具体的合规管理自律规则和标准,对会员单位的合规管理工作进行规范和指导。

银行业自律组织、保险业自律组织通过组织会员单位开展合规管理培训、交流研讨等活动,促进会员单位之间的合规管理经验分享和交流,提升整个行业的合规管理水平。还定期对会员单位的合规管理情况进行自查和互查,及时发现和纠正会员单位存在的合规问题,确保会员单位能够严格遵守法律法规和行业规范,维护行业的良好形象和声誉。

国家金融监督管理总局及其派出机构与银行业自律组织、保险业自律组织在金融机构合规管理工作中发挥着不可替代的作用。通过各自的职责和权限,共同构建起一个完善、有效的合规管理体系,为金融机构的稳健运营和金融市场的健康发展提供了有力保障。

三、思维导图:金融机构合规管理监管单位

在金融机构的庞大体系中,合规管理是一项至关重要的工作,而监管单位则是确保这项工作得以有效实施的关键环节。为了更好地理解和展示金融机构合规管理监管体系,我们特别绘制了图1-6所示的金融机构合规管理监管单位思维导图。

图1-6以清晰、直观的方式，呈现了监管单位在金融机构合规管理体系中的位置和作用，以及其与各相关部门之间的紧密联系和协作机制。通过图1-6，我们可以更加深入地了解金融机构合规管理的监管体系和工作流程，为合规管理工作的有效开展提供有力的支持和保障。

```
                         ┌─ 监管主体：国家金融监督管理总局及其派出机构
                         │
              ┌─ 主要 ───┼─ 监管对象：金融机构的合规管理工作
              │   内容   │
              │         └─ 自律管理：中国银行业协会、中国保险行
              │            业协会等全国性自律组织实施自律管理
金融机构合规 ──┤
管理监管单位   │         ┌─ 第六条：国家金融监督管理总局及其派出机构
              │         │  依法对金融机构合规管理工作实施监管
              └─ 具体 ──┤
                 条款    └─ 自律组织职责：中国银行业协会、中国保险行
                            业协会等全国性自律组织依照本办法制定实施细则，
                            对会员单位的合规管理工作实施自律管理
```

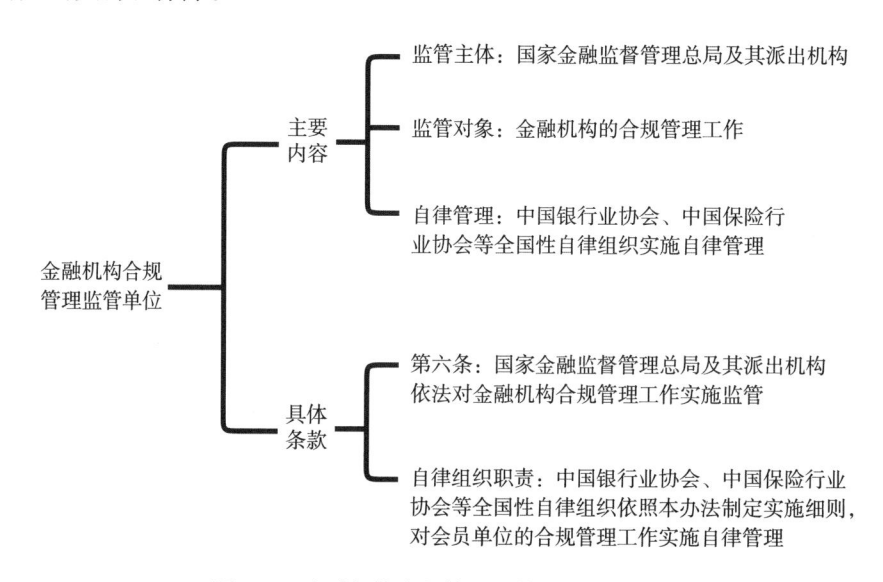

图1-6　金融机构合规管理监管单位思维导图

四、工具：合规管理监管单位检测实施一览表

在合规管理领域，监管单位扮演着至关重要的角色，它们不仅负责监督金融机构的合规运营，还需确保自身的管理和行为也符合相关法规和标准。为了更好地履行这一职责，提升监管效能，我们特别设计了表1-6所示的合规管理监管单位检测实施一览表。

表1-6表明被监管单位可将评价检测作为一种常态化的管理手段，定期对自身的合规管理工作进行自查和评估，及时发现并解决新问题，不断推动合规管理的完善和提升。

表 1-6 合规管理监管单位检测实施一览表

项目	内容	检测项目	评价已经做到	评价尚未做到
合规管理监管单位管理	主要内容	监管主体：国家金融监督管理总局及其派出机构		
		监管对象：金融机构的合规管理工作		
		自律管理：中国银行业协会、中国保险行业协会等全国性自律组织实施自律管理		
	具体条款	国家金融监督管理总局及其派出机构依法对金融机构合规管理工作实施监管		
		自律组织职责：中国银行业协会、中国保险行业协会等全国性自律组织依照本办法制定实施细则，对会员单位的合规管理工作实施自律管理		

五、案例

美国金融监督管理机构合规管理

（一）金融机构介绍

美国金融监督管理机构，如美联储、货币监理署、美国存款保险公司等，承担着对金融机构合规管理工作的监管职责。这些机构通过制定法律法规、发布监管指引、开展现场检查和非现场监管等方式，确保金融机构的业务活动符合相关法律法规和监管要求。同时，美国的银行业协会、保险行业协会等全国性自律组织也在金融机构合规管理中发挥着重要作用。

（二）具体措施

1. 制定法律法规和监管指引

美国金融监督管理机构制定了一系列法律法规，如《联邦量刑指南》《银行保密法》等，为金融机构的合规管理提供了明确的法律框架。这些机构还发布了诸多监管指引，如《反洗钱合规检查手册》《合规风险管理指南》等，帮助金融机构理解和实施合规要求。

2. 开展现场检查和非现场监管

美国金融监督管理机构定期对金融机构进行现场检查，通过查阅文件、访谈员工、分析数据等方式，评估金融机构的合规管理情况。同时，这些机构还利用非现场监管手段，如收集和分析金融机构的报表数据、监测风险指标等，及时发现和纠正金融机构的违规行为。

3. 加强与自律组织的合作

美国金融监督管理机构与银行业协会、保险行业协会等自律组织保持密切联系，共同推动金融机构的合规管理工作。这些机构支持自律组织制定金融机构合规管理实施细则，对会员单位的合规管理工作实施自律管理，并积极参与自律组织举办的培训、研讨会等活动。

（三）案例特色和亮点

1. 监管体系完善

美国金融监督管理机构构建了一个层次分明、覆盖广泛的监管体系，不仅涵盖银行、保险和证券等各大领域，还包括衍生品、期货、信贷和消费者保护等多个方面。以联邦储备系统、美国证券交易委员会、商品期货交易委员会和联邦存款保险公司为代表的机构，通过制定严格的资本充足率、流动性、风险管理和信息披露等标准，确保金融机构的各项业务活动在制度内运行，防止系统性风险的积聚。这样的多部门联动和跨领域监管，为金融市场的稳健运行提供了坚实的制度保障。

2. 注重风险预防

美国监管机构始终把风险预防摆在核心位置，通过制定前瞻性的监管政策和严格的压力测试机制，提前识别和防范潜在风险。例如，美联储定期开展压力测试并发布详细的风险预警报告，对金融体系的稳定性进行综合评估，从而推动各大银行和金融机构不断完善内部风险管理措施，减少突发风险给市场带来的冲击。

3. 强调合规文化

美国监管体系高度重视合规文化的培育，要求金融机构不仅要遵守法律法规，更要将合规理念内化为企业文化的重要组成部分。各金融机构通过定期举办合规培训、内部研讨和案例分享，将合规的理念贯穿于日常经营中，并建立完善的内部举报和激励机制，鼓励员工主动发现和上报潜在违规问题，进而提升整个组织的风险防控水平。

4. 加强国际合作

在全球化和跨国金融活动日益密切的背景下，美国金融监督管理机构积极加强与其他国家和地区监管机构的沟通与合作。通过签署监管合作备忘录、参与国际金融监管组织、共享监管信息和风险预警数据等措施，美国监管机构与全球同行携手应对跨境金融风险和复杂挑战，为全球金融市场的稳定发展提供了坚实支撑。

5. 利用科技手段提高监管效率

美国监管部门积极拥抱科技革新，通过大数据、人工智能和区块链等技术手段提升监管效能。监管机构利用实时数据分析平台，对金融机构提交的报表和交易数据进行智能监测，快速捕捉异常行为和潜在风险。同时，通过运用人工智能技术辅助现场检查和非现场监管，实现了监管过程的自动化和智能化，大幅提升了监管的准确性和响应速度，为金融市场构建了一个更加高效和透明的监控网络。

美国金融监督管理机构通过构建完善的监管体系、注重风险预防、培育合规文化、加强国际合作及利用前沿科技提高监管效率，形成了一套科学、先进且高效的监管模式。这些措施不仅为美国金融市场的稳定和健康发展提供了有力保障，也为全球其他国家和地区的金融监管实践提供了宝贵的借鉴和参考。

本章小结

第一章作为《办法》的总则部分，全面系统地介绍了金融机构合规管理的总体框架、核心原则、遵循的法律法规、适用范围、四重定义、四原则及监管单位等内容。这些内容不仅为金融机构合规管理提供了明确的指导和依据，也为金融机构在复杂多变的市场环境中保持稳健运营和可持续发展奠定了坚实基础。

一、金融机构合规管理总体介绍

1. 制定依据与目的

依据：根据《中华人民共和国银行业监督管理法》《中华人民共和国商业银行法》《中华人民共和国保险法》《中华人民共和国信托法》等法律法规，制定本办法。

目的：提高金融机构依法合规经营的能力，确保金融机构及其员工的行为符合法律法规和内部规范，有效防控合规风险。

2. 合规管理核心要素

定义与解释：对合规、合规管理、合规风险和合规管理部门等关键概念进行了明确界定。

核心要义：金融机构应建立合规制度、完善运行机制、培育合规文化，以有效防控合规风险。

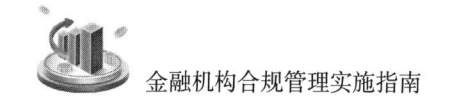

3. 党组织作用

国有金融机构：党组织应充分发挥领导作用，将党的领导与公司治理有机结合，支持金融机构依法行使职权。

非公有制金融机构：党组织应引导和监督金融机构贯彻党的方针政策，遵守国家法律法规，维护各方合法权益，促进金融机构健康发展。

二、金融机构合规管理遵循的法律法规

主要法律法规：《中华人民共和国银行业监督管理法》《中华人民共和国商业银行法》《中华人民共和国保险法》《中华人民共和国信托法》等。这些法律法规为金融机构合规管理提供了法律保障和指导。

三、合规管理框架

构建基础：以法律法规为依据，构建金融机构合规管理的框架和体系。

实施路径：通过制定和执行合规政策、程序和控制措施，确保金融机构及其员工的行为符合法律法规要求。

四、合规管理适用范围

1. 主要适用对象

包括政策性银行、商业银行、金融资产管理公司、企业集团财务公司、金融租赁公司、汽车金融公司、消费金融公司、货币经纪公司、信托公司、理财公司、金融资产投资公司、保险公司（包括再保险公司）、保险资产管理公司、保险集团（控股）公司、相互保险组织等机构。覆盖了依法由国家金融监督管理总局及其派出机构监管的各类金融机构。

2. 适用范围说明

行业特点：考虑到不同金融机构的行业特点和监管要求，本办法提出了相应的合规管理要求。

国际业务：对于涉及跨境业务和国际合作的金融机构，本办法也提出了相应的合规管理指引。

五、合规管理四重定义

合规：金融机构经营管理行为及其员工履职行为应当符合法律、行政法规、部门规章和规范性文件，以及金融机构落实监管要求制定的内部规范。

合规管理：金融机构以确保遵循合规规范、有效防控合规风险为目的，以提升依法合规经营管理水平为导向，开展的一系列管理活动。

合规风险：因金融机构经营管理行为或者员工履职行为违反合规规范，造成金融机构或者其员工承担刑事、行政、民事法律责任，财产损失、声誉损失以及其他负面影响的可能性。

合规管理部门：金融机构设立的、牵头承担合规管理职责的内设部门。

六、金融机构合规管理四原则

1. 依法合规原则

要求：严格执行法律法规和各项监管规定，将依法合规经营作为金融机构一切活动必须坚守的底线和红线。

2. 全面覆盖原则

要求：将合规要求贯穿决策、执行、监督、反馈等全流程，覆盖各领域、各环节，落实到各部门、各机构、各岗位及全体员工。

3. 权责清晰原则

要求：明确合规管理框架，落实业务及职能部门的主体责任、合规管理部门的管理责任和内部审计部门的监督责任，做到有机统筹、有效衔接。

4. 务实高效原则

要求：持续完善与本机构金融业务和人员规模相匹配的合规管理体系，加强对重点领域、关键人员和重要业务的管理，充分运用数字化、智能化等手段，不断提升合规管理效能。

七、金融机构合规管理监管单位

监管主体：国家金融监督管理总局及其派出机构——依法对金融机构合规管理工作实施监督管理。

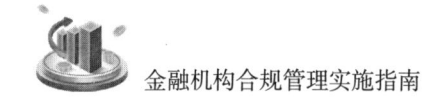

八、自律管理

银行业自律组织、保险业自律组织：依照本办法制定实施细则，对会员单位的合规管理工作实施自律管理。

九、监管与自律协同

协同作用：国家金融监督管理总局及其派出机构与自律组织共同构建完善的合规管理监管体系，确保金融机构合规管理工作的有效实施。

十、具体案例分析与启示

1.国内外案例

列举：如美国银行、花旗集团等国内外金融机构的合规管理案例。

分析：通过案例分析，展示金融机构在合规管理方面的成功经验和教训。

2.启示

重要性：强调合规管理对金融机构稳健运营和可持续发展的重要性。

实践路径：为金融机构提供可借鉴的合规管理实践路径和策略。

第二章

合规管理架构和职责

本书第二章全面而细致地阐述了金融机构在合规管理领域的组织架构、职责分工及具体的合规管理要求和措施。

首先，在合规管理的组织架构方面，办法按照"分级管理、逐级负责"的要求，构建了由董事会、高级管理人员、各部门及下属机构主要负责人共同组成的合规管理责任体系。董事会作为金融机构的最高决策机构，负责确定合规管理目标，并对合规管理的整体有效性承担最终责任；高级管理人员则负责具体落实合规管理目标，对主管或分管领域的业务合规性负起领导责任；各部门及下属机构主要负责人则需确保本部门、本级机构的合规管理目标得以实现，并对本部门的合规管理工作承担首要责任。这种层层压实责任的做法，确保了合规管理要求能够得到有效执行。

其次，《金融机构合规管理办法》（以下简称《办法》）还特别强调了合规文化建设的重要性，并将其视为金融机构合规管理的灵魂。《办法》要求金融机构将合规理念深深植根于企业文化之中，通过确立"合规从高层做起、全员主动合规、合规创造价值"等核心理念，营造一种"不敢违规、不能违规、不想违规"的合规文化氛围。

为此，金融机构需设立首席合规官及各级合规官，这些高级管理人员将承担起领导、组织、推动和监督合规管理工作的重任，确保合规文化能够在金融机构内部得到广泛传播和深入践行。在合规管理部门的职责方面，《办法》进行了详细规定。合规管理部门作为金融机构合规管理的核心部门，需独立于可能与合规管理存在职责冲突的部门，如前台业务、财务、资金运用、内部审计等部门，以确保其独立性和公正性。合规管理部门需牵头负责合规管理制度的拟定、合规审查、合规检查、风险评估、合规事件处理等一系列工作，为金融机构的合规管理提供全方位的支持和保障。

同时，合规管理部门还需与监管机构保持密切的日常联系，确保金融机构能够及时了解并适应监管政策的变化，从而有效防控合规风险。为了进一步提升合规管理的有效性，《办法》还提出了一系列具体的合规管理措施和要求。例如，金融机构需定期对合规管理制度进行审查和更新，确保其符合法律法规和监管政策的要求；需加强对员工的合规培训和教育，提高员工的合规意识和合规能力；需建立健全合规风险监测和预警机制，及时发现并处理合规风险隐患；需加强对第三方合作机构的合规管理，确保合作机构的行为符合合规规范等。这些措施的实施将有助于金融机构全面提升合规管理水平，降低合规风险，保护金融机构及其客户的合法权益。

最后,《办法》还强调了金融机构全体员工在合规管理中的重要作用。全体员工作为合规管理的直接参与者和执行者,需严格遵守合规行为规范,主动识别和控制合规风险,对违反合规规范的行为进行及时报告和纠正。同时,金融机构还需建立健全合规问责机制,对违反合规规范的行为进行严肃问责,以维护合规管理的严肃性和权威性。通过这些措施的实施,金融机构将能够构建起一套全面、系统、有效的合规管理体系,为金融机构的稳健运营和持续发展提供有力保障。

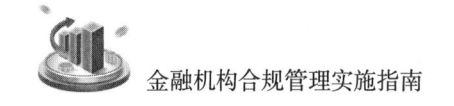

第一节 建立健全合规管理体系

一、金融机构建立健全合规管理体系的监管政策

第七条 金融机构应当制定合规管理制度，按照"分级管理、逐级负责"的要求，完善合规管理组织架构，明确合规管理责任，深化合规文化建设，建立健全合规管理体系。

二、理解和学习：建立健全合规管理体系

《办法》第七条关于金融机构的合规管理有明确且详尽的要求。金融机构在日常的运营和管理过程中，应当制定一套全面、系统且可行的合规管理制度。这套制度不仅要涵盖各项业务活动的合规要求，还要确保所有操作都严格符合法律法规的相关规定，为金融机构的合法合规经营提供坚实的制度保障。

在制定合规管理制度的基础上，金融机构还需按照"分级管理、逐级负责"的基本原则，进一步完善其合规管理的组织架构。这意味着，金融机构要明确各级管理人员在合规管理中的具体职责和权限，确保每一层级都能承担起相应的合规管理责任。通过分级管理和逐级负责，金融机构可以形成一个层次分明、责任明确的合规管理体系，提高合规管理的效率和效果。

同时，金融机构还应深化合规文化建设，将合规理念融入企业文化之中。合规文化是企业文化的重要组成部分，它强调全员遵守合规规范、秉持诚信原则、注重风险防控。通过深化合规文化建设，金融机构可以营造一个良好的合规氛围，使员工自觉遵守合规要求，形成全员参与合规管理的良好局面。

为此，金融机构应当建立健全的合规管理体系，不断完善合规管理制度和流程，加强合规培训和宣传教育，提高员工的合规意识和能力。同时，金融机构还应加强对合规管理的监督和检查，确保合规管理制度得到有效执行，合规管理体系不断完善和发展。只有这样，金融机构才能在激烈的市场竞争中保持稳健发展，为客户提供更加安全、可靠的金融服务。

三、思维导图：建立健全合规管理体系

金融机构合规管理，具备重要性以及复杂性，作为确保机构各项业务活动符合

法律法规、监管要求及内部政策的关键环节,对于防范法律风险、维护机构声誉、保障客户权益具有至关重要的作用。图 2-1 所示的建立健全合规管理体系思维导图,展现了合规管理的"分级管理、逐级负责"的多样性和挑战性,为金融机构的合规管理指明了方向,金融机构在日常运营中需要持续关注合规风险,不断调整和优化合规管理策略,以确保稳健经营和可持续发展。同时,合规管理不仅仅是法律事务部门的工作,更需要全行员工的共同参与和努力,共同实现全员合规、全程合规、全面合规的目标。

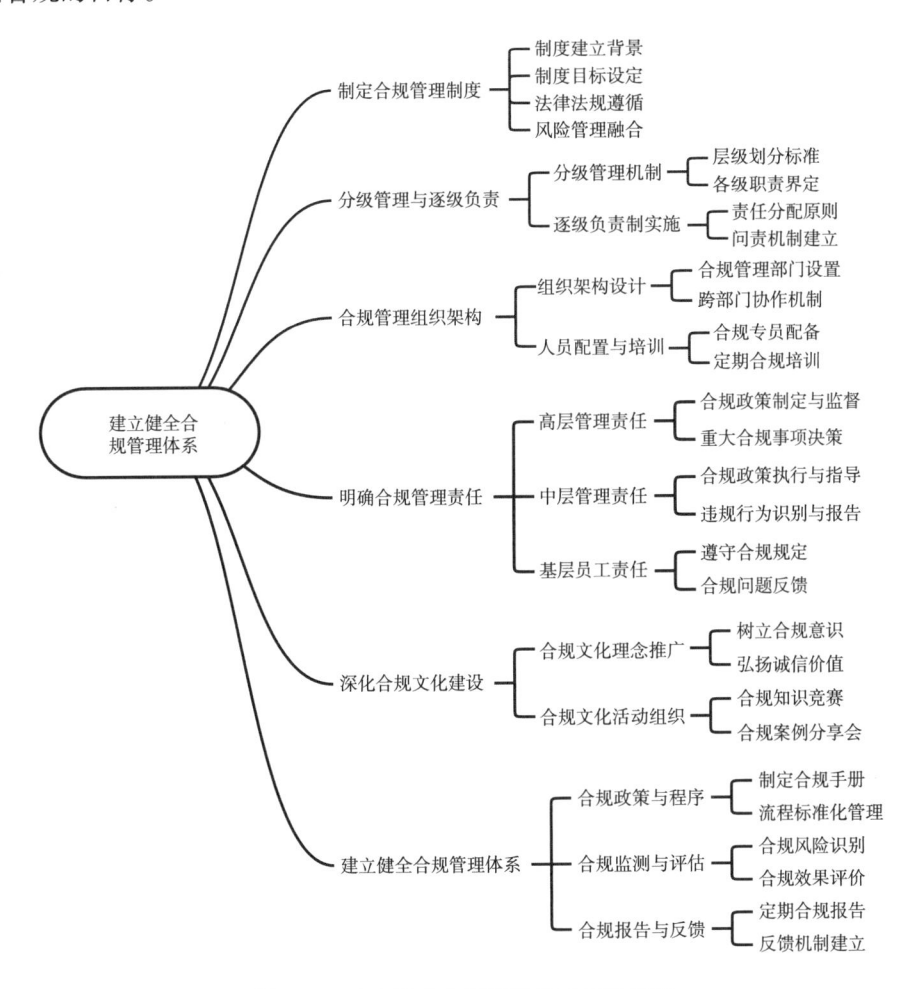

```
建立健全合规管理体系
├─ 制定合规管理制度
│   ├─ 制度建立背景
│   ├─ 制度目标设定
│   ├─ 法律法规遵循
│   └─ 风险管理融合
├─ 分级管理与逐级负责
│   ├─ 分级管理机制
│   │   ├─ 层级划分标准
│   │   └─ 各职责界定
│   └─ 逐级负责制实施
│       ├─ 责任分配原则
│       └─ 问责机制建立
├─ 合规管理组织架构
│   ├─ 组织架构设计
│   │   ├─ 合规管理部门设置
│   │   └─ 跨部门协作机制
│   └─ 人员配置与培训
│       ├─ 合规专员配备
│       └─ 定期合规培训
├─ 明确合规管理责任
│   ├─ 高层管理责任
│   │   ├─ 合规政策制定与监督
│   │   └─ 重大合规事项决策
│   ├─ 中层管理责任
│   │   ├─ 合规政策执行与指导
│   │   └─ 违规行为识别与报告
│   └─ 基层员工责任
│       ├─ 遵守合规规定
│       └─ 合规问题反馈
├─ 深化合规文化建设
│   ├─ 合规文化理念推广
│   │   ├─ 树立合规意识
│   │   └─ 弘扬诚信价值
│   └─ 合规文化活动组织
│       ├─ 合规知识竞赛
│       └─ 合规案例分享会
└─ 建立健全合规管理体系
    ├─ 合规政策与程序
    │   ├─ 制定合规手册
    │   └─ 流程标准化管理
    ├─ 合规监测与评估
    │   ├─ 合规风险识别
    │   └─ 合规效果评价
    └─ 合规报告与反馈
        ├─ 定期合规报告
        └─ 反馈机制建立
```

图 2-1 建立健全合规管理体系思维导图

四、工具:建立健全合规管理体系检测一览表

为了助力金融机构更好地构建和完善全面合规管理体系,我们特别推出了一款实

用的工具——建立健全合规管理体系检测一览表，如表2-1所示。表2-1以系统、全面的视角，涵盖了合规管理体系的各个关键要素和环节。通过表2-1，金融机构可以对照表中的检测项目，逐一进行自我评估，及时发现合规管理体系中存在的漏洞和不足。帮助更加有针对性地进行改进和完善，从而构建起一套健全、有效的合规管理体系，为金融机构的稳健发展提供有力保障。

表2-1 建立健全合规管理体系检测一览表

项目	检测项目	评价已经做到	评价尚未做到
建立健全合规管理体系	制定合规管理制度		
	按照分级管理的要求，完善了合规管理组织架构		
	按照逐级负责的要求，完善了合规管理组织架构		
	合规管理组织架构		
	明确合规管理责任		
	深化合规文化建设		
	建立健全了合规管理体系		

五、案例

法国农业信贷银行构建全面合规管理体系

（一）金融机构介绍

法国农业信贷银行是法国最大的银行之一，也是一家具有互助合作性质的半官方农业信贷机构。它在法国地方信贷合作公司和地区金库的基础上建立，原称"国家农业信贷管理局"，后经过多次更名，最终在1947年确定改名为"法国农业信贷银行"。该行总行设在巴黎，是法国农业信贷系统的中央银行和管理中心，拥有广泛的国内外分支机构和服务网络。该行不仅在法国本土拥有庞大的客户基础和市场份额，还在国际上享有较高的声誉和影响力，多次入选《财富》世界500强排行榜。

法国农业信贷银行以农业信贷业务起家，但随着经济和社会的发展，企业和个人对银行服务的需求日益多样化，该行逐渐拓展其业务范围，形成了包括国内零售业务、特殊金融服务业务、资产管理和保险及私人银行业务、公司和投资银行业务、国际零售业务及所有权资产管理和其他业务在内的多元化业务格局。

（二）具体措施

1. 建立合规组织架构

法国农业信贷银行在董事会下设合规委员会，负责审议和决策经营管理中的合规事项。设立专门的合规部门，配备专业的合规人员，负责日常的合规监测、报告和管理工作。各级分支机构和管理部门也设立相应的合规岗位，确保合规管理覆盖到每一个业务环节和层级。

2. 制定合规政策和程序

制定全面的合规政策，明确合规管理的目标、原则、要求和责任分工。针对不同业务类型和风险点，制定详细的合规操作规程和内部控制流程。定期对合规政策和程序进行审查和更新，确保其适应法律法规和业务发展的需要。

3. 加强合规培训和教育

定期组织合规培训活动，提高员工的合规意识和技能水平。通过内部网络、宣传册等方式，向员工普及合规知识和案例警示。鼓励员工主动学习和了解合规方面的最新动态和法规要求。

4. 强化合规监测和报告

建立合规监测机制，对业务操作、内部控制和风险管理等方面进行实时监测和预警。定期对合规管理情况进行评估和报告，向董事会和高级管理层提供合规管理方面的信息和建议。对于发现的合规问题，及时采取措施进行整改和纠正。

5. 完善合规管理制度和技术手段

不断完善合规管理制度和流程，提高合规管理的效率和效果。引入先进的合规管理技术和工具，如合规管理系统、数据分析平台等，提高合规管理的科技化水平。

（三）案例特色和亮点

1. 高层重视，全员参与

法国农业信贷银行高层管理者始终将合规管理视为银行稳健发展的基石。他们定期召开战略会议，将合规要求纳入经营决策，并推动合规文化的建设。通过建立覆盖全员的合规培训计划、内部讨论会和专题案例研讨，银行不仅促使管理层躬身示范、身体力行，还鼓励基层员工积极参与、勇于提出问题和建议，形成一种人人为合规负责的浓厚氛围。

2. 风险导向，注重实效

法国农业信贷银行的合规管理体系以风险为导向，重点聚焦于高风险业务和关键环节，通过定期开展细致的风险评估、持续的监测和预警机制，及时发现并消除潜在风险。例如，法国农业信贷银行利用内部审计与跨部门联合评估，对风险点进行动态监控，确保每项业务活动都严格遵守监管要求，从而降低系统性风险，保障业务稳健运行。

3. 科技赋能，提升效率

在数字化转型的大背景下，法国农业信贷银行充分运用大数据分析、人工智能及其他现代信息技术手段，打造了实时监控和预警的合规管理平台。该平台能够自动整合各业务线的合规数据，实现数据共享与智能分析，快速捕捉异常交易和潜在违规行为，为高层决策提供精准支持，并大幅提升监管效率与应变速度。

4. 国际合作，共筑防线

面对跨国金融活动日益增多的挑战，法国农业信贷银行积极参与国际监管合作，与欧美、亚太等地区的金融监管机构建立了密切沟通和信息共享机制。通过签署监管合作备忘录、参与国际金融监管组织及标准制定工作，银行不断提升自身在国际金融市场的合规地位和影响力，共同应对跨国金融犯罪与合规风险。

法国农业信贷银行在构建全面合规管理体系方面展现出鲜明特色与亮点。高层领导的高度重视促使全员参与，风险导向的管理机制确保了对重点风险的精准打击，先进科技赋能使合规监管实现自动化和实时化，广泛的国际合作则为跨国风险防控构筑了坚实防线。这些措施不仅为银行的稳健运营和持续发展提供了有力保障，也为全球其他金融机构提供了宝贵的借鉴。

第二节　董高管分工负责合规管理

一、董高管分工负责合规管理的监管政策

第八条　金融机构的董事会（含行使董事会职权的董事，下同）负责确定合规管理目标，对合规管理的有效性承担最终责任。金融机构的高级管理人员负责落实合规管理目标，对主管或者分管领域业务合规性承担领导责任。

二、理解和学习：董高管分工负责合规管理

《办法》第八条，关于金融机构合规管理责任的明确与落实，有着极为关键的规定。

金融机构的董事会,这一核心决策机构(其中包含行使董事会职权的董事,以下均同此表述),肩负着确定合规管理目标的重任。董事会作为金融机构的治理核心,必须高瞻远瞩,根据机构的战略目标、业务特点及法律法规要求,科学、合理地设定合规管理目标。这些目标不仅要有明确的方向性,还要具备可操作性和可衡量性,为金融机构的合规管理工作提供清晰的指引。

同时,董事会对合规管理的有效性承担着最终责任。这意味着,无论合规管理工作中出现任何问题或风险,董事会都要作为最终的责任主体,承担相应的责任和后果。这种责任制的设定,有助于强化董事会对合规管理的重视程度,确保合规管理工作得到充分的关注和支持。

金融机构的高级管理人员是合规管理目标的具体落实者。他们作为业务部门的负责人或分管领导,必须深刻理解并认同合规管理目标,将其融入日常的业务管理和决策过程中。高级管理人员要对主管或分管领域的业务合规性承担领导责任,确保所管辖的业务活动都严格符合法律法规和内部规章制度的要求。

在具体工作中,高级管理人员要加强对业务人员的合规培训和指导,提高他们的合规意识和能力;要建立健全合规管理制度和流程,确保业务活动的合规性得到有效保障;还要加强对业务活动的监督和检查,及时发现并纠正违规行为,防止风险的发生和扩大。通过这样的方式,高级管理人员才能切实履行领导责任,为金融机构的合规管理工作贡献自己的力量。

三、思维导图:董高管分工负责合规管理职责

在金融机构的合规管理架构中,董事会与高级管理人员被赋予了明确的职责分工。董事会作为合规管理的顶层设计者,其核心职责在于确立合规管理的长远目标,并承担起保障合规管理体系有效性的最终责任,这是确保金融机构行稳致远的基石。而高级管理人员则作为合规管理的具体执行者和监督者,他们的职责重心在于将董事会的合规管理目标转化为实际行动,同时对各自业务领域内的合规性进行领导与监督,确保每一项业务操作都符合法规要求,从而彰显出他们在合规管理中的关键角色与重要职责,董高管分工负责合规管理职责思维导图,如图2-2所示。

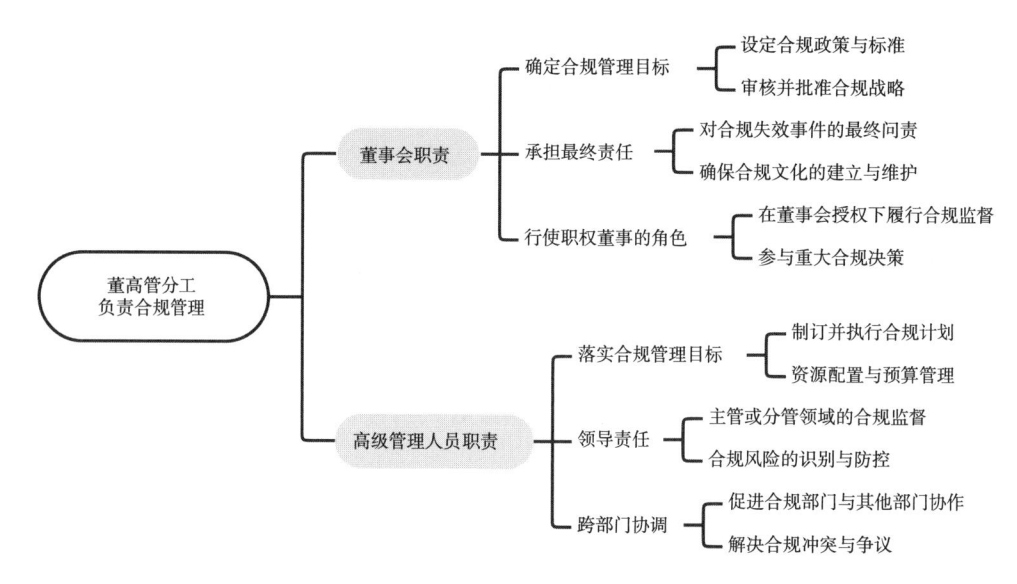

```
                        ┌─ 确定合规管理目标 ─┬─ 设定合规政策与标准
                        │                    └─ 审核并批准合规战略
            ┌─ 董事会职责┼─ 承担最终责任  ─┬─ 对合规失效事件的最终问责
            │            │                  └─ 确保合规文化的建立与维护
            │            └─ 行使职权董事的角色 ─┬─ 在董事会授权下履行合规监督
董高管分工   │                                  └─ 参与重大合规决策
负责合规管理─┤
            │                ┌─ 落实合规管理目标 ─┬─ 制订并执行合规计划
            │                │                    └─ 资源配置与预算管理
            └─ 高级管理人员职责┼─ 领导责任 ─┬─ 主管或分管领域的合规监督
                              │            └─ 合规风险的识别与防控
                              └─ 跨部门协调 ─┬─ 促进合规部门与其他部门协作
                                            └─ 解决合规冲突与争议
```

图 2-2　董高管分工负责合规管理职责思维导图

四、工具：董高管分工负责合规管理检测实施一览表

我们特别设计了一款实用的工具，董高管分工负责合规管理检测实施一览表，如表 2-2 所示。表 2-2 以清晰、简洁的方式，呈现了董高管在合规管理中的分工与职责。通过表 2-2，董高管可以明确自己在合规管理中的具体任务和责任，对照表 2-2 中的检测项目，逐一进行自我检查，及时发现并纠正合规管理中的不足之处。同时，表 2-2 还为董高管提供了合规管理的实施指南，帮助他们更加有效地履行合规管理职责，确保金融机构的合规运营。

表 2-2　董高管分工负责合规管理检测实施一览表

项目	检测项目	评价已经做到	评价尚未做到
董高管分工负责合规管理	董事会确定了合规管理目标		
	行使董事会职权的董事确定了合规管理		
	董事会对合规管理的有效性承担最终责任		
	行使董事会职权的董事对合规管理的有效性承担最终责任		
	高级管理人员落实了合规管理目标		
	高级管理人员对主管领域业务合规性承担领导责任		
	高级管理人员对分管领域业务合规性承担领导责任		

五、案例

三菱日联金融集团董高管分工负责合规管理

(一) 金融机构介绍

三菱日联金融集团是日本最大的金融机构之一,其业务范围涵盖银行、证券、信托、保险等多个领域。三菱日联银行作为该集团的核心银行,在全球多个国家和地区设有分支机构,为客户提供全方位的金融服务。三菱日联金融集团一直以来都秉持着稳健经营、合规为本的理念,致力于为客户提供优质、安全的金融服务。

三菱日联金融集团深知合规管理对于金融机构的重要性,特别是在复杂的国际金融环境中,合规管理更是金融机构稳健发展的基石。因此,三菱日联金融集团在董高管分工负责合规管理方面采取了诸多有效措施,以确保合规管理的有效性和业务合规性。

(二) 具体措施

1. 董事会层面的合规管理

三菱日联金融集团的董事会作为最高决策机构,在合规管理中发挥着核心作用。董事会负责确定合规管理目标,并对合规管理的有效性承担最终责任。为实现这一目标,董事会采取了以下具体措施。

第一,制定合规政策与战略。董事会制定了全面的合规政策与战略,明确了合规管理的原则、目标和要求。这些政策涵盖了银行业务的各个方面,包括客户身份识别、反洗钱、交易报告、内部控制等,以确保银行业务的合规性。

第二,设立合规委员会。董事会下设合规委员会,负责监督合规政策的执行情况和合规风险的管理。合规委员会由董事和高管组成,具有高度的独立性和权威性。合规委员会定期向董事会报告合规工作的进展和存在的问题,提出改进建议,确保合规管理的连续性和有效性。

第三,加强合规文化建设。董事会积极推动合规文化建设,通过培训、宣传等方式提高员工的合规意识和法律意识。董事会强调,合规不仅是专业合规人员的责任,更是全体员工共同的责任。通过营造浓厚的合规氛围,促使员工自觉遵守合规规定,降低合规风险。

第四,明确合规职责与分工。董事会明确了合规管理相关人员的职责和分工,确保在业务决策和执行过程中始终考虑合规因素。董事会还制定了严格的合规管理制度和流程,确保合规管理的规范性和有效性。

2. 高级管理人员层面的合规管理

高级管理人员作为三菱日联金融集团运营的实际执行者,负责落实合规管理目标,并对主管或分管领域业务的合规性承担领导责任。在高级管理人员层面,三菱日联金融集团采取了以下具体措施来落实合规管理目标。

第一,制订并执行合规计划。高级管理人员根据董事会的合规政策与战略,制订了详细的合规计划,并确保各项合规措施得到有效执行。他们密切关注监管政策和要求的变化,及时调整合规计划,确保银行业务的合规性。

第二,加强合规培训与监督。高级管理人员定期组织合规培训,提高员工的合规操作技能和风险防范意识。同时,他们加强对下属部门和员工的合规监督,确保业务操作符合法律法规和监管要求。对于发现的合规问题,高级管理人员及时采取措施进行整改和纠正,防止风险扩大和损失加剧。

第三,建立合规风险预警机制。高级管理人员建立了合规风险预警机制,通过数据分析、风险评估等方式及时发现潜在的合规风险。他们制定应对措施,确保风险得到及时控制和化解。此外,高级管理人员还加强与监管机构的沟通与协作,及时了解监管政策和要求,确保银行业务的合规性。

第四,强化内部控制与审计。高级管理人员加强了对内部控制的监督和审计力度,确保内部控制制度的健全性和有效性。他们定期组织内部审计和风险评估,及时发现并纠正内部控制存在的问题和不足。

(三)案例特色和亮点

1. 董事会与高级管理人员紧密协作

三菱日联金融集团的董事会与高级管理团队形成了高效互动机制。例如,在一次针对跨部门数据安全隐患的会议上,高级管理人员及时汇报了某业务线合规风险,董事会随即制定专项整改方案,并在短时间内组织跨部门联动,投入专项资源解决问题。类似的案例显示出董事会不仅制定宏观政策,更与执行层保持密切沟通,确保决策与执行无缝衔接,持续保障合规管理的稳定性。

2. 强化合规文化建设,提高员工合规意识

三菱日联金融集团高层始终强调合规就是责任的理念,通过多渠道培训、内部案例分享和互动研讨,推动全员参与。例如,一位基层员工在参与合规培训后,凭借所

学知识发现并上报了一起小额可疑交易，成功防止了一起潜在风险事件。此类案例不仅鼓励员工主动参与，还在全行内营造出人人自觉遵守法规、共同维护公司声誉的浓厚氛围。

3.建立合规风险预警机制，及时发现潜在风险

为确保风险防控前移，三菱日联金融集团构建了以大数据和人工智能为核心的风险预警系统。比如，集团旗下银行的信息系统监测到某区域金融产品销售异常，立即触发预警机制，高级管理层迅速启动调查并发现是由于信息传递延迟所致。通过调整数据采集流程，集团成功避免了风险扩大，保障了业务稳定运行。这样的微案例生动展示了科技赋能下的预警机制如何在风险发生前就介入防控。

4.加强内部控制与审计，确保合规性

三菱日联金融集团对内部控制的严格执行也是其成功的重要因素。集团定期组织内部审计和风险评估，例如在一次专项审计中发现部分操作流程存在漏洞，相关部门迅速响应，修订制度并开展再培训，从而防止了潜在违规风险。这些微型案例充分体现了集团对内部控制持续优化、及时纠偏的能力，确保业务合规和稳健发展。

三菱日联金融集团通过董事会与高层紧密协作、全员参与的合规文化、前沿的风险预警机制及严格的内部控制和审计，构建了一个科学、高效的合规管理体系。这些措施不仅保障了集团业务的稳健运营，还为其他金融机构提供了宝贵的实践经验和启示，助力全球金融监管水平不断提升。

第三节　下属各机构主要负责人承担首要责任

一、下属各机构主要负责人承担首要责任的监管政策

第九条　金融机构各部门主要负责人，各分支机构和纳入并表管理的各层级金融子公司(以下统称下属各机构)主要负责人负责落实本部门、本级机构的合规管理目标，对本部门、本级机构合规管理承担首要责任。

二、理解和学习：下属各机构主要负责人承担首要责任

《办法》第九条，关于金融机构下属各机构主要负责人在合规管理中的职责与责任，有着明确而具体的规定。金融机构各部门的主要负责人，作为部门管理的核心，肩负着落实本部门合规管理目标的重要使命。他们不仅要深入理解合规管理的重要性

和必要性，还要将合规理念融入部门的日常管理和业务运营中，确保部门的各项业务活动都严格遵循法律法规和内部规章制度的要求。

同时，各分支机构和纳入并表管理的下属各机构主要负责人，也同样承担着落实本级机构合规管理目标的责任。他们作为本级机构的领导者，必须以身作则，带头遵守合规规范，为全体员工树立合规的榜样。

在具体工作中，下属各机构的主要负责人要负责制定本部门、本级机构的合规管理计划和措施，明确合规管理的重点和方向。他们要加强对员工的合规培训和教育，提高员工的合规意识和能力，确保员工能够自觉遵守合规要求，形成良好的合规文化氛围。

此外，下属各机构的主要负责人还要建立健全合规管理制度和流程，确保合规管理的各项工作有章可循、有据可查。他们要加强对业务活动的监督和检查，及时发现并纠正违规行为，防止风险的发生和扩大。对于发现的合规问题，要严肃处理，绝不姑息迁就，以维护合规管理的严肃性和权威性。

金融机构下属各机构的主要负责人对合规管理承担着首要责任。他们必须时刻保持清醒的头脑，牢记合规管理的重要性和必要性，以实际行动践行合规理念，为金融机构的稳健发展提供有力的保障。

三、思维导图：下属各机构主要负责人承担首要责任

金融机构的下属各机构（包括各部门、各分支机构及纳入并表管理的各层级金融子公司）的主要负责人，是合规管理的直接责任人和执行者。他们负责将合规管理目标具体落实到本部门、本级机构的日常运营中，确保所有业务活动都符合法律法规要求。作为合规管理的首要责任人，他们必须高度重视合规风险，采取有效措施防范化解风险，为金融机构的稳健发展提供有力保障。下属各机构主要负责人承担首要责任的思维导图如图2-3所示。

第二章　合规管理架构和职责

```
下属各机构主要负责人承担首要责任
├─ 各部门主要负责人
│   ├─ 职责概述
│   │   ├─ 落实本部门合规管理目标
│   │   └─ 制定并执行合规政策与程序
│   ├─ 合规监督
│   │   ├─ 定期审查合规执行情况
│   │   └─ 报告合规风险与问题
│   └─ 培训与教育
│       ├─ 组织合规培训
│       └─ 提升员工合规意识
├─ 本级机构主要负责人
│   ├─ 职责概述
│   │   ├─ 对本级机构合规管理承担首要责任
│   │   └─ 确保合规文化融入日常运营
│   ├─ 合规策略制定
│   │   ├─ 制定本级机构合规策略
│   │   └─ 协调跨部门合规工作
│   └─ 风险管理
│       ├─ 识别并评估合规风险
│       └─ 采取风险缓解措施
├─ 各分支机构主要负责人
│   ├─ 职责概述
│   │   ├─ 负责分支机构合规管理体系建设
│   │   └─ 确保分支机构合规运营
│   ├─ 合规执行与监督
│   │   ├─ 监督分支机构合规执行情况
│   │   └─ 及时处理合规问题
│   └─ 信息沟通与报告
│       ├─ 保持与总部的合规信息沟通
│       └─ 定期报告合规工作进展
└─ 金融子公司（第一层级）主要负责人
    ├─ 职责概述
    │   ├─ 落实母公司合规要求
    │   └─ 建立子公司合规管理体系
    ├─ 合规整合
    │   ├─ 整合子公司内部合规资源
    │   └─ 确保合规政策一致性
    └─ 协同管理
        ├─ 与母公司协同处理合规事务
        └─ 分享合规管理经验
```

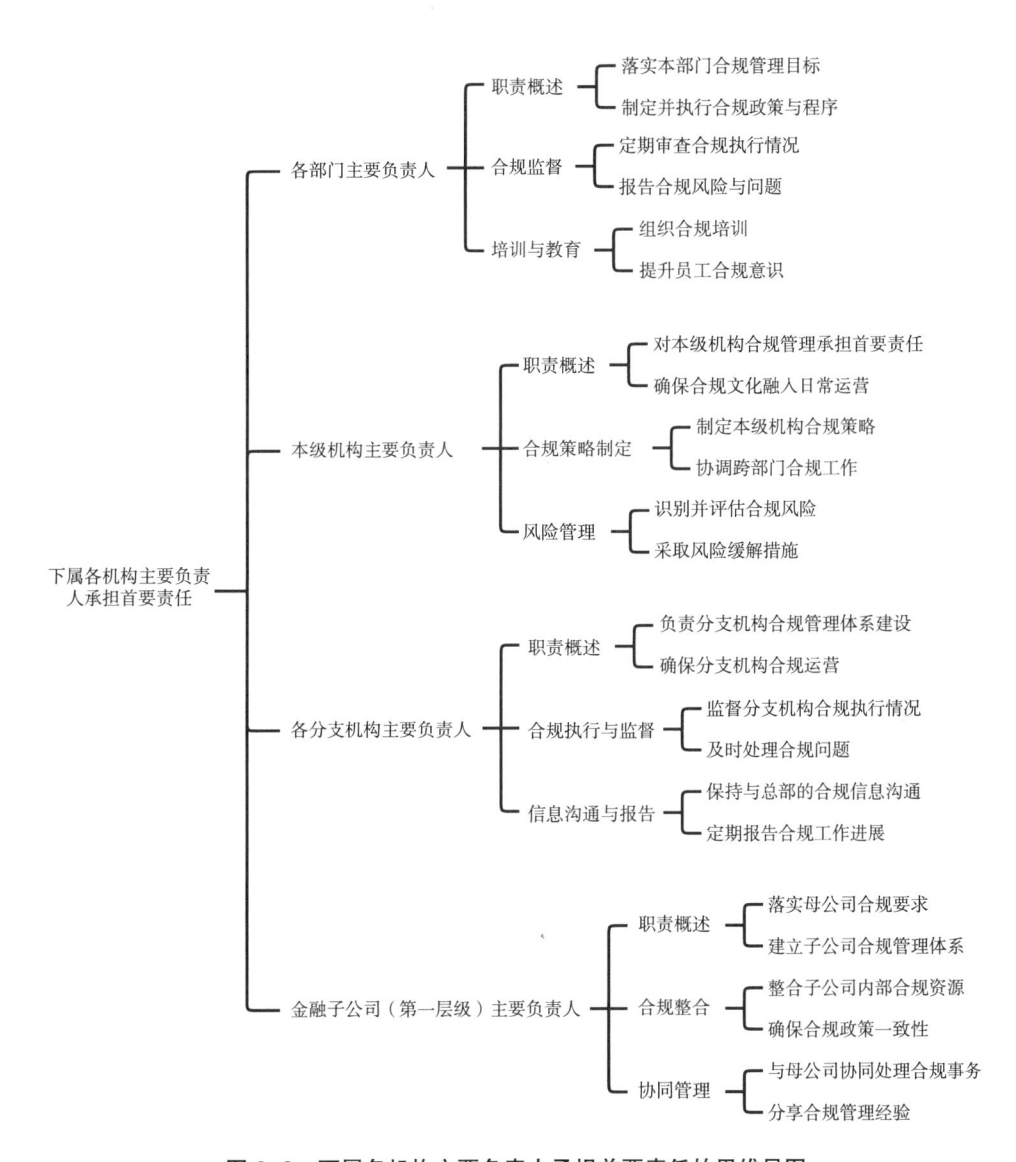

图 2-3　下属各机构主要负责人承担首要责任的思维导图

四、工具：下属各机构主要负责人承担首要责任检测实施一览表

金融机构的下属各机构（包括各部门、各分支机构及纳入并表管理的各层级金融子公司）的主要负责人，承担着落实合规管理目标的重大职责。他们作为本部门、本级机构合规管理的"第一责任人"，需确保各项业务操作合规，制度执行到位，风险防控有力。通过加强合规管理，他们为金融机构的稳健运营筑起了一道坚实的防线，对维护金融秩序、保障金融安全发挥着至关重要的作用。下属各机构主要负责人承担

首要责任检测实施一览表,如表 2-3 所示。

表 2-3 下属各机构主要负责人承担首要责任检测实施一览表

项目	职责	检测项目	评价已经做到	评价尚未做到
下属各机构主要负责人承担首要责任	各部门主要负责人职责	落实本部门合规管理目标		
		对本部门合规管理承担首要责任		
	各分支机构职责	负责落实本级机构的合规管理目标		
		对本级机构合规管理承担首要责任		
	纳入并表管理的各层级金融子公司	纳入并表管理的金融子公司应遵守集团合规管理要求		
		各层级金融子公司主要负责人对本级机构合规管理承担首要责任		
	下属各机构	下属各机构应贯彻执行上级机构的合规管理要求		
		下属各机构主要负责人对本机构合规管理承担首要责任,确保合规经营		

五、案例

汇丰银行控股公司下属各机构主要负责人合规管理责任

(一)金融机构介绍

汇丰银行控股公司(以下简称汇丰银行),作为全球领先的国际银行及金融服务提供商,总部位于英国伦敦,业务遍布全球多个国家和地区,涵盖零售银行、私人银行、投资银行、财富管理、保险及支付服务等广泛领域。凭借其庞大的业务规模和广泛的国际影响力,汇丰银行在合规管理方面树立了行业标杆,确保各项业务在全球各地的运营均符合法律法规和监管要求。

(二)具体措施

在汇丰银行,金融机构各部门主要负责人、下属各机构主要负责人,均被赋予了落实本部门、本级机构合规管理目标的重任,并对合规管理承担首要责任。这一理念在公司内部得到了深入理解和有效实施,具体体现在以下几个方面。

1. 明确职责,强化责任

汇丰银行明确规定,下属各机构的主要负责人是合规管理的第一责任人,负责制定并执行合规管理策略,确保所有业务活动均符合相关法规。这一职责的明确,使各部门和分支机构在合规管理方面有更加清晰的方向和目标。

2. 加强合规培训与教育

为确保下属各机构主要负责人具备足够的合规意识和专业知识,汇丰银行定期开展合规培训和教育活动。这些培训不仅涵盖了最新的法律法规和监管要求,还通过案例分析、模拟演练等方式,提升主要负责人的合规管理能力和应对复杂情况的能力。

3. 实施合规审计与检查

汇丰银行设立了专门的合规审计部门,定期对下属各机构的合规管理情况进行审计和检查。通过严格的审计程序,及时发现并纠正合规管理中的问题和不足,确保各部门和分支机构在合规管理方面始终保持高标准、严要求。

4. 推动合规文化建设

汇丰银行注重培育合规文化,鼓励下属各机构主要负责人积极参与合规文化建设。通过日常管理和业务操作中的合规实践,培养员工的合规意识和行为习惯,营造全员参与、共同维护合规管理的良好氛围。

5. 完善合规风险管理体系

汇丰银行建立了完善的合规风险管理体系,下属各机构主要负责人需定期提交合规风险报告,并根据风险等级采取相应的风险管理措施。同时,公司还设立了合规风险预警机制,及时发现并应对潜在合规风险,确保业务运营的稳健性和安全性。

(三)案例特色和亮点

1. 全球视野下的合规管理

作为一家全球性金融机构,汇丰银行的合规管理体系贯穿其在全球各地的业务运作。汇丰银行要求下属各区域机构负责人根据当地法律法规及监管要求,量身定制合规管理策略。例如,汇丰香港分行在面对本地数据保护法规时,主动调整内部合规制度,并设立了专门的小组定期对跨境交易进行复核,确保每项业务都符合当地要求。这种"总部统筹、地方因地制宜"的模式,不仅展示了汇丰银行在全球合规管理方面的战略布局,也体现了其高度的责任感和全球视野。

2. 责任明确,执行有力

汇丰银行通过明确的职责分工和责任追究机制,确保每个业务环节都有人负责、有人监督。董事会负责制定总体合规政策和目标,高级管理层则负责具体执行、监控和汇报。例如,汇丰法国分行在一次内部审计中发现一项小型操作流程漏洞后,相关负责人迅速组织跨部门会议,制定整改措施,并对表现出色的员工进行表彰,从而大大提升了整体执行力和内部凝聚力。

3. 系统化管理与持续改进

汇丰银行建立了一套系统化的合规管理体系,涵盖合规培训、合规审计、定期检查、合规文化推广及风险管理等多个维度。各区域机构通过定期的风险评估和内部审计,不仅能够及时发现问题,还能根据监管政策和业务变化不断优化合规措施。举例来说,汇丰拉丁美洲分行曾通过季度风险评估发现数据报告存在偏差,经过跨部门协作和流程优化,迅速纠正了问题,确保了业务的持续合规性。这种"持续改进、反馈闭环"的管理方式,有效提升了整个集团的合规管理水平。

4. 国际合作,共筑防线

在全球化背景下,汇丰银行积极与国际金融监管机构和同行建立密切合作关系,共同应对跨国金融风险和合规挑战。汇丰银行不仅参与国际监管组织和标准制定工作,还定期举办国际合规论坛,与欧洲、亚洲及美洲的监管机构分享最佳实践。比如,汇丰银行曾与东南亚多国监管机构联合制定跨境支付合规新标准,有效降低了跨国交易风险,并提升了整体监管效能。这种跨境协作模式为全球金融稳定构筑了坚实防线,也为其他机构提供了宝贵的合作经验。

汇丰银行在合规管理方面的实践充分展现了其全球视野与高度责任感。通过董事会与高层的紧密协作、全员参与的合规文化、系统化的管理与持续改进,以及国际间的广泛合作,汇丰银行不仅为自身稳健运营提供了有力保障,也为全球金融监管树立了标杆。这些具体而生动的案例和实践经验,为金融机构探索合规管理新路径提供了宝贵的启示。

第四节 深化合规文化建设

一、深化合规文化建设的监管政策

第十条 金融机构应当深化合规文化建设,确立合规从高层做起、全员主动合规、合规创造价值等理念,营造不敢违规、不能违规、不想违规的合规文化氛围,促进金融机构自身合规与外部监管有效互动。

二、理解和学习：深化合规文化建设

在当今复杂的金融环境中，金融机构面临着前所未有的合规挑战。为了应对这些挑战，金融机构必须深化合规文化建设，将合规理念深植于企业的每一个角落。合规文化的建设并非一蹴而就，而是金融机构从上至下，全员共同努力的结果。

首先，合规应从高层做起。金融机构的高层管理人员作为金融机构的决策者和领导者，他们的言行举止对员工具有极大的示范作用。高层管理人员必须树立合规意识，将合规视为金融机构经营的基石，将合规理念融入金融机构的战略规划和日常管理中。他们要通过自己的行动，向员工传递合规的重要性，让员工明白合规不仅是金融机构的法定义务，更是金融机构稳健发展的保障。

其次，全员主动合规是合规文化建设的核心。合规不是某个部门或某个人的事，而是金融机构全体员工的共同责任。每个员工都要树立合规意识，自觉遵守法律法规和金融机构的规章制度，将合规融入自己的工作中。金融机构要通过培训、宣传等方式，提高员工的合规意识和合规能力，让员工明白合规与自己的切身利益息息相关，只有合规才能保障自己的职业发展和金融机构的长远发展。

再次，金融机构要确立合规创造价值的理念。合规不仅是一种约束，更是一种机遇。通过合规管理，金融机构可以规避风险，减少损失，提高声誉，增强竞争力。合规可以为金融机构带来长期的稳定收益，是金融机构可持续发展的重要保障。金融机构要将合规视为一种战略投资，加大合规管理的投入，提高合规管理的水平和效率。

为了营造不敢违规、不能违规、不想违规的合规文化氛围，金融机构需要建立健全的合规管理制度和内部控制体系。通过制度约束和内部控制，让员工明白违规的严重后果，形成对违规行为的强大震慑力。同时，金融机构要加强合规文化的宣传和教育，让员工深刻理解合规的重要性，形成对合规文化的认同和崇尚。

最后，金融机构要促进自身合规与外部监管的有效互动。合规不仅是金融机构的内部事务，更是与外部监管紧密相关的。金融机构要积极配合监管部门的监管工作，主动接受监管部门的指导和监督。同时，金融机构要与监管部门保持良好的沟通与合作，共同推动金融市场的健康发展。

金融机构深化合规文化建设是一项长期而艰巨的任务。金融机构要从高层做起，全员主动参与，确立合规创造价值的理念，营造良好的合规文化氛围，并促进自身合规与外部监管的有效互动。只有这样，金融机构才能在激烈的市场竞争中立于不败之地，实现可持续发展。

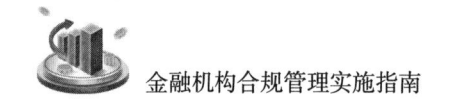

三、思维导图：深化合规文化建设

为了更直观地展示深化合规文化建设的路径和框架，作者精心设计了深化合规文化建设思维导图，如图 2-4 所示。图 2-4 清晰地勾勒出合规文化建设的各个关键环节和要素，为推进合规工作提供了有力的视觉化工具。通过图 2-4 可以更加系统地理解和把握合规文化建设的整体布局，确保各项工作有条不紊地进行，从而推动合规文化在组织中深入人心，营造良好的合规氛围。

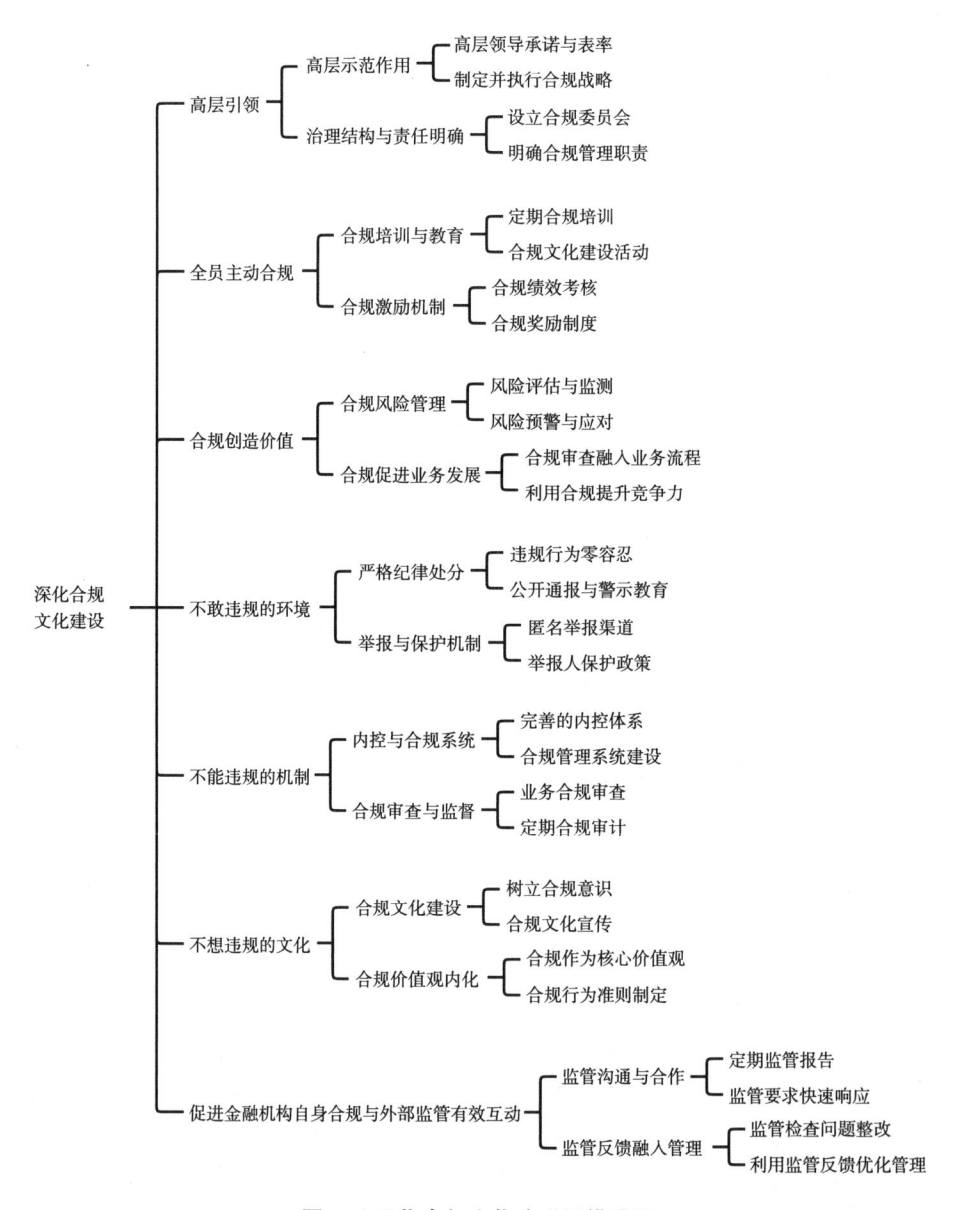

- 深化合规文化建设
  - 高层引领
    - 高层示范作用
      - 高层领导承诺与表率
      - 制定并执行合规战略
    - 治理结构与责任明确
      - 设立合规委员会
      - 明确合规管理职责
  - 全员主动合规
    - 合规培训与教育
      - 定期合规培训
      - 合规文化建设活动
    - 合规激励机制
      - 合规绩效考核
      - 合规奖励制度
  - 合规创造价值
    - 合规风险管理
      - 风险评估与监测
      - 风险预警与应对
    - 合规促进业务发展
      - 合规审查融入业务流程
      - 利用合规提升竞争力
  - 不敢违规的环境
    - 严格纪律处分
      - 违规行为零容忍
      - 公开通报与警示教育
    - 举报与保护机制
      - 匿名举报渠道
      - 举报人保护政策
  - 不能违规的机制
    - 内控与合规系统
      - 完善的内控体系
      - 合规管理系统建设
    - 合规审查与监督
      - 业务合规审查
      - 定期合规审计
  - 不想违规的文化
    - 合规文化建设
      - 树立合规意识
      - 合规文化宣传
    - 合规价值观内化
      - 合规作为核心价值观
      - 合规行为准则制定
  - 促进金融机构自身合规与外部监管有效互动
    - 监管沟通与合作
      - 定期监管报告
      - 监管要求快速响应
    - 监管反馈融入管理
      - 监管检查问题整改
      - 利用监管反馈优化管理

图 2-4 深化合规文化建设思维导图

四、工具：深化合规文化建设检测实施一览表

为了进一步深化合规文化建设，我们制定了深化合规文化建设检测实施一览表，如表 2-4 所示，以此作为推动合规文化深入实践的重要工具，提供具体的操作指南和检测标准，并将依据表 2-4 对合规文化建设情况进行全面自查和评估。

表 2-4　深化合规文化建设检测实施一览表

项目	检测项目	评价已经做到	评价尚未做到
深化合规文化建设	确立从高层做起理念		
	确立全员主动合规理念		
	确立合规创造价值理念		
	营造不敢违规文化氛围		
	营造不能违规文化氛围		
	营造不想违规文化氛围		
	促进金融机构自身合规与外部监管有效互动		

五、案例

D 银行合规文化建设

（一）金融机构介绍

D 银行，始建于 1908 年，是中国历史最悠久的银行之一。2005 年 6 月在香港联交所挂牌上市，2007 年 5 月在上交所挂牌上市，2023 年入选全球系统重要性银行。按一级资本排名，居全球银行第 9 位。D 银行为客户提供综合金融服务，包括存贷款、产业链金融、现金管理、国际结算与贸易融资、投资银行、资产托管、财富管理、银行卡、私人银行、资金业务等。

（二）具体措施

D 银行在深化合规文化建设方面，积极响应监管要求，将合规理念融入日常经营管理的每一个环节，具体措施体现在以下几个方面。

1. 高层引领，合规从高层做起

D银行高层管理人员以身作则，将合规视为银行稳健发展的基石。他们不仅定期参加风险管理和合规工作会议，还亲自参与制定合规政策和制度，确保合规要求在全行范围内得到严格执行。通过高层的示范效应，D银行在全行范围内树立了合规优先的理念，使合规成为每一位员工的行为准则。

2. 全员主动合规，合规创造价值

D银行注重全员合规文化的培养，通过定期组织合规培训、开展合规知识竞赛、设立合规宣传栏等多种形式，提升员工的合规意识和风险识别能力。同时，D银行将合规纳入员工绩效考核体系，鼓励员工主动合规，将合规理念转化为实际行动。通过全员参与，D银行不仅提升了合规管理水平，还实现了合规与业务发展的良性互动，为银行创造了更多的价值。

3. 制度建设，明确合规责任

D银行不断完善合规管理制度，制定了一系列涵盖信贷管理、反洗钱、反贿赂、内部控制等方面的合规政策和操作指引。通过制度建设和流程优化，D银行确保了各项业务有章可循，违规操作无处遁形。同时，D银行建立了合规报告机制，鼓励员工积极举报合规隐患和违规行为，明确了合规是全体员工共同的责任。

4. 营造合规文化氛围，促进内外互动

D银行通过文化建设，努力在全行营造一种"不敢违规、不能违规、不想违规"的氛围。通过案例警示教育、制度约束和正面激励等多种手段，D银行引导员工自觉遵守合规要求，形成了浓厚的合规文化氛围。同时，D银行积极与监管机构沟通互动，及时了解和掌握监管政策动态，确保银行合规管理水平与监管要求保持同步。

（三）案例特色和亮点

1. 高层重视，全员参与

D银行的高层管理者始终将合规文化作为银行稳健发展的基石。董事会和高管不仅制定战略合规政策，还率先垂范，经常走访各分行，参加现场培训。例如，D银行上海分行在一次由高层主持的"合规周"活动中，现场培训中一位基层员工及时发现并上报了一起小额内部违规操作，经过高层迅速介入，该风险被及时纠正，防止了潜在损失的扩大。这种自上而下的示范效应使全行员工纷纷主动参与合规管理，形成了上下一心的良好氛围。

2. 制度完善，管理精细

D银行通过不断完善内部合规管理制度和优化业务流程，确保各项业务有章可循。该行建立了详细的合规报告机制和绩效考核体系，每个业务环节都设有专门的风险监控小组。比如，某省分行在引入新的合规手册后，通过月度合规检查会议发现了部分操作流程中的不足，并迅速实施整改措施，从而使整体风险管控水平明显提升。这种精细化管理确保了制度能够落到实处，并在不断的内部审计中得到验证。

3. 文化建设，深入人心

D银行通过多种方式大力推动合规文化建设，利用案例警示教育、制度约束和正面激励相结合的方式，使"合规"成为每位员工的自觉追求。比如，该行曾在内部举办"合规之星"评选活动，一位基层员工因主动发现并上报一起疑似风险交易而获得表彰，随后这一成功案例在全行传颂，进一步激励了其他员工自觉遵守合规要求，营造出"不敢违规、不能违规、不想违规"的浓厚文化氛围。

4. 成效显著，业内领先

凭借以上措施，D银行在合规管理方面取得了显著成效，并多次在内部审计和监管评级中获得高分。例如，某分行在内部审计中因发现跨部门操作漏洞而获得监管部门的表扬，成为业内标杆案例。这不仅证明了D银行合规管理水平的领先地位，也为银行业务的稳健发展提供了有力保障。

D银行凭借高层的重视与示范、精细化的制度管理、深入人心的合规文化建设及显著的实际成效，为金融机构树立了一个全面、务实且具有国际视野的合规管理标杆，为同行提供了宝贵经验和启示。

第五节　董事会合规管理职责

一、董事会合规管理职责的监管政策

第十一条　金融机构的董事会履行下列合规管理职责：

（一）审议批准合规管理基本制度；

（二）决定合规管理部门的设置；

（三）决定聘任、解聘首席合规官，建立与首席合规官的直接沟通机制；

（四）决定解聘对发生重大违法违规行为、重大合规风险负有主要责任或者领导责任的高级管理人员；

（五）评估合规管理有效性和合规文化建设水平，督促解决合规管理和合规文化建设中存在的重大问题；

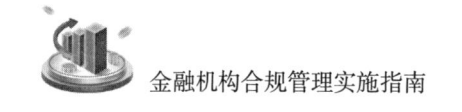

（六）其他合规管理职责。

董事会可以下设合规委员会或者由董事会下设的其他专门委员会履行合规管理相关职责。

二、理解和学习：董事会合规管理职责

《办法》第十一条对金融机构董事会在合规管理方面的职责进行了全面且详细的规定。

第一，董事会承担着审议并批准合规管理基本制度的重要职责。这些基本制度是金融机构合规运营的基础和保障，对于确保金融机构的稳健发展具有至关重要的意义。董事会需要仔细审阅这些制度，确保其符合法律法规和监管要求，同时能够适应金融机构的实际运营情况。

第二，董事会还要决定合规管理部门的设置。合规管理部门是金融机构内部专门负责合规工作的机构，其职责包括监督金融机构的合规运营、制定合规政策、提供合规培训等。董事会需要根据金融机构的规模和业务特点，合理设置合规管理部门，并确保其能够独立、客观地履行职责。

第三，在人员配置方面，董事会负责决定聘任或解聘首席合规官。首席合规官是金融机构合规管理的核心人物，负责全面领导和管理合规工作。董事会需要选拔具备丰富合规经验和专业知识的人才担任首席合规官，并建立与首席合规官的直接沟通机制，以确保合规工作的顺畅进行和及时响应。

第四，对于发生重大违法违规行为或重大合规风险负有主要责任或领导责任的高级管理人员，董事会也有权决定解聘。这是董事会维护金融机构合规运营和声誉的重要手段，也是对高级管理人员的一种有效约束和惩戒。

第五，董事会还要定期评估合规管理的有效性和合规文化建设水平。合规管理的有效性是衡量金融机构合规工作成果的重要指标，而合规文化建设水平则反映了金融机构在合规方面的整体氛围和员工的合规意识。董事会需要通过定期评估，及时发现合规管理和合规文化建设中存在的问题，并督促相关部门和人员加以解决。

第六，除了上述职责外，董事会还承担其他合规管理职责。这些职责可能包括制定合规政策、监督合规执行情况、处理合规投诉等。董事会需要全面履行这些职责，确保金融机构的合规运营和稳健发展。

为了更好地履行这些合规管理职责，董事会可以下设合规委员会或者由董事会下

设的其他专门委员会来具体负责合规管理的相关工作。合规委员会或专门委员会可以协助董事会审议合规管理基本制度、监督合规管理部门的工作、提供合规建议等，为董事会的合规管理工作提供有力支持。

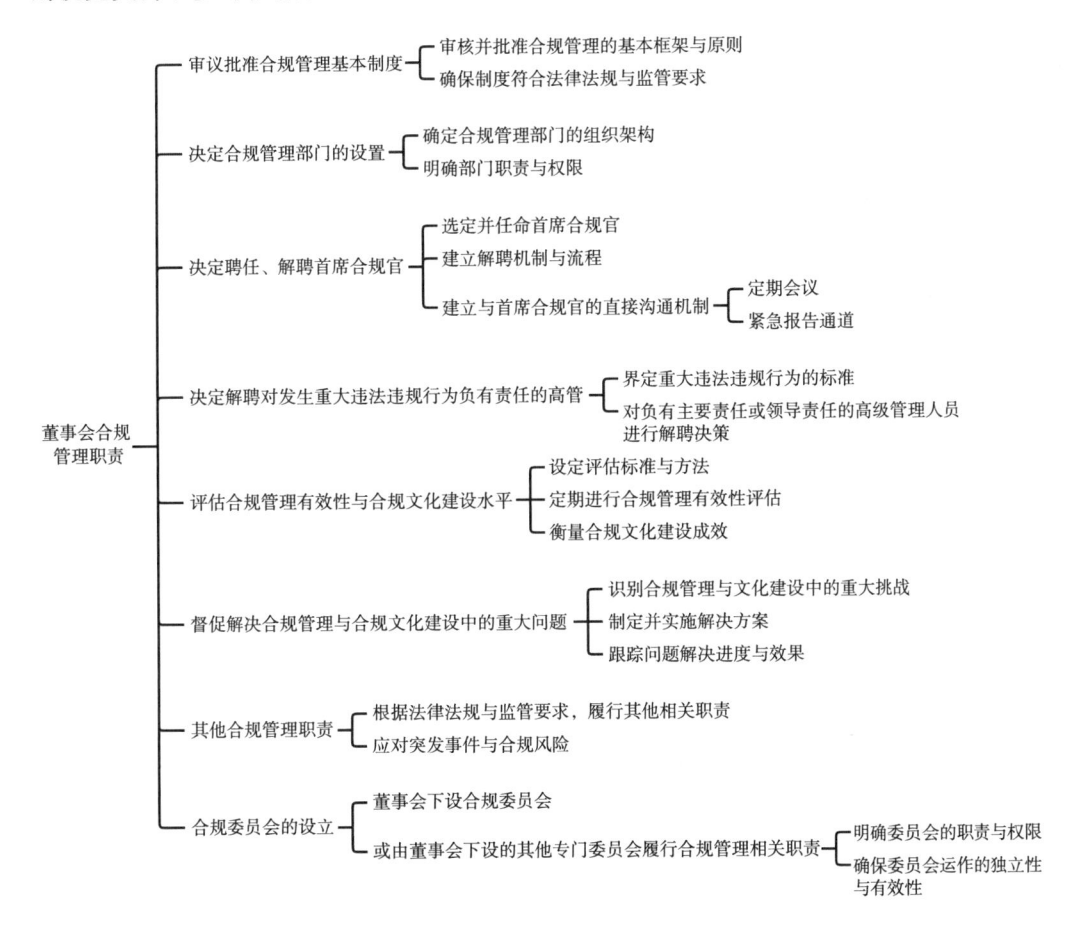

三、思维导图：董事会合规管理职责

董事会合规管理职责思维导图，如图 2-5 所示，这是一份直观且系统的展示工具。图 2-5 通过清晰的结构和层次分明的设计，全面展现了董事会在合规管理领域所承担的各项职责。从合规政策的制定与审议，到合规管理部门的设立与监督，再到决定、解聘首席合规官，以及其他合规管理职责。图 2-5 详细列出了董事会在合规管理方面的各项关键职责。通过图 2-5，我们可以一目了然地了解董事会在合规管理中的核心作用，以及各职责之间的内在联系和逻辑关系，为董事会的合规管理工作提供了有力的视觉支持和参考依据。

董事会合规管理职责
- 审议批准合规管理基本制度
  - 审核并批准合规管理的基本框架与原则
  - 确保制度符合法律法规与监管要求
- 决定合规管理部门的设置
  - 确定合规管理部门的组织架构
  - 明确部门职责与权限
- 决定聘任、解聘首席合规官
  - 选定并任命首席合规官
  - 建立解聘机制与流程
  - 建立与首席合规官的直接沟通机制
    - 定期会议
    - 紧急报告通道
- 决定解聘对发生重大违法违规行为负有责任的高管
  - 界定重大违法违规行为的标准
  - 对负有主要责任或领导责任的高级管理人员进行解聘决策
- 评估合规管理有效性与合规文化建设水平
  - 设定评估标准与方法
  - 定期进行合规管理有效性评估
  - 衡量合规文化建设成效
- 督促解决合规管理与合规文化建设中的重大问题
  - 识别合规管理与文化建设中的重大挑战
  - 制定并实施解决方案
  - 跟踪问题解决进度与效果
- 其他合规管理职责
  - 根据法律法规与监管要求，履行其他相关职责
  - 应对突发事件与合规风险
- 合规委员会的设立
  - 董事会下设合规委员会
  - 或由董事会下设的其他专门委员会履行合规管理相关职责
    - 明确委员会的职责与权限
    - 确保委员会运作的独立性与有效性

图 2-5 董事会合规管理职责思维导图

四、工具：董事会合规管理职责检测实施一览表

为全面审视和评估董事会自身在合规管理方面的职责履行情况，制定了一份详细且系统的董事会合规管理职责检测实施一览表，如表 2-5 所示，旨在通过检测及时发现并纠正合规管理中的不足之处，确保董事会的合规管理职责得到有效落实。

表 2-5 董事会合规管理职责检测实施一览表

项目	基本项目	检测项目	评价已经做到	评价尚未做到
董事会合规管理职责	审议批准合规管理基本制度	审核并批准合规管理的基本框架与原则		
		确保制度符合法律法规与监管要求		
	决定合规管理部门的设置	确定合规管理部门的组织架构		
		明确部门职责与权限		
	决定聘任、解聘首席合规官	选定并任命首席合规官		
		建立解聘机制与流程		
		定期会议		
		紧急报告通道		
	决定解聘对发生重大违法违规行为负有责任的高管	界定重大违法违规行为的标准		
		对负有主要或领导责任的高级管理人员进行解聘决策		
	评估合规管理有效性与合规文化建设水平	设定评估标准与方法		
		定期进行合规管理有效性评估		
		衡量合规文化建设成效		
	督促解决合规管理与合规文化建设中的重大问题	识别合规管理与文化建设中的重大挑战		
		制定并实施解决方案		
		跟踪问题解决进度与效果		

续表

项目	基本项目	检测项目	评价已经做到	评价尚未做到
董事会合规管理职责	其他合规管理职责	根据法律法规与监管要求，履行其他相关职责		
		应对突发事件与合规风险		
	合规委员会的设立	董事会下设合规委员会		
		明确委员会的职责与权限		
		确保委员会运作的独立性与有效性		

五、案例

E银行董事会合规管理职责

（一）金融机构介绍

E银行是中国的大型国有商业银行之一，拥有广泛的国内外业务网络。作为上市公司，E银行在中国证监会和国家金融监督管理总局的监管下运营，并致力于维护良好的公司治理和合规管理标准。近年来，E银行在董事会领导下，不断完善合规管理体系，加强风险防控，取得了显著成效。

（二）具体措施

1.审议批准合规管理基本制度和年度合规管理报告

E银行董事会高度重视合规管理，定期审议并批准合规管理基本制度，确保制度符合法律法规和监管要求。同时，董事会每年审议年度合规管理报告，全面了解合规管理情况，评估合规风险，并制定相应的风险管理策略。

2.审定解聘对发生重大违法违规行为、重大合规风险负有主要责任或者领导责任的高级管理人员

E银行董事会严格执行合规管理责任追究制度，对发生重大违法违规行为或重大合规风险负有主要责任或领导责任的高级管理人员进行严肃处理，包括解聘等纪律处分，以维护合规管理的严肃性和权威性。

3.审定合规管理部门的设置

E银行在总行和境内一级分行设立了法律与合规部门，负责合规管理的日常工作。

董事会审定合规管理部门的设置和职责，确保合规管理部门具备足够的独立性和权威性，有效履行合规管理职责。

4. 审定聘任、解聘首席合规官，建立与首席合规官的直接沟通机制

E银行董事会负责聘任和解聘首席合规官，并建立了与首席合规官的直接沟通机制。首席合规官直接向董事会报告合规管理情况，提出合规管理建议，确保合规管理信息畅通无阻。

5. 评估合规管理有效性和合规文化建设水平，督促解决合规管理和合规文化建设中存在的重大问题

E银行董事会定期对合规管理有效性和合规文化建设水平进行评估，及时发现并解决合规管理和合规文化建设中存在的问题。董事会通过制定合规管理政策、加强合规培训、推广合规文化等方式，不断提升合规管理水平。

6. 法律法规、公司章程规定的其他合规管理职责

E银行董事会还履行法律法规和公司章程规定的其他合规管理职责，包括制定合规管理政策、监督合规管理执行情况等，确保合规管理工作全面、有效。

此外，E银行董事会下设了合规委员会，负责对合规管理进行日常监督，对发生重大合规风险负有主要责任或领导责任的董事、高级管理人员提出罢免建议。合规委员会定期召开会议，审议合规管理事项，提出改进建议，确保合规管理工作持续改进和优化。

（三）案例特色和亮点

1. 完善的合规管理体系

E银行构建了一套全覆盖、系统化的合规管理体系。从顶层设计到具体落地，E银行设立了完善的合规基本制度、专门的合规管理部门和首席合规官，确保各项合规措施贯穿于业务运营全过程。例如，在某次新产品上线前，该行通过内部系统对业务流程进行全面风险排查，并在首席合规官的直接督导下，及时调整了产品风险控制措施，确保新业务符合法规要求。此外，E银行还通过定期合规培训和内部案例分享，让基层员工在实际操作中不断强化合规意识和操作技能，形成了全员参与的良好局面。

2. 严格的责任追究制度

E银行严格执行合规责任追究制度，对重大违法违规行为和合规风险问题实行"零容忍"。每当出现风险事件时，相关责任人会在第一时间被问责并采取整改措施。比如，某分行在一次内控检查中发现信息披露存在瑕疵，高层立即启动责任追究程序，对当事管理人员进行了严肃处理，并组织专题培训，确保类似问题不再发生。此举不

仅维护了合规管理的严肃性和权威性，还大大增强了员工在工作中的责任感和自律性。

3. 高效的合规监督机制

在监督层面，E银行通过董事会下设的合规委员会实施日常监控。该委员会定期召开会议，审查各部门提交的合规报告和内部审计结果，确保每个环节都符合监管要求。案例显示，某分行在例行检查中发现交易数据异常，合规委员会迅速介入，通过跨部门协调和数据比对，及时发现并纠正了问题，防止了风险的进一步蔓延。此外，E银行还加强与监管机构的沟通，定期获取最新监管动态和指导意见，使内部监督机制始终保持高效和前瞻性。

E银行通过建立完善的合规管理体系、严格的责任追究制度和高效的合规监督机制，不仅在内部营造了全员合规的浓厚氛围，还通过具体案例证明了这些措施对风险防范和业务稳健发展的重要保障作用。这些成功的实践为其他金融机构提供了宝贵经验和启示，推动了整个行业合规管理水平的不断提升。

第六节 高级管理人员合规管理职责

一、高级管理人员合规管理职责的监管政策

第十二条 金融机构的高级管理人员履行下列合规管理职责：

（一）落实合规管理部门设置和职能要求，配备充足、适当的合规管理人员，并为其履行职责提供充分的人力、物力、财力、技术支持和保障；

（二）组织推动主管或者分管领域的合规管理制度建设、合规审查、合规自查与检查、合规风险监测与管控、合规事件处理等工作；

（三）发现重大违法违规行为或者重大合规风险及时报告、整改，督促落实责任追究；

（四）其他合规管理职责。

二、理解和学习：高级管理人员合规管理职责

《办法》第十二条对金融机构高级管理人员在合规管理方面的职责进行了详尽且全面的阐述。

首先，高级管理人员需承担起落实合规管理部门设置和职能要求的重任。这不仅仅意味着要设立一个合规管理部门，更要确保这个部门能够真正发挥其应有的作用。

为此，高级管理人员需要精心挑选和配备充足、适当的合规管理人员，这些人员将负责监督和执行金融机构的合规政策。同时，为了确保合规管理工作的顺利进行，高级管理人员还必须为合规管理部门提供充分的人力、物力、财力以及技术支持和保障，让合规管理部门能够无后顾之忧地履行其职责。

其次，高级管理人员在组织推动主管或分管领域的合规管理制度建设方面，也扮演着至关重要的角色。他们不仅要亲自参与制定和完善合规管理制度，还要确保这些制度既符合法律法规和监管要求，又能适应金融机构的实际运营情况。此外，高级管理人员还要负责组织合规审查工作，对金融机构的各项业务活动进行严格的合规性审查，确保所有活动都符合合规要求。同时，他们还要定期开展合规自查与检查，及时发现和纠正合规管理中存在的问题。在合规风险监测与管控方面，高级管理人员也要保持高度警惕，随时关注可能出现的合规风险，并采取有效措施进行防范和控制。一旦合规管理出现问题，高级管理人员还要迅速组织处理，确保事件得到妥善解决。

在发现重大违法违规行为或重大合规风险时，高级管理人员必须立即采取行动。他们要及时向相关部门和领导报告，并迅速组织力量进行整改。同时，高级管理人员还要督促相关部门和人员落实责任追究，对违法违规行为和合规风险进行严肃处理，以儆效尤。

除了上述职责外，高级管理人员还承担着其他合规管理职责。他们要时刻关注合规管理的最新动态和监管要求，不断更新和完善合规管理理念和方法。他们还要积极参与合规培训和教育活动，提升自己的合规意识和能力。同时，高级管理人员还要与其他部门和人员进行密切沟通和协作，共同推动金融机构的合规管理工作不断向前发展。高级管理人员在合规管理方面扮演着至关重要的角色，他们的努力和付出将直接影响到金融机构的合规水平和稳健发展。

三、思维导图：高级管理人员合规管理职责

高级管理人员合规管理职责思维导图，如图2-6所示，其是一份清晰展示高级管理人员在合规管理领域所承担职责的框架图。图2-6通过条理分明的层次和明确的职责划分，帮助高级管理人员全面了解自己在合规管理中的角色和定位。图2-6详细描绘了高级管理人员在合规制度建设、合规审查、合规自查与检查等方面的具体职责，为高级管理人员履行合规管理职责提供了明确的指导和参考。通过图2-6，高级管理人员可以更加清晰地认识到自己的合规管理责任，从而更加有效地推动金融机构的合

规管理工作。

```
                            ┌─ 落实合规管理部门设置
              ┌─ 合规管理部门的设置与职能 ─┤─ 明确合规管理部门职能要求
              │                          │─ 配备充足、适当的合规管理人员
              │                          │         ┌─ 人力支持
              │                          └─ 提供充分支持 ─┤─ 物力支持
              │                                          │─ 财力支持
              │                                          └─ 技术支持
              │                    ┌─ 组织推动主管或分管领域合规管理制度建设
              ├─ 合规管理制度建设 ─┤─ 确保制度符合法律法规与内部政策
              │                    └─ 定期审查与更新合规管理制度
              │              ┌─ 监督并执行合规审查流程
              ├─ 合规审查 ───┤─ 确保新业务、新产品、新活动的合规性
              │              └─ 审核内部政策、决策与操作流程的合规性
 高级管理人员 ─┤                ┌─ 定期组织合规自查活动
 合规管理职责  ├─ 合规自查与检查 ─┤─ 参与或指导合规检查工作
              │                  └─ 跟踪整改落实情况
              │                       ┌─ 建立并维护合规风险监测机制
              ├─ 合规风险监测与管控 ──┤─ 识别、评估与监控合规风险
              │                       └─ 制定并实施风险管控措施
              │                  ┌─ 及时响应并处理合规事件
              ├─ 合规事件处理 ───┤─ 协调内部资源,确保事件得到妥善处理
              │                  └─ 分析事件原因,提出改进建议
              │                          ┌─ 发现重大违法违规行为及时报告
              ├─ 重大违法违规行为与风险报告 ─┤─ 识别并报告重大合规风险
              │                          └─ 跟踪报告后续整改与责任追究情况
              │                  ┌─ 监督并促进合规文化建设
              └─ 其他合规管理职责 ─┤─ 参与合规培训与教育活动
                                  └─ 协调与其他部门或机构的合规合作与交流
```

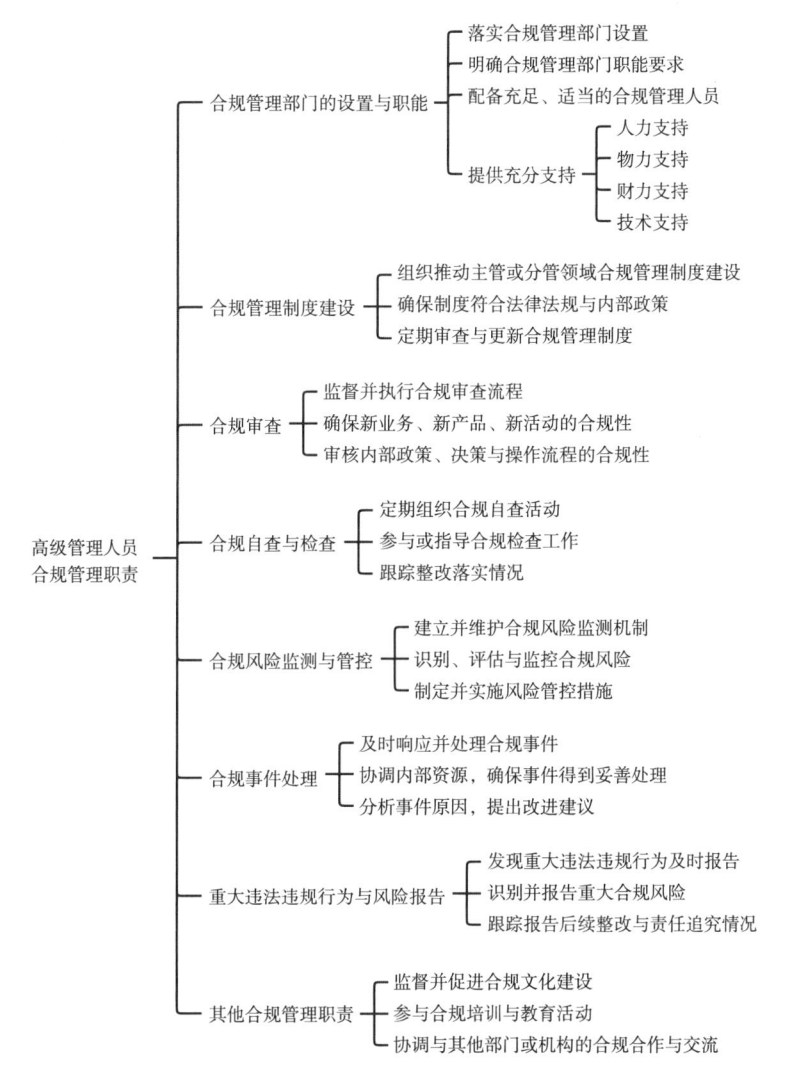

图 2-6　高级管理人员合规管理职责思维导图

四、工具：高级管理人员合规管理职责检测实施一览表

高级管理人员合规管理职责检测实施一览表，如表 2-6 所示，这是一份旨在帮助高级管理人员全面审视和评估自身在合规管理方面的职责履行情况的工具。

通过表 2-6，高级管理人员可以系统地对自己的合规管理职责进行梳理和自查，确保每一项职责都得到充分的关注和落实。表 2-6 中详细列出了高级管理人员在合规管理方面应承担的各项职责，包括但不限于合规管理部门的设置与职能、合规管理制度建设、

合规审查、合规自查与检查、合规风险监测与管控、重大违法违规行为与风险报告等。

高级管理人员可以根据表 2-6 的内容,逐项检查自己的履职情况,及时发现并纠正存在的问题,从而不断提升自己的合规管理能力和水平。

表 2-6 高级管理人员的合规管理职责检测实施一览表

项目	基本项目	检测项目	评价已经做到	评价尚未做到
高级管理人员合规管理职责	合规管理部门的设置与职能	落实合规管理部门设置		
		明确合规管理部门职能要求		
		配备充足、适当的合规管理人员		
		人力支持		
		物力支持		
		财力支持		
		技术支持		
	合规管理制度建设	组织推动主管或分管领域合规管理制度建设		
		确保制度符合法律法规与内部政策		
		定期审查与更新合规管理制度		
	合规审查	监督并执行合规审查流程		
		确保新业务、新产品、新活动的合规性		
		审核内部政策、决策与操作流程的合规性		
	合规自查与检查	定期组织合规自查活动		
		参与或指导合规检查工作		
		跟踪整改落实情况		
	合规风险监测与管控	建立并维护合规风险监测机制		
		识别、评估与监控合规风险		
		制定并实施风险管控措施		
高级管理人员合规管理职责	合规事件处理	及时响应并处理合规事件		
		协调内部资源,确保事件得到妥善处理		
		分析事件原因,提出改进建议		
	重大违法违规行为与风险报告	发现重大违法违规行为及时报告		
		识别并报告重大合规风险		
		跟踪报告后续整改与责任追究情况		
	其他合规管理职责	监督并促进合规文化建设		
		参与合规培训与教育活动		
		协调与其他部门或机构的合规合作与交流		

五、案例

法国巴黎银行高级管理人员合规管理

（一）金融机构介绍

法国巴黎银行作为一家全球领先金融机构业务遍布全球，提供包括零售银行、投资银行、资产管理等在内的全方位金融服务。法国巴黎银行以其卓越的风险管理能力和合规文化著称，多次被评为全球最佳银行之一。

（二）具体措施

法国巴黎银行的高级管理人员深刻理解并坚决履行合规管理职责，将合规视为银行稳健发展的基石。他们通过一系列具体措施，确保合规管理目标得到有效落实，具体体现在以下几个方面。

1. 落实合规管理部门设置和职能要求

法国巴黎银行设立了独立的合规管理部门，由高级管理人员直接领导。该部门配备了充足、专业的合规管理人员，负责全行的合规管理工作。高级管理人员确保合规管理部门拥有独立履行职责的权力和资源，包括人力、物力、财力及技术支持，为合规管理提供坚实保障。

2. 组织推动合规管理制度建设

高级管理人员组织推动主管或分管领域的合规管理制度建设，确保各项业务活动都有明确的合规要求和操作指南。他们积极参与合规管理制度的制定和修订工作，确保制度符合法律法规、监管要求和银行实际情况。

3. 强化合规审查与自查自纠

法国巴黎银行的高级管理人员高度重视合规审查与自查自纠工作。他们要求合规管理部门定期对各项业务活动进行合规审查，及时发现并纠正违规行为。同时，高级管理人员还参与或督导合规自查与检查工作，确保合规要求得到有效执行。

4. 加强合规风险监测与管控

高级管理人员密切关注合规风险动态，要求合规管理部门建立健全合规风险监测和预警机制。他们通过定期分析合规风险数据、评估合规风险状况，及时制定并落实风险管控措施，确保合规风险得到有效控制。

5. 严肃处理合规事件

一旦发现重大违法违规行为或重大合规风险，法国巴黎银行的高级管理人员立即启动应急响应机制,迅速查明事实真相,并依法依规进行严肃处理。他们要求合规管理部门对合规事件进行深入调查和分析,总结经验教训,完善合规管理制度和流程。

6. 督促落实责任追究

对于合规事件中负有责任的人员,法国巴黎银行的高级管理人员坚决落实责任追究制度。他们要求合规管理部门依据相关规定对责任人进行处理,并督促相关部门和个人认真整改,防止类似事件再次发生。

(三)案例特色和亮点

1. 高层重视与全员参与

法国巴黎银行的高级管理层始终将合规管理视为银行稳健发展的战略支柱。他们不仅设立了专门的合规管理部门和配备专业人才,而且参与合规管理制度的制定、合规审查及自查自纠工作。例如,法国巴黎银行总部组织了一次全行合规开门会议,由行长和首席合规官共同主持,邀请各分行代表分享近期在合规自查中发现的小问题及改进措施,促使各层级员工在实际操作中都能深刻理解并贯彻合规即责任的理念,从而形成了上下联动、全员参与的良好局面。

2. 独立性与专业性并重

法国巴黎银行高度重视合规管理部门的独立运作和专业能力建设。合规部门不仅独立于各业务部门外设,而且在资源保障上获得高级管理层的充分支持。举例来说,法国巴黎银行欧洲区分行的合规团队在独立审计中发现一笔跨境交易存在潜在风险,经过专业评估后迅速向高层提出整改建议,最终通过调整操作流程成功避免了监管处罚。这一微案例体现了法国巴黎银行在合规管理独立性与专业性上的双重保障,使合规工作更具权威和执行力。

3. 全面覆盖与重点突出

在合规管理实践中,法国巴黎银行不仅实现了对全业务流程的覆盖,更特别注重对高风险领域和关键环节的聚焦。法国巴黎银行要求各分支机构针对新兴金融产品、跨境业务等重点领域制定专项合规方案,并定期组织风险评估。例如,在对互联网金融业务进行风险监测时,一家分行发现了数据传输中存在的隐患,立即启动内部紧急会议,制定并执行了针对性的风险防控措施,确保该项业务的合规运营。这样的微案例展示了法国巴黎银行如何通过全覆盖与重点突出的策略,提升了合规管理工作的针对性和实效性。

4. 风险导向与持续改进

法国巴黎银行的合规管理以风险为导向,注重事前预防和事中控制。高级管理人员要求合规部门建立实时风险预警系统,通过大数据和人工智能技术对交易数据和内部报告进行动态分析,及时发现潜在违规行为。例如,该行利用智能监控系统成功捕捉到一笔异常资金流动,随后迅速开展专项调查,并随即制定整改方案,避免了风险蔓延。此外,法国巴黎银行还定期组织跨部门复盘会议,对过去的风险事件进行总结和反思,不断优化和创新合规管理方法,确保体系始终适应监管政策和业务环境的变化。

在高级管理人员合规管理实践方面,法国巴黎银行通过高层参与、合规部门的独立专业运作、全面覆盖而重点突出的管理策略及风险导向下的持续改进,不仅构建了一套科学高效的合规体系,还通过多个具体案例展示了如何在实际运营中做到预防、监控和整改相结合。这些成功的经验为同行提供了宝贵的借鉴,同时也为金融机构稳健发展和应对复杂监管环境提供了坚实保障。

第七节 设立首席合规官及合规官

一、设立首席合规官及合规官的监管政策

第十三条 金融机构应当在机构总部设立首席合规官,首席合规官是高级管理人员,接受机构董事长和行长(总经理)直接领导,向董事会负责。

金融机构原则上应当在省级分支机构或者一级分支机构设立合规官,合规官是本级机构高级管理人员,接受本级机构行长(总经理)直接领导。

金融机构的首席合规官及合规官应当取得国家金融监督管理总局或者其派出机构的任职资格许可,本办法另有规定的除外。

二、理解和学习:设立首席合规官及合规官

《办法》第十三条对金融机构在合规管理方面的组织架构和人员配置提出了明确的要求。

首先,金融机构应当在其机构总部设立一个至关重要的职位——首席合规官。首席合规官,作为金融机构的高级管理人员,其地位举足轻重,他直接接受机构董事长和行长(总经理)的领导,并负责向董事会全面报告合规管理工作的情况。这一设置,不仅体现了金融机构对合规管理工作的高度重视,也确保了合规管理工作的独立性和权威性,为金融机构建立健全、有效的合规管理体系奠定了坚实的基础。

其次，为了进一步加强金融机构的合规管理，原则上，金融机构还应当在省级分支机构或者一级分支机构设立合规官。这些合规官，同样作为本级机构的高级管理人员，承担着本级机构的合规管理重任。他们直接接受本级机构行长（总经理）的领导，负责在本级机构内推动合规文化的建设，监督合规政策的执行，防范和化解合规风险，确保本级机构的合规运营。

最后，为了保障首席合规官及合规官的专业素养和履职能力，金融机构在选拔和任用首席合规官及合规官时，应当严格遵守国家金融监督管理总局或者其派出机构的任职资格许可要求。除非本办法另有特别规定，否则，任何未经任职资格许可的人员，都不得担任首席合规官或合规官。这一要求，不仅体现了金融机构对合规管理工作的严谨态度，也确保了合规管理工作的专业性和有效性，为金融机构的合规运营和稳健发展提供了有力的保障。

三、思维导图：设立首席合规官及合规官

为了更直观地展示设立首席合规官及合规官的规定内容，我们特别制作了设立首席合规官及合规官规定思维导图，如图2-7所示。图2-7以清晰、简洁的方式，呈现了设立首席合规官及各级合规官的整体框架和层级关系。图2-7详细标注了首席合规官的地位、职责及直接领导关系，同时展示了省级分支机构或一级分支机构中各级合规官的设立原则和管理要求。通过图2-7，读者可以一目了然地了解设立首席合规官及各级合规官的规定内容，更好地把握合规管理组织架构的设立要点，为金融机构的合规管理工作提供有力的视觉辅助和指导。

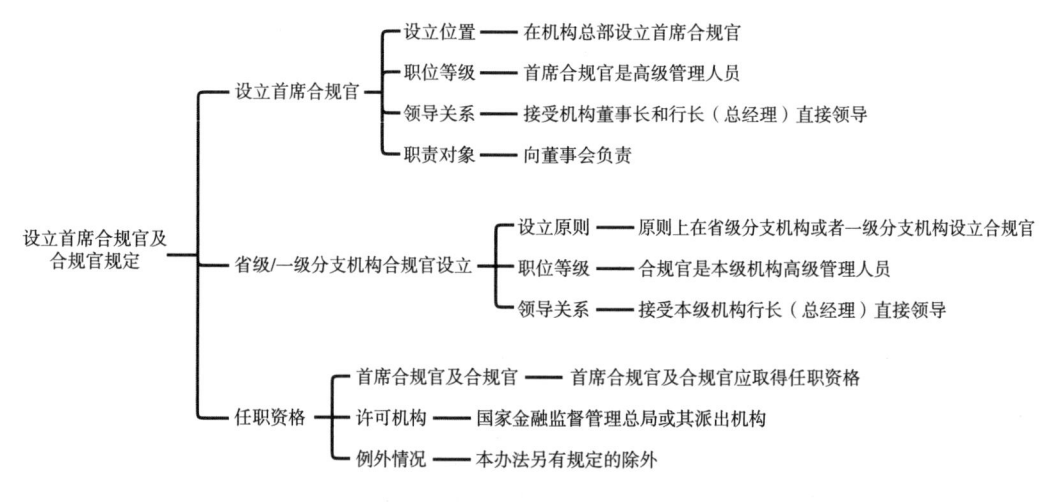

```
                              ┌─ 设立位置 ── 在机构总部设立首席合规官
                              ├─ 职位等级 ── 首席合规官是高级管理人员
              ┌─ 设立首席合规官 ┤
              │               ├─ 领导关系 ── 接受机构董事长和行长（总经理）直接领导
              │               └─ 职责对象 ── 向董事会负责
              │
设立首席合规官及 │                              ┌─ 设立原则 ── 原则上在省级分支机构或者一级分支机构设立合规官
  合规官规定   ├─ 省级/一级分支机构合规官设立 ┤─ 职位等级 ── 合规官是本级机构高级管理人员
              │                              └─ 领导关系 ── 接受本级机构行长（总经理）直接领导
              │
              │               ┌─ 首席合规官及合规官 ── 首席合规官及合规官应取得任职资格
              └─ 任职资格     ├─ 许可机构 ── 国家金融监督管理总局或其派出机构
                              └─ 例外情况 ── 本办法另有规定的除外
```

图2-7 设立首席合规官及合规官思维导图

四、工具：设立首席合规官及合规官检测实施一览表

为了确保金融机构能够准确理解和有效实施设立首席合规官及合规官的规定，我们特别设计了首席合规官及合规官设立检测实施一览表，如表2-7所示。表2-7作为实用的工具，详细列出了设立首席合规官及各级合规官的关键要素和实施步骤。通过对照一览表中的检测项目，金融机构可以逐一自查，确认是否已按照规定设立了首席合规官及合规官，并明确了他们的职责、权限和管理要求。同时，表2-7还提供了简洁明了的自我评价空白表格项目，帮助金融机构更好地理解和执行设立首席合规官及合规官的规定，确保合规管理工作的顺利开展。

表 2-7 首席合规官及合规官设立检测实施一览表

项目	流程	内容	检测项目	评价已经做到	评价尚未做到
金融机构首席合规官及合规官设立	设立流程	设立首席合规官	需求分析：金融机构需明确设立首席合规官的必要性		
			职位规划：制定详细的职位说明书，明确职责和权力		
			提交申请：向上级监管机构提交设立首席合规官的申请		
		设立合规官	需求分析：根据金融机构业务需求，确定合规官的设立数量		
			招聘与选拔：通过招聘渠道，选拔符合任职资格的合规官		
			备案流程：完成招聘后，向相关监管机构备案		
	任职资格许可	首席合规官	学历要求：具备金融、法律等相关领域的高等教育学历		
			工作经验：具备丰富的工作经验，特别是在合规管理方面的经验		
			专业知识：熟悉金融机构的合规管理、法律法规等		

续表

项目	流程	内容	检测项目	评价已经做到	评价尚未做到
金融机构首席合规官及合规官设立	任职资格许可	合规官	学历要求：具备金融、法律等相关领域的基础知识		
			专业技能：熟悉合规管理、法律法规，具备一定的实践经验		
			职业道德：遵守职业道德规范，具备良好的职业素养		
	备案流程	材料准备	提交申请材料：包括合规官的简历、学历证明、资格证明等		
			材料审核：金融机构内部对提交的材料进行审核		
		备案申请	向监管机构提交备案申请		
			监管机构对备案材料进行审核		
		备案结果	备案通过：获得备案许可，正式担任合规官职务		
			备案不通过：根据监管机构反馈，进行材料补充或调整		
		其他注意事项	持续关注法规变动，确保合规官的任职资格和备案流程符合最新法规要求		
			加强内部培训，提升合规官的专业素质和职业道德水平		

五、案例

德国安联保险集团首席合规官制度实施

（一）金融机构介绍

德国安联保险集团（以下简称安联集团）成立于1890年，总部位于德国慕尼黑，是全球领先的综合性保险和资产管理公司之一。安联集团的业务遍及全球多个国家和地区，提供包括寿险、健康险、财产险和责任险在内的广泛保险服务，同时也在资产管理领域拥有举足轻重的地位。凭借其卓越的风险管理能力和稳健的经营策略，安联集团在全球金融市场中占据了重要地位。

（二）具体措施

安联集团深刻理解合规管理对于金融机构的重要性，因此在机构总部设立了首席合规官这一高级管理职位。首席合规官直接向集团董事长和总经理汇报工作，并对董事会负责，确保了合规管理工作的权威性和独立性。

在安联集团内部，首席合规官负责领导和监督整个集团的合规管理体系。其职责包括但不限于制定和执行合规政策、监督合规风险、开展合规培训、与监管机构沟通以及处理合规违规事件等。通过首席合规官的领导，安联集团能够确保在全球范围内的业务活动均符合当地法律法规和监管要求。

此外，安联集团还在各分支机构或一级分支机构设立了合规官。这些合规官作为本级机构的高级管理人员，接受本级机构主要负责人的直接领导，负责落实总部的合规政策和程序，并对本级机构的合规管理承担首要责任。合规官们在日常工作中密切监控本级机构的合规风险，及时发现并纠正合规问题，确保业务活动的合法合规。

值得注意的是，安联集团的首席合规官及合规官均须取得任职资格许可。这一要求确保了合规管理人员的专业性和独立性，为集团的合规管理提供了有力保障。

（三）案例特色和亮点

1. 高度重视合规管理

安联集团始终将合规管理视为企业运营的基石。安联集团通过设立首席合规官和制定完善的合规官制度，确保合规管理在整个组织中享有权威性和独立性。比如，安联欧洲区分行在高层领导的带领下，组织了一次全行范围的合规"实战演练"，通过模拟突发合规事件，让各部门亲身参与问题的发现和应对，极大地提升了员工对合规制度的认知和敏感度，为日常业务中遇到的类似风险提供了前车之鉴和快速应对方案。

2. 全球统一的合规标准

作为全球性金融机构，安联集团在全球范围内实施统一且严格的合规标准。无论业务活动发生在哪个国家或地区，安联集团均要求各子公司必须严格遵守当地法律法规与监管要求。例如，在亚太地区，安联针对数据隐私保护和反洗钱要求制定了统一的内部操作指南。而在欧洲，安联集团则依据严格标准调整业务流程，确保跨境业务合规运作。这种全球统一标准的推行，使得集团各区域业务能够在同一框架下运行，

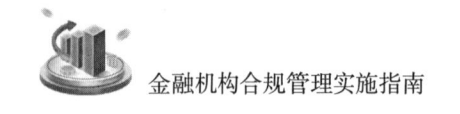

既满足当地监管要求，又保持整体合规性。

3. 完善的合规管理体系

安联集团构建了涵盖合规政策、风险监控、培训、审计等多个环节的完善合规管理体系。通过定期的内部审计和风险评估，安联集团能够迅速发现并纠正业务中的合规问题。例如，某亚洲分部在一次例行内部审计中发现部分客户资料更新不及时，合规管理部门随即联合计算机部门优化了数据更新流程，并通过后续培训提高了员工操作的规范性，确保了客户信息的实时准确。这种事前预防与事中纠偏相结合的管理模式，使得安联集团能够在变化的监管环境中持续保持领先。

4. 专业的合规管理团队

安联集团的合规管理团队由具备丰富国际经验和专业知识的高级管理人员组成，他们不仅独立行使合规监管职责，还为各子公司的合规工作提供全方位支持。安联集团在全球范围内不断加强合规人才的培养，定期组织国际合规研讨会和跨部门交流活动。例如，安联集团在拉美地区设立了专门的合规支持小组，针对当地反洗钱和金融犯罪问题开展专项培训，使得该区域的合规违规事件的数量大幅下降。这一微案例充分展示了专业团队在提升合规水平和风险防控中的关键作用。

（四）案例总结

安联集团通过设立首席合规官及完善的合规官制度，实施全球统一的合规标准，建立了包括风险监控、定期培训和内部审计在内的完善管理体系，并打造了一支专业且独立的合规管理团队，确保了集团在全球各区域的业务活动均能保持高度合规。这一案例体现了安联集团对合规管理的高度重视和深刻理解，同时还通过一系列具体而生动的措施与微型案例，展示了其在风险预防、流程优化和人才培养方面的成功经验，为其他金融机构提供了宝贵的借鉴和启示。

第八节 设立或兼任合规官管理

一、设立或兼任合规官管理的监管政策

第十四条 金融机构可以根据自身经营情况单独设立首席合规官、合规官，也可以由金融机构的高级管理人员、省级分支机构或者一级分支机构的高级管理人员兼任。

由金融机构行长（总经理）兼任首席合规官，以及由金融机构省级分支机构或者

一级分支机构行长（总经理）兼任合规官的，不受本办法规定的首席合规官或者合规官的任职条件限制，不需要另行取得任职资格许可。

二、理解和学习：设立或兼任合规官管理

《办法》第十四条对金融机构在设立首席合规官和合规官方面的灵活性进行了明确的规定。根据这一条款，金融机构在设立首席合规官及合规官时，可以充分考虑到自身的经营情况和实际需求。

具体来说，金融机构有权选择单独设立首席合规官及合规官。这有助于确保合规管理工作的专业性和独立性，使合规官能够专注于履行其职责，不受其他业务工作的干扰。通过单独设立这些职位，金融机构可以构建起一个更加完善、高效的合规管理体系，为金融机构的稳健发展提供有力的保障。

同时，金融机构也可以选择由其高级管理人员，或者省级分支机构、一级分支机构的高级管理人员兼任首席合规官或合规官。这样的兼任安排可以充分利用现有资源，提高管理效率，避免重复设置职位带来的浪费。对于那些规模较小、业务相对简单的金融机构来说，这种兼任方式可能更加适合其实际需求。

特别值得注意的是，如果金融机构的行长（总经理）选择兼任首席合规官，或者省级分支机构、一级分支机构的行长（总经理）选择兼任合规官，那么他们将不受本办法规定的首席合规官或合规官的任职条件限制。这意味着，这些高级管理人员在兼任合规官时，无须满足额外的任职资格要求，也无须另行取得任职资格许可。这一规定为金融机构提供了更大的自主权和灵活性，使得其能够根据实际情况做出最合适的安排，加强合规管理，防范风险。

《办法》第十四条为金融机构在设立首席合规官和合规官方面提供了明确的指导和灵活的选择空间，有助于金融机构更好地适应市场变化，加强合规管理，保障金融机构的稳健发展。

三、思维导图：设立或兼任合规官管理

为了更直观地展现设立或兼任合规官管理的整体框架和细节内容，我们精心设计了设立或兼任合规官管理思维导图，如图2-8所示。图2-8以清晰明了的方式，呈现了设立合规官和兼任合规官的相关管理规定之间的逻辑关系及层级结构。通过图2-8，您可以一目了然地看到设立合规官的原则、方式、条件，以及兼任合规官的特殊要求

和限制。同时，图2-8还详细标注了各项管理规定之间的区别，使整个合规官设立或兼任的管理流程更加透明、规范。图2-8不仅为金融机构提供了便捷的查阅工具，还有助于其更好地理解和执行设立或兼任合规官的相关规定，确保合规管理工作的顺利开展。

```
设立或兼任合规官管理
├── 合规官设立原则
│   ├── 根据自身经营情况单独设立
│   ├── 可设立首席合规官、合规官
│   └── 可由高级管理人员兼任
├── 首席合规官设立方式
│   ├── 单独设立首席合规官职位
│   └── 由金融机构行长（总经理）兼任首席合规官
├── 合规官设立方式
│   ├── 单独设立合规官职位
│   ├── 由省级分支机构或一级分支机构高级管理人员兼任
│   └── 由省级分支机构或一级分支机构行长（总经理）兼任合规官
├── 兼任首席合规官条件
│   ├── 金融机构行长（总经理）可直接兼任
│   ├── 不受首席合规官任职条件限制
│   └── 无须另行取得任职资格许可
└── 兼任合规官的特殊要求和限制
    ├── 省级或一级分支机构高级管理人员可直接兼任
    ├── 省级或一级分支机构行长（总经理）可直接兼任
    ├── 不受合规官任职条件限制
    └── 无须另行取得任职资格许可
```

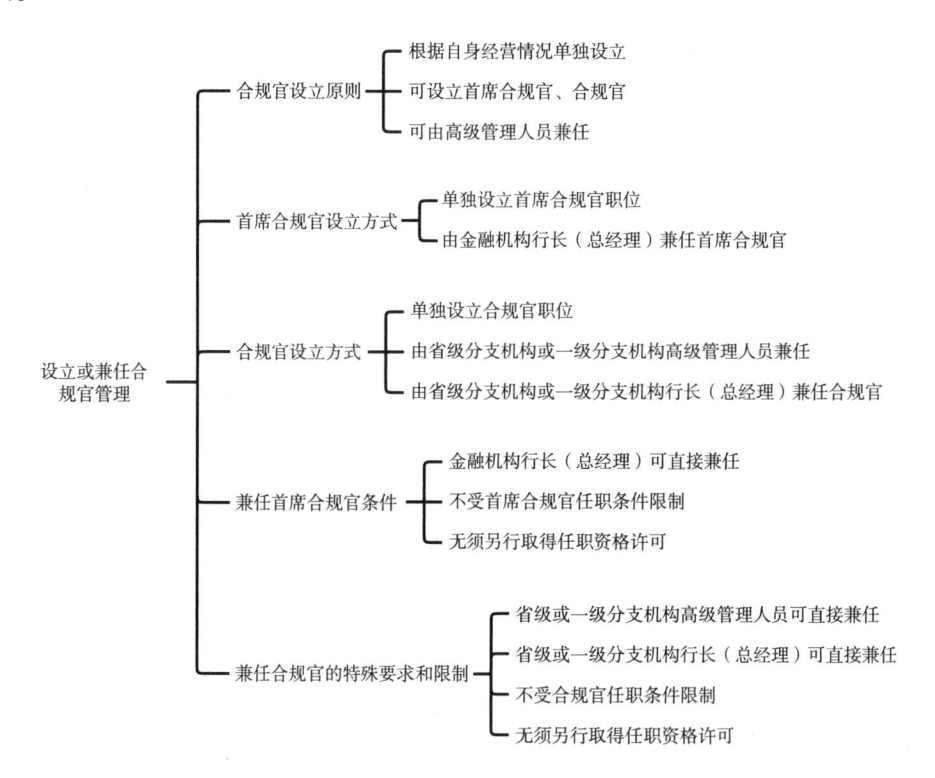

图2-8 设立或兼任合规官管理思维导图

四、工具：设立或兼任合规官管理检测实施一览表

为了确保金融机构能够准确理解和有效实施设立或兼任合规官的管理，我们特别编制了设立或兼任合规官管理检测实施一览表，如表2-8所示。表2-8作为实用的工具，详细列出了设立或兼任合规官所需遵循的关键条款和实施步骤。通过对照表2-8中的检测项目，金融机构可以逐一自查，确认自身在设立或兼任合规官的过程中是否符合相关规定要求。表2-8内容全面、条理清晰，包括设立或兼任合规官的原则、方式等，这将有助于金融机构更好地把握合规管理的核心要点，确保设立或兼任合规官的工作能够顺利进行，为金融机构的合规经营和稳健发展提供有力支撑。

表2-8 设立或兼任合规官管理检测实施一览表

项目	基本项目	检测项目	评价已经做到	评价尚未做到
设立或兼任合规官管理	合规官设立原则	根据自身经营情况单独设立		
		可设立首席合规官、合规官		
		可由高级管理人员兼任		
	首席合规官设立方式	单独设立首席合规官职位		
		由金融机构行长（总经理）兼任首席合规官		
	合规官设立方式	单独设立合规官职位		
		由省级分支机构或一级分支机构高级管理人员兼任		
		由省级分支机构或一级分支机构行长（总经理）兼任合规官		
	兼任首席合规官条件	金融机构行长（总经理）可直接兼任		
		不受首席合规官任职条件限制		
		无须另行取得任职资格许可		
	兼任合规官的特殊要求和限制	省级或一级分支机构高级管理人员可直接兼任		
		省级或一级分支机构行长（总经理）可直接兼任		
		不受合规官任职条件限制		
		无须另行取得任职资格许可		

五、案例

美国州立农业保险公司首席合规官设立

（一）金融机构介绍

美国州立农业保险公司成立于1922年，是美国最大的受理财产和意外伤害保险的公司之一，其业务遍及美国，通过保险代理人销售汽车险、家庭财产险、非医疗健康险和寿险等险种。州立农业保险公司以高质量的服务和诚信取胜，成为美国顾客首选的保险公司之一，其目标是继续成为美国保险业的领先者。

（二）具体措施

1. 设立方式及兼任规定理解

州立农业保险公司深刻认识到合规管理在保险行业中的重要性，因此积极响应监管机构的号召，根据自身经营情况设立了首席合规官和合规官职位。公司深知，由于各分支机构的经营情况、风险状况和合规需求存在差异，因此允许金融机构根据实际情况灵活选择首席合规官和合规官的设立方式。具体而言，州立农业保险公司既可以选择单独设立首席合规官和合规官，确保合规管理的独立性和专业性；也可以选择由金融机构负责人、分支机构或一级分支机构负责人兼任，以提高管理效率和降低成本。

对于由金融机构行长或总经理兼任首席合规官的情况，州立农业保险公司遵循相关法规，不受首席合规官或合规官任职条件限制，无须另行取得任职资格许可。这一规定为州立农业保险公司提供了更大的灵活性，使公司能够根据实际需要调整合规管理架构。

2. 实施的具体措施

在实际操作中，州立农业保险公司采取了以下具体措施确保合规管理的有效实施。

（1）明确职责与权限。无论首席合规官是单独设立还是由金融机构负责人兼任，州立农业保险公司都明确其职责和权限，确保其能够全面、有效地履行合规管理职责。首席合规官负责领导和监督公司的合规管理体系，包括制定和执行合规政策、监督合规风险、开展合规培训、与监管机构沟通及处理合规违规事件等。

（2）建立合规团队。州立农业保险公司为首席合规官配备了专业的合规团队，团队成员具备丰富的合规管理经验和专业知识，能够为公司的合规管理提供有力的支持和保障。合规团队与各部门紧密合作，共同推动合规文化的建设。

（3）强化合规培训。州立农业保险公司定期开展合规培训，提高员工的合规意识和风险识别能力。培训内容涵盖法律法规、行业准则、公司合规政策等方面，确保员工能够充分了解并遵守合规要求。

（4）完善合规监控机制。州立农业保险公司建立了完善的合规监控机制，通过定期检查和内部审计等方式，及时发现并纠正合规问题。同时，州立农业保险公司还设立了举报渠道，鼓励员工积极举报违规行为，以维护公司的合规形象。

(三）案例特色和亮点

1. 灵活性与合规性的平衡

州立农业保险公司根据自身经营实际，灵活设置首席合规官及合规官的配置方式。一方面，该公司在总部层面设立了独立的合规管理部门，配备专业合规人才，确保各项制度的独立性和专业性。另一方面，在区域分支机构中，根据业务规模和风险状况，采取"轻量级"或"重型"合规模式，以兼顾管理效率与成本。例如，某分行根据本地市场特点，采取"轮换制"安排合规官，既保证了制度的严格执行，又降低了人员成本，同时在一次内部合规自查中，一位当班合规官发现了一起小额但潜在的风险隐患，并迅速上报，促使该分行在短时间内完成整改，从而避免了风险累积。

2. 强调合规文化的重要性

州立农业保险公司通过明确各级管理人员的职责和权限、成立专门的合规团队、定期组织合规培训和开展案例警示教育，积极营造一种强调诚信、透明和遵法守规的企业文化。比如，公司总部组织的合规活动中，通过邀请外部法律专家讲解近期金融违规案例，并结合内部成功整改的实际案例，使员工深刻体会到违规行为带来的后果，同时对合规行为给予表彰和奖励，从而在全行形成了"不敢违规、不能违规、不想违规"的自觉氛围。

3. 注重员工参与和反馈

州立农业保险公司鼓励员工积极参与合规管理，将员工视为合规建设的重要力量。公司设立了多渠道举报平台和意见反馈机制，鼓励基层员工将发现的潜在合规问题直接反馈给合规部门。例如，某分行的一位柜员通过内部举报系统发现一笔疑似虚报业务，合规团队立即展开调查并及时纠正，避免了更大风险的发生。这种"人人参与、即时反馈"的机制，不仅提升了全员的风险识别能力，也大大增强了公司的整体合规管理水平。

4. 完善的合规管理体系

在董事会的战略指导下，州立农业保险公司建立了一套涵盖合规政策、风险监控、内部审计、定期培训等多环节的完善管理体系。通过系统化管理，公司确保各项业务流程均有章可循，并能根据监管政策和市场环境的变化及时调整。例如，在一次全面风险评估中发现部分新推出业务存在数据合规隐患后，公司立即组织专项会议，调整了数据收集和监控流程，并开展针对性培训，有效降低了违规风险，确保了业务稳健运行。

州立农业保险公司通过灵活设立首席合规官及合规官职位、明确职责权限、建立专业的合规团队和多层次的培训及监控机制，成功构建了一套高效、独立且适应性强

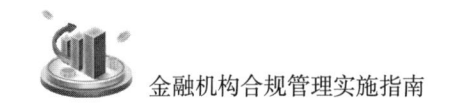

的合规管理体系。这一体系不仅体现了公司对合规管理的高度重视和深刻理解，还通过一系列具体的微型案例，展示了如何在实际操作中及时发现和纠正合规风险，为业务稳健发展提供了坚实保障。这些实践经验为其他金融机构提供了宝贵的借鉴和启示。

第九节　首席合规官及合规官职责冲突管理

一、首席合规官及合规官职责冲突管理的监管政策

第十五条　首席合规官及合规官不得负责管理金融机构的前台业务、财务、资金运用、内部审计等可能与合规管理存在职责冲突的部门。金融机构行长（总经理）兼任首席合规官、省级分支机构或者一级分支机构行长（总经理）兼任合规官的除外。

二、理解和学习：首席合规官及合规官职责冲突管理

《办法》第十五条对首席合规官及合规官在金融机构中的职责范围进行了明确划分。这一条款强调了首席合规官及合规官在金融机构合规管理体系中的核心地位，他们肩负着监督和管理合规事务的重任，确保金融机构的运营活动严格遵守法律法规和监管要求，维护金融机构的合规性和声誉。

为了保障合规管理的独立性和公正性，避免潜在的利益冲突，该条款特别指出，首席合规官及合规官不得负责管理金融机构中与合规管理可能存在职责冲突的部门。这些部门包括但不限于前台业务、财务、资金运用及内部审计等。前台业务部门直接参与市场的买卖活动，其决策和行动往往受到市场波动和利益驱动的影响；财务部门负责金融机构的财务管理和会计核算，涉及资金流动和财务报告的准确性；资金运用部门则负责金融机构的资金投资和运用，在追求资产增值的同时也可能面临风险；而内部审计部门则负责对金融机构的各项业务活动进行独立审计，确保其合规性和有效性。

这些部门的工作性质和职责与合规管理存在潜在的冲突，如果由首席合规官或合规官负责管理，可能会因为利益纠葛或职责不清而影响合规管理的客观性和有效性。因此，为了确保合规管理的独立性和公正性，首席合规官及合规官应严格遵循这一规定，避免涉足这些可能存在冲突的领域。

当然，也有例外情况。如果金融机构行长（总经理）兼任首席合规官，或者省级分支机构、一级分支机构行长（总经理）兼任合规官，由于他们同时担任着高级管理

职务，对金融机构的整体运营和合规管理有全面的了解和把握，因此可以在确保合规管理独立性的前提下兼管其他部门。但这种情况下的兼任应谨慎处理，确保合规管理的独立性和有效性不受影响。

三、思维导图：首席合规官及合规官职责冲突管理

为了更直观、系统地展示首席合规官及合规官在履行职责过程中可能遇到的职责冲突问题，以及如何有效管理和规避这些冲突，我们特别设计了首席合规官及合规官职责冲突管理思维导图，如图2-9所示。图2-9以清晰、明了的方式，呈现了首席合规官及合规官职责冲突管理的整体框架和关键因素。它详细描绘了合规管理部门与其他业务部门之间的职责界限。通过图2-9，我们可以一目了然地了解到首席合规官及合规官在履行职责时所需遵循的原则和规范，以及他们在面对职责冲突时应采取的措施和策略。这将有助于金融机构更好地管理和规避合规风险，确保首席合规官及合规官能够独立、公正地履行其职责，为金融机构的合规经营和稳健发展提供有力保障。

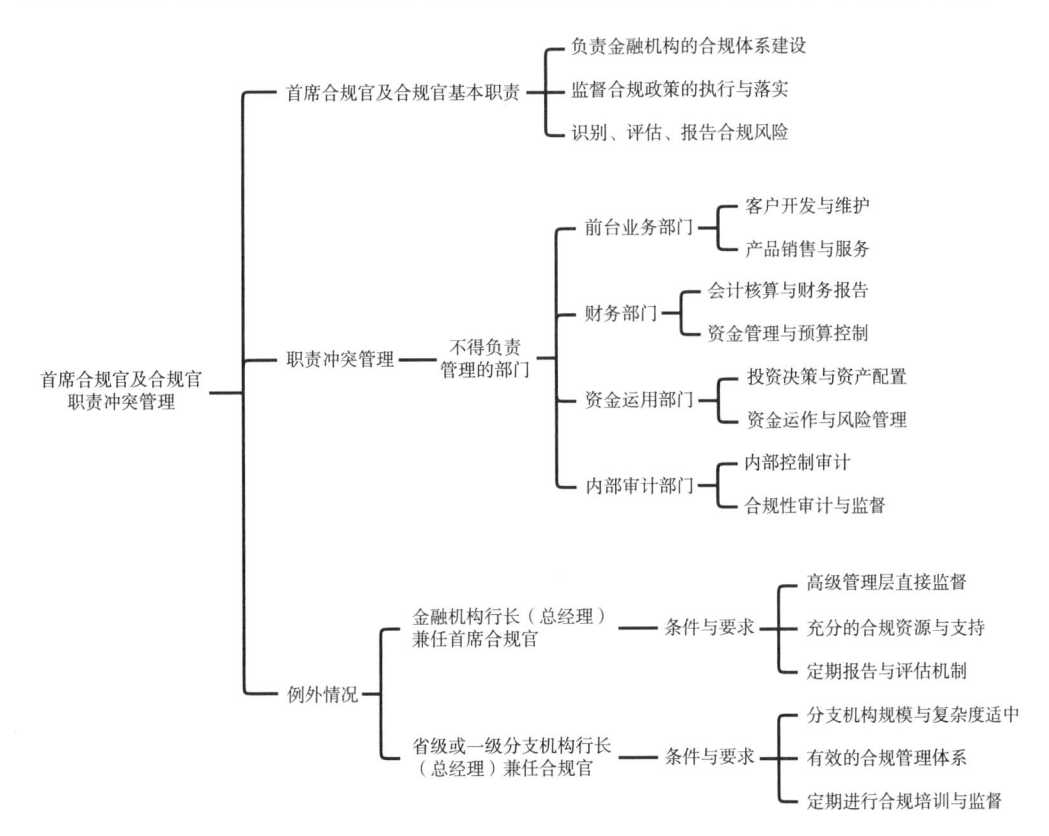

```
首席合规官及合规官职责冲突管理
├─ 首席合规官及合规官基本职责
│   ├─ 负责金融机构的合规体系建设
│   ├─ 监督合规政策的执行与落实
│   └─ 识别、评估、报告合规风险
├─ 职责冲突管理 ── 不得负责管理的部门
│   ├─ 前台业务部门
│   │   ├─ 客户开发与维护
│   │   └─ 产品销售与服务
│   ├─ 财务部门
│   │   ├─ 会计核算与财务报告
│   │   └─ 资金管理与预算控制
│   ├─ 资金运用部门
│   │   ├─ 投资决策与资产配置
│   │   └─ 资金运作与风险管理
│   └─ 内部审计部门
│       ├─ 内部控制审计
│       └─ 合规性审计与监督
└─ 例外情况
    ├─ 金融机构行长（总经理）兼任首席合规官 ── 条件与要求
    │   ├─ 高级管理层直接监督
    │   ├─ 充分的合规资源与支持
    │   └─ 定期报告与评估机制
    └─ 省级或一级分支机构行长（总经理）兼任合规官 ── 条件与要求
        ├─ 分支机构规模与复杂度适中
        ├─ 有效的合规管理体系
        └─ 定期进行合规培训与监督
```

图 2-9　首席合规官及合规官职责冲突管理思维导图

四、工具：首席合规官及合规官职责冲突管理检测实施一览表

为了帮助首席合规官及合规官更好地理解和执行职责冲突管理，确保他们在工作中能够准确识别并妥善处理职责冲突情况，我们特别制定了首席合规官及合规官职责冲突管理检测实施一览表，如表 2-9 所示。这份一览表作为实用的工具，详细列出了首席合规官及合规官在履行职责过程中可能遇到的职责冲突情形，以及针对这些情形应遵循的管理规定。通过对照一览表中的检测项目，首席合规官及合规官可以逐一自查，确认自身在处理职责冲突时是否符合相关规定要求，从而及时发现并纠正可能存在的问题。这份一览表不仅为首席合规官及合规官提供了明确的指导，还有助于他们提高合规意识，增强处理职责冲突的能力，为金融机构的合规经营和稳健发展提供有力支持。

表 2-9 首席合规官及合规官职责冲突管理检测实施一览表

项目	基本项目	检测项目	评价已经做到	评价尚未做到
首席合规官及合规官职责冲突管理	首席合规官及合规官基本职责	负责金融机构的合规体系建设		
		监督合规政策的执行与落实		
		识别、评估、报告合规风险		
	职责冲突管理	前台业务部门		
		财务部门		
		资金运用部门		
		内部审计部门		
	例外情况	金融机构行长（总经理）兼任首席合规官		
		省级或一级分支机构行长（总经理）兼任合规官		

五、案例

法国兴业银行首席合规官职责冲突管理

（一）金融机构介绍

法国兴业银行是一家拥有超过160年历史的全球性银行，总部位于法国巴黎。作为欧洲最大的银行之一，法国兴业银行在全球80多个国家设有分支机构，提供包括企业融资、零售银行、投资银行和资产管理在内的全方位金融服务。2008年，该行因期货交易员杰罗姆·科维尔的巨额违规交易而蒙受了重大损失，这一事件不仅暴露了银行在风险管理方面的漏洞，也引发了全球对金融机构合规管理的深刻反思。

（二）具体措施

在经历了2008年的亏损事件后，法国兴业银行深刻认识到合规管理的重要性，并对首席合规官及合规官的职责冲突管理限制规定进行了深入理解和严格实施。

法国兴业银行明确规定，首席合规官及合规官不得参与管理可能与合规管理存在职责冲突的部门，如前台业务、财务、资金运用和内部审计等。这一规定旨在确保合规官能够独立于业务部门运作，从而更客观、公正地履行合规审查和监督职责。

然而，在特定情况下，如金融机构行长（总经理）兼任首席合规官，或分支机构、一级分支机构行长或总经理兼任合规官时，这一限制规定可能会有所放宽。即便如此，法国兴业银行也强调，这些兼任者必须确保合规管理的独立性和有效性不受影响，并接受更为严格的监督和考核。

为了确保这一规定的有效实施，法国兴业银行采取了以下具体措施。

1. 明确职责与权限

法国兴业银行制定了详细的合规管理手册，明确了首席合规官及合规官的职责与权限范围，确保他们不会涉足与合规管理存在职责冲突的部门。

2. 建立隔离墙制度

对于可能存在利益冲突的部门，法国兴业银行建立了严格的隔离墙制度，确保合规官与这些部门之间的信息隔离和人员隔离。

3. 强化培训与监督

法国兴业银行定期对首席合规官及合规官进行专业培训，提高他们的合规意识和风险管理能力。同时,通过内部审计和外部监管等方式,对合规官的工作进行有效监督。

4. 建立举报机制

法国兴业银行鼓励员工对违规行为进行举报,并设立了独立的举报渠道和保密机制,确保举报者的权益得到保护。

(三)案例特色和亮点

1. 严格的职责分离

法国兴业银行通过明确职责划分和"隔离墙"制度,确保首席合规官及合规官能够独立于业务部门运作,专注于合规审查与监督。例如,在巴黎分行的一次例行检查中,一位独立的合规官在对一笔跨境交易进行独立复核时,发现了数据异常问题,并立即上报高层。经过内部沟通和独立审计,该笔交易被重新审核调整,避免了潜在的监管风险。这一微型案例充分展示了职责分离如何保障合规官客观履职,从而为整个银行体系提供了坚实的风险防控屏障。

2. 强化培训与监督

法国兴业银行高度重视合规官及全体员工的专业素质提升,通过定期开展专题培训、内部研讨和案例剖析来强化风险意识。例如,该行在法国总部组织了一次"合规实战演练",邀请知名法律专家结合近期国际金融违规案例进行讲解,并以真实业务数据进行情景模拟。参与者通过小组讨论和角色扮演,深入理解如何识别和应对合规冲突,培训效果显著,后续内部审计中违规事件的数量明显下降。

3. 建立举报机制

为确保全员参与和风险预防,法国兴业银行构建了多渠道的举报与反馈系统,鼓励员工主动揭示潜在违规行为。例如,一位基层员工在日常工作中发现某项操作存在流程漏洞,通过匿名举报渠道及时上报。合规部门迅速介入调查,并与相关部门协同制定整改措施,最终在短时间内堵住了风险漏洞,避免了可能的监管处罚。这一微型案例充分体现了举报机制在提升合规透明度和员工监督意识方面的重要作用。

4. 风险导向与持续改进

法国兴业银行的合规管理坚持以风险为导向,注重事前预防和事中控制。高级管理层要求合规部门建立实时风险监测系统,对市场变化、监管动态和内部操作风险进行定期评估,并根据风险反馈不断调整合规策略。比如,某分行在一次定期风险评估中发现某新业务环节存在数据处理不规范的问题,合规团队随即调整数据采集和监控流程,确保了业务操作符合最新法规要求。此类小型案例表明,持续改进机制使得银行合规体系始终适应外部环境变化,为业务稳健运行提供了长效保障。

（四）案例反思与启示

法国兴业银行在首席合规官及合规官职责冲突管理方面的实践，给我们提供了如下宝贵经验和启示。

第一，合规管理是金融稳健发展的基石：高层领导的参与和明确的职责分离是确保合规独立客观执行的重要保障。

第二，培训与监督是提升合规意识的关键：定期的案例分享和角色模拟培训能够使员工在实际工作中更敏锐地识别风险，及时采取措施。

第三，全员参与与举报机制能有效防范隐患：建立多渠道的反馈系统，不仅激发了员工监督责任感，也为及时发现并整改潜在风险提供了有效工具。

第四，风险导向与持续改进确保体系动态适应：通过定期风险评估和流程优化，金融机构能够不断完善合规管理体系，降低突发风险对业务的冲击。

法国兴业银行的经验表明，只有将高层重视、职责分离、培训监督、全员参与及持续改进等多项措施有机结合，才能构建出既严格又高效的合规管理体系。这为其他金融机构应对日益复杂的国际监管环境提供了有益借鉴和宝贵启示。

第十节　首席合规官任职条件

一、首席合规官任职条件的监管政策

第十六条　首席合规官在符合国家金融监督管理总局关于相应机构高级管理人员任职资格基本条件的前提下，还应当具备下列条件：

（一）本科以上学历；

（二）从事金融工作八年以上且从事法律合规工作三年以上，或者从事法律合规工作八年以上且从事金融工作三年以上，或者从事金融工作八年以上且取得法律职业资格证书；

（三）国家金融监督管理总局规定的其他条件。

二、理解和学习：首席合规官任职条件

《办法》第十六条对首席合规官的任职资格条件进行了详细且全面的规定。在符合国家金融监督管理总局关于相应机构高级管理人员任职资格基本条件这一大前提之

下，首席合规官还需要满足一系列更为具体和严格的条件，以确保其能够胜任这一重要职位。

首先，从学历方面来看，首席合规官必须具备本科以上的学历。这一要求并非空穴来风，而是基于合规工作的专业性和复杂性所做出的合理设定。本科以上的学历不仅意味着首席合规官接受了更为系统和深入的专业教育，还表明他们具备了一定的理论知识和专业素养，这是做好合规工作的基础。

其次，除了学历要求之外，首席合规官还需要具备丰富的金融和法律合规工作经验。具体来说，他们要么需要从事金融工作八年以上，并且在其中至少有三年的法律合规工作经验；要么从事法律合规工作八年以上，并且在其中至少有三年的金融工作经验；他们也可以从事金融工作八年以上，并且取得法律职业资格证书。这些经验要求并非随意设定，而是基于合规工作的实践性和操作性所做出的科学安排。通过长期的工作实践，首席合规官能够积累丰富的经验和专业知识，熟悉金融行业的运作规律和法律法规的要求，从而能够更加熟练、准确地应对各种合规问题。

最后，除了上述两个条件之外，首席合规官还需要满足国家金融监督管理总局规定的其他条件。这些条件可能涉及职业道德、专业素养、管理能力等多个方面，旨在确保首席合规官不仅具备扎实的专业知识和丰富的实践经验，还具备良好的职业道德和管理能力，能够全面、有效地履行其职责，为金融机构的合规经营和稳健发展提供有力保障。第十六条对首席合规官的任职资格条件进行了全面、详细的规定，旨在确保首席合规官能够胜任这一重要职位，为金融机构的合规管理贡献自己的力量。

三、思维导图：首席合规官任职条件

为了更直观、清晰地展示首席合规官的任职条件，我们特别设计了首席合规官任职条件思维导图，如图2-10所示。图2-10将首席合规官所需满足的各项条件进行了系统、有条理的梳理和呈现。通过图2-10，我们可以一目了然地看到首席合规官在学历、工作经验及其他条件等方面的具体要求。这不仅有助于我们更全面地了解首席合规官的任职条件，还能为金融机构在选拔和任命首席合规官时提供有力的参考和依据。同时，图2-10也体现了我们对首席合规官这一职位的高度重视和严格要求，旨在确保首席合规官能够胜任这一重要职责，为金融机构的合规经营和稳健发展提供有力保障。

```
                    ┌── 基本前提 ──── 符合国家金融监督管理总局关于相应
                    │                机构高级管理人员任职资格基本条件
                    │
                    ├── 学历条件 ──── 本科以上学历
                    │
首席合规官           │                  ┌── 从事金融工作八年以上且从事法律合规工作三年以上
任职条件     ────┤── 工作经验条件 ──┤── 从事法律合规工作八年以上且从事金融工作三年以上
                    │                  └── 从事金融工作八年以上且取得法律职业资格证书
                    │
                    └── 其他条件 ──── 国家金融监督管理总局规定的其他条件
```

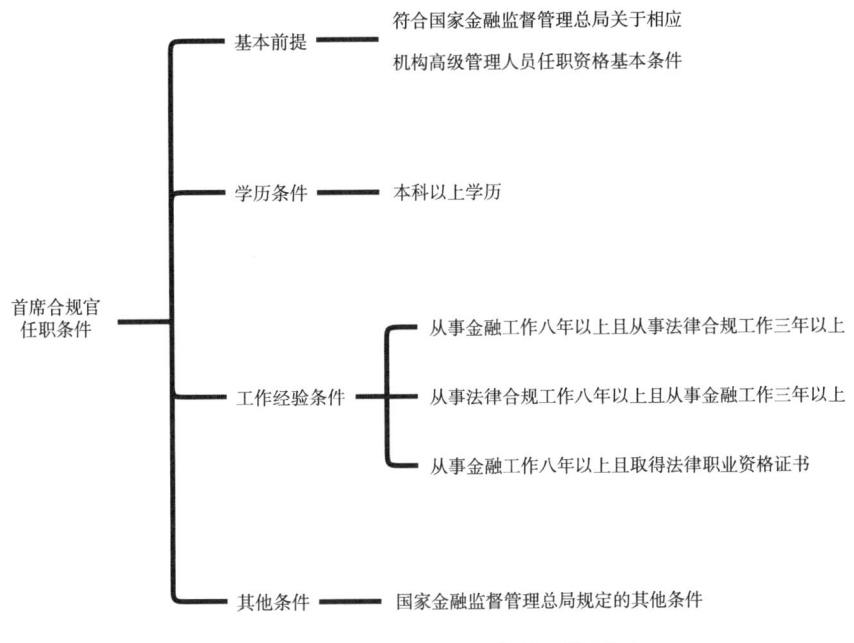

图 2-10 首席合规官任职条件思维导图

四、工具：首席合规官任职条件检测实施一览表

为了更好地了解首席合规官候选人及现任首席合规官自身是否符合任职条件，我们特别制定了首席合规官任职条件检测实施一览表，如表 2-10 所示。这份一览表作为实用的工具，详细列出了首席合规官所需满足的各项条件，包括基本前提、学历条件、工作经验条件等多个方面。通过对照一览表中的检测项目，首席合规官候选人或现任首席合规官可以逐一自查，确认自身是否达到或符合这些条件。这不仅有助于他们清晰地了解自己的优势和不足，还能为他们在职业发展和提升方面提供有针对性的指导和建议。同时，这份一览表也为金融机构在选拔和任命首席合规官时提供了一个便捷的参考依据，确保所选人员能够全面、准确地满足任职条件，为金融机构的合规经营和稳健发展提供有力支撑。

表 2-10 首席合规官任职条件检测实施一览表

项目	基本项目	检测项目	评价已经做到	评价尚未做到
首席合规官任职条件	基本前提	符合国家金融监督管理总局关于相应机构高级管理人员任职资格基本条件		
	学历条件	本科以上学历		
	工作经验条件	从事金融工作八年以上且从事法律合规工作三年以上		
		从事法律合规工作八年以上且从事金融工作三年以上		
		从事金融工作八年以上且取得法律职业资格证书		
	其他条件	国家金融监督管理总局规定的其他条件		

五、案例

美国摩根士丹利首席合规官任职资格及实施

（一）金融机构介绍

美国摩根士丹利是一家全球领先的金融服务公司，总部位于美国纽约。自 1935 年成立以来，摩根士丹利已发展成为一家提供证券、资产管理、企业金融等全方位金融服务的综合性投资银行。其业务遍布全球，拥有庞大的客户基础和专业的金融服务团队。摩根士丹利以其卓越的风险管理、创新的金融产品和专业的服务赢得了广泛赞誉，并在全球金融市场中占据重要地位。

（二）具体措施

摩根士丹利对首席合规官的任职资格及条件要求有着严格的标准，这些标准体现了公司对合规管理的高度重视和对专业人才的严格要求。

1. 任职资格及条件要求理解

摩根士丹利认为，首席合规官是公司合规管理的核心人物，必须具备全面的专业素养和丰富的实践经验。根据公司的规定，首席合规官应当通晓相关合规规范，诚实守信，熟悉金融业务，并具有胜任合规管理工作所需的专业知识和技能。同时，首席合规官还必须符合任职资格的基本条件，并满足以下具体要求。

第一，全日制本科以上学历。这一要求确保了首席合规官具备扎实的专业基础和广泛的知识储备,能够应对复杂多变的合规挑战。

第二,丰富的从业经验。首席合规官需要具备从事金融工作八年以上且从事法律合规工作三年以上的经验;或者从事法律合规工作八年以上且从事金融工作三年以上;或者从事金融工作八年以上且取得法律职业资格证书。这些经验要求确保了首席合规官具备深厚的行业背景和丰富的实践经验,能够准确理解和把握合规管理的核心要义。

第三,独立性。首席合规官必须具有担任拟任职务所需的独立性,能够独立于业务部门运作,客观、公正地履行合规审查和监督职责。这一要求有助于确保合规管理的公正性和有效性。

2. 实施的具体措施

为了确保首席合规官任职资格及条件要求的有效实施,摩根士丹利采取了以下具体措施。

第一,严格的选拔程序。摩根士丹利在选拔首席合规官时,严格按照上述资格和条件要求进行筛选和评估。通过面试、笔试、背景调查等多个环节,全面考察候选人的专业素养、实践经验、独立性和其他相关条件。

第二,持续教育与培训。为了不断提升首席合规官的专业素养和合规管理能力,摩根士丹利定期组织培训和教育活动。这些活动包括合规法规培训、案例分享、模拟演练等,旨在帮助首席合规官及时了解最新的合规动态和法规要求,提升合规意识和风险管理能力。

第三,定期考核与评估。摩根士丹利对首席合规官的工作表现进行定期考核和评估。通过设定明确的考核指标和评估标准,对首席合规官的合规管理工作进行全面、客观的评价。根据考核结果,摩根士丹利将对首席合规官进行奖励或处罚,以激励其更好地履行合规管理职责。

(三)案例特色和亮点

摩根士丹利在首席合规官任职资格及条件要求方面展现出独有的特色。

第一,高标准、严要求。摩根士丹利对首席合规官的选拔设定了极高的标准。公司不仅要求候选人具备深厚的法律、金融和风险管理背景,还要求其拥有丰富的跨国监管实践经验和战略思维。为确保这一高标准,摩根士丹利在招聘过程中设置了多轮面试和案例讨论环节。例如,摩根士丹利在欧洲选拔首席合规官时,通过模拟处理跨境反洗钱风险的实际案例,考察候选人在复杂情境下的应变能力和判断力,从而确保

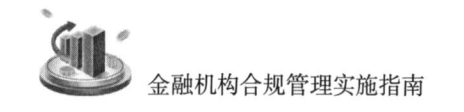

所任命的合规官能够独当一面，为公司的稳健运营提供坚实保障。

第二，持续教育与培训。摩根士丹利高度重视首席合规官的持续学习和专业能力提升。公司定期组织内部和外部的专业培训、研讨会和国际交流活动，不断更新合规管理知识，并分享最新监管动态和最佳实践。例如，一位任职中的首席合规官参加了由国际金融监管机构举办的全球合规峰会，回来后立即组织内部专题讲座，将最新监管趋势和实际案例传授给团队，帮助整个部门保持行业领先水平。

第三，定期考核与评估。摩根士丹利建立了一套科学的考核体系，对首席合规官的工作表现进行定期评估。通过设定明确的绩效指标和评估标准，确保合规管理工作既全面又客观。比如，在一次内部考核中，某首席合规官因在处理一宗跨国资金流监控事件中表现突出，获得了额外奖励，并被要求撰写详细案例分享作为全行培训材料。这种定期考核不仅激励了合规官不断提升业务水平，也推动了整个合规体系的不断进步和优化。

摩根士丹利在首席合规官任职资格及条件要求方面，通过高标准严要求、持续教育培训及定期考核评估等举措，确保了合规管理团队的专业素养和独立性，为公司的稳健运营提供了坚实保障。这些具体措施和实际案例不仅充分体现了摩根士丹利对合规管理的高度重视，也为其他金融机构提供了宝贵的经验和启示。

第十一节　合规官任职资格及条件

一、合规官任职资格及条件

第十七条　合规官在符合国家金融监督管理总局关于相应机构高级管理人员任职资格基本条件的前提下，还应当具备下列条件：

（一）本科以上学历；

（二）从事金融工作六年以上且从事法律合规工作三年以上，或者从事法律合规工作六年以上且从事金融工作三年以上，或者从事金融工作六年以上且取得法律职业资格证书；

（三）国家金融监督管理总局规定的其他条件。

二、理解和学习：合规官任职资格及条件

《办法》第十七条对合规官的任职资格条件进行了全面且详尽的阐述，旨在确保

合规官能够胜任这一重要职位，为金融机构的合规经营和稳健发展提供有力支撑。在符合国家金融监督管理总局关于相应机构高级管理人员任职资格基本条件的前提下，合规官还需要满足一系列更为具体、更为专业的条件。

首先，从学历方面来看，合规官必须具备本科以上的学历。这一要求并非随意设定，而是基于合规工作的专业性和复杂性所做出的合理规定。本科以上的学历不仅意味着合规官接受了更为系统和深入的专业教育，还表明他们具备了一定的理论知识和专业素养。这是做好合规工作的基础，也是合规官能够不断提升自己、适应金融行业变化的重要保障。

其次，除了学历要求之外，合规官还需要具备丰富的金融和法律合规工作经验。具体来说，他们要么需要从事金融工作六年以上，并且在其中至少有三年的法律合规工作经验；要么从事法律合规工作六年以上，并且在其中至少有三年的金融工作经验；或者，他们也可以从事金融工作六年以上，并且取得法律职业资格证书。这些经验要求并非空穴来风，而是基于合规工作的实践性和操作性所做出的科学安排。通过长期的工作实践，合规官能够积累丰富的经验和专业知识，熟悉金融行业的运作规律和法律法规的要求。这样，他们就能够更加熟练、准确地应对各种合规问题，为金融机构提供有效的合规建议和解决方案。

最后，除了上述两个条件之外，合规官还需要满足国家金融监督管理总局规定的其他条件。这些条件可能涉及职业道德、专业素养、团队协作能力等多个方面。职业道德是合规官必须坚守的底线，他们必须保持诚实守信、公正廉洁的品质，始终将金融机构的利益放在首位。专业素养是合规官不断提升自己的动力源泉，他们必须不断学习新知识、新技能，保持与时俱进的状态。团队协作能力则是合规官在工作中必不可少的素质之一，他们需要与各个部门密切合作，共同推动合规工作的顺利开展。

《办法》第十七条对合规官的任职资格条件进行了全面、详尽的阐述。这些条件旨在确保合规官能够胜任这一重要职位，为金融机构的合规经营和稳健发展提供有力保障。同时，这些条件也为金融机构在选拔和任命合规官时提供了明确的指导和依据。

三、思维导图：合规官任职资格及条件

为了更直观、系统地展示合规官的任职资格及条件，我们精心设计了合规官任职资格及条件思维导图，如图2-11所示。图2-11以图表的形式，清晰明了地呈现了合

规官所需具备的各项资格和条件。图 2-11 首先列出了基本条件的要求，确保合规官具备相应的专业知识背景；其次是学历条件、工作经验条件，要求合规官在金融和法律合规领域有一定的实践经历，能够熟练处理各类合规事务。通过图 2-11，我们可以一目了然地了解合规官的任职资格及条件，为金融机构在选拔和任命合规官时提供有力的参考和指导。

```
合规官任职
资格及条件
├── 基本条件 —— 符合国家金融监督管理总局关于相应
│                机构高级管理人员任职资格基本条件
├── 学历条件 —— 本科以上学历
├── 工作经验条件 ┬── 从事金融工作六年以上且从事法律合规工作三年以上
│               ├── 从事法律合规工作六年以上且从事金融工作三年以上
│               └── 从事金融工作六年以上且取得法律职业资格证书
└── 其他条件 —— 国家金融监督管理总局规定的其他条件
```

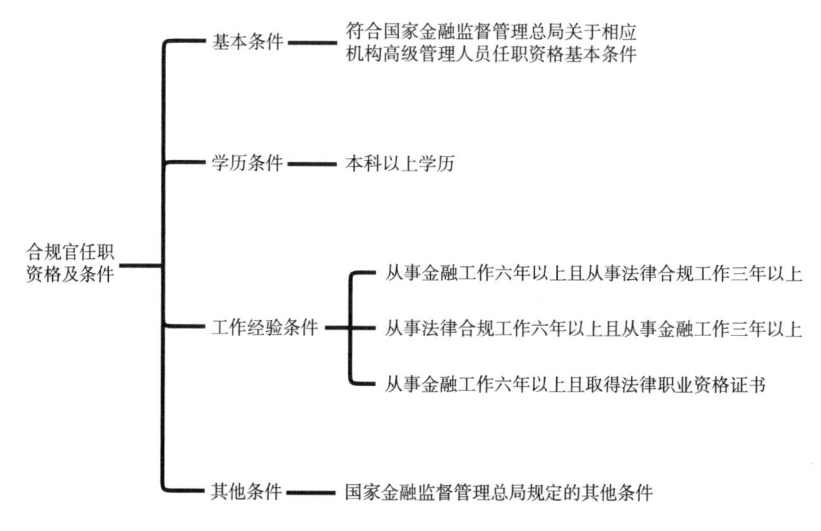

图 2-11　合规官任职资格及条件思维导图

四、工具：合规官任职资格及条件检测实施一览表

为了更好地帮助合规官候选人及现任合规官自我评估其是否具备任职资格及条件，我们特别制定了合规官任职资格及条件检测实施一览表，如表 2-11 所示。表 2-11 作为一种实用的工具，详细列出了合规官所需具备的各项资格和条件。通过表 2-11 中的各项检测标准，候选人或现任合规官可以逐一进行检测，评估自己在各方面的符合程度。这不仅有助于他们清晰地了解自己的优势和不足，还能为他们在职业发展和提升方面提供有针对性的指导和建议。同时，表 2-11 也为金融机构在选拔和任命合规官时提供了一个便捷的参考依据，确保所选人员能够全面、准确地满足任职资格及条件，为金融机构的合规经营和稳健发展提供有力保障。

表 2-11 合规官任职资格及条件检测实施一览表

项目	基本项目	检测项目	评价已经做到	评价尚未做到
合规官任职资格及条件	基本条件	符合国家金融监督管理总局关于相应机构高级管理人员任职资格基本条件		
	学历条件	本科以上学历		
	工作经验条件	从事金融工作六年以上且从事法律合规工作三年以上		
		从事法律合规工作六年以上且从事金融工作三年以上		
		从事金融工作六年以上且取得法律职业资格证书		
	其他条件	国家金融监督管理总局规定的其他条件		

五、案例

加拿大皇家银行合规官任职资格及条件

（一）金融机构介绍

加拿大皇家银行成立于 1864 年，总部位于加拿大多伦多，是全球领先的金融服务公司之一。加拿大皇家银行的业务遍及加拿大、美国及全球其他地区。作为加拿大最大的银行之一，加拿大皇家银行提供一系列的金融服务，包括个人银行、商业银行、投资银行、资产管理及财富管理等业务。

加拿大皇家银行致力于创新与合规管理的平衡，尤其是在全球化的背景下，如何确保公司业务在不同地区的合规性一直是其成功的关键。该银行在金融行业中拥有较好的声誉，并且始终将合规性和风险管理作为其日常运营的核心。

（二）具体措施

在加拿大皇家银行，合规官的任职要求严格符合本地和国际监管标准，尤其是在加拿大金融监管框架下。根据加拿大及其他地区的合规法规和政策，加拿大皇家银行的合规官需要满足以下几个关键条件。

1. 具备全日制本科以上学历

加拿大皇家银行明确要求其合规官必须具备至少本科学历，且通常要求有金融、经济、法律或相关领域的教育背景。此要求确保了合规官具备理论基础，能够理解和应用复杂的金融法规和合规标准。加拿大皇家银行的合规部门对合规官的学历要求非常严格。多数合规官持有法学、金融学或会计学的本科学位。许多高层合规官还具有硕士学位，并通过法律职业资格考试（如加拿大的律师职业资格证书）进一步提升其专业背景。该银行还鼓励合规部门的员工持续学习，参加专业培训课程，以确保他们在快速变化的金融环境中具备最新的合规知识。

2. 工作经验

加拿大皇家银行非常重视合规官在金融领域的经验，并且熟悉金融产品、风险管理及投资银行业务。其合规官通常具备至少六年的金融行业经验，并且至少有三年从事法律或合规管理的工作经验。这些经验帮助他们更好地识别潜在的合规风险，并与其他部门协调实施合规策略。此外，某些合规官还需要拥有法律职业资格证书，以保证其法律能力和合规管理能力。

加拿大皇家银行还十分注重法律与合规结合。大多数加拿大皇家银行的合规官都有从事法律工作的背景，尤其是在进入银行的合规部门之前担任过律师或合规审计员等职务。例如，有些合规官曾在加拿大皇家银行的法务部门工作，负责企业合规审查和法律风险管理，积累了丰富的跨部门工作经验。

3. 具有担任拟任职务所需的独立性

在加拿大皇家银行，合规官必须具备较高的独立性，能够不受外部或内部影响，客观公正地履行职责。独立性要求确保合规官在处理合规事务时不受业务部门或高层管理层的干扰，能够自由表达意见，并辅助公司在合规方面做出决策。

一是组织架构中的独立性。加拿大皇家银行确保其合规官有独立的报告机制，通常向董事会和高层管理团队报告，而非直接依赖其他业务部门。这种结构使合规官可以自由地评估和报告潜在的合规问题，而不受其他部门的压力。

二是合规委员会的设立。加拿大皇家银行设有独立的合规委员会，负责监督和评估公司在合规管理方面的表现。合规委员会成员由公司高层管理人员和独立董事组成，确保合规官能够在独立的环境中做出决策。

（三）案例特色和亮点

加拿大皇家银行在合规管理方面展现出独特的特色和亮点，具体体现在以下几个方面。

1. 全面的合规管理架构

加拿大皇家银行实施了一套多层次、全球一体化的合规管理架构,确保公司遵守不同地区的合规标准。由于其跨国业务的广泛性,加拿大皇家银行的合规管理不仅依赖于本国的法律法规,还需要根据不同国家的监管要求调整合规策略。例如,加拿大皇家银行的合规部门在全球范围内设立了多个分支,确保公司在不同市场的合规性。这些分支不仅遵守加拿大的监管标准,还符合美国、欧洲及其他地区的监管要求。加拿大皇家银行为其全球各地的合规官设立了统一的报告机制,确保对全球范围内的合规事务进行统一管理。合规官定期向董事会报告全球合规管理情况,确保各地分支机构遵循统一的合规框架。

2. 合规文化的推动

加拿大皇家银行注重培养和维护强大的合规文化,这对于金融机构来说至关重要。加拿大皇家银行不仅强调合规官的个人责任,还在全员中推行合规文化,确保每位员工都能理解和遵守合规要求。例如,加拿大皇家银行为所有员工提供定期的合规培训,内容涵盖反洗钱、反恐怖融资、数据保护、客户隐私保护等多个领域。这些培训确保公司各层级的员工具备基本的合规意识,并能在日常工作中落实合规要求。合规部门不仅负责制定和监督合规政策,还参与公司日常运营,推动合规理念的普及。例如,加拿大皇家银行在制定公司战略时会首先考虑合规风险,确保战略方向符合监管要求。

3. 创新性合规工具与技术应用

随着技术的进步,加拿大皇家银行逐步引入先进的技术手段来加强合规管理,特别是在反洗钱、客户尽职调查及风险管理等领域,技术的应用极大地提升了合规管理的效率和精度。例如,加拿大皇家银行采用了基于人工智能和大数据分析的合规工具,用于监控交易行为、识别可疑活动、进行客户身份验证等。通过自动化的风险检测系统,银行能够更高效地识别和应对潜在的合规问题。此外,加拿大皇家银行利用大数据分析技术,整合来自不同系统的数据流,分析潜在的合规风险和趋势。这些技术工具能够快速捕捉复杂交易中的潜在问题,并及时采取预防措施。

4. 反洗钱和反恐怖融资的深度实施

加拿大皇家银行非常重视反洗钱和反恐怖融资的合规管理,尤其是在加拿大及其他国家严格的反洗钱法规下,银行必须严格控制资金流动和交易行为,防范金融犯罪的发生。例如,加拿大皇家银行采用全面的客户身份认证和交易监控系统,确保所有客户和交易都符合反洗钱要求。所有客户账户和交易都会被审查,确保没有与洗钱或恐怖融资活动相关的风险。此外,加拿大皇家银行与国际金融监管机构及政府部门紧

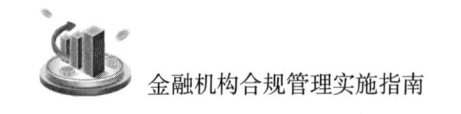

密合作，共享反洗钱和反恐怖融资的数据和信息，以便更好地应对跨境金融犯罪。

通过上述措施，加拿大皇家银行在全球金融监管环境中树立了合规管理的典范。该银行在合规管理上的实践，尤其是在跨境合规和技术驱动合规的结合方面，提供了一个可供其他金融机构借鉴的成功案例。

第十二节　首席合规官职责概述

一、首席合规官职责的监管政策

第十八条　首席合规官对本机构及其员工的合规管理负专门领导责任，履行下列合规管理职责：

（一）负责本机构的合规管理工作，组织推动合规管理体系建设，监督合规管理部门和合规岗位的履职情况，组织推动合规规范在机构内严格执行与有效落实；

（二）组织推动合规管理的制度建设、合规审查、合规检查与评价、重大合规事件处理、合规考核、问题整改及队伍建设等，确保合规管理工作有序运转；

（三）按照要求定期向监管机构汇报；

（四）其他合规管理职责。

二、理解和学习：首席合规官职责

在金融机构的运营框架中，合规管理是确保机构稳健运行、维护市场秩序、保障客户权益的基石。作为金融机构合规管理的核心领导者，首席合规官对本机构及其员工的合规管理负有专门的领导责任。首席合规官不仅承载着构建和完善合规管理体系的重任，还需确保合规规范在机构内部得到严格执行与有效落实，以维护金融机构的合规形象和良好声誉。以下是对首席合规官合规管理职责的详细阐述。

（一）负责本机构的合规管理工作，组织推动合规管理体系建设

首席合规官是金融机构合规管理的掌舵人，首席合规官全面负责本机构的合规管理工作。这包括制定合规管理战略、规划合规管理路径，以及确保合规管理体系的建立健全和有效运行。首席合规官需深入理解法律法规、监管政策及行业规范，将其融入机构的日常运营和管理中。首席合规官需组织推动合规管理体系的建设，明确合规管理的组织架构、职责分工、工作流程和制度规范，确保合规管理工作的系统性和规

范性。

同时，首席合规官还需监督合规管理部门和合规岗位的履职情况。首席合规官需定期评估合规管理部门的工作绩效，检查合规岗位的工作执行情况，确保合规管理部门和合规岗位能够充分发挥其职能作用。对于合规管理部门和合规岗位在工作中存在的问题和不足，首席合规官需及时给予指导和支持，促进其不断改进和完善。

此外，首席合规官还需组织推动合规规范在机构内严格执行与有效落实。首席合规官需通过培训、宣传、监督等多种方式，提高员工的合规意识和能力，确保员工能够自觉遵守合规规范，将合规理念融入日常工作中。同时，首席合规官还需建立健全合规监督机制，对机构的业务活动进行定期或不定期的合规检查，及时发现和纠正违规行为，防止合规风险的发生。

（二）组织推动合规管理的制度建设、合规审查、合规检查与评价、重大合规事件处理、合规考核、问题整改及队伍建设等

首席合规官在合规管理中扮演着多重角色，首席合规官需组织推动合规管理的各项制度建设。这包括制定和完善合规管理制度、流程、标准等，确保合规管理工作有章可循、有据可查。同时，首席合规官还需关注法律法规和监管政策的更新变化，及时调整和完善合规管理制度，确保其与法律法规和监管政策的要求保持一致。

在合规审查方面，首席合规官需组织合规管理部门对机构的业务活动、决策事项等进行合规审查，评估其合规性风险，提出合规建议或意见。首席合规官需确保合规审查的独立性和客观性，防止合规审查受到不当干扰或影响。

合规检查与评价是首席合规官的重要职责之一。首席合规官需定期组织合规检查，对机构的业务活动、内部控制、风险管理等进行全面梳理和评估，发现存在的合规问题和风险隐患。同时，首席合规官还需对合规管理工作的效果进行评价，总结经验教训，提出改进措施和建议。

对于重大合规事件，首席合规官需亲自参与处理。首席合规官需迅速组织相关部门和人员进行调查核实，明确事件原因和责任归属，提出处理意见和建议。同时，首席合规官还需关注事件的后续处理情况，确保问题得到彻底解决和防范类似事件的再次发生。

合规考核是激励和约束员工遵守合规规范的重要手段。首席合规官需制定合规考核制度和标准，对员工的合规表现进行定期考核和评价。首席合规官需确保考核的公

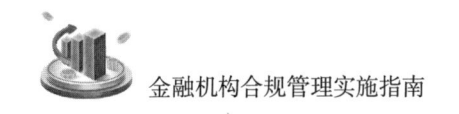

正性和客观性，将考核结果与员工的薪酬、晋升等挂钩，形成有效的合规激励机制。

对于合规检查中发现的问题和不足，首席合规官需组织相关部门和人员进行整改。首席合规官需制订整改计划，明确整改责任人和时限要求，确保问题得到及时解决。同时，首席合规官还需关注整改后的效果评估，防止问题反弹或重复发生。

此外，首席合规官还需注重合规队伍的建设。首席合规官需选拔和培养具有合规专业知识和经验的员工担任合规管理职务，提高合规管理队伍的整体素质和水平。同时，首席合规官还需关注合规员工的职业发展和成长路径，为合规员工提供良好的职业发展空间和机会。

（三）按照要求定期向监管机构汇报

首席合规官作为金融机构合规管理的负责人，需按照监管机构的要求定期向其汇报合规管理工作情况。这包括合规管理体系的建设情况、合规审查工作的开展情况、合规检查与评价的结果、重大合规事件的处理情况、合规考核的实施情况及问题整改的落实情况等。首席合规官需确保汇报内容的真实性和准确性，及时反映机构合规管理工作的进展和存在的问题。

同时，首席合规官还需积极与监管机构进行沟通和交流。首席合规官需及时了解监管机构的监管政策和要求，确保机构的合规管理工作与监管机构的监管方向保持一致。对于监管机构提出的问题和建议，首席合规官需认真对待并积极采纳，不断改进和完善机构的合规管理工作。

（四）其他合规管理职责

除了上述职责外，首席合规官还需承担其他合规管理职责。例如，首席合规官需关注国际合规管理动态和趋势，学习借鉴国际先进合规管理经验和做法，提高机构的合规管理水平和国际竞争力。同时，首席合规官还需参与机构的重大决策过程，提供合规性建议和意见，确保决策符合法律法规和监管政策的要求。此外，首席合规官还需关注机构的声誉风险和合规文化建设，通过加强合规宣传和培训、建立合规奖励机制等方式，营造良好的合规氛围和文化环境。

三、思维导图：首席合规官职责

为了更直观地理解首席合规官的职责范畴，我们特此呈现一份首席合规官职责概述思维导图，如图2-12所示。图2-12详细描绘了首席合规官在组织中所扮演的角色及其核心职责，包括合规管理体系建设、合规管理核心工作、合规管理有序运转等多个方面。通过图2-12，您可以清晰地看到首席合规官职责的层次结构和内在联系，从而更好地发挥其在金融机构合规管理体系中的重要作用。

```
首席合规官职责
├── 合规管理体系建设
│   ├── 负责本机构的合规管理工作
│   ├── 组织推动合规管理体系建设
│   ├── 监督合规管理部门和合规岗位的履职情况
│   └── 组织推动合规规范在机构内严格执行与有效落实
├── 合规管理核心工作
│   ├── 制度建设
│   ├── 合规审查
│   ├── 合规检查与评价
│   ├── 重大合规事件处理
│   ├── 合规考核
│   ├── 问题整改
│   └── 队伍建设
├── 合规管理有序运转
│   ├── 确保各项合规管理工作有序进行
│   └── 提升合规管理效率与效果
├── 定期向监管机构汇报
│   ├── 按要求定期向监管机构汇报工作
│   └── 报告合规管理成果与存在的问题
├── 合规文化建设
│   ├── 倡导并培育合规文化
│   └── 提升全员合规意识
├── 合规培训与宣传
│   ├── 组织合规培训
│   └── 宣传合规知识与理念
├── 跨部门协作
│   ├── 与其他部门协作，共同推进合规管理工作
│   └── 协调解决合规管理中的跨部门问题
└── 其他合规管理职责
    ├── 根据情况履行其他与合规管理的相关职责
    └── 不断满足监管要求，完善合规管理机制
```

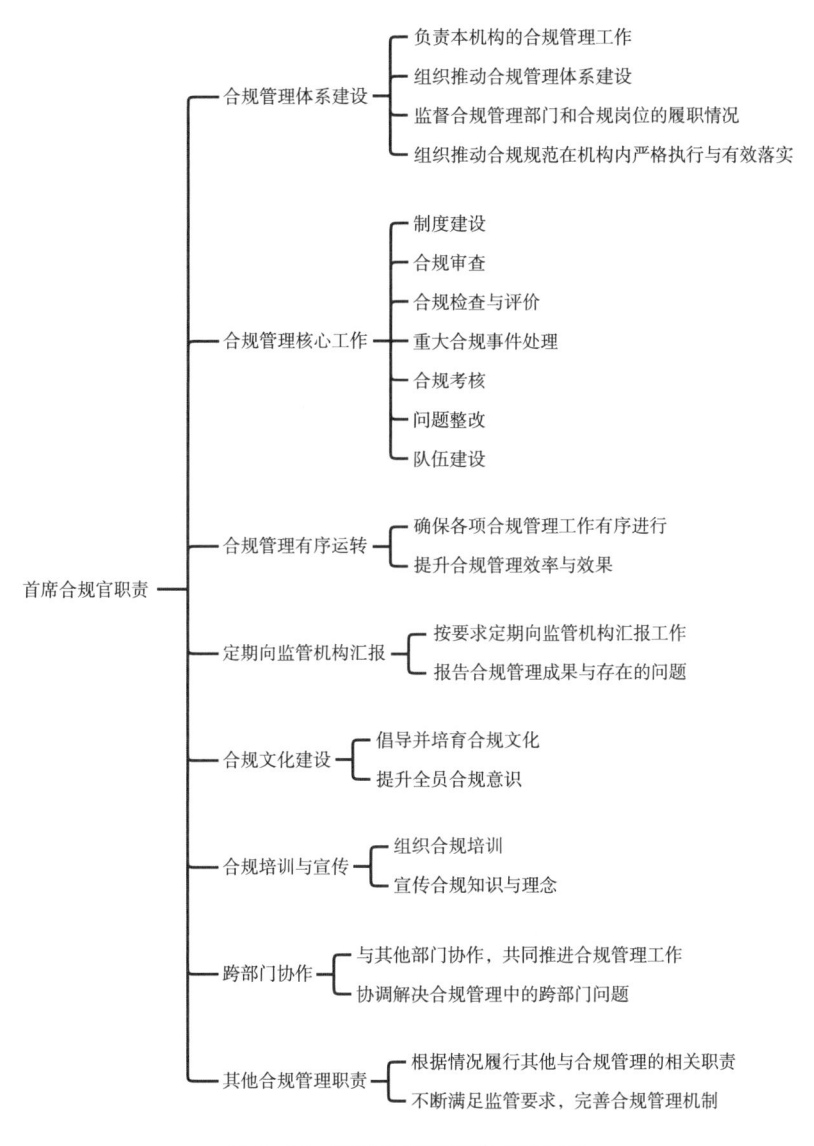

图 2-12 首席合规官职责思维导图

四、工具：首席合规官职责检测实施一览表

为了帮助读者更好地理解和履行合规管理职责，我们特别设计了一份首席合规官职责检测实施一览表，如表2-12所示。表2-12详细列出了首席合规官的各项职责要点，

并提供了相应的检测项,使首席合规官能够对照自身工作实际,进行评估和检查。通过表 2-12,首席合规官可以清晰地了解自己的职责履行情况,及时发现并改进工作中存在的不足,从而更好地履行其职责,推动金融机构的合规管理工作不断向前发展。

表 2-12 首席合规官合规管理职责检测实施一览表

项目	内容	检测项目	评价已经做到	评价尚未做到
首席合规官职责	合规管理体系建设	负责本机构的合规管理工作		
		组织推动合规管理体系建设		
		监督合规管理部门和合规岗位的履职情况		
		组织推动合规规范在机构内严格执行与有效落实		
	合规管理核心工作	制度建设		
		合规审查		
		合规检查与评价		
		重大合规事件处理		
		合规考核		
		问题整改		
		队伍建设		
	合规管理有序运转	确保各项合规管理工作有序进行		
		提升合规管理效率与效果		
	定期向监管机构汇报	按要求定期向监管机构汇报工作		
		报告合规管理成果与存在的问题		
	合规文化建设	倡导并培育合规文化		
		提升全员合规意识		
	合规培训与宣传	组织合规培训		
		宣传合规知识与理念		
	跨部门协作	与其他部门协作,共同推进合规管理工作		
		协调解决合规管理中的跨部门问题		
	其他合规管理职责	根据情况履行其他与合规管理的相关职责		
		不断满足监管要求,完善合规管理机制		

五、案例

F保险首席合规官职责概况

（一）金融机构介绍

F保险始终坚持"人民保险，服务人民"的企业使命，心系"国之大者"，充分发挥金融央企的行业带头作用，服务实体经济、社会稳定、民生福祉，助力繁荣和发展我国保险事业，实现国有资产保值增值，促进国民经济发展和社会进步。

历经70多年发展，F保险现已成为综合性保险金融集团，连续15年入选《财富》世界500强，旗下拥有多家子公司及成员公司，业务范围覆盖财产险、人身险、再保险、资产管理、保险科技等领域。在服务经济高质量发展中，F保险实现了自身的高质量发展。

作为一家具有深厚历史底蕴和广泛影响力的金融企业，F保险在合规管理方面同样走在行业前列。随着金融市场的不断发展和监管要求的日益严格，F保险深刻认识到合规管理的重要性，并不断加强合规管理体系建设，确保企业运营符合法律法规和行业标准。

（二）具体措施

在F保险，首席合规官是企业中负责监督和协调合规政策和程序执行的高管人员，是企业核心管理层成员。首席合规官对本机构及其员工的合规管理负专门领导责任，履行以下合规管理职责。

1. 负责本机构的合规管理工作

首席合规官组织推动合规管理体系建设，确保合规政策、程序和标准的制定与实施。首席合规官监督合规管理部门和合规岗位的履职情况，确保合规规范在机构内得到严格执行与有效落实。通过定期审查和评估合规管理体系的有效性，首席合规官确保机构能够持续满足监管要求和符合行业标准。

2. 组织推动合规管理的制度建设

首席合规官领导合规管理部门制定和完善合规管理制度、流程和标准，确保合规管理工作的有序开展。首席合规官组织合规审查、合规检查与评价等工作，及时发现和纠正违规行为，防范合规风险。同时，首席合规官还负责重大合规事件的处理，确保机构能够迅速、有效地应对合规挑战。

3. 推动合规考核与问题整改

首席合规官负责制定合规考核标准和方法，对机构和员工的合规表现进行评估和奖惩。首席合规官督促相关部门和人员及时整改合规问题，确保合规标准得到有效落实。通过合规考核和整改工作，首席合规官推动机构形成合规文化，提高员工的合规意识和能力。

4. 定期向监管机构汇报

首席合规官负责与监管机构保持良好的沟通关系，及时了解监管政策和要求。首席合规官按照要求定期向监管机构汇报机构的合规管理情况，包括合规政策执行情况、合规风险状况、合规事件处理结果等。通过汇报工作，首席合规官确保机构能够积极响应监管要求，维护良好的监管关系。

5. 其他合规管理职责

除了上述职责外，首席合规官还负责推动合规管理队伍的建设和培训，提高合规管理人员的专业素质和业务能力。首席合规官还参与机构的重大决策和风险管理活动，为机构的稳健发展提供合规支持和保障。

（三）案例特色和亮点

在 F 保险，首席合规官在履行合规管理职责方面展现出了一系列独特的管理特色和亮点。

1. 强化合规文化建设

首席合规官高度重视合规文化的培育和传播，通过多种方式营造浓厚的合规氛围。例如，F 保险定期为全体员工提供合规教育和培训，内容涵盖反贿赂、反贪腐相关法律法规及典型违纪案例警示等。培训方式包括现场宣讲、线上培训和测试等，确保员工深入理解合规要求。此外，公司还编制教育读本，针对重点业务领域和关键岗位人员开展有针对性的警示教育活动。

2. 推动合规与业务融合

首席合规官积极推动合规管理与业务发展的深度融合，确保合规要求贯穿于业务决策、执行和监督等各个环节。在 F 保险，合规管理深入工作日常，例如在招投标、第三方管理、合同审核等重点业务和领域增加合规官的参与，确保业务活动符合合规要求。这种实践为 F 保险提供了有益的借鉴，促进了合规与业务的紧密结合。

3. 创新合规管理工具和方法

首席合规官不断探索和创新合规管理工具和方法，利用大数据、人工智能等技术手段提高合规管理的效率和准确性。F 保险建立了统一的数字化档案管理平台，实现了合规数据的实时监测和分析，为合规决策提供科学依据。该平台集成了多种异构系统，自动收集相关数据，确保合规管理的高效运行。

4. 加强外部沟通与协作

首席合规官积极与监管机构、行业协会、同行企业等外部机构保持沟通和协作，及时了解最新的监管政策和行业动态。F保险制定了反垄断合规管理指引，强调与国际金融监管机构及政府部门紧密合作，确保合规管理的有效性。

此外，首席合规官代表机构参与相关会议和论坛活动，分享合规管理经验和做法，提升机构的行业影响力和话语权。

F保险的首席合规官在履行合规管理职责方面展现出了高度的专业素养和领导能力。通过强化合规文化建设、推动合规与业务融合、创新合规管理工具和方法，以及加强外部沟通与协作等措施，为F保险机构的稳健发展提供了有力的合规支持和保障。这一案例不仅展示了F保险在合规管理方面的先进做法和经验，也为其他金融机构提供了有益的借鉴和启示。

第十三节　法规变动合规应对

一、法规变动合规应对的监管政策

第十九条　法律、行政法规、部门规章及规范性文件发生重大变动的，首席合规官应当及时组织督导有关部门、下属各机构评估变动对合规管理的影响，修改完善机构内部规范，并监督落实。

二、理解和学习：法规变动合规应对

在金融机构的运营与管理过程中，合规性始终是确保机构稳健发展、维护市场秩序、保障客户权益的核心要素。而法律、行政法规、部门规章及规范性文件作为金融机构合规管理的重要依据，其任何变动都可能对金融机构的合规管理产生深远影响。因此，当这些法律法规发生重大变动时，首席合规官作为金融机构合规管理的最高负责人，应当及时组织并督导相关部门、下属各机构进行评估，以确保机构的合规管理能够与时俱进，适应新的法律环境。

具体而言，当法律、行政法规、部门规章及规范性文件发生重大变动时，首席合规官的首要任务是迅速组织相关部门和下属各机构对这些变动进行全面、深入的评估。这一评估过程需要充分调动金融机构内部的法律、合规、风险等专业力量，确保评估的准确性和全面性。评估的内容应涵盖变动的具体内容、对金融机构业务的影响程度、可能带来的合规风险点等多个方面。

在评估过程中，首席合规官需要亲自参与并督导，确保评估工作的顺利进行。首席合规官需要与相关部门和下属各机构保持密切沟通，及时了解评估进展和发现的问题，并给予必要的指导和支持。同时，首席合规官还需要关注评估过程中的细节问题，确保评估结果的准确性和可靠性。

评估完成后，首席合规官应根据评估结果，组织相关部门和下属各机构对机构内部规范进行修改和完善。在这一过程中，首席合规官需要充分发挥其专业判断能力和领导力，确保修改后的内部规范既符合新的法律法规要求，又能够适应金融机构的实际业务需求。修改内容可能涉及业务流程、风险控制、员工行为准则等多个方面，需要综合考虑法律法规的变动对金融机构整体合规管理的影响。

在修改完善机构内部规范的过程中，首席合规官还需要注重与相关部门和下属各机构的协调与合作，需要充分听取各部门的意见和建议，确保修改后的内部规范能够得到各部门的认可和支持。同时，首席合规官还需要关注下属各机构的实际情况和需求，确保修改后的内部规范能够在各机构中得到有效执行。

修改完善机构内部规范后，首席合规官的职责并未结束，还需要监督落实这些规范在金融机构内部的执行情况。在这一过程中，首席合规官需要建立健全的监督机制，确保各部门和下属各机构能够严格按照新的内部规范开展业务活动。同时，还需要定期组织合规检查和培训活动，提高员工的合规意识和能力，确保金融机构的合规管理水平不断提升。

此外，首席合规官在监督落实过程中还需要注重与监管机构的沟通和协作。当法律法规发生重大变动时，监管机构往往会对金融机构的合规管理提出新的要求和期望。首席合规官需要密切关注监管机构的动态和要求，及时调整金融机构的合规管理策略和方向。同时，还需要积极与监管机构进行沟通和交流，及时汇报金融机构的合规管理情况和进展，争取得到监管机构的支持和认可。

三、思维导图：法规变动合规应对

为了更系统地展现法规变动与合规应对之间的关系，我们特别制作了法规变动合规应对思维导图，如图2-13所示。图2-13清晰地勾勒出了变动识别、首席合规官职责、影响评估、内部规范修改、监督落实等措施。通过图2-13，首席合规官可以直观地了解到法规变动之后的工作方向，及时把握合规风险点，并据此制定出相应的合规策略和行动计划，以确保金融机构的合规运营不受法规变动的影响。

```
法规变动
合规应对
├── 变动识别
│   ├── 变动来源
│   │   ├── 法律法规发布机构
│   │   ├── 行业监管机构
│   │   └── 专业法律服务机构
│   └── 变动类型
│       ├── 法律
│       ├── 行政法规
│       ├── 部门规章
│       └── 规范性文件
├── 首席合规官职责
│   ├── 及时组织
│   │   ├── 召开紧急会议
│   │   └── 组建专项评估小组
│   └── 督导部门与机构
│       ├── 各部门负责人
│       └── 下属各机构负责人
├── 影响评估
│   ├── 评估内容
│   │   ├── 变动内容解读
│   │   ├── 对现有业务的影响
│   │   └── 对合规管理的影响
│   └── 评估方法
│       ├── 对比分析
│       ├── 风险评估模型
│       └── 专家咨询
├── 内部规范修改
│   ├── 修改范围
│   │   ├── 业务流程
│   │   ├── 合规政策
│   │   └── 内部控制
│   └── 完善措施
│       ├── 制订修订计划
│       ├── 编写或更新文档
│       └── 审核与批准流程
└── 监督落实
    ├── 监督方式
    │   ├── 定期检查
    │   ├── 随机抽查
    │   └── 专项审计
    └── 落实反馈
        ├── 进度报告
        ├── 问题整改
        └── 效果评估
```

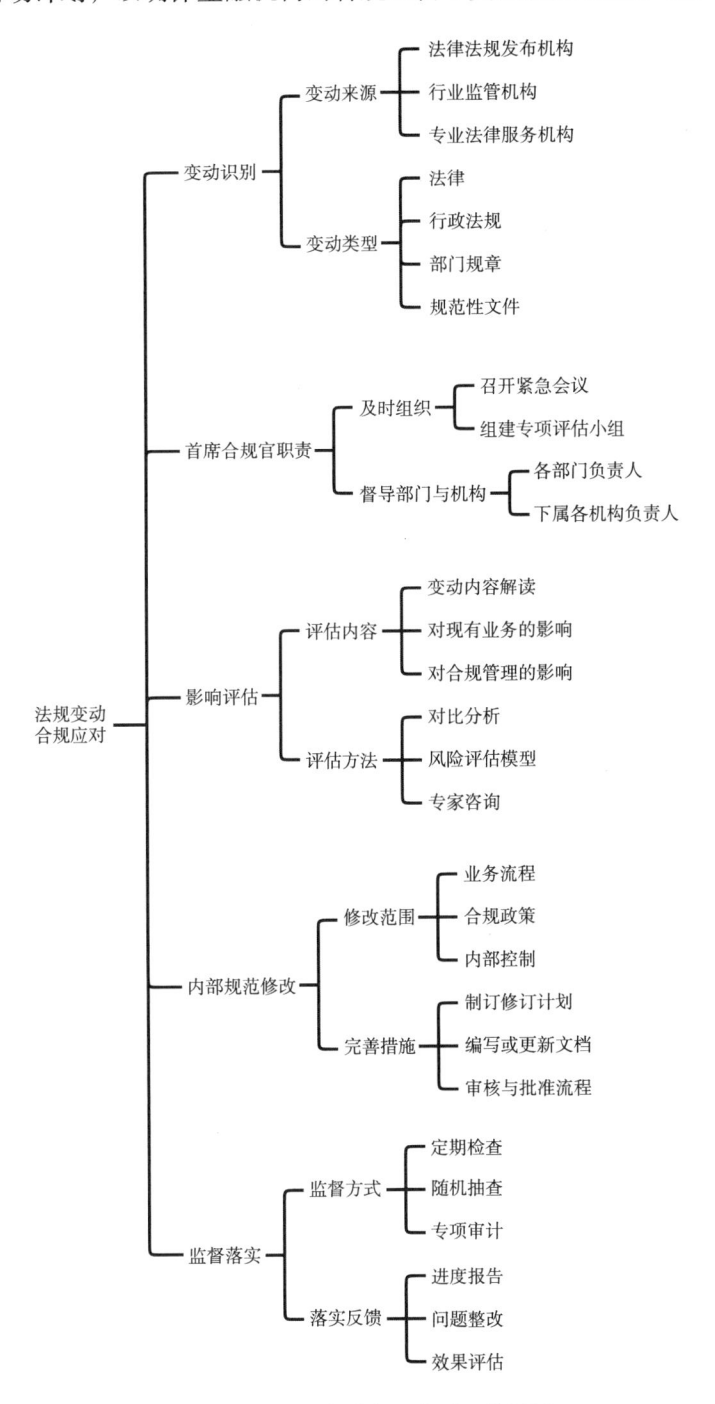

图 2-13 法规变动合规应对思维导图

四、工具：法规变动合规应对检测实施一览表

为了更好地帮助金融机构应对法规变动带来的合规挑战，我们特别设计了法规变动合规应对检测实施一览表，如表2-13所示。表2-13详细列出了法规变动后的工作方向。通过表2-13，金融机构合规官可以系统地对自己的合规管理工作进行自查，及时发现并纠正可能存在的合规隐患，确保金融机构的合规运营始终符合最新法规要求，为金融机构的稳健发展提供有力保障。

表2-13 法规变动合规应对检测实施一览表

项目	内容	具体内容	检测项目	评价已经做到	评价尚未做到
法规变动合规应对	变动识别	变动来源	法律法规发布机构		
			行业监管机构		
			专业法律服务机构		
		变动类型	法律		
			行政法规		
			部门规章		
			规范性文件		
	首席合规官职责	及时组织	召开紧急会议		
			组建专项评估小组		
		督导部门与机构	各部门负责人		
			下属各机构负责人		
	影响评估	评估内容	变动内容解读		
			对现有业务的影响		
			对合规管理的影响		
		评估方法	对比分析		
			风险评估模型		
			专家咨询		
	内部规范修改	修改范围	业务流程		
			合规政策		
			内部控制		
		完善措施	制订修订计划		
			编写或更新文档		
			审核与批准流程		
	监督落实	监督方式	定期检查		
			随机抽查		
			专项审计		
		落实反馈	进度报告		
			问题整改		
			效果评估		

五、案例

法国 BPCE 银行集团法规变动合规应对

（一）金融机构介绍

法国 BPCE 银行集团是法国第二大银行集团，成立于 2009 年，由法国储蓄银行和人民银行合并而成。该集团在全球范围内提供多样化的金融服务，包括零售银行、企业银行、资产管理和保险等。BPCE 银行集团在法国拥有庞大的分支机构网络，致力于为个人、企业和机构客户提供高质量的金融服务。

在金融行业，法律、行政法规、部门规章及规范性文件的变动对银行的运营和合规管理有着深远的影响。BPCE 银行集团在应对这些法规变动时，展现了其高效的合规管理能力。以下是 BPCE 银行集团在应对法规变动中的合规应对情况。

（二）具体措施

2016 年，法国出台了《萨宾第二法案》，旨在加强反腐败和合规管理。该法案要求满足特定规模的企业建立完善的合规制度，包括风险评估、内部控制和员工培训等。BPCE 银行集团作为大型金融机构，必须遵守该法案的规定。

面对这一重大法规变动，BPCE 银行集团的首席合规官立即采取以下措施。

1. 组织评估影响

首席合规官召集法律、风险管理和业务部门的负责人，成立专项工作组，评估《萨宾第二法案》对集团各项业务的影响。通过深入分析，确定需要调整的领域和可能面临的合规风险。

2. 修改内部规范

根据评估结果，工作组对现有的内部政策和程序进行了修订，以符合新法规的要求。特别是在反腐败和反洗钱领域，制定了更严格的控制措施和报告机制。

3. 监督落实

首席合规官负责监督各部门和下属机构的执行情况，确保新的合规要求得到有效落实。通过定期检查和内部审计，及时发现和解决可能存在的问题。

4. 员工培训

为确保全体员工理解并遵守新的合规要求，BPCE 银行集团组织了全面的培训计划，提高员工的合规意识和能力。

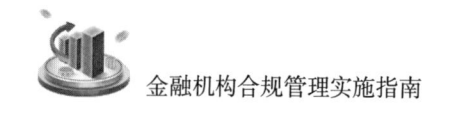

（三）案例特色和亮点

BPCE 银行集团在应对《萨宾第二法案》过程中，展现了以下管理特色和亮点。

1. 高层重视与领导

首席合规官直接向董事会汇报，确保高层管理者充分了解法规变动的重要性，并给予必要的资源支持。例如，在实施银行管理期间，首席合规官组织了一系列专题会议，向董事会详细解读法规要求，确保高层领导对合规工作的重视和投入。

2. 跨部门协作

通过组建跨部门工作组，BPCE 银行集团实现了法律、风险、业务等多部门的紧密合作，确保合规措施的全面性和有效性。例如，在实施新合规政策时，法律部门与业务部门共同制定操作流程，确保政策在实际操作中的可行性和有效性。

3. 持续监控与改进

BPCE 银行集团建立了持续监控机制，定期评估合规措施的有效性，并根据实际情况进行调整和改进。例如，集团每季度对合规风险进行评估，并根据评估结果调整合规策略，确保合规管理的动态适应性。

4. 注重员工教育

通过系统的培训，BPCE 银行集团增加了全体员工的合规意识，确保合规文化深入人心。例如，集团每年举办合规知识竞赛，鼓励员工积极参与，增强对合规政策的理解和认同。

（四）案例总结

BPCE 银行集团在应对重大法规变动时，展现了卓越的合规管理能力。通过高效的组织协调和严格的监督落实，BPCE 银行集团不仅满足了新的法规要求，还进一步完善了自身的合规体系，为其他金融机构提供了宝贵的经验和借鉴。

第十四节　发展战略合规审查

一、发展战略合规审查的监管政策

第二十条　首席合规官应当组织合规管理部门对金融机构发展战略、重要内部规范、重要新产品和新业务方案、重大决策事项进行合规审查，并出具书面合规审查意见。

国家金融监督管理总局及其派出机构要求首席合规官对金融机构报送的申请材料或者报告进行合规审查的，首席合规官应当组织审查，并在该申请材料或者报告上签署合规审查意见。其他相关高级管理人员等，应当对申请材料或者报告的基本事实和业务数据的真实性、准确性及完整性负责。

首席合规官的合规审查意见未被采纳的，金融机构应当将有关事项提交董事会审定，重大事项应当及时向监管机构报告。

二、理解和学习：发展战略合规审查

在金融机构的运营与管理中，合规性是确保机构稳健前行、维护市场秩序、保障客户权益的基石。为了构建并维护这一基石，金融机构设立了首席合规官这一关键职位，全面负责机构的合规管理工作。首席合规官的职责繁重且至关重要，其中一项核心任务就是组织合规管理部门对金融机构的多个关键领域进行合规审查。

具体而言，首席合规官应当组织合规管理部门对金融机构的发展战略进行合规审查。发展战略是金融机构长远规划的蓝图，它指引着机构未来的发展方向和路径。因此，确保发展战略的合规性至关重要。首席合规官需要带领合规管理部门深入剖析发展战略中的各项内容，评估其是否符合法律法规、监管政策及行业规范的要求，从而确保发展战略的合法性与可行性。

同时，首席合规官还需对金融机构的重要内部规范进行合规审查。内部规范是金融机构内部管理的基石，它规范了员工的行为准则、业务流程和操作标准。首席合规官需要组织合规管理部门对这些内部规范进行全面梳理和审查，确保其内容合法、合规，且能够有效防范和化解合规风险。

此外，对于金融机构推出的重要新产品和新业务方案，首席合规官也须组织合规管理部门进行合规审查。新产品和新业务方案是金融机构创新发展的动力源泉，但也可能带来新的合规风险。因此，首席合规官需要带领合规管理部门对新产品和新业务方案进行深入分析，评估其合规性风险，并提出相应的合规建议，确保新产品和新业务方案的合规上市和稳健运营。

在金融机构的重大决策事项中，首席合规官的合规审查同样不可或缺。重大决策事项往往涉及金融机构的重大利益和发展方向，其合规性直接关系到机构的稳健发展。因此，首席合规官需要组织合规管理部门对重大决策事项进行全面、深入的合规审查，确保决策过程的合法性和决策结果的合规性。

完成上述合规审查后，首席合规官应当出具书面合规审查意见。这份意见是首席合规官对金融机构相关事项合规性的专业判断和建议，它将为金融机构的决策层提供重要的参考依据。

除了金融机构内部的合规审查外，国家金融监督管理总局及其派出机构也可能要求首席合规官对金融机构报送的申请材料或者报告进行合规审查。在这种情况下，首席合规官应当积极响应监管机构的要求，组织合规管理部门对申请材料或者报告进行认真、细致的审查。在审查过程中，首席合规官需要确保申请材料或者报告的内容符合法律法规和监管政策的要求，不存在合规性风险。审查完成后，首席合规官应当在申请材料或者报告上签署合规审查意见，表明其对申请材料或者报告合规性的认可或提出相应的合规建议。

值得注意的是，其他相关高级管理人员在申请材料或者报告的提交过程中也承担着重要责任。他们应当对申请材料或者报告的基本事实和业务数据的真实性、准确性及完整性负责。这意味着相关高级管理人员需要确保申请材料或者报告中的内容真实可信、数据准确无误、信息完整全面，以便首席合规官进行合规审查。

然而，在实际工作中，有时首席合规官的合规审查意见可能未被采纳。这可能是多种原因造成的，如决策层对合规风险的认知不足、业务部门的急于求成等。在这种情况下，金融机构应当建立相应的机制保障合规审查意见的有效实施。具体来说，当首席合规官的合规审查意见未被采纳时，金融机构应当将有关事项提交董事会审定。董事会作为金融机构的最高决策机构，应当对首席合规官的合规审查意见给予充分重视，并进行审慎决策。对于重大事项，金融机构还应当及时向监管机构报告，以便监管机构对金融机构的合规管理进行监督和指导。

三、思维导图：发展战略合规审查

为了清晰展现发展战略在合规审查中的全流程与关键节点，我们精心绘制了发展战略合规审查思维导图，如图 2-14 所示。图 2-14 不仅涵盖了金融机构发展战略的合规审查、重要内部规范的合规审查、重要新产品与新业务方案的合规审查，还包括重大决策事项的合规审查、监管机构要求的合规审查、其他高级管理人员的责任及合规审查意见未被采纳的处理办法、合规审查的持续监督与改进等各个环节。通过图 2-14，金融机构可以直观地了解到发展战略合规审查的整体框架和具体工作要点，从而更加系统地开展合规审查工作，确保发展战略的合规性与可行性，为金融机构的长远发展奠定坚实基础。

```
                                    ┌─ 组织合规管理部门审查
         ┌─ 金融机构发展战略的合规审查 ─┼─ 审查内容为发展战略的合规性
         │                          └─ 出具书面合规审查意见
         │                          ┌─ 审查内部规范的制定与修订
         ├─ 重要内部规范的合规审查 ───┼─ 确保内部规范符合法律法规
         │                          └─ 提交书面合规审查报告
         │                                ┌─ 审查重要新产品或新业务的合规风险
         ├─ 重要新产品与新业务方案的合规审查 ┼─ 评估市场与操作风险
         │                                └─ 提供合规审查意见与建议
         │                          ┌─ 参与重大决策过程
发展战略 ─┼─ 重大决策事项的合规审查 ───┼─ 分析决策的合规性影响
合规审查  │                          └─ 提交合规审查结论报告
         │                          ┌─ 对申请材料或报告的合规审查
         ├─ 监管机构要求的合规审查 ───┼─ 组织审查并签署意见
         │                          └─ 确保审查意见的准确性和完整性
         │                          ┌─ 对申请材料或报告的真实性负责
         ├─ 其他高级管理人员的责任 ───┼─ 确保业务数据的准确性
         │                          └─ 完整性保障与责任追究
         │                              ┌─ 提交董事会审定
         ├─ 合规审查意见未被采纳的处理办法 ┼─ 重大事项报告监管机构
         │                              └─ 记录并跟踪处理结果
         │                          ┌─ 定期回顾与评估合规审查流程
         └─ 合规审查的持续监督与改进 ─┼─ 根据法规变化更新审查标准
                                    └─ 提升合规管理部门的专业能力
```

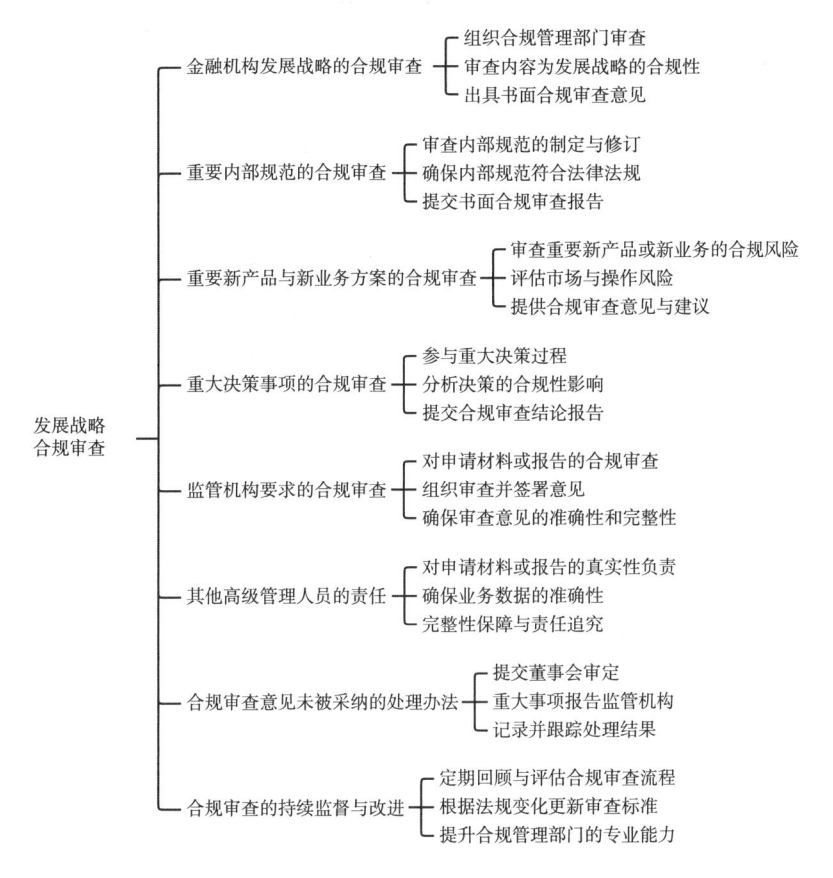

图 2-14　发展战略合规审查思维导图

四、工具：发展战略合规审查检测实施一览表

为了便于金融机构评估发展战略合规审查工作的有效性，我们特别编制了一份发展战略合规审查检测实施一览表，如表 2-14 所示。表 2-14 详细罗列了发展战略合规审查的关键因素和检查点。通过表 2-14，金融机构可以系统地对自己的发展战略合规审查工作进行自查，及时发现并纠正存在的问题，确保发展战略的合规性，为金融机构的稳健发展提供有力支撑。

表 2-14 发展战略合规审查检测实施一览表

项目	内容	检测项目	评价已经做到	评价尚未做到
发展战略合规审查	金融机构发展战略的合规审查	组织合规管理部门审查		
		审查内容为发展战略的合规性		
		出具书面合规审查意见		
	重要内部规范的合规审查	审查内部规范的制定与修订		
		确保内部规范符合法律法规		
		提交书面合规审查报告		
	重要新产品与新业务方案的合规审查	审查重要新产品或新业务的合规风险		
		评估市场与操作风险		
		提供合规审查意见与建议		
	重大决策事项的合规审查	参与重大决策过程		
		分析决策的合规性影响		
		提交合规审查结论报告		
	监管机构要求的合规审查	对申请材料或报告的合规审查		
		组织审查并签署意见		
		确保审查意见的准确性和完整性		
	其他高级管理人员的责任	对申请材料或报告的真实性负责		
		确保业务数据的准确性		
		完整性保障与责任追究		
发展战略合规审查	合规审查意见未被采纳的处理办法	提交董事会审定		
		重大事项报告监管机构		
		记录并跟踪处理结果		
	合规审查的持续监督与改进	定期回顾与评估合规审查流程		
		根据法规变化更新审查标准		
		提升合规管理部门的专业能力		

五、案例

I 银行发展战略合规审查

（一）金融机构介绍

I 银行是我国第一家完全由企业法人持股的股份制商业银行。经过 30 余年的稳健发展，I 银行已成为一家具有全球影响力的综合性金融集团，业务覆盖零售银行、批发银行、金融市场、资产管理、金融科技等多个领域。I 银行秉承"因您而变"的服务理念，致力于为客户提供优质、高效的金融服务,赢得了广泛的客户信赖和好评。

在风险管理方面,I银行高度重视合规管理,建立了较为完善的合规管理体系。其中,首席合规官作为合规管理的核心人物,承担着对金融机构发展战略、重要内部规范、重要新产品和新业务方案、重大决策事项进行合规审查的重要职责。

(二)具体措施

近年来,随着金融市场的不断变化和监管要求的日益严格,I银行在制定和实施发展战略时更加注重合规审查的重要性。首席合规官及其领导的合规管理部门在发展战略合规审查中发挥了关键作用。

1. 合规审查流程

I银行的发展战略合规审查流程严谨而高效。首先,由相关业务部门或团队提出发展战略方案,包括业务目标、市场定位、产品策略、风险防控等内容。其次,该方案提交至合规管理部门进行合规审查。合规管理部门会组织专业人员对方案进行深入研究和分析,确保方案符合法律法规和监管要求。在审查过程中,合规管理部门会与业务部门进行充分沟通和交流,对方案中的合规问题进行讨论和修改。最终,合规管理部门会出具书面合规审查意见,明确方案是否符合合规要求,并提出具体的合规建议。

2. 合规审查内容

I银行的发展战略合规审查内容涵盖多个方面。一是对方案中的业务目标、市场定位等进行审查,确保其与银行的总体发展战略和风险偏好保持一致。二是对方案中的产品策略、业务流程等进行审查,确保其符合相关法律法规和监管要求。三是合规管理部门还会关注方案中的风险防控措施是否有效、是否充分披露了潜在风险等。

3. 合规审查意见的应用

I银行对合规审查意见的应用十分重视。如果合规审查意见认为方案存在合规问题或风险,业务部门会根据合规建议进行修改和完善。如果合规审查意见未被采纳,I银行会将有关事项提交至董事会进行审定。对于重大事项,I银行还会及时向监管机构报告,以确保合规管理的有效性和透明度。

(三)案例特色和亮点

I银行在发展战略合规审查方面展现出独特的特色和亮点,值得其他金融机构借鉴和学习。

1. 强化合规文化建设

I银行始终将合规视为企业和员工成长的基石,致力于营造人人合规、主动合规的文化氛围。I银行通过组织合规培训、宣传合规政策等方式，提升员工的合规意识和能力。同时，其建立了合规激励和问责机制，对合规表现优秀的员工进行表彰和奖励，对违规行为进行严肃问责。

2. 创新合规审查方法

I银行在合规审查方法上进行了创新，利用大数据、人工智能等技术手段对发展战略方案进行智能化审查和分析，提高审查的效率和准确性。例如，I银行深圳分行的"云镜"项目，首创将半监督机器学习技术应用于预测银行卡犯罪，颠覆了传统的事后风控模式，将控制措施前移至事前阶段。项目上线5个月，自动处理了414万个账户，累计预警风险团伙24个，风险预警准确率高达71%。此外，I银行还建立了合规审查专家库，邀请外部专家参与审查工作，为合规审查提供更为全面和专业的意见。

3. 加强跨部门协作与配合

I银行注重加强跨部门之间的协作与配合。在发展战略合规审查过程中，合规管理部门与其他业务部门进行充分沟通和交流，共同研究解决方案。这种跨部门协作的方式有助于形成合力，提高合规审查的质量和效率。

4. 及时应对监管挑战

面对不断变化的监管环境和挑战，I银行始终保持高度敏感和警觉。在发展战略合规审查过程中，I银行密切关注监管政策的变化和发展趋势，及时调整合规管理策略和措施。同时，I银行加强与监管机构的沟通和联系，确保合规管理的有效性和透明度。

I银行在发展战略合规审查方面展现出了高度的专业素养和领导能力，通过强化合规文化建设、创新合规审查方法、加强跨部门协作与配合及及时应对监管挑战等措施，确保了发展战略的合规性和有效性。这一案例不仅展示了I银行在合规管理方面的先进做法和经验，也为其他金融机构提供了有益的借鉴和启示。

第十五节　经营管理合规监督

一、经营管理合规监督的监管政策

第二十一条　首席合规官应当按照国家金融监督管理总局及其派出机构的要求和金融机构内部规范，组织或者要求相关内设部门对机构经营管理和员工履职行为的合规性进行监督检查。金融机构内设部门及其员工应当积极配合首席合规官开展工作。

二、理解和学习：经营管理合规监督

在金融机构的运营管理体系中，合规性是确保机构稳健发展、维护市场秩序、保障投资者利益的重要基石。为了有效防范和化解合规风险，金融机构设立了首席合规官这一关键职位，负责全面领导和管理机构的合规工作。首席合规官在履行职责时，必须严格按照国家金融监督管理总局及其派出机构的要求，以及金融机构内部的规章制度，组织或者要求相关内设部门对机构的经营管理和员工履职行为的合规性进行监督检查。

首席合规官作为金融机构合规管理的最高负责人，其职责重大且任务艰巨。他们不仅需要深入了解国家法律法规和监管政策，还需要熟悉金融机构的业务流程和风险管理要求。在此基础上，首席合规官要制订一套科学、合理的合规监督检查计划，明确监督检查的目标、范围、方法和频率，确保监督检查工作的全面性和有效性。

在组织实施合规监督检查的过程中，首席合规官需要充分发挥内设部门的专业优势和作用。金融机构的内设部门，如风险管理部门、法务部门、内部审计部门等，都拥有各自的专业知识和经验，能够为合规监督检查提供有力的支持。首席合规官应当根据监督检查的需要，要求相关内设部门参与监督检查工作，共同对机构的经营管理和员工履职行为进行全面、深入的排查。

具体来说，首席合规官可以组织内设部门对金融机构的业务流程进行合规性审查，确保各项业务活动都符合法律法规和监管要求。同时，他们还可以要求内设部门对员工的履职行为进行监督，检查员工是否存在违法违规行为或者合规风险隐患。此外，首席合规官还可以利用内设部门的专业知识，对金融机构的内部控制制度、风险管理机制等进行评估和完善，提高机构的合规管理水平。

金融机构内设部门及其员工在首席合规官开展合规监督检查工作时，应当积极配合并提供必要的支持。这是内设部门及其员工的法定义务和职责所在。内设部门应当响应首席合规官的监督检查要求，提供所需的数据、资料和文件，协助首席合规官开展工作。员工也应当如实反映情况，提供相关信息，不得隐瞒、谎报或者拒绝配合。

内设部门的积极配合对于首席合规官开展合规监督检查工作至关重要。只有内设部门充分履行其配合义务，首席合规官才能够全面了解机构的合规状况，及时发现并处理存在的合规问题。同时，内设部门的配合也能够提高合规监督检查的效率和准确性，确保监督检查工作的顺利进行。

此外，金融机构还应当建立健全合规监督检查的激励机制和约束机制。对于积极配合首席合规官开展工作的内设部门及其员工，金融机构应当给予表彰和奖励，激发他们的工作积极性和创造力。对于拒绝配合或者妨碍首席合规官开展工作的内设部门及其员工，金融机构应当依法依规进行处理，维护合规监督检查的权威性和严肃性。

三、思维导图：经营管理合规监督

为了全面呈现经营管理中的合规监督体系与运作流程，我们精心绘制了经营管理合规监督思维导图，如图 2-15 所示。图 2-15 清晰地展示了合规监督的各个环节，从总体职责，到组织监督检查，再到要求内设部门参与、员工配合要求，形成了完整的闭环。通过图 2-15，金融机构可以直观地了解到经营管理合规监督的整体架构和运作机制，从而更好地把握合规监督的重点和关键，确保经营活动的合规性，为金融机构的可持续发展奠定坚实基础。

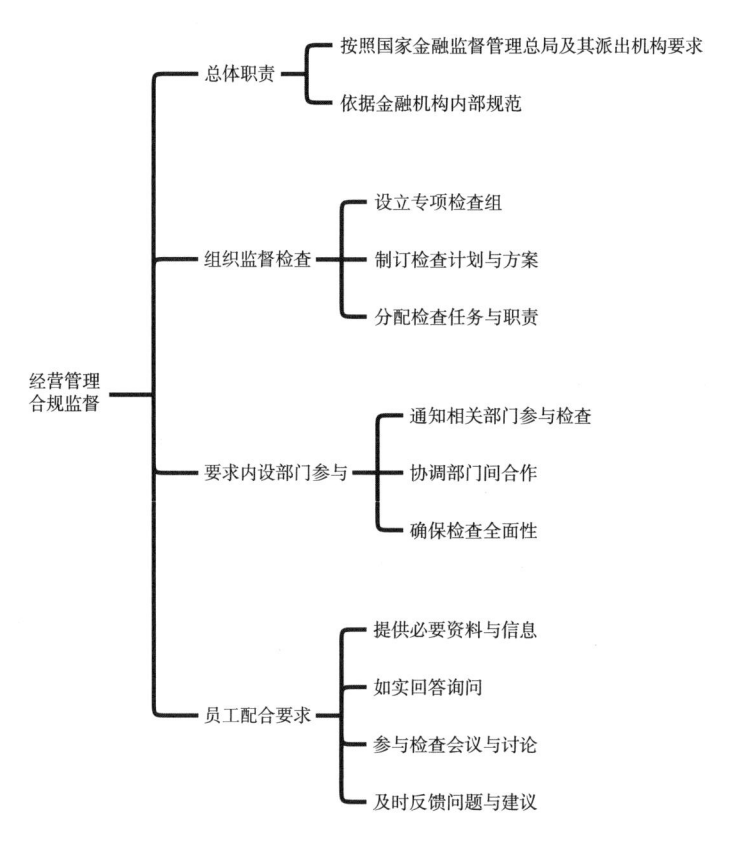

```
经营管理合规监督
├── 总体职责
│   ├── 按照国家金融监督管理总局及其派出机构要求
│   └── 依据金融机构内部规范
├── 组织监督检查
│   ├── 设立专项检查组
│   ├── 制订检查计划与方案
│   └── 分配检查任务与职责
├── 要求内设部门参与
│   ├── 通知相关部门参与检查
│   ├── 协调部门间合作
│   └── 确保检查全面性
└── 员工配合要求
    ├── 提供必要资料与信息
    ├── 如实回答询问
    ├── 参与检查会议与讨论
    └── 及时反馈问题与建议
```

图 2-15　经营管理合规监督思维导图

四、工具：经营管理合规监督检测实施一览表

为了帮助金融机构有效开展经营管理合规监督的检测，我们特别设计了一份经营管理合规监督检测实施一览表，如表2-15。表2-15详细列出了经营管理合规监督的各个方面和关键因素。通过表2-15，金融机构及首席合规官可以系统地对自己的经营管理合规监督工作进行自查和评估，及时发现并纠正存在的问题，确保经营活动的合规性和规范性，为金融机构的稳健发展提供有力保障。

表2-15 经营管理合规监督检测实施一览表

项目	内容	检测项目	评价已经做到	评价尚未做到
经营管理合规监督	总体职责	按照国家金融监督管理总局及其派出机构要求		
		依据金融机构内部规范		
	组织监督检查	设立专项检查组		
		制订检查计划与方案		
		分配检查任务与职责		
	要求内设部门参与	通知相关部门参与检查		
		协调部门间合作		
		确保检查全面性		
	员工配合要求	提供必要资料与信息		
		如实回答询问		
		参与检查会议与讨论		
		及时反馈问题与建议		

五、案例

美国运通公司经营管理合规监督

（一）金融机构介绍

美国运通公司成立于1850年，总部位于美国纽约，是一家跨国信用卡和旅行服务公司。它以其完善的服务体系、广泛的客户基础及创新的金融产品闻名于世。美国运

通公司也因其对合规管理的高度重视而在行业内享有盛誉。随着金融监管环境的日益复杂，合规管理不仅是金融机构生存的基础，也是它们在全球市场立足的重要保障。本文将详细剖析美国运通公司在经营管理合规监督中的实践经验，重点探讨其首席合规官如何通过一系列具体措施确保合规管理目标的实现。

美国运通公司作为全球知名的金融服务公司，业务覆盖全球130多个国家和地区，其核心业务包括信用卡发放、支付解决方案、旅行支票发行等。美国运通公司多年来秉承"客户至上"的服务理念，以灵活便捷的支付系统赢得了全球数亿用户的青睐。然而，在全球化经营的同时，美国运通公司也面临复杂多变的监管环境、各国法律法规的差异性及金融犯罪活动的潜在风险，对公司的合规管理能力提出了极高要求。

在这一背景下，美国运通公司的合规管理体系扮演着至关重要的角色。其首席合规官直接向董事会和高级管理层报告，确保合规管理的战略与公司的整体发展目标一致，同时也保障了合规管理的独立性和权威性。

（二）具体措施

美国运通公司的合规管理实践以其全面性、系统性和前瞻性著称。在首席合规官的领导下，公司建立了一套严格的经营管理合规监督机制，包括以下核心措施：

1. 合规管理组织架构的完善

美国运通公司设立了独立的合规部门，由首席合规官直接领导。该部门负责制定公司范围内的合规政策与流程，并监督其在各个部门和区域的实施。通过将合规管理嵌入到公司的治理框架中，确保其在公司所有运营环节中的有效性。

2. 全面的合规培训计划

为了确保员工了解并遵守相关的法律法规和公司政策，美国运通公司为所有员工提供定期的合规培训。这些培训涵盖了反洗钱、数据隐私保护、客户权益保障等多个主题。培训不仅适用于新员工，还包括对现有员工的定期更新，以确保所有员工能够及时掌握最新的法规要求。

3. 内部审计与监控机制

内部审计是美国运通公司合规管理体系的关键组成部分。该公司通过设立专门的内部审计团队，定期对各部门的业务操作和管理流程进行审查。内部审计的重点包括高风险交易的识别、客户信息的保护及财务报告的真实性等。

4. 合规风险评估与预防

美国运通公司定期开展合规风险评估，以识别潜在的法律和操作风险。评估结果用于制定相应的风险防控措施，如加强对高风险客户的尽职调查、优化内部流程等。此外，美国运通公司还利用大数据分析技术，实时监控交易行为，预防潜在的合规问题。

5. 举报与反馈机制

为了鼓励员工举报违规行为，美国运通公司建立了匿名举报平台，任何员工都可以通过这一平台举报潜在的合规问题或不当行为。举报信息会由专门团队处理，确保问题能够得到及时和公正的解决。

6. 与监管机构的协作

美国运通公司与全球各地的金融监管机构保持密切合作，定期提交合规报告，并根据监管要求调整公司的内部政策和流程。首席合规官还会参与和监管机构的对话，以确保公司的合规实践始终符合监管期望。

（三）案例特色和亮点

美国运通公司在发展战略合规审查方面展现出独特的特色和亮点，值得其他金融机构借鉴和学习。

1. 领导层的高度重视

合规管理被列为美国运通公司治理的核心议题之一。首席合规官不仅享有较高的职权，还能够直接向董事会汇报工作，确保合规管理在公司战略层面受到足够的重视。

2. 技术驱动的合规管理

美国运通公司利用先进的科技手段，如人工智能和大数据分析，对合规风险进行实时监控。通过对海量数据的自动化分析，美国运通公司能够快速识别异常交易行为，减少合规管理的盲区。例如，美国运通公司研究机器学习技术，实现了机器学习模型的大规模应用，用于欺诈检测。与之前的非机器学习模型相比，检测效率提升了30%。美国运通公司连续多年保持着业界最低的欺诈率，损失率仅为其他主要支付网络的一半。

3. 全员参与的企业文化

美国运通公司通过培训、激励机制和透明的沟通渠道，营造出人人有责的合规文化。这种文化不仅增强了员工的合规意识，也提升了合规管理的执行力。例如，面对不断变化的欺诈行为，美国运通公司能够在两周内让团队运行一个基本的决策应用，而以前需要一个季度甚至更长时间。这种敏捷性体现了全员参与和高效协作的企业文化。

4. 全球化的合规视野

作为一家跨国公司，美国运通公司的合规管理体系能够兼顾全球和本地化需求。在制定全球性政策的同时，美国运通公司还会根据不同市场的监管要求进行调整，从而实现本地化的合规管理。例如，美国运通公司在全球范围内采用统一的欺诈检测模型，但也会根据各国的具体情况进行调整，以确保合规性和有效性。

5. 持续改进与创新

面对不断变化的监管环境，美国运通公司始终保持敏锐的洞察力，并根据新的合规需求不断优化管理流程。例如，美国运通公司携手合作伙伴，借助其防欺诈服务解决方案，进一步提升了欺诈检测和预防能力。

（四）启示与反思

美国运通公司的合规管理实践为全球金融机构提供了重要的借鉴。它表明，合规管理不仅是对法律的响应，更是企业社会责任的体现。对于一家全球化运营的金融机构而言，合规管理的有效性直接关系到其品牌声誉和长期发展。

然而，美国运通公司的合规管理也并非毫无挑战性。2019年，媒体报道其部分销售人员存在误导客户的行为。这说明即便是完善的合规体系，也可能在执行过程中遇到问题。这提醒我们，合规管理需要在机制完善的基础上强化监督和问责机制，以避免局部执行偏差对整体管理目标的影响。

美国运通公司的案例表明，高效的合规管理需要强有力的领导、高度透明的企业文化及技术驱动的创新手段。通过持续改进和全员参与，美国运通公司不仅确保了合规管理的高效性，也为全球金融行业树立了标杆。

第十六节　重大违规风险报告

一、重大违规风险报告的监管政策

第二十二条　首席合规官发现金融机构及其员工存在重大违法违规行为或者重大合规风险隐患的，应当及时向董事会、董事长、行长（总经理）报告，提出处理意见，并督促整改。首席合规官发现金融机构及其员工存在其他违法违规行为或者合规风险隐患的，应当按照机构内部合规管理程序，组织督促机构及时报告、处理和整改。首席合规官有权向董事会、高级管理人员、相关部门及下属各机构提出对相关责任人员采取薪酬扣减、岗位调整、降职等措施的建议,并督促责任机构及责任人员及时整改。

重大违法违规行为或者重大合规风险隐患主要包括:较大数额的罚款或者没收较大数额的违法所得;造成或者可能造成机构重大财产损失、重大声誉损失的合规风险事件、法律纠纷案件、涉刑案件等。

二、理解和学习:重大违规风险报告

在金融机构的复杂运营体系中,合规管理是一项至关重要的工作,它直接关系到机构的稳健运营、声誉维护及法律风险的防控。首席合规官作为金融机构合规管理的最高负责人,承担着发现、报告、处理及整改违法违规行为和合规风险隐患的重任。

首席合规官在履行职责过程中,发现金融机构及其员工存在重大违法违规行为或者重大合规风险隐患时,必须立即行动,及时向董事会、董事长、行长(总经理)等高层管理人员报告。这一报告行为不仅体现了首席合规官的责任感和使命感,更是金融机构内部合规管理机制的重要一环。报告内容应详细、准确,包括违法违规行为的性质、涉及人员、发生时间、可能产生的后果,以及已经或可能造成的损失等关键信息。

在报告的同时,首席合规官还需提出处理意见。这些处理意见应基于对法律法规的深入理解和对金融机构实际情况的全面分析,旨在迅速、有效地解决问题,防止风险扩散。处理意见可能包括立即停止违法违规行为、采取补救措施、加强内部控制等。

此外,首席合规官还需督促整改。他们应跟踪监督整改过程的进展,确保各项整改措施得到切实执行,违法违规行为得到彻底纠正,合规风险隐患得到有效消除。这一督促整改的过程需要首席合规官具备高度的责任心和执行力,以确保金融机构的合规运营不受影响。

除了针对重大违法违规行为或重大合规风险隐患的报告、处理和整改外,首席合规官还需关注金融机构及其员工存在的其他违法违规行为或合规风险隐患。对于这些情况,首席合规官应按照机构内部合规管理程序,组织督促机构及时报告、处理和整改。这意味着首席合规官需要建立一套完善的合规管理机制,确保机构内部的违法违规行为和合规风险隐患能够得到及时发现、报告和处理。

在合规管理过程中,首席合规官还拥有向董事会、高级管理人员、相关部门及下属各机构提出对相关责任人员采取薪酬扣减、岗位调整、降职等措施的建议权。这一权力的赋予,体现了金融机构对合规管理的高度重视,也彰显了首席合规官在合规管理体系中的核心地位。通过采取这些措施，可以有效地对违法违规行为和合规风险隐患的责任人员进行惩戒，督促他们认识到自己的错误，及时改正，从而维护金融机构的合规运营和声誉。

那么，何为"重大违法违规行为"或"重大合规风险隐患"呢？这主要包括较大数额的罚款或者没收较大数额的违法所得的情况，这些行为不仅违反了法律法规，还可能给金融机构带来直接的经济损失。此外，造成或者可能造成机构重大财产损失、重大声誉损失的合规风险事件、法律纠纷案件、涉刑案件等也属于重大合规风险隐患。这些事件一旦发生，将对金融机构的稳健运营和声誉造成严重影响，甚至可能危及机构的生存。

因此，首席合规官在金融机构的合规管理中扮演着至关重要的角色。他们不仅需要具备深厚的法律法规知识和丰富的合规管理经验，还需要具备高度的责任心和执行力。通过及时发现、报告、处理和整改违法违规行为和合规风险隐患，首席合规官能够有效地维护金融机构的合规运营和声誉，为机构的长期稳健发展提供有力保障。同时，通过行使对相关责任人员的建议权，首席合规官还能对违法违规行为和合规风险隐患形成有效的威慑和惩戒，进一步提升金融机构的合规管理水平和风险防范能力。

三、思维导图：重大违规风险报告

为了直观、系统地展现重大违规风险的报告流程与架构，我们精心绘制了重大违规风险报告思维导图，如图 2-16 所示。图 2-16 清晰地勾勒出了重大及重大以上问题报告与处理、其他违法违规与合规风险处理、建议与督促整改权、重大违法违规行为界定、重大合规风险隐患界定的完整流程。它不仅展示了重大违规风险报告的各个环节，还明确了各环节的责任主体和行动要求，确保风险能够得到及时、有效的管理和控制。通过图 2-16，金融机构可以全面了解重大违规风险报告的机制，从而更好地预防和应对潜在的风险，保障金融机构的合规运营和持续发展。

第二章 合规管理架构和职责

```
重大违规风险报告
├── 重大及重大以上问题报告与处理
│   ├── 发现对象：金融机构及其员工
│   ├── 问题类型
│   │   ├── 重大违法违规行为
│   │   └── 重大合规风险隐患
│   ├── 报告对象：董事会、董事长、行长（总经理）
│   └── 行动
│       ├── 及时报告
│       ├── 提出处理意见
│       └── 督促整改
├── 其他违法违规与合规风险处理
│   ├── 发现对象：金融机构及其员工
│   ├── 问题类型
│   │   ├── 其他违法违规行为
│   │   └── 其他合规风险隐患
│   ├── 处理流程：遵循机构内部合规管理程序
│   └── 行动
│       ├── 组织督促及时报告
│       ├── 组织督促及时处理
│       └── 组织督促及时整改
├── 建议与督促整改权
│   ├── 建议对象
│   │   ├── 董事会
│   │   ├── 高级管理人员
│   │   ├── 相关部门
│   │   └── 下属各机构
│   ├── 建议内容：对相关责任人员采取薪酬扣减、岗位调整、降职等措施
│   └── 行动：督促责任机构及责任人员及时整改
├── 重大违法违规行为界定
│   ├── 类型一：较大数额的罚款
│   └── 类型二：没收较大数额的违法所得
└── 重大合规风险隐患界定
    ├── 类型一：合规风险事件
    ├── 类型二：法律纠纷案件
    └── 类型三：涉刑案件
```

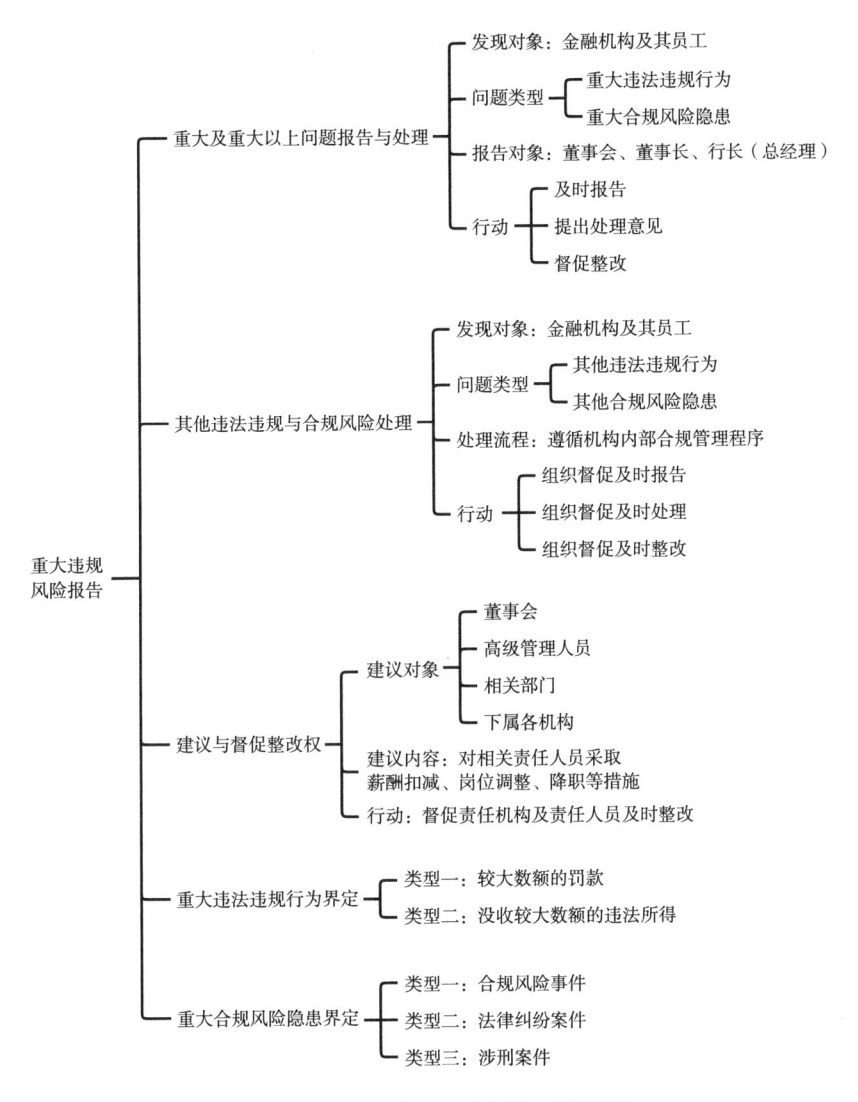

图 2-16 重大违规风险报告思维导图

四、工具：重大违规风险报告检测实施一览表

为了助力金融机构有效进行检测，确保重大违规风险报告机制的顺畅运行，我们特别编制了一份重大违规风险报告检测实施一览表，如表 2-16 所示。通过表 2-16，金融机构可以系统地评估自身在重大违规风险报告方面的表现，及时发现并纠正存在的问题，从而不断完善风险报告机制，提升金融机构的合规管理水平和风险防控能力。

表 2-16 重大违规风险报告检测实施一览表

项目	内容	具体内容	检测项目	评价已经做到	评价尚未做到
重大违规风险报告	重大及重大以上问题报告与处理	发现对象	金融机构及其员工		
		问题类型	重大违法违规行为		
			重大合规风险隐患		
		报告对象	董事会、董事长、行长（总经理）		
		行动	及时报告		
			提出处理意见		
			督促整改		
	其他违法违规与合规风险处理	发现对象	金融机构及其员工		
		问题类型	其他违法违规行为		
			其他合规风险隐患		
		处理流程	遵循机构内部合规管理程序		
		行动	组织督促及时报告		
			组织督促及时处理		
			组织督促及时整改		
	建议与督促整改权	建议对象	董事会		
			高级管理人员		
			相关部门		
			下属各机构		
		建议内容	对相关责任人员采取薪酬扣减、岗位调整、降职等措施		
		行动	督促责任机构及责任人员及时整改		
重大违规风险报告	重大违法违规行为界定	类型一	较大数额的罚款		
		类型二	没收较大数额的违法所得		
	重大合规风险隐患界定	类型一	合规风险事件		
		类型二	法律纠纷案件		
		类型三	涉刑案件		

五、案例

英国劳埃德银行集团重大违规风险报告

(一) 金融机构介绍

英国劳埃德银行集团是英国历史最悠久、规模最大的金融服务提供商之一,总部位于伦敦。劳埃德银行集团的历史可以追溯到1765年,集团在英国零售银行、商业银行、财富管理和保险等多个领域占据重要地位。通过其旗下的主要品牌,包括劳埃德银行、哈利法克斯银行及苏格兰银行,该集团在英国拥有覆盖全国的分支机构网络,服务数以百万计的个人和企业客户。

劳埃德银行集团在英国金融市场上占据重要的市场份额,其战略目标不仅在于提供可靠的银行服务,同时注重实现长期的可持续发展。作为一家全球化的金融机构,劳埃德银行集团的业务还涉及多个国家和地区,尤其是在国际贸易融资、资产管理和跨境交易领域具有影响力。

然而,随着业务的扩展,合规风险也随之上升。面对复杂多变的监管环境,尤其是在跨境交易方面,劳埃德银行集团面临着巨大的合规管理挑战。为了应对这些挑战,劳埃德银行集团设立了专业的合规管理体系,并任命首席合规官全权负责合规事务。

(二) 具体措施

2007年,美国司法部发现劳埃德银行集团旗下的公司在处理与伊朗、利比亚和苏丹等受制裁国家的交易时,存在故意规避美国制裁法规的行为。通过在交易记录中删除敏感信息,劳埃德银行集团旗下的公司帮助这些国家的客户进行跨境交易,涉及金额高达3.5亿美元。这一事件不仅引发了巨额罚款,还对集团的声誉造成严重影响。该集团首席合规官在此情况下,启动了一系列的应对措施。

1. 内部调查与事实核查

事件曝光后,首席合规官立即启动了内部调查。由合规部门牵头,协调法律、风险控制和审计部门组成专项小组,对涉及的交易记录进行全面审查。在调查过程中,发现多名员工在处理敏感交易时存在违反集团内部规章和国际制裁法规的行为。此举不仅确认了问题的范围和责任,还为后续整改提供了翔实依据。

2. 高层通报与报告机制

首席合规官将调查结果及时向董事会、董事长及首席执行官进行了详细汇报。报告不仅包含违规行为的详细描述,还对潜在的法律、财务和声誉风险进行了评估。与此同时,首席合规官提出了具体的整改建议,包括加强员工培训、升级监控系统和调整内部问责机制。

3. 制订和实施整改计划

在董事会批准建议后,首席合规官开始监督整改计划的实施。为所有员工特别是处理跨境交易的相关部门员工开设强制性合规课程,重点讲解国际制裁法规、反洗钱规则及内部操作规范。引入新一代交易监控系统,通过人工智能和大数据分析,实时筛查可能违反制裁规定的交易。更新内部政策文件,明确员工在处理敏感交易时的具体操作要求,并加强政策执行力度。对涉事员工进行惩戒,包括扣减薪酬、岗位调整和降职等,以震慑可能存在侥幸心理的员工。

4. 外部沟通与合作

首席合规官主动与美国司法部及相关监管机构合作,全面提供必要的信息和支持。这种透明度帮助劳埃德银行集团在危机中具有一定程度的信任。

5. 持续监督与评估

在整改措施实施后,首席合规官设立了持续监督机制,通过定期审计和实时监控,确保合规管理体系的有效运行。此外,还定期向董事会提交合规报告,涵盖整改进展、剩余风险及改进建议。

(三)案例特色和亮点

劳埃德银行集团在合规管理方面的特色和亮点,值得其他金融机构深入借鉴和学习。

1. 快速反应与主动应对

在曝出的伦敦银行间同业拆借利率操纵事件中,劳埃德银行集团被指控参与操纵利率,导致其被英国和美国监管机构罚款。事件曝光后,集团首席合规官迅速组织内部调查,并向董事会提出全面整改建议,展示了高效的危机处理能力。这一快速反应在防止问题扩大方面起到了关键作用。

2. 全面整改与系统升级

为防止类似事件再次发生,劳埃德银行集团采取了一系列整改措施,包括加强员工培训、升级技术系统和调整内部政策。例如,集团引入了新的交易监控系统,以实时检测异常交易行为。这些举措构建了更为稳健的合规管理体系,为未来的风险防范奠定了坚实基础。

3. 问责机制的落实

在伦敦银行间同业拆借利率操纵事件中,劳埃德银行集团对涉及的近 20 名员工进行了调查,其中包括 7 名经理级人员,并对责任人员进行严肃处理,强化了合规文化,向全体员工传递了"零容忍"态度。这一机制的实施不仅增强了员工的纪律意识,也提升了整个机构的合规水平。

4. 透明沟通与国际合作

在处理违规事件过程中,劳埃德银行集团与英国金融市场行为监管局、美国商品期货交易委员会和美国司法部等外部监管机构保持公开、透明的沟通。这种合作关系帮助集团在危机中维持了市场信誉。

5. 前瞻性风险管理

面对不断变化的监管环境,劳埃德银行集团引入人工智能技术和实时交易监控系统,显著提升了风险管理能力。这一技术进步在未来防范类似事件中具有重要意义。

劳埃德银行集团的重大违规风险报告案例不仅是一次教训,更是一个加强合规管理的转折点。通过首席合规官的领导,该集团成功从危机中复苏,并建立了更加健全的合规管理框架。这一案例提醒金融机构,合规管理并非仅是应对监管的被动措施,而是实现长期稳健发展的重要基石。

第十七节 违规风险及时报告

一、违规风险及时报告的监管政策

第二十三条 金融机构存在重大违法违规行为或者重大合规风险隐患的,应当及时向国家金融监督管理总局或者其派出机构报告。首席合规官发现机构未按要求报告的,应当督促机构及时报告,并可以直接向国家金融监督管理总局或者其派出机构报告。

二、理解和学习：违规风险及时报告

在金融机构的运营过程中,合规性是其稳健发展的基石。为了确保金融机构的合法合规运营,及时发现并处理存在的重大违法违规行为或重大合规风险隐患,国家金融监督管理总局及其派出机构对金融机构提出了严格的监管要求。其中,一项重要的要求就是金融机构在发现重大违法违规行为或重大合规风险隐患时,应当及时向国家金融监督管理总局或者其派出机构报告。

这一报告机制的建立，旨在确保金融机构能够主动揭示自身存在的问题，及时接受监管机构的指导和监督，从而有效防范和化解风险。金融机构作为金融市场的重要参与者，其经营行为直接关系到金融市场的稳定和投资者的利益。因此，金融机构必须时刻保持高度的警觉性，对任何可能涉及重大违法违规行为或构成重大合规风险隐患的情况进行密切关注。

一旦发现此类情况，金融机构应当立即启动内部报告程序，迅速、准确地向国家金融监督管理总局或者其派出机构进行报告。报告内容应当包括违法违规行为的性质、涉及金额、影响范围、可能产生的后果及已经采取或计划采取的补救措施等关键信息。这样，监管机构就能够及时了解金融机构的实际情况，为后续的监管决策提供有力依据。

然而，在实际操作中，由于各种原因，金融机构有时可能会未按要求及时报告重大违法违规行为或重大合规风险隐患。这时，首席合规官作为金融机构合规管理的最高负责人，就应当发挥其独特的监督和推动作用。

首席合规官在金融机构的合规管理体系中占据着举足轻重的地位。他们不仅负责制定和执行合规政策，还负责监督合规管理的实施情况，确保机构的各项业务活动都符合法律法规和内部规范的要求。当首席合规官发现机构未按要求报告重大违法违规行为或重大合规风险隐患时，他们应当立即采取行动，督促机构及时报告。

具体来说，首席合规官可以通过内部沟通渠道，向金融机构的高级管理层汇报这一情况，并强调及时报告的重要性和必要性。同时，他们还可以组织相关部门和人员进行调查核实，确保报告内容的准确性和完整性。在督促机构及时报告的过程中，首席合规官应当保持高度的责任感和使命感，确保金融机构能够履行其法定义务，接受监管机构的监督和管理。

如果金融机构在首席合规官的督促下仍然未能及时报告，或者首席合规官认为情况十分紧急、严重，可能对金融机构或金融市场造成重大影响时，他们可以直接向国家金融监督管理总局或者其派出机构报告。这一直接报告机制的建立，旨在确保监管机构能够及时了解金融机构的实际情况，采取必要的监管措施，防止风险进一步扩大。

三、思维导图：违规风险及时报告

为了清晰展现违规风险的及时报告流程与结构，我们精心绘制了违规风险及时报告思维导图，如图 2-17 所示。图 2-17 系统地呈现了从报告对象、首席合规官角色、报告流程到直接报告程序的完整报告链条。它不仅明确了各个环节的责任主体和操作规范，还突出了报告时效性的重要性，确保违规风险能够在第一时间被识别并得到有效处理。通过图 2-17，金融机构可以全面了解违规风险及时报告的机制，从而加强内部管理，提升风险应对能力，保障金融机构的合规运营和稳健发展。

违规风险及时报告思维导图：
- 报告对象
  - 国家金融监督管理总局
  - 国家金融监督管理总局派出机构
- 首席合规官角色
  - 监督机构合规情况
  - 督促机构及时报告
  - 直接报告的权利
- 报告流程
  - 初步评估
    - 金融机构内部发现问题
    - 评估问题的严重性与合规性
  - 内部报告
    - 向高级管理层报告
    - 讨论并制定报告策略
  - 向监管机构报告
    - 提交书面报告
    - 附上相关证据与分析
- 直接报告程序
  - 条件触发——机构未按时或未充分报告
  - 报告准备
    - 整理关键信息与证据
    - 明确报告目的与期望结果
  - 提交报告
    - 向国家金融监督管理总局或其派出机构提交
    - 保持后续沟通，提供必要支持
  - 跟进与反馈
    - 关注监管机构的处理与反馈
    - 向机构内部通报情况

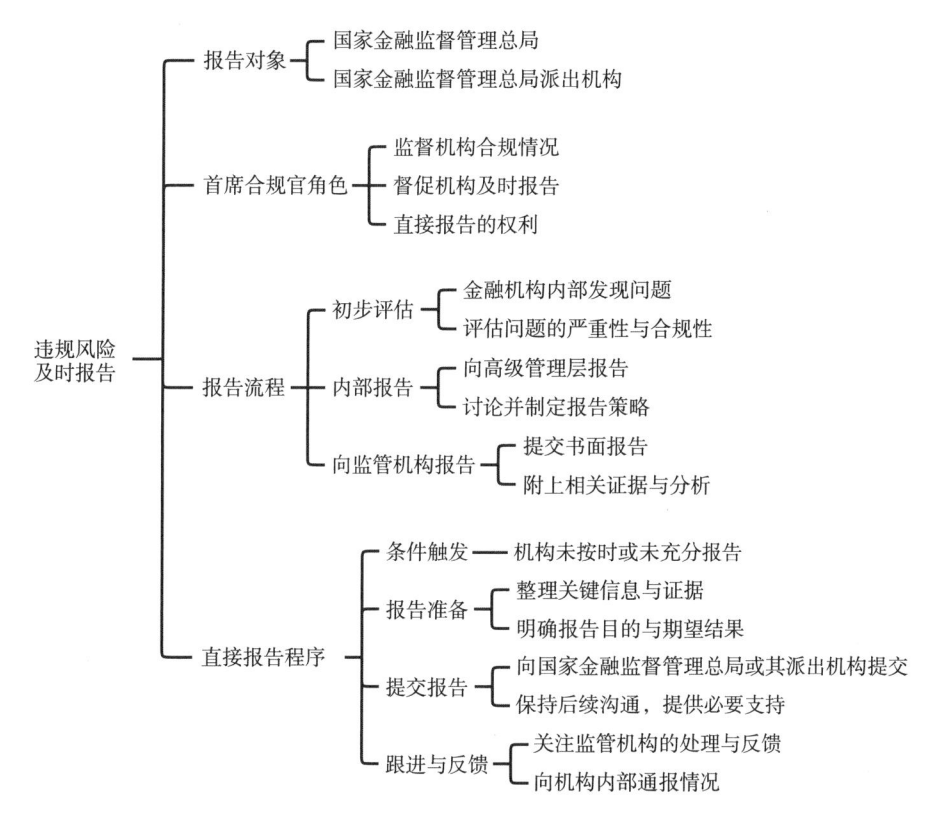

图 2-17　违规风险及时报告思维导图

四、工具：违规风险及时报告检测实施一览表

为了便于金融机构评估违规风险及时报告工作的有效性，我们特别设计了一份违规风险及时报告检测实施一览表，如表 2-17 所示。通过表 2-17，金融机构可以系统地对自己的违规风险及时报告工作进行自查，及时发现并纠正存在的问题，确保违规风险能够得到迅速、有效的处理，从而维护金融机构的合规运营和良好声誉。

表 2-17 违规风险及时报告检测实施一览表

项目	内容	具体内容	检测项目	评价已经做到	评价尚未做到
违规风险及时报告	报告对象	总局	国家金融监督管理总局		
		总局派出机构	国家金融监督管理总局派出机构		
违规风险及时报告	首席合规官角色	监督	监督机构合规情况		
		督促	督促机构及时报告		
		权利	直接报告的权利		
	报告流程	初步评估	金融机构内部发现问题		
			评估问题的严重性与合规性		
		内部报告	向高级管理层报告		
			讨论并制定报告策略		
		向监管机构报告	提交书面报告		
			附上相关证据与分析		
	直接报告程序	条件触发	机构未按时或未充分报告		
		报告准备	整理关键信息与证据		
			明确报告目的与期望结果		
		提交报告	向国家金融监督管理总局或其派出机构提交		
			保持后续沟通，提供必要支持		
		跟进与反馈	关注监管机构的处理与反馈		
			向机构内部通报情况		

五、案例

德意志银行违规风险及时报告

（一）金融机构介绍

德意志银行成立于1870年，总部位于德国法兰克福，是全球最具影响力的金融服务提供商之一。其业务范围广泛，包括投资银行、商业银行、资产管理、财富管理、私人银行服务。德意志银行在欧洲、美洲、亚太地区和新兴市场拥有强大的业务布局，客户涵盖个人、企业、政府机构及其他金融机构。

作为一家在全球范围内运营的大型银行,德意志银行以其在资本市场的卓越表现和创新能力闻名。然而,随着业务的全球化与复杂化,合规风险逐渐成为其必须高度重视的关键问题。特别是在国际金融危机后,全球监管环境趋于严格,德意志银行面临的合规管理压力显著增加。

(二)背景与事件

2008年国际金融危机后,监管机构对不良抵押贷款支持证券的调查逐步深入。德意志银行被指控在金融危机前出售不良证券,未能充分披露其产品的风险特性,导致投资者蒙受巨大损失。2016年,美国司法部要求德意志银行支付高达140亿美元的罚款。这一指控引发了金融市场的广泛关注,并对银行的财务健康和声誉造成了巨大威胁。

该事件凸显了德意志银行在合规管理和内部控制方面的重大不足,也让其首席合规官的作用变得更加关键。在这一背景下,德意志银行全面启动了违规风险及时报告及整改的综合行动。

(三)具体措施

1. 内部调查与违规风险核查

事件曝光后,德意志银行首席合规官立即组织内部调查,协调银行的法律部门、风险管理部门和审计团队,对2005—2007年所有不良抵押贷款支持证券交易进行全面审计。调查发现,德意志银行在交易审批环节存在明显的合规管理漏洞,包括风险披露不充分和内部监督机制缺失。为确保调查的全面性与透明度,德意志银行还聘请了外部独立机构对事件进行平行审查。这一举措不仅加强了违规风险核查的客观性,也展示了德意志银行对合规问题的高度重视。

2. 主动报告与监管沟通

根据德国联邦金融监管局和美国证券交易委员会的要求,首席合规官及时向两国的监管机构提交了全面的违规风险报告。报告内容涵盖违规事件的详细描述、已发现的问题、潜在影响分析及初步整改计划。为了修复信任,德意志银行的管理层还与监管机构保持密切沟通,多次召开会议,主动接受监管指导。这种积极合作的态度大大缓解了外界对银行合规能力的质疑。

3. 全面整改与风险控制

在与监管机构的交流基础上,首席合规官牵头制订了详细的整改计划,包括以下关键措施。一是完善交易审批流程，建立更加严格的风险评估机制，确保所有金融产品符合国际监管要求。二是优化合规管理体系，新增"重大合规事件应急响应团队"，强化合规风险的实时监控和提高处理能力。三是系统升级，投入数百万欧元开发和部署先进的合规监控系统，利用人工智能分析交易模式，实时发现潜在风险。四是强化培训，推出全面的合规培训计划，覆盖所有员工，特别是高风险岗位的员工，确保合规文化深入人心。

4. 持续监督与绩效评估

首席合规官设立了一套动态监督机制，定期评估整改措施的执行情况，并向董事会提交详细的执行报告。同时，德意志银行还引入了合规绩效考核制度，将员工和高管的薪酬与合规表现挂钩，以确保整改措施得到持续执行。

（四）案例特色和亮点

德意志银行在合规管理方面展现出多项特色和亮点，值得深入探讨。

1. 透明与合作的管理方式

在处理违规事件时，德意志银行表现出高度的合作精神。例如，在某次违规事件中，德意志银行主动向监管机构报告问题，并邀请独立第三方进行审查。由于其事先配备了符合监管机构监管条件的合规系统，最终将罚款降低到 58 万美元。

2. 前瞻性风险预防措施

德意志银行积极引入人工智能技术和实时监控系统，以提升违规行为的检测能力。例如，德意志银行选择了伦敦证券交易所集团的"交易发现"解决方案，以应对监管法规的合规要求。该方案整合了来自受监管市场和场外市场的关键数据，帮助德意志银行满足监管法规的复杂要求，确保市场风险模型的合规性。

3. 合规文化的深度塑造

德意志银行将违规事件视为组织转型的契机，致力于构建更加成熟的合规文化。通过全员培训和技术升级，强化员工的合规意识。例如，德意志银行在中国机构构建了全面的风险管理框架，在组织内的各层面管理信用、市场、流动性、操作、法律、业务和声誉风险，确保风险管理的有效执行。

（五）深刻启示

德意志银行的违规风险及时报告案例为全球金融机构提供了宝贵的经验教训。一是主动报告是化解危机的首要步骤，透明化和主动合作可以使企业在合规风险管理中争取更多的时间和信任。二是技术与制度并重,合规管理需要借助技术力量,但制度建设和文化塑造同样不可或缺。三是长期改进机制的重要性,只有通过持续的监督和绩效评估,金融机构才能真正实现合规风险管理的全面提升。

这一案例不仅展示了德意志银行应对危机的高效措施,也为其他金融机构在类似情境中提供了清晰的应对方案。

第十八节 分支合规官职责参照确定

一、分支合规官职责参照确定的监管政策

第二十四条 金融机构省级分支机构或者一级分支机构的合规官对本级机构及其员工的合规管理负责,其具体职责由金融机构参照首席合规官职责确定。

二、理解和学习:分支合规官职责参照确定

在金融机构的庞大体系中,省级分支机构或一级分支机构作为连接总部与基层的桥梁,其合规管理的重要性不言而喻。为了确保这些分支机构及其员工能够严格遵守法律法规,维护金融机构的合规运营,金融机构特别设立了合规官这一关键职位。合规官在本级机构中扮演着至关重要的角色,他们对本级机构及其员工的合规管理负有全面责任。

金融机构在设定省级分支机构或一级分支机构合规官的职责时,通常会参照首席合规官的职责进行确定。这意味着合规官不仅需要具备深厚的合规管理专业知识,还需要具备高度的责任心和使命感,以确保本级机构的合规管理工作能够得到有效执行。

具体来说,合规官的首要职责是制定和实施本级机构的合规政策。他们需要根据金融机构总部的合规管理要求,结合本级机构的实际情况,制定一套切实可行的合规政策体系。这些政策应该涵盖业务流程、风险管理、内部控制等多个方面,确保本级机构的各项业务活动都能够在合规管理的框架内进行。

在制定合规政策的过程中,合规官需要充分考虑法律法规的变化及监管机构的最新要求,确保合规政策的时效性和准确性。同时,他们还需要与本级机构的各部门和员工进行充分沟通,了解他们的业务需求和合规难点,为制定更加贴近实际的合规政策提供有力支持。

除了制定合规政策外，合规官还需要负责监督本级机构的合规执行情况。他们需要通过定期或不定期的合规检查、内部审计等方式，对本级机构的各项业务活动进行合规性审查，及时发现和纠正存在的合规问题。在监督过程中，合规官需要保持高度的警觉性，对任何可能产生的合规风险进行密切关注，确保本级机构的合规运营不受任何威胁。

此外，合规官还需要负责本级机构的合规培训和教育工作。他们需要定期组织合规培训课程，向本级机构的员工普及合规知识，提高他们的合规意识和风险防控能力。通过培训和教育，合规官能够帮助员工树立正确的合规观念，形成良好的合规文化，为本级机构的长期稳健发展提供有力保障。

同时，合规官还需要与监管机构保持密切沟通，及时了解监管机构的最新要求和动态，确保本级机构的合规管理工作能够与时俱进。在与监管机构的沟通中，合规官需要充分展示本级机构的合规成果和决心，赢得监管机构的信任和支持。

另外，合规官在处理本级机构的合规问题时，需要具备高度的专业性和独立性。他们需要根据法律法规和监管机构的要求，对本级机构的合规问题进行客观、公正的判断和处理。在处理过程中，合规官需要充分考虑本级机构的实际情况和员工的利益，确保处理结果既符合法律法规的要求，又能够维护本级机构的稳定和团结。

三、思维导图：分支合规官职责参照确定

为了清晰明了地展示分支合规官的职责，我们精心绘制了分支合规官职责参照确定思维导图，如图2-18所示。图2-18系统地呈现了从合规政策与程序的制定与执行、合规风险评估与管理、合规培训与宣传、合规审查与监督、合规报告与沟通、合规咨询与指导、合规文化建设到合规技术创新与应用的完整过程。它不仅明确了分支合规官的主要职责范围，还突出了职责参照确定的科学性和合理性，确保每位分支合规官都能清晰了解自己的职责所在，并能够有效履行。通过图2-18，金融机构分支合规官可以更加直观地了解管理职责的确定机制，从而优化合规管理架构，提升合规管理效率。

第二章 合规管理架构和职责

```
分支合规官职责参照确定
├─ 合规政策与程序的制定与执行
│  ├─ 制定合规政策
│  │  ├─ 制定适用于本级机构及其员工的合规政策与指南
│  │  └─ 确保政策与上级机构及监管要求保持一致
│  └─ 监督政策执行
│     ├─ 定期审查合规政策的执行情况
│     └─ 对违规行为进行识别、报告和纠正
├─ 合规风险评估与管理
│  ├─ 风险评估
│  │  ├─ 定期开展合规风险评估，识别潜在风险点
│  │  └─ 制定并实施风险缓解措施
│  └─ 风险监控
│     ├─ 建立合规风险监控机制，持续跟踪风险变化
│     └─ 及时向上级机构及监管部门报告重大风险事项
├─ 合规培训与宣传
│  ├─ 组织培训
│  │  ├─ 制订合规培训计划，提升员工合规意识
│  │  └─ 组织定期或不定期的合规培训活动
│  └─ 宣传推广
│     ├─ 通过内部通信、会议等方式宣传合规文化
│     └─ 鼓励员工积极参与合规建设，形成良好的合规氛围
├─ 合规审查与监督
│  ├─ 业务审查
│  │  ├─ 对本级机构及员工的业务活动进行合规性审查
│  │  └─ 确保业务操作符合法律法规、监管要求及内部政策
│  └─ 监督与检查
│     ├─ 定期开展合规监督检查，发现并及时纠正问题
│     └─ 对合规问题进行跟踪管理，确保整改到位
├─ 合规报告与沟通
│  ├─ 报告机制
│  │  ├─ 建立合规报告机制，定期向上级机构及监管部门报告合规情况
│  │  └─ 报告内容包括但不限于合规风险、合规工作进展及存在问题
│  └─ 沟通协作
│     ├─ 加强与上级机构、监管部门及内部各部门的沟通与协作
│     └─ 及时响应监管要求，配合监管检查
├─ 合规咨询与指导
│  ├─ 咨询服务
│  │  ├─ 为本级机构及员工提供合规咨询服务，解答合规疑问
│  │  └─ 指导员工正确处理合规问题，避免违规行为发生
│  └─ 案例分析
│     ├─ 收集并分析合规案例，总结经验教训
│     └─ 通过案例分享，提升员工合规意识和能力
├─ 合规文化建设
│  ├─ 文化培育
│  │  ├─ 推动合规文化建设，将合规理念融入企业文化
│  │  └─ 倡导诚信、守法、合规的价值观
│  └─ 激励与约束
│     ├─ 建立合规激励机制，对合规表现优秀的员工进行表彰和奖励
│     └─ 对违规行为进行严肃处理，形成有效的合规约束
└─ 合规技术创新与应用
   ├─ 技术应用
   │  ├─ 关注合规技术领域的发展动态，探索合规技术创新
   │  └─ 利用大数据、人工智能等技术手段提升合规管理效率
   └─ 系统建设
      ├─ 推动合规管理系统的建设和完善，实现合规信息的数字化管理
      └─ 加强系统安全防护，确保合规数据的安全性和完整性
```

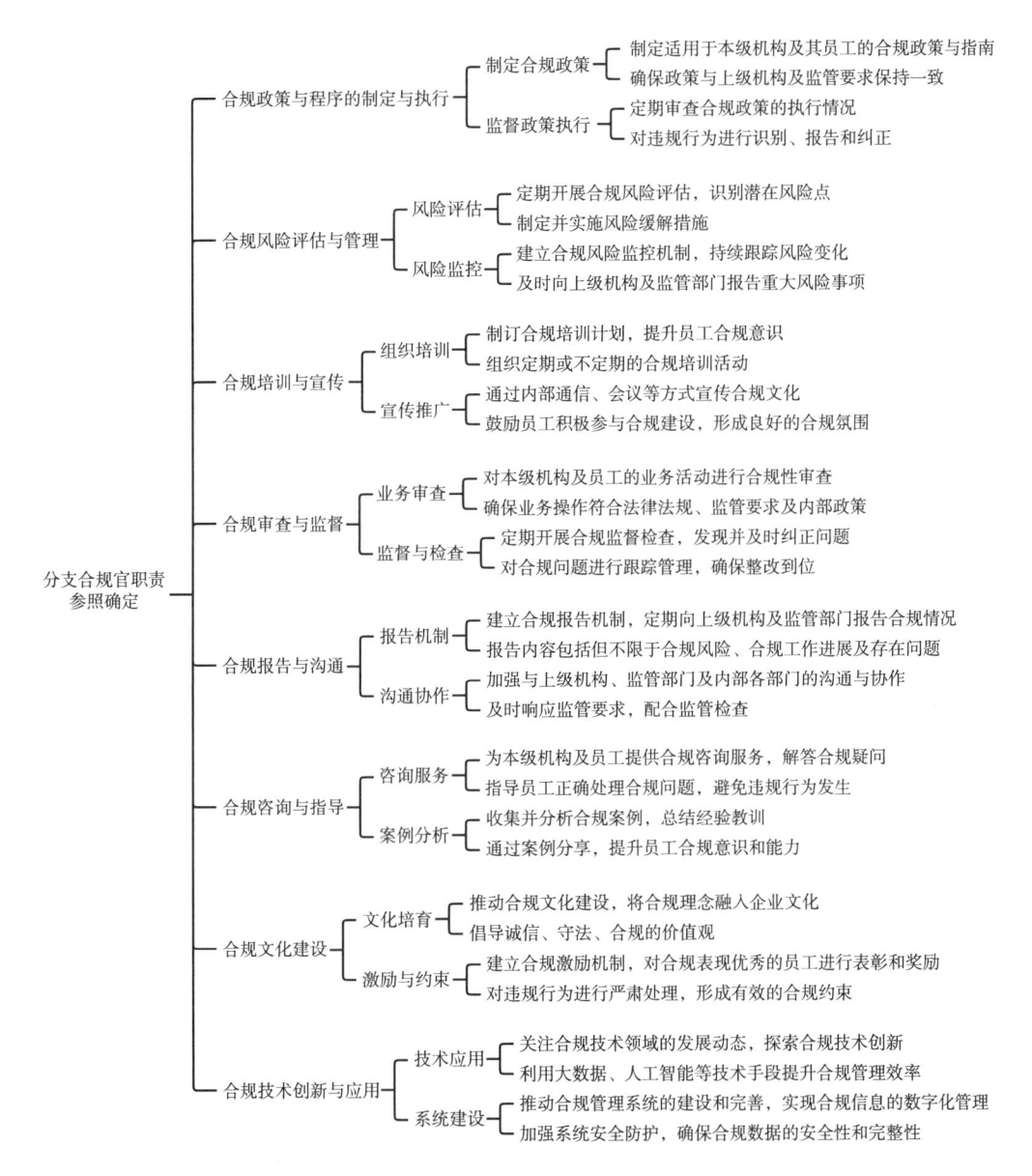

图 2-18 分支合规官职责参照确定思维导图

四、工具：分支合规官职责参照确定检测实施一览表

为了帮助金融机构更准确地确定和评估分支合规官的职责，我们特别设计了分支合规官职责参照确定检测实施一览表，如表 2-18 所示。通过表 2-18，金融机构可以系统地对自己的分支合规官职责工作进行自查和评估，及时发现并纠正存在的问题，确保分支合规官能够明确自己的职责范围，有效履行合规管理职责，为金融机构的整

体合规运营提供有力支持。

表 2-18　分支合规官职责参照确定检测实施一览表

项目	主题	职责	检测项目	评价已经做到	评价尚未做到
分支合规官职责参照确定	合规政策与程序的制定与执行	制定合规政策	制定适用于本级机构及其员工的合规政策与指南		
			确保政策与上级机构及监管要求保持一致		
		监督政策执行	定期审查合规政策的执行情况		
			对违规行为进行识别、报告和纠正		
	合规风险评估与管理	风险评估	定期开展合规风险评估，识别潜在风险点		
			制定并实施风险缓解措施		
		风险监控	建立合规风险监控机制，持续跟踪风险变化		
			及时向上级机构及监管部门报告重大风险事项		
	合规培训与宣传	组织培训	制订合规培训计划，提升员工合规意识		
			组织定期或不定期的合规培训活动		
		宣传推广	通过内部通信、会议等方式宣传合规文化		
			鼓励员工积极参与合规建设，形成良好的合规氛围		
	合规审查与监督	业务审查	对本级机构及员工的业务活动进行合规性审查		
			确保业务操作符合法律法规、监管要求及内部政策		
		监督与检查	定期开展合规监督检查，发现并及时纠正问题		
			对合规问题进行跟踪管理，确保整改到位		

续表

项目	主题	职责	检测项目	评价已经做到	评价尚未做到
分支合规官职责参照确定	合规报告与沟通	报告机制	建立合规报告机制，定期向上级机构及监管部门报告合规情况		
			报告内容包括但不限于合规风险、合规工作进展及存在问题		
		沟通协作	加强与上级机构、监管部门及内部各部门的沟通与协作		
			及时响应监管要求，配合监管检查		
	合规咨询与指导	咨询服务	为本级机构及员工提供合规咨询服务，解答合规疑问		
			指导员工正确处理合规问题，避免违规行为发生		
		案例分析	收集并分析合规案例，总结经验教训		
			通过案例分享，提升员工合规意识和能力		
	合规文化建设	文化培育	推动合规文化建设，将合规理念融入企业文化		
			倡导诚信、守法、合规的价值观		
		激励与约束	建立合规激励机制，对合规表现优秀的员工进行表彰和奖励		
			对违规行为进行严肃处理，形成有效的合规约束		
	合规技术创新与应用	技术应用	关注合规技术领域的发展动态，探索合规技术创新		
			利用大数据、人工智能等技术手段提升合规管理效率		
		系统建设	推动合规管理系统的建设和完善，实现合规信息的数字化管理		
			加强系统安全防护，确保合规数据的安全性和完整性		

五、案例

德国慕尼黑再保险集团分支机构合规官职责

（一）金融机构介绍

德国慕尼黑再保险集团成立于1880年，总部位于德国慕尼黑，是全球最大的再保险公司之一。其核心业务包括再保险、初级保险及风险解决方案,集团旗下还拥有知名的初级保险公司——德国安联保险集团。作为再保险行业的领导者,慕尼黑再保险集团的服务网络覆盖全球,在30多个国家和地区设有分支机构。

慕尼黑再保险集团的经营范围极为广泛,包括财产保险、健康保险、生命保险等领域的再保险服务,还参与全球范围内重大灾害(如飓风、地震、流行病)的保险与风险管理。其客户群体包括大型保险公司、政府部门及跨国企业等。在全球保险市场上,慕尼黑再保险集团以其深厚的专业技术、稳健的财务能力及创新的风险管理解决方案而闻名。

与此同时,作为一家全球性的金融机构,慕尼黑再保险集团面临的监管要求和法律合规复杂程度也相应增加。尤其是其广泛的国际布局,使其必须在遵守不同国家和地区的金融监管规定的同时,维护集团内部的合规管理标准。为此,该集团对合规管理体系的建设与执行尤为重视,并在总部和分支机构中推行统一的合规官职责框架,确保机构的每个层级都能有效履行合规管理职责。

(二)具体措施

为了实现全球合规管理的统一性与本地化适应性,慕尼黑再保险集团采取了一系列具体措施,将分支机构合规官的职责参照总部的首席合规官职责进行设置,同时兼顾不同国家和地区的监管要求和业务需求。

1. 统一职责框架

慕尼黑再保险集团总部制定了一套标准化的合规官职责框架,明确了合规官在监督、报告、培训和整改等方面的核心职责。这一框架作为全球分支机构合规管理的基础模板,各分支机构根据该模板并结合本地法律法规进行调整。例如,监督职责由分支机构合规官负责监督本级机构的运营活动是否符合当地法律法规及集团的合规政策,并定期向总部汇报监督情况。风险预警是当发现可能导致重大财产损失或声誉风险的合规问题时,合规官需立即采取措施,并第一时间向总部首席合规官和当地监管机构报告。整改与问责是合规官有权要求分支机构员工对违规行为进行整改,并向总部建议对相关责任人采取措施,如扣减薪酬、降职或岗位调整。

2. 直接报告机制

为了确保合规信息传递的高效性与透明度,慕尼黑再保险集团规定,分支机构合规官直接向总部首席合规官报告工作情况,同时向所在国的监管机构定期提交合规报告。这种双线报告机制不仅确保了总部能够及时掌握分支机构的合规状况,还能增强分支机构在本地监管环境中的合规性。

3. 资源支持与培训机制

为了帮助分支机构合规官更好地履行职责，慕尼黑再保险集团总部定期为全球合规官组织线上与线下的专业培训。这些培训内容包括各国最新的法律法规变化、集团内部合规政策的更新与案例分享、复杂合规问题的处理技巧与经验交流。

此外，慕尼黑再保险集团总部还为分支机构合规官提供技术与人力资源支持。例如，慕尼黑再保险集团开发了一套智能化合规管理系统，帮助合规官监控和分析分支机构的运营数据，及时发现潜在的违规风险。

4. 定期审计与评估

慕尼黑再保险集团每年会派遣独立的审计团队对分支机构的合规管理工作进行检查和评估。审计团队将根据总部制定的合规框架，核查分支机构是否严格执行合规管理措施，并针对发现的问题提出改进建议。

5. 灵活性与本地化适应

慕尼黑再保险集团充分考虑到不同国家和地区的法律法规差异，在统一标准的基础上允许分支机构根据实际情况调整合规官的具体职责。这种灵活性保证了分支机构能够更高效地应对本地监管要求，同时与总部的合规管理标准保持一致性。

（三）案例特色和亮点

慕尼黑再保险集团在分支机构合规官职责设置方面，形成了一套既统一标准又富有灵活应变能力的实践体系，具体体现在以下几个方面。

1. 全球统一与本地化结合

集团制定了统一的合规官职责框架，为全球各分支机构提供了明确的管理指导，同时充分考虑各地法律法规和市场实际情况，允许在细节上做出针对性调整。例如，欧洲分支机构严格遵循集团统一的风险评估标准，而在亚太地区，针对当地监管要求，分支机构在框架内自主调整部分管理流程。这种做法曾在某亚洲市场中通过本土化的合规策略，成功化解了一次潜在的法律风险。

2. 高效的信息传递机制

集团采用直接报告制度，大幅减少了信息传递的层级，确保重大合规问题能够在最短时间内直达总部，从而迅速启动应对措施。例如，在一次突发事件中，某分支机构的合规官通过直接报告机制，仅用数小时就将异常情况反馈至总部，最终促成了迅速而有效的风险控制方案的出台。

3. 技术驱动的合规管理

借助自主研发的智能化合规管理系统，集团为分支机构合规官提供了强有力的技术支持。系统化、数字化的手段不仅提高了问题的早期发现率，还大幅降低了管理成本。例如，系统在日常数据监控中自动识别出某地区异常交易数据，并触发预警机制，进而促使相关部门立即启动风险排查，有效避免了可能的风险扩散。另外的一个案例显示，系统中的大数据分析功能曾在短时间内发现隐藏在复杂交易中的风险信号，及时帮助管理层做出调整。

4. 注重人员培养与发展

集团通过定期举办专业培训、模拟演练和评估，不断提升分支机构合规官的专业能力和实战水平。这种持续投入使得合规官在面对复杂问题时更加从容不迫。例如，在一次线上模拟演练中，一位合规官分享了其在跨境业务合规管理中的实际经验，并通过讨论帮助团队完善应对方案，得到了同行的一致好评。此外，定期培训不仅提升了个人专业技能，也促进了跨部门协作，进一步增强了整体合规管理水平。

5. 问责机制的强化

集团赋予分支机构合规官充足的权力，允许其对违规责任人提出问责建议，并跟进整改措施的落实情况。这种明确的问责制度提升了合规官在组织中的地位和影响力，有效营造了严格遵守规章制度的工作氛围。例如，曾有一次内部审核中，某分支机构负责人因未按规定及时整改而被合规官点名问责，此举迅速推动了整改措施的落实，并在后续评估中显著改善了该区域的合规水平。这种问责制度还促使其他部门主动加强内部自查，形成了全员参与、风险共控的良好局面。

慕尼黑再保险集团通过构建一个覆盖全球、标准统一而又灵活应变的合规管理体系，既保障了集团整体合规性的高标准，也提高了各分支机构在本地化监管环境下的应对能力。分支机构合规官职责的设置和实践，不仅显著提高了分支机构的合规管理水平，也全面提升了集团整体的风险防控能力，为全球金融机构在复杂监管环境下实现高效合规管理提供了宝贵而具体的经验与借鉴。

第十九节　监管事项处理跟踪

一、监管事项处理跟踪的监管政策

第二十五条　首席合规官及合规官应当及时组织处理国家金融监督管理总局及其派出机构要求调查的合规管理事项，跟踪、督促、评估监管意见和监管要求的落实情况。

二、理解和学习：监管事项处理跟踪

在金融机构的合规管理体系中，首席合规官及合规官扮演着至关重要的角色，他们不仅是合规政策的制定者和执行者，更是金融机构与外部监管机构沟通联系的桥梁和纽带。特别是在处理国家金融监督管理总局及其派出机构要求调查的合规管理事项时，首席合规官及合规官的责任尤为重大。

当国家金融监督管理总局或其派出机构对金融机构提出合规管理事项的调查要求时，首席合规官及合规官应当迅速响应，及时组织相关部门和人员进行处理。这一要求不仅体现了金融机构对监管机构的尊重与配合，也彰显了金融机构对合规管理的高度重视和负责任的态度。

在具体操作上，首席合规官及合规官首先需要对监管机构的调查要求进行全面、细致的分析和研究，明确调查的重点、范围和目标。随后，他们应当迅速组织相关部门和人员，如法律事务部、风险管理部、内部审计部等，形成合力，共同应对监管机构的调查。

在处理过程中，首席合规官及合规官需要充分发挥其专业优势和协调能力，确保调查工作的顺利进行。他们应当与监管机构保持密切沟通，及时汇报调查进展，就调查中发现的问题和困难与监管机构进行充分交流和讨论，寻求监管机构的指导和支持。

同时，首席合规官及合规官还需要跟踪、督促、评估监管意见和监管要求的落实情况。一旦监管机构提出具体的监管意见和要求，他们应当立即组织相关部门和人员进行落实，确保监管意见和要求得到及时、有效的执行。在落实过程中，首席合规官及合规官需要密切关注执行情况，及时发现和纠正存在的问题和不足，确保监管意见和要求得到全面、准确的落实。

此外，首席合规官及合规官还需要对监管意见和要求的落实情况进行评估。他们应当建立科学的评估机制，对落实情况进行定期或不定期的评估，及时发现和总结经验教训，为今后的合规管理工作提供有益的参考和借鉴。同时，他们还应当将评估结果及时向监管机构汇报，展示金融机构对监管意见和要求的重视和落实情况，增强监管机构对金融机构的信任和支持。

三、思维导图：监管事项处理跟踪

为了全面、系统地展现监管事项的处理与跟踪流程，我们精心绘制了监管事项处理跟踪思维导图,如图 2-19 所示。图 2-19 清晰地勾勒出了从组织处理监管要求、及时组织调查、跟踪监管意见落实、督促整改行动、评估监管要求落实情况、沟通与反馈、文档管理与归档到持续改进与培训的完整链条。它不仅展示了各个环节的具体操作事项,还明确了各环节之间的具体内容,确保监管事项能够得到及时、有效的处理。通过图 2-19,金融机构可以直观地了解监管事项处理跟踪的全貌,从而优化处理流程、提高处理效率,确保监管合规工作的顺利进行。

监管事项处理跟踪
- 组织处理监管要求
  - 接收监管要求
    - 接收国家金融监督管理总局通知
    - 接收派出机构具体指令
  - 初步评估与规划
    - 分析调查事项性质
    - 制订调查处理计划
- 及时组织调查
  - 组建专项小组
    - 挑选合适成员
    - 明确职责分工
  - 展开调查工作
    - 收集相关资料
    - 访谈相关人员
    - 审查业务流程
- 跟踪监管意见落实
  - 设立跟踪机制
    - 制定跟踪时间表
    - 确定跟踪责任人
  - 定期汇报进度
    - 编制进度报告
    - 向上级及监管部门反馈
- 督促整改行动
  - 识别整改点
    - 根据调查结果确定问题
    - 评估问题严重程度
  - 制定整改措施
    - 设计具体整改方案
    - 设定整改完成期限
  - 监督执行过程
    - 定期检查整改进度
    - 协调解决困难
- 评估监管要求落实情况
  - 设定评估标准
    - 参照监管要求细化标准
    - 确保标准可操作性强
  - 实施评估
    - 收集实施后的数据
    - 对比评估标准
  - 撰写评估报告
    - 总结落实情况
    - 提炼经验教训
- 沟通与反馈
  - 内部沟通
    - 与相关部门保持信息共享
    - 召开专题会议讨论
  - 外部反馈
    - 向国家金融监督管理总局汇报
    - 回复派出机构询问
- 文档管理与归档
  - 整理文件资料
    - 分类整理调查材料
    - 编制索引目录
  - 安全存储
    - 确保数据保密性
    - 备份重要文件
- 持续改进与培训
  - 总结经验
    - 分析处理过程中的得失
    - 提出改进建议
  - 员工培训
    - 组织合规管理培训
    - 提升团队合规意识

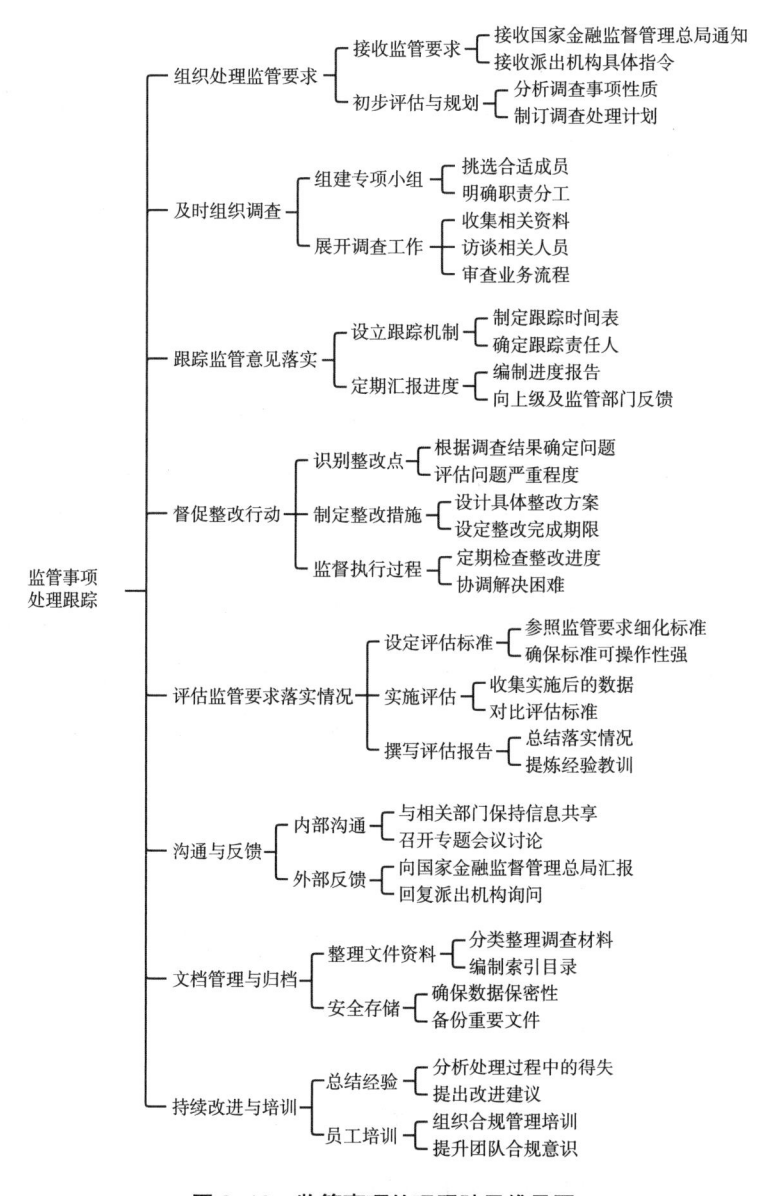

图 2-19 监管事项处理跟踪思维导图

四、工具：监管事项处理跟踪检测实施一览表

为了帮助金融机构有效监控和评估监管事项的处理与跟踪情况，我们特别设计了监管事项处理跟踪检测实施一览表，如表2-19所示。通过表2-19，金融机构可以系统地对自己的监管事项处理跟踪工作进行自查和评估，及时发现并纠正存在的问题，确保监管事项能够得到高效、准确的处理，从而提升金融机构的合规管理水平和风险防控能力。

表2-19 监管事项处理跟踪检测实施一览表

项目	内容	具体内容	检测项目	评价已经做到	评价尚未做到
监管事项处理跟踪	组织处理监管要求	接收监管要求	接收国家金融监督管理总局通知		
			接收派出机构具体指令		
		初步评估与规划	分析调查事项性质		
			制订调查处理计划		
	及时组织调查	组建专项小组	挑选合适成员		
			明确职责分工		
		展开调查工作	收集相关资料		
			访谈相关人员		
			审查业务流程		
	跟踪监管意见落实	设立跟踪机制	制定跟踪时间表		
			确定跟踪责任人		
		定期汇报进度	编制进度报告		
			向上级及监管部门反馈		
	督促整改行动	识别整改点	根据调查结果确定问题		
			评估问题严重程度		
		制定整改措施	设计具体整改方案		
			设定整改完成期限		
		监督执行过程	定期检查整改进度		
			协调解决困难		
	评估监管要求落实情况	设定评估标准	参照监管要求细化标准		
			确保标准可操作性强		

续表

项目	内容	具体内容	检测项目	评价已经做到	评价尚未做到
监管事项处理跟踪	评估监管要求落实情况	实施评估	收集实施后的数据		
			对比评估标准		
		撰写评估报告	总结落实情况		
			提炼经验教训		
	沟通与反馈	内部沟通	与相关部门保持信息共享		
			召开专题会议讨论		
		外部反馈	向国家金融监督管理总局汇报		
			回复派出机构询问		
	文档管理与归档	整理文件资料	分类整理调查材料		
			编制索引目录		
		安全存储	确保数据保密性		
			备份重要文件		
	持续改进与培训	总结经验	分析处理过程中的得失		
			提出改进建议		
		员工培训	组织合规管理培训		
			提升团队合规意识		

五、案例

俄罗斯联邦储蓄银行监管事项处理跟踪

（一）金融机构介绍

俄罗斯联邦储蓄银行是俄罗斯规模最大、历史最悠久的金融机构之一，成立于1841年，总部位于莫斯科。作为俄罗斯金融体系的核心，其市场覆盖率超过30%，在俄罗斯拥有超过1.4万个分支机构，并在欧洲、中亚等地区设有国际业务网点。俄罗斯联邦储蓄银行的业务范围从个人银行到企业融资、投资银行、财富管理等，近年来在数字化金融领域也取得了显著成就。

面对复杂的国内外监管环境，尤其是近年来因国际局势变动，俄罗斯联邦储蓄银行在合规管理方面面临巨大挑战。为确保金融机构的稳健运营和合法合规，俄罗斯金融管理机构对主要金融机构提出了更严格的要求。俄罗斯联邦储蓄银行因此将合规管理提升至战略核心地位,其首席合规官和分支机构合规团队承担了重要职责。

（二）具体措施

为了应对国内外监管机构日益严格的要求,俄罗斯联邦储蓄银行采取了一系列务实且高效的合规管理措施。这些措施涵盖了合规制度的优化、快速响应机制的建立、信息技术的引入及合规文化的推广。

1. 首席合规官与分支机构的协同机制

俄罗斯联邦储蓄银行在总部设立了专门的合规管理委员会,由首席合规官领导,制定统一的合规政策和标准。分支机构的合规官参照总部的职责框架,负责本级机构的合规管理工作,同时直接向总部报告。通过这种上下协同的机制,确保了合规信息传递的及时性和准确性。

2. 快速处理和跟踪系统

针对调查要求,俄罗斯联邦储蓄银行成立了快速响应团队,确保监管事项在最短时间内得到处理。团队由总部和分支机构人员组成,全面负责数据收集、问题整改和后续跟踪。为了提升效率,俄罗斯联邦储蓄银行还引入了专门的数字化合规管理系统,通过自动提醒、实时追踪等功能,保障每项监管要求都能落实到位。

3. 信息化工具的应用

俄罗斯联邦储蓄银行开发了一套内部合规追踪系统,将所有监管要求、调查事项和整改任务数字化,并通过人工智能技术进行风险分析。系统具备自动生成报告和实时监控功能,帮助合规官及时发现问题,并在早期阶段采取行动。

4. 提供合规培训课程

俄罗斯联邦储蓄银行定期为所有员工提供合规培训课程,特别针对分支机构的管理层和一线员工,确保他们熟悉最新的法规要求。培训内容包括具体案例分析、监管要求解读及应对措施演练等,以提高全员对合规风险的识别能力和处理能力。

5. 国际化与本地化的平衡

在全球化业务布局中,俄罗斯联邦储蓄银行重视国际监管机构的意见,与多国金融监管部门建立了透明的沟通机制。这不仅有助于降低国际制裁风险,也为未来扩展新兴市场业务奠定了基础。同时,在俄罗斯国内,严格要求,确保各项政策合规实施。

（三）案例特色和亮点

俄罗斯联邦储蓄银行在应对监管事项跟踪方面展现了诸多值得借鉴的特色与亮点。

1. 高效协同的组织结构

总部与分支机构的合规官职责明确,确保无缝衔接。通过清晰的分工和高效的信息共享机制,提升了合规管理的整体效率。例如,在某次内部审计中,分支机构及时将发现的潜在合规问题上报总部,双方迅速协作,制定并实施了整改方案,成功避免了监管处罚。

2. 技术赋能的合规管理

俄罗斯联邦储蓄银行利用数字化管理平台和人工智能技术,实现了对合规事项的精准跟踪和实时反馈。某一次在被排除于环球银行金融电信系统之外后,俄罗斯联邦储蓄银行表示,这不会影响其国际结算状况,银行将照常处理业务。

3. 强化合规文化

俄罗斯联邦储蓄银行通过持续的培训和宣传,将合规理念深入每位员工的日常工作中,推动全员参与的合规管理。例如,银行定期举办合规培训,员工在日常操作中自觉遵循合规标准,减少了违规事件的发生。

4. 应对国际复杂环境的灵活性

面对国际制裁等复杂环境,俄罗斯联邦储蓄银行展现出高度的灵活性,通过与监管机构的紧密沟通和透明报告,降低了潜在风险。

(四)总结与启示

俄罗斯联邦储蓄银行的监管事项处理跟踪案例表明,在日益复杂的国际国内监管环境下,金融机构要想保持稳健发展,必须建立高效的合规管理体系。通过上下协同的管理机制、技术驱动的合规创新和全员参与的合规文化,俄罗斯联邦储蓄银行为全球金融机构提供了宝贵的经验。

这一案例对其他金融机构的启示在于,合规管理不应仅仅被视为一种监管要求,而是长期发展的基石。只有通过技术赋能、文化推广和高效执行,金融机构才能在复杂多变的环境中获得稳定的成长空间。

第二十节 违规风险内部报告

一、违规风险内部报告的监管政策

第二十六条 金融机构各部门、下属各机构及其员工发现本机构重大违法违规行为或者重大合规风险隐患时,应当及时主动向本级机构合规管理部门报告。设置合规官的分支机构,由合规管理部门及时向本级机构合规官报告。

首席合规官或者合规官发现各部门、下属各机构对重大违法违规行为或者重大合规风险隐患存在瞒报、漏报情形的,应当在机构内部的合规考核中,对责任机构和相关负责人实施"一票否决",不得评优评先等,并及时推动内部问责。

二、理解和学习:违规风险内部报告

在金融机构的日常运营中,确保合规性、防范风险是维系机构稳健发展的基石。为了实现这一目标,金融机构建立了一套完善的报告与处理机制,以确保各部门、下属各机构及其员工在发现本机构重大违法违规行为或者重大合规风险隐患时,能够及时、主动地向上级报告,从而迅速采取措施,化解风险,维护机构的合法权益和声誉。

具体而言,金融机构明确要求各部门、下属各机构及其员工在履行职责的过程中应保持高度的警觉性,对任何可能涉及重大违法违规行为或构成重大合规风险隐患的情况进行密切关注。一旦发现此类情况,无论其性质、规模或影响程度如何,都应立即、主动地向本级机构的合规管理部门报告。这一要求不仅体现了金融机构对合规管理的重视程度,也强调了每个员工在合规管理中的责任和义务。

对于设置了合规官的分支机构而言,这一报告机制更加明确和具体。合规官作为分支机构合规管理的直接负责人,承担着监督、指导和协调合规工作的重任。因此,当合规管理部门接收到关于重大违法违规行为或重大合规风险隐患的报告时,应迅速、准确地向本级机构的合规官报告。合规官在接到报告后,将立即组织相关部门和人员进行调查核实,并根据调查结果采取相应的措施,以消除风险、防止损失扩大。

首席合规官或合规官在金融机构的合规管理体系中扮演着至关重要的角色。他们不仅负责制定和执行合规政策,还负责监督合规管理的实施情况,确保机构的各项业务活动都符合法律法规和内部规范的要求。当首席合规官或合规官发现各部门、下属各机构对重大违法违规行为或重大合规风险隐患存在瞒报、漏报情形时,他们将采取严厉的措施,以维护合规管理的严肃性和权威性。

具体来说,首席合规官或合规官将在机构内部的合规考核中,对存在瞒报、漏报情形的责任机构和相关负责人实施"一票否决"。这意味着,无论这些机构或负责人在其他方面的表现如何,都将因为瞒报、漏报行为而失去评优评先的资格。这一措施不仅体现了金融机构对合规管理的零容忍态度,也警示所有员工必须严格遵守合规规定,不得有任何懈怠或疏忽。

同时,首席合规官或合规官还将及时推动内部问责机制的启动。他们将根据相关法律法规和内部规范的规定,对瞒报、漏报行为的责任人和相关机构进行严肃处理,以儆效尤。通过内部问责机制的实施,金融机构能够确保合规管理的有效性和权威性,维护机构的合规文化和秩序。

三、思维导图:违规风险内部报告

为了直观、清晰地展示违规风险内部报告的整体流程与结构,我们精心绘制了违规风险内部报告思维导图,如图 2-20 所示。图 2-20 系统地呈现了从合规报告原则,合规报告路径,合规官职责,瞒报、漏报处理,合规考核体系到内部问责机制的完整违规风险内部报告过程。它不仅明确了各个环节,还突出了内部报告流程的职责,确保违规风险能够在金融机构内部得到及时、有效的传达和处理。通过图 2-20,金融机构可以全面了解违规风险内部报告的运作机制,从而加强内部合规管理,提升风险应对能力,确保金融机构的稳健运营和持续发展。

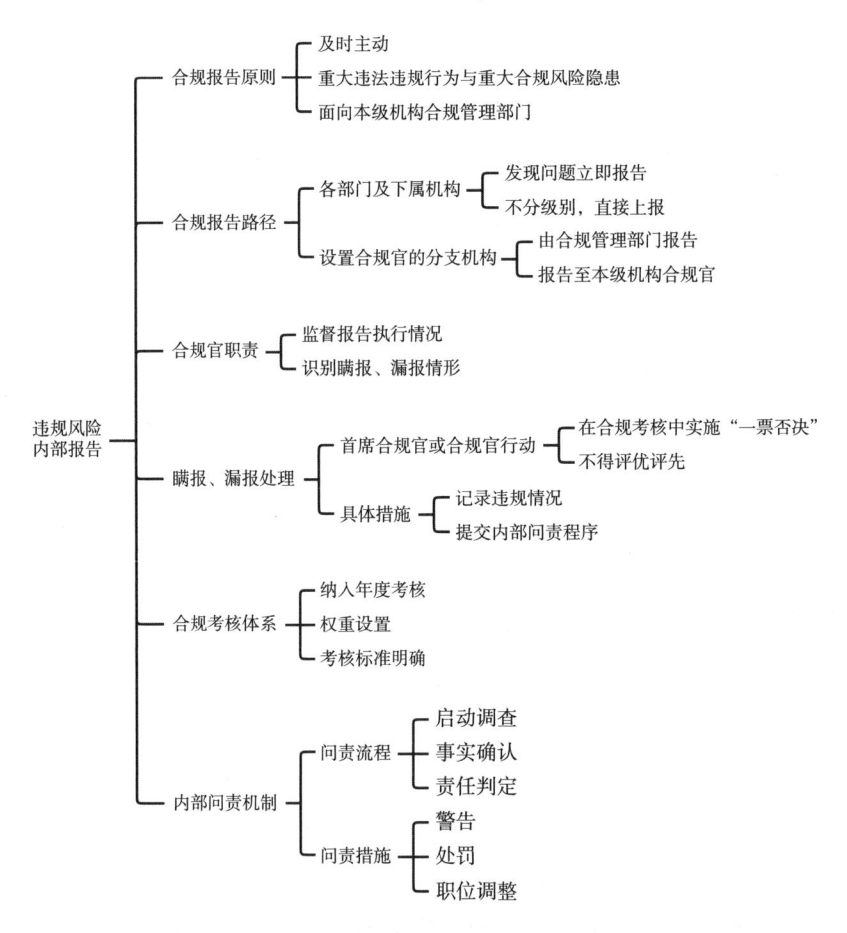

违规风险内部报告
- 合规报告原则
  - 及时主动
  - 重大违法违规行为与重大合规风险隐患
  - 面向本级机构合规管理部门
- 合规报告路径
  - 各部门及下属机构
    - 发现问题立即报告
    - 不分级别,直接上报
  - 设置合规官的分支机构
    - 由合规管理部门报告
    - 报告至本级机构合规官
- 合规官职责
  - 监督报告执行情况
  - 识别瞒报、漏报情形
- 瞒报、漏报处理
  - 首席合规官或合规官行动
    - 在合规考核中实施"一票否决"
    - 不得评优评先
  - 具体措施
    - 记录违规情况
    - 提交内部问责程序
- 合规考核体系
  - 纳入年度考核
  - 权重设置
  - 考核标准明确
- 内部问责机制
  - 问责流程
    - 启动调查
    - 事实确认
    - 责任判定
  - 问责措施
    - 警告
    - 处罚
    - 职位调整

图 2-20 违规风险内部报告思维导图

四、工具：违规风险内部报告检测实施一览表

为了助力金融机构有效实施违规风险内部报告机制，并确保其运行的高效性和准确性，我们特别设计了违规风险内部报告检测实施一览表，如表 2-20 所示。通过表 2-20，金融机构可以系统地对自身的违规风险内部报告工作进行自查和评估，及时发现并纠正存在的问题，从而不断完善内部报告机制，提升金融机构的合规管理水平和风险防控能力，确保金融机构的稳健发展。

表 2-20 违规风险内部报告检测实施一览表

项目	主题	事项	检测项目	评价已经做到	评价尚未做到
违规风险内部报告	合规报告原则	原则一	及时主动		
		原则二	重大违法违规行为与重大合规风险隐患		
		原则三	面向本级机构合规管理部门		
	合规报告路径	各部门及下属机构	发现问题立即报告		
			不分级别，直接上报		
		设置合规官的分支机构	由合规管理部门报告		
			报告至本级机构合规官		
	合规官职责	监督报告	监督报告执行情况		
		瞒报、漏报	识别瞒报、漏报情形		
	瞒报、漏报处理	首席合规官或合规官行动	在合规考核中实施"一票否决"		
			不得评优评先		
		具体措施	记录违规情况		
			提交内部问责程序		
	合规考核体系	考核	纳入年度考核		
		权重	权重设置		
		标准	考核标准明确		
	内部问责机制	问责流程	启动调查		
			事实确认		
			责任判定		
		问责措施	警告		
			处罚		
			职位调整		

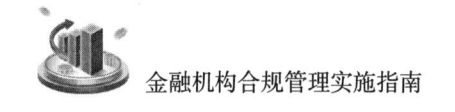

五、案例

瑞士苏黎世保险集团违规风险内部报告

（一）金融机构介绍

瑞士苏黎世保险集团成立于1872年，是全球最大的保险公司之一，拥有超过150年的历史，总部位于瑞士苏黎世。集团业务遍及全球，涵盖财产保险、人寿保险、健康保险及风险管理服务。苏黎世保险集团以其稳健的治理架构、严格的内部控制和卓越的合规管理而闻名。其全球化战略不仅使集团在多地市场占据重要地位，也对其风险管理与合规能力提出了更高要求。

（二）具体措施

1. 建立透明的报告机制

苏黎世保险集团内部设有多种渠道供员工和分支机构报告潜在的违法违规行为，包括匿名举报热线、在线平台及专门的合规办公室。所有报告都会直接提交给集团合规管理部门，确保问题能够得到及时处理。

2. 强化分支机构的责任落实

苏黎世保险集团要求所有分支机构设立独立的合规官，负责本地合规风险的监督和管理。这些合规官直接向总部报告，同时也为分支机构员工提供定期合规指导和支持。

3. 实施"一票否决"机制

对于存在瞒报、漏报重大违规风险行为的部门和负责人，集团内部实行严格的问责制度，直接取消评优资格并启动相应的惩罚程序。

4. 定期评估与改进

苏黎世保险集团通过每季度的合规审查，评估各部门和分支机构的风险管理效果，及时识别和改进潜在的薄弱环节。

（三）案例特色和亮点

苏黎世保险集团在违规风险内部报告方面展现了诸多值得借鉴的特色与亮点。

1. 全球统一化标准

苏黎世保险集团采用全球统一的合规框架，使其无论在何种监管环境下，都能够快速适应和符合当地要求。这种高度统一的标准提升了集团整体合规效率和风险管理水平。例如，苏黎世保险集团制定了以风险管理政策为基础的风险管理制度体系，确保全球各地业务遵循相同的合规标准。

2. 高效的技术支持

苏黎世保险集团开发了一套内部合规风险分析系统，能够实时监控风险数据，并为管理层提供决策支持。这一技术创新有效提升了合规效率。例如，集团的风险工程师团队每年进行约 6.3 万次客户现场查勘，提供约 15.5 万份风险评估报告，为风险管理提供了强大的数据支持。

3. 企业文化建设

苏黎世保险集团将合规管理纳入企业文化建设的核心，通过持续的员工培训和宣传活动，将合规理念深植于每个员工的日常工作中。例如，集团强调"三道防线"的管理文化，确保每位员工在长期风险和回报评估的基础上做出决策和选择。

4. 关注举报人的保护

通过匿名举报机制和严格的保密政策，苏黎世保险集团为举报人提供了安全的环境，激励更多员工积极参与合规风险管理。例如，集团设立了独立的举报渠道，确保举报人信息的绝对保密，鼓励员工主动报告潜在的合规问题。

（四）案例启示与总结

苏黎世保险集团的违规风险内部报告案例表明，透明的内部控制、统一的管理标准和持续的技术投入是确保合规管理高效运作的关键。这一案例为全球金融机构提供了切实可行的参考模式，并凸显了以人为本的合规文化建设的重要性。

第二十一节　合规管理部门设立

一、合规管理部门设立的监管政策

第二十七条　金融机构总部、省级分支机构或者一级分支机构、纳入并表管理的各层级金融子公司原则上应当设立独立的合规管理部门。

金融机构应当根据业务规模、组织架构和合规管理工作的需要，在其他分支机构设置合规管理部门。不具备设立合规管理部门条件的其他分支机构，原则上应当设立符合履职需要的合规岗位。确不具备设立合规管理部门或者合规岗位条件的，应当由

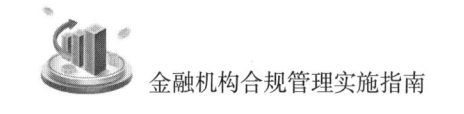

上级机构合规管理部门或者岗位代为履行该分支机构的合规管理职责。

二、理解和学习：合规管理部门设立

在金融机构的治理结构中，合规管理部门的设立是确保机构合规运营、防范风险的关键环节。为了全面、有效地推进合规管理工作，金融机构总部、省级分支机构或者一级分支机构，以及纳入并表管理的各层级金融子公司，原则上应当设立独立的合规管理部门。这一原则的确立，体现了金融机构对合规管理的高度重视，也是应对日益复杂的监管环境和市场风险、保障机构稳健发展的必然要求。

金融机构总部作为全机构的决策和管理中心，其合规管理部门的设立尤为重要。该部门将负责全机构的合规政策制定、合规风险监测、合规培训与教育、合规事件处理等一系列核心工作。通过独立的合规管理部门，金融机构总部能够确保合规管理的独立性和权威性，有效防范和控制全机构的合规风险。

省级分支机构或者一级分支机构作为金融机构在地方的重要代表，其合规管理同样不容忽视。这些分支机构业务规模较大，组织架构复杂，合规风险点也相对较多。因此，设立独立的合规管理部门，能够更加有针对性地开展合规管理工作，确保地方业务的合规运营。

纳入并表管理的各层级金融子公司，作为金融机构的重要组成部分，其合规管理也与母公司的稳健发展息息相关。这些子公司可能涉及不同的业务领域和市场环境，合规风险具有多样性和复杂性。因此，设立独立的合规管理部门能够加强对子公司的合规监管，确保子公司的业务活动与母公司的合规政策保持一致。

除了上述机构外，金融机构还应当根据业务规模、组织架构和合规管理工作的需要，在其他分支机构设置合规管理部门。这一要求体现了金融机构对合规管理的全面性和系统性考虑。业务规模较大、组织架构复杂的分支机构，其合规风险也相对较高，设立独立的合规管理部门能够更加有效地规避这些风险。

然而，对于不具备设立合规管理部门条件的其他分支机构，金融机构也应当采取相应措施确保合规管理的有效实施。原则上，这些分支机构应当设立符合履职需要的合规岗位。合规岗位的设置应当充分考虑分支机构的业务特点、风险状况及合规管理的实际需求，确保合规岗位能够切实履行合规管理职责。

在确实不具备设立合规管理部门或者合规岗位条件的分支机构中，金融机构应当采取灵活有效的措施，确保合规管理的全覆盖。具体来说，这些分支机构的合规管理职责应当由上级机构合规管理部门或者岗位代为履行。上级机构合规管理部门或者岗位应当加强对这些分支机构的合规监管和指导，确保分支机构的业务活动符合法律法规和内部规范的要求。

三、思维导图：合规管理部门设立

为了清晰、直观地展现合规管理部门的设立架构与流程，我们精心绘制了合规管理部门设立思维导图，如图2-21所示。图2-21系统呈现了从总部层级、省级或一级分支机构、并表管理的金融子公司、其他分支机构设置、不具备设立合规管理部门的分支到上级机构代为履行合规职责的全方位设立模式。它不仅展示了合规管理部门设立的关键事项，还突出了部门设立的科学性和合理性，确保合规管理部门能够有效地履行其职责，为金融机构的合规运营提供有力保障。通过图2-21，金融机构可以全面了解合规管理部门设立的整体框架和流程，从而优化部门设立过程，提高合规管理效率。

合规管理部门设立
- 总部层级 — 金融机构总部
  - 设立独立的合规管理部门
  - 负责全公司的合规政策制定与执行
  - 监督各分支及子公司的合规工作
- 省级或一级分支机构 — 省级分支机构或一级分支机构
  - 原则上设立独立的合规管理部门
  - 根据区域特点执行总部的合规政策
  - 对下属机构进行合规监督与指导
- 并表管理的金融子公司 — 纳入并表管理的各层级金融子公司
  - 设立独立的合规管理部门
  - 遵循集团的合规框架，同时考虑自身业务特性
  - 定期向总部汇报合规工作情况
- 其他分支机构设置 — 根据业务规模与需求设置
  - 分支机构的业务规模
  - 组织架构及合规管理需求
  - 灵活设置合规管理部门或岗位
- 不具备设立合规管理部门的分支 — 不具备设立条件的分支机构
  - 原则上设立合规岗位
  - 配备专业人员负责合规事务
  - 确保合规工作得到基本保障
- 上级机构代为履行合规职责 — 确不具备设立条件的分支
  - 由上级机构合规管理部门或岗位代为履行
  - 确保合规管理不出现空白
  - 定期评估代为履行效果

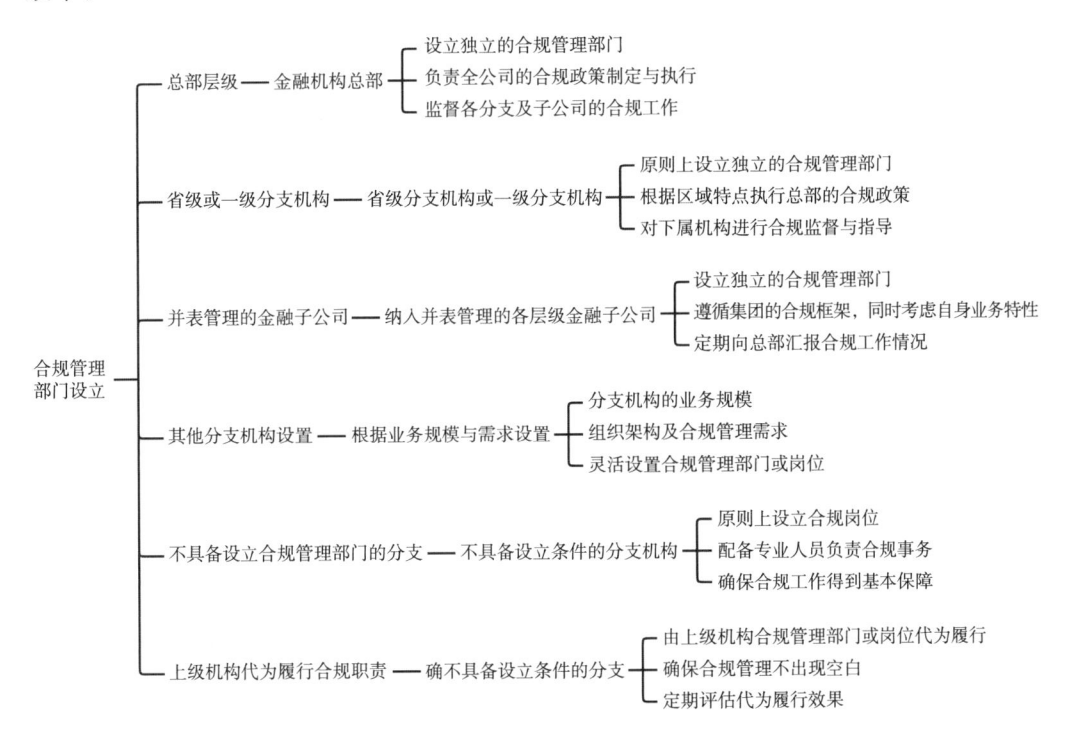

图2-21 合规管理部门设立思维导图

四、工具：合规管理部门设立检测实施一览表

为了帮助金融机构规范合规管理部门的设立过程，并确保其有效运行，我们特别设计了合规管理部门设立检测实施一览表，如表 2-21 所示。通过表 2-21，金融机构可以系统地对合规管理部门的设立工作进行自查和评估，及时发现并纠正存在的问题，确保合规管理部门能够顺利设立并有效发挥作用，为金融机构的合规管理提供坚实支撑。

表 2-21　合规管理部门设立检测实施一览表

项目	内容	具体内容	检测项目	评价已经做到	评价尚未做到
合规管理部门设立	总部层级	金融机构总部	设立独立的合规管理部门		
			负责全公司的合规政策制定与执行		
			监督各分支及子公司的合规工作		
	省级或一级分支机构	省级分支机构或一级分支机构	原则上设立独立的合规管理部门		
			根据区域特点执行总部的合规政策		
			对下属机构进行合规监督与指导		
	并表管理的金融子公司	纳入并表管理的各层级金融子公司	设立独立的合规管理部门		
			遵循集团的合规框架，同时考虑自身业务特性		
			定期向总部汇报合规工作情况		
	其他分支机构设置	根据业务规模与需求设置	分支机构的业务规模		
			组织架构及合规管理需求		
			灵活设置合规管理部门或岗位		
	不具备设立合规管理部门的分支	不具备设立条件的分支机构	原则上设立合规岗位		
			配备专业人员负责合规事务		
			确保合规工作得到基本保障		
	上级机构代为履行合规职责	确不具备设立条件的分支	由上级机构合规管理部门或岗位代为履行		
			确保合规管理不出现空白		
			定期评估代为履行效果		

五、案例

J银行合规管理部门的设立

（一）金融机构介绍

J银行传承弘扬"从严治行、专家办行、科技兴行"基本方略，锚定"服务能力突出、经营与管理特色突出、市场与品牌形象突出"的发展目标，把根扎在八闽大地、把枝叶伸向全国全球，实现了区域银行、全国银行、上市银行、现代综合金融服务集团的多级跨越。

（二）具体措施

1. 金融机构总部合规管理部门的设立

J银行的总部设立了独立的法律与合规部，该部门是J银行合规风险管理的核心机构，负责全面监督和指导全行的合规工作。法律与合规部不仅负责制定和修订合规政策、制度和流程，还负责开展合规培训、合规检查、合规风险评估和监测等工作。此外，该部门还与其他业务部门保持密切沟通，确保合规要求贯穿于业务流程的各个环节。

2. 省级分支机构及一级分支机构合规管理部门的设立

在省级分支机构及一级分支机构层面，J银行也设立了独立的合规管理部门。这些合规管理部门在总部法律与合规部的指导下，负责所在地区的合规风险管理工作。它们不仅执行总部的合规政策和制度，还根据当地法律法规和市场环境，制定适合本地区的合规策略和措施。同时，这些合规管理部门还负责开展合规培训、合规检查和风险评估等工作，确保所在地区的业务活动符合合规要求。

3. 纳入并表管理的各层级金融子公司合规管理部门的设立

对于纳入并表管理的各层级金融子公司，J银行同样要求设立独立的合规管理部门。这些合规管理部门在子公司的经营和管理中发挥着重要作用，确保子公司的业务活动符合母公司和监管机构的合规要求。它们与母公司的法律与合规部保持密切联系，共同推动合规文化的建设和传播。

4. 其他分支机构合规管理部门或岗位的设立

对于不具备设立合规管理部门条件的其他分支机构，J银行原则上要求设立符合履职需要的合规岗位。这些合规岗位由具备合规专业知识和经验的人员担任，负责所在分支机构的合规风险管理工作。对于确不具备设立合规管理部门或者合规岗位条件的分支机构，由上级机构合规管理部门或者岗位代为履行合规管理职责。

（三）案例特色和亮点

J银行在合规管理方面展现了以下特色与亮点。

1. 独立性

J银行的合规管理部门在组织架构上保持高度独立性，不受其他业务部门的干扰和影响。这种独立性确保了合规管理部门能够客观、公正地履行合规风险管理职责，有效防范合规风险。例如，J银行龙岩分行通过突击检查、合规培训、问题座谈、警示教育等形式，对基层机构进行深入检查，直击内控管理"痛点"，确保合规管理的独立性和有效性。

2. 全面性

J银行的合规管理部门不仅关注传统的银行业务合规风险，还关注新兴业务领域，如金融科技、数字货币等。同时，他们注重与国际接轨，关注国际金融监管动态和最佳实践，不断提升合规管理的水平和质量。例如，J银行龙岩分行将"内控合规管理建设年""不法贷款中介专项治理"等专项行动与总行"兴航程""十三条禁令宣贯"等有效结合，持续推进内控合规建设，提升整体合规水平。

3. 专业化

J银行的合规管理部门拥有一支专业化的合规团队，团队成员具备丰富的合规专业知识和经验。他们通过持续学习和培训，不断提升自身的专业素养和业务能力，为全行的合规风险管理提供有力支持。例如，J银行龙岩分行通过开展"以案示警、以案为戒、以案促改"警示教育专题活动、举办"合规经营"短视频大赛等措施，强化员工的合规意识和专业能力，夯实合规基础。

4. 协同性

J银行的合规管理部门注重与其他业务部门的协同合作，共同推动合规文化的建设和传播。他们通过定期沟通、信息共享和联合检查等方式，加强与其他业务部门的联系和合作，形成合力，共同防范合规风险。例如，J银行龙岩分行持续通过动员会、督导会、下基层等多种形式开展"一把手讲合规"活动，推动"重要岗位负面行为清单"和"十三条禁令"落地，形成领导垂范、带头合规的工作正气，促进各部门协同合作，共同提升合规管理水平。

（四）案例启示

J银行在合规管理部门的设立上，不仅注重组织架构的完整性和独立性，还注重合规文化的建设和传播。通过持续开展合规培训、合规检查和风险评估等工作，不断提升员工的合规意识和风险意识。同时，J银行还积极加强与监管机构的沟通和合作，及时了解监管政策和要求，确保业务活动符合监管要求。

在实际操作中，J银行的合规管理部门在识别和评估合规风险的基础上，定期开展全面合规性检查，对发现的不合规问题深入剖析原因、督导落实整改情况，并及时上报并处理可能存在的合规问题。此外，合规管理部门还积极参与新业务、新产品的风险评估和审批工作，确保新业务、新产品符合合规要求。

在合规文化建设方面，J银行注重通过多种形式的活动和宣传，如组织员工参观廉政教育基地、观看警示教育片、开展合规知识竞赛等，提升员工的合规意识和风险意识。同时，J银行还积极倡导诚信、公正、透明的价值观，营造风清气正的合规文化氛围。

J银行在合规管理部门的设立上取得了显著成效，不仅有效防范了合规风险，还提升了全行的合规意识和风险意识。这一案例为我们提供了宝贵的经验和启示，值得我们深入学习和借鉴。

第二十二节　合规管理部门职责

一、合规管理部门职责的监管政策

第二十八条　金融机构的合规管理部门牵头负责合规管理工作，履行下列职责：

（一）拟订机构的合规管理基本制度和年度合规管理计划，组织协调机构各部门和下属各机构拟订合规管理相关制度，并推动贯彻落实；

（二）为机构经营管理活动、新产品和新业务的开发等事项提供法律合规支持。审查机构重要内部规范，及时提出制订或者修订建议；

（三）牵头组织实施合规审查、合规检查、评估评价、合规风险监测与合规事件处理，推进合规规范得到严格执行；

（四）组织或者参与实施合规考核，组织或者参与对违反合规规范主体的问责，保持与监管机构的日常合规工作联系；

（五）组织培育合规文化，开展合规培训，组织刑事犯罪预防教育，向员工提供合规咨询，推动全体员工遵守行为合规准则；

（六）董事会确定的其他职责。

合规岗位的具体职责，由金融机构参照前款规定确定。

二、理解和学习：合规管理部门职责

在金融机构的运营管理体系中，合规管理部门扮演着举足轻重的角色，它是确保机构稳健运行、防范合规风险的中坚力量。合规管理部门牵头负责全机构的合规管理工作，其职责广泛，涵盖了从制度制定到执行监督的各个环节。合规管理部门主要职责的详细介绍如下。

（一）拟订机构的合规管理基本制度和年度合规管理计划，组织协调机构各部门和下属各机构拟订合规管理相关制度，并推动贯彻落实

合规管理部门首先承担着构建和完善金融机构合规管理体系的重任。这包括拟定全面、系统的合规管理基本制度，这些制度是全机构合规管理的基石，为各项合规活动提供了明确的指导和规范。同时，合规管理部门还需根据机构的年度工作计划和业务发展需求，制订年度合规管理计划，明确合规管理的重点方向和目标。

在此基础上，合规管理部门还需组织协调机构各部门和下属各机构拟订具体的合规管理相关制度。这些制度需要紧密结合各部门的业务特点和风险状况，确保合规管理的针对性和有效性。合规管理部门将积极与各部门沟通协作，共同推动这些制度的拟订和完善，并形成合力，确保制度得到贯彻落实。

（二）为机构经营管理活动、新产品和新业务的开发等事项提供法律合规支持。审查机构重要内部规范，及时提出制订或者修订建议

合规管理部门是金融机构经营管理活动的重要法律顾问和合规支持者。在机构开展经营管理活动、开发新产品和新业务时，合规管理部门将提供全面的法律合规支持，确保这些活动符合法律法规和监管要求，避免合规风险。

同时，合规管理部门还将负责审查机构的重要内部规范，如公司章程、内部管理制度、业务流程等。通过深入细致的审查，合规管理部门将及时发现规范中存在的问题和不足，并提出制订或修订建议，确保规范的合法性和合规性。

（三）牵头组织实施合规审查、合规检查、评估评价、合规风险监测与合规事件处理，推进合规规范得到严格执行

合规管理部门是金融机构合规管理的执行者和监督者。它将牵头组织实施合规审查，对机构的各项业务活动、合同文件等进行合规性审查，确保符合法律法规和内部规范。同时，合规管理部门还将定期开展合规检查，对机构的各部门和下属各机构的合规管理情况进行全面梳理和排查，及时发现并纠正合规问题。

此外，合规管理部门还将负责评估评价机构的合规管理绩效，通过量化指标和定性分析相结合的方式，全面评估机构的合规管理水平。同时，合规管理部门还将建立合规风险监测机制，实时监测机构的合规风险状况，及时预警并处理潜在风险。对于发生的合规事件，合规管理部门将迅速响应并妥善处理，确保问题得到妥善解决。

（四）组织或者参与实施合规考核，组织或者参与对违反合规规范主体的问责，保持与监管机构的日常合规工作联系

合规管理部门将负责组织或参与实施合规考核，将合规管理绩效纳入机构的绩效考核体系，激励各部门和下属各机构积极履行合规管理职责。对于违反合规规范的主体，合规管理部门将依法依规进行问责，维护合规管理的严肃性和权威性。

同时，合规管理部门还将保持与监管机构的日常合规工作联系，及时了解监管动态和监管要求，确保机构的合规管理与监管要求保持一致。通过积极与监管机构沟通交流，合规管理部门将为机构争取更多的合规支持和帮助，为机构的稳健发展提供有力保障。

（五）组织培育合规文化，开展合规培训，组织刑事犯罪预防教育，向员工提供合规咨询，推动全体员工遵守行为合规准则

合规管理部门是金融机构合规文化的培育者和传播者。它将组织开展形式多样的合规培训活动，提高全体员工的合规意识和风险防控能力。同时，合规管理部门还将组织刑事犯罪预防教育，增强员工的法律意识和道德观念，预防刑事犯罪的发生。

此外，合规管理部门还将向员工提供合规咨询服务，解答员工在合规管理中的疑问和困惑。通过积极的沟通和交流，合规管理部门将推动全体员工遵守行为合规准则，形成良好的合规氛围和文化。

（六）董事会确定的其他职责

除了上述主要职责外，合规管理部门还将承担董事会确定的其他职责。这些职责可能根据机构的实际情况和业务需求而有所变化，但无论如何变化，合规管理部门都将始终秉持合规为先、风险为本的原则，积极履行各项职责，为机构的稳健发展提供有力保障。

对于合规岗位的具体职责，金融机构可以参照上述规定进行确定。合规岗位作为合规管理部门的重要组成部分，将承担着具体的合规管理任务和工作。通过明确合规岗位的职责和权限，金融机构可以确保合规管理工作的有效性和针对性，为机构的合规管理提供有力支持。

三、思维导图：合规管理部门职责

为了全面、清晰地展示合规管理部门的职责架构与分工，我们精心绘制了合规管理部门职责思维导图，如图 2-22 所示。图 2-22 系统地呈现了合规管理部门职责全貌，包括制度规划与年度计划、法律合规支持、合规审查与检查、合规考核与问责、合规文化建设、合规沟通与联系、董事会确定的其他职责、合规岗位具体职责。它不仅展示了合规管理部门在金融机构合规管理体系中的核心地位，还突出了各部门职责的明确性和协同性，确保合规管理工作能够有序、高效地进行。通过这份思维导图，金融机构可以直观地了解合规管理部门的职责全貌，从而优化职责配置，提升合规管理效能，为金融机构的稳健发展提供有力保障。

四、工具：合规管理部门职责检测实施一览表

为了帮助金融机构合规管理部门准确评估自身部门职责的履行情况，并确保各项职责得到有效执行，我们特别设计了合规管理部门职责检测实施一览表，如表 2-22 所示。表 2-22 详细列出了合规管理部门的主要职责项目，通过对照表 2-22，合规管理部门可以系统地对自己的职责履行情况进行自查和评估，及时发现并纠正存在的不足，确保各项职责得到全面、准确的履行。这不仅有助于提升合规管理部门的工作效率，还能进一步提高金融机构的合规管理能力和风险防控水平。

第二章 合规管理架构和职责

合规管理部门职责
- 制度规划与年度计划
  - 拟订机构的合规管理基本制度
  - 制订年度合规管理计划
  - 组织协调各部门及下属机构拟订合规相关制度
  - 推动各项合规管理制度的贯彻落实
- 法律合规支持
  - 为机构经营管理活动提供法律合规支持
  - 为新产品和新业务的开发提供合规评估与建议
  - 审查机构重要内部规范
  - 及时提出制订或修订内部规范的建议
- 合规审查与检查
  - 牵头组织实施合规审查
  - 定期开展合规检查
  - 对合规管理进行评估评价
  - 进行合规风险监测与合规事件处理
  - 推进合规规范得到严格执行
- 合规考核与问责
  - 组织或参与实施合规考核
  - 组织或参与对违反合规规范主体的问责
  - 确保合规考核与问责机制的公正性与有效性
- 合规文化建设
  - 组织培育合规文化
  - 开展合规培训活动
  - 组织刑事犯罪预防教育
  - 向员工提供合规咨询服务
  - 推动全体员工遵守行为合规准则
- 合规沟通与联系
  - 保持与监管机构的日常合规工作联系
  - 及时响应监管机构的要求与指导
  - 报告合规管理进展与重大合规事件
- 董事会确定的其他职责
  - 根据董事会要求履行特定合规管理职责
  - 灵活应对董事会提出的合规管理需求
  - 确保合规管理工作与董事会战略保持一致
- 合规岗位具体职责
  - 参照前款规定确定合规岗位的具体职责
  - 根据岗位特点与需求细化合规职责
  - 确保合规岗位人员能够胜任其职责

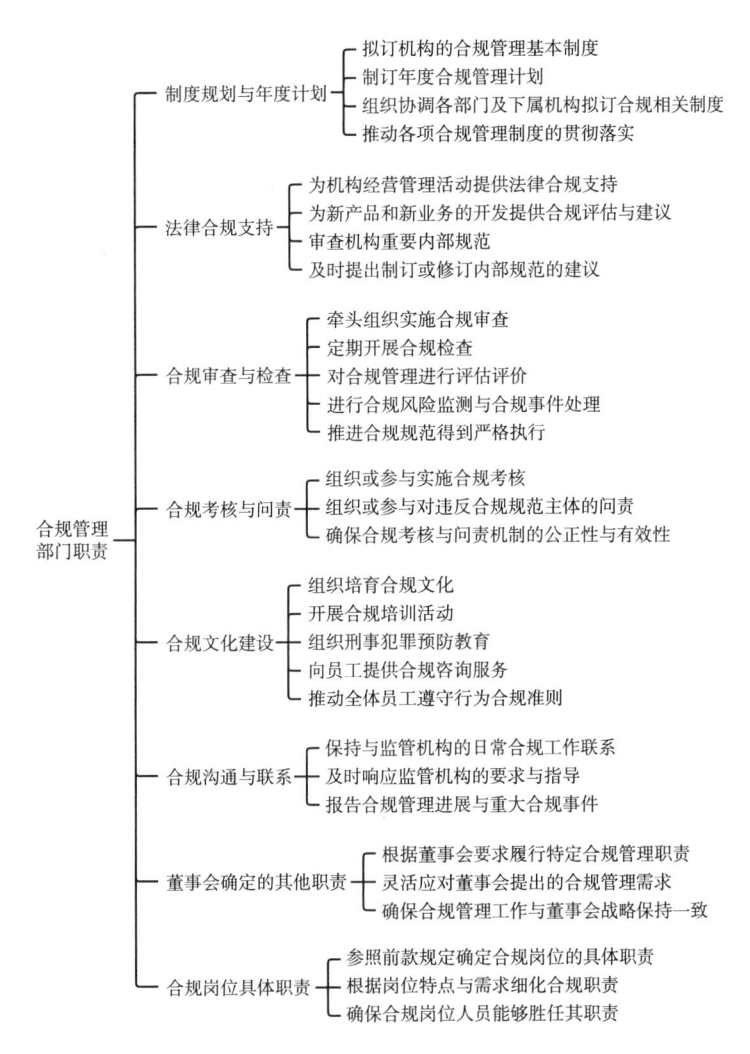

图 2-22 合规管理部门职责思维导图

表 2-22 合规管理部门职责检测实施一览表

项目	主题	检测项目	评价已经做到	评价尚未做到
合规管理部门职责	制度规划与年度计划	拟订机构的合规管理基本制度		
		制订年度合规管理计划		
		组织协调各部门及下属机构拟订合规相关制度		
		推动各项合规管理制度的贯彻落实		

· 163 ·

续表

项目	主题	检测项目	评价已经做到	评价尚未做到
合规管理部门职责	法律合规支持	为机构经营管理活动提供法律合规支持		
		为新产品和新业务的开发提供合规评估与建议		
		审查机构重要内部规范		
		及时提出制订或修订内部规范的建议		
	合规审查与检查	牵头组织实施合规审查		
		定期开展合规检查		
		对合规管理进行评估评价		
		进行合规风险监测与合规事件处理		
		推进合规规范得到严格执行		
	合规考核与问责	组织或参与实施合规考核		
		组织或参与对违反合规规范主体的问责		
		确保合规考核与问责机制的公正性与有效性		
	合规文化建设	组织培育合规文化		
		开展合规培训活动		
		组织刑事犯罪预防教育		
		向员工提供合规咨询服务		
		推动全体员工遵守行为合规准则		
	合规沟通与联系	保持与监管机构的日常合规工作联系		
		及时响应监管机构的要求与指导		
		报告合规管理进展与重大合规事件		
	董事会确定的其他职责	根据董事会要求履行特定合规管理职责		
		灵活应对董事会提出的合规管理需求		
		确保合规管理工作与董事会战略保持一致		
	合规岗位具体职责	参照前款规定确定合规岗位的具体职责		
		根据岗位特点与需求细化合规职责		
		确保合规岗位人员能够胜任其职责		

五、案例

意大利忠利保险有限公司合规管理部门职责

（一）金融机构介绍

意大利忠利保险有限公司（以下简称忠利集团）成立于1831年，总部位于意大利东北部的里雅斯特，是全球知名的保险和资产管理提供商之一。作为欧洲保险行业的领军企业，忠利集团拥有深厚的行业经验和广泛的业务覆盖。公司在全球50多个国家和地区设有分支机构，服务于超过7000万名客户，涵盖从人寿保险、健康保险到财产保险等多种产品。忠利集团致力于为个人、企业和机构客户提供量身定制的金融解决方案，并以其稳健的财务表现和卓越的风险管理能力闻名。

近年来，随着全球监管环境的日益复杂化及市场竞争的加剧，忠利集团高度重视合规管理工作，并将其作为企业治理体系中的核心组成部分。忠利集团认为，合规不仅仅是对法律和监管要求的被动遵循，更是通过合规管理为企业创造价值，降低运营风险并提升客户信任度的重要手段。

（二）具体措施

为了有效应对日益严峻的合规挑战，忠利集团根据其全球化运营特点和不同国家的监管要求，构建了层级清晰、覆盖全面的合规管理体系。在公司总部、省级分支机构及其他主要分支机构中，均设立了独立的合规管理部门，并在较小的分支机构中根据业务需求设置合规岗位。

忠利集团合规管理部门的核心职责及具体执行情况如下。

1. 拟定机构的合规管理基本制度和年度合规管理计划

忠利集团每年都会组织各部门主管、区域负责人及外部法律顾问召开年度合规风险分析会议。基于对公司运营环境和监管要求的全面评估，合规管理部门制订涵盖年度重点工作的合规管理计划。该计划明确了各项任务的时间表、责任人和预期成果，覆盖从新产品开发到内部管理的所有关键领域。在制度建设方面，合规管理部门负责拟定公司整体的合规框架，包括风险控制制度、行为准则和内部审计程序。此外，合规管理部门会定期与公司各业务部门合作，修订和优化合规制度，确保其在不同业务环境中的适用性和执行力。

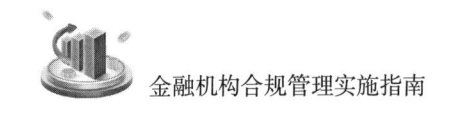

2. 为新产品和新业务开发提供法律合规支持

忠利集团在推出新产品或进入新市场时,合规管理部门会提前介入,从法律、税务、消费者权益保护等多维度进行全面审查。例如,公司在开发一款结合养老和健康管理的创新保险产品时,合规管理团队就确保其设计符合欧盟《保险分销指令》的规定,同时满足各国消费者保护法律的要求。

3. 组织合规审查、检查与风险监测

合规管理部门定期开展针对各业务线和区域分支机构的合规检查,重点关注高风险业务领域和跨境交易。每次审查结束后,部门会发布详细的整改报告,并跟踪落实情况,确保问题得以彻底解决。此外,忠利集团还建立了实时风险监测系统,通过大数据和人工智能技术分析日常运营数据,快速识别潜在的合规风险。例如,在反洗钱领域,该系统能够自动检测可疑交易,并触发预警机制。

4. 推动内部问责和合规考核

忠利集团的合规考核制度被视为内部治理的重要工具。每年,公司会对各部门和分支机构的合规表现进行量化评估,包括是否按时提交合规报告、整改措施的执行情况及员工的合规意识水平。对表现优秀的部门和员工,公司会给予表彰和奖励,而对存在严重违规行为的,则采取"一票否决"机制,取消其参与年度评优的资格,并实施问责措施。这种透明和严格的考核制度在忠利集团内部树立了鲜明的合规导向。

5. 合规文化建设和培训

忠利集团认识到,合规文化的建设是提升企业竞争力的关键之一。因此,公司定期开展形式多样的合规培训,如在线课程、专题研讨会和模拟案例演练,确保员工在日常工作中具备合规意识和执行能力。此外,公司还通过内部刊物和员工互动平台宣传合规知识,增强全体员工对合规重要性的认识。

6. 加强与监管机构的沟通与合作

忠利集团合规管理部门与意大利金融市场监管局及其他监管机构保持密切联系,通过定期会议、报告提交和信息共享等形式确保公司在政策变动时能快速响应。

(三)案例特色和亮点

1. 全球化与本地化的有机结合

忠利集团构建了一套全球统一但灵活适应各地监管环境的合规管理体系。在欧盟地区,忠利集团严格遵循数据保护条例,确保数据跨境传输和处理均符合法规要求。在亚洲市场,忠利集团则针对各国的数据隐私法规制定了差异化的管理方案。比如,忠利集团新加坡子公司曾在突遇当地监管部门检查时，迅速调整内部流程，圆满应对审核，展示了其在本地化管理上的敏捷与高效。

2. 科技赋能的合规管理

忠利集团大力引入前沿的合规管理软件和大数据分析工具，构建了一套智能监控系统，不仅能够实时处理海量交易数据，还能通过算法分析自动预警潜在风险。在一次跨国交易中，系统迅速识别出一笔数据异常的交易，及时启动风险防控措施，避免了可能引发的法律纠纷。这种技术驱动模式，使得合规管理的效率和精准度得到显著提升。

3. 以人为本的合规文化

忠利集团始终将员工视为合规管理的重要力量，致力于打造一个开放透明的沟通环境和激励机制，鼓励员工主动发现和上报合规问题。公司不仅设立了安全可靠的匿名举报渠道，还定期举办内部交流会，分享合规案例和经验。一个典型的微案例是，某部门员工通过匿名渠道反映内部数据处理不规范的问题，经调查整改后，不仅及时化解了风险，也使得全体员工对合规工作的信任度大幅提升。

4. 全面覆盖的培训体系

为确保各层级员工都能具备与职责相匹配的合规知识，忠利集团在培训体系上持续加码。除了覆盖全员的基础培训，公司还为高管和合规专员量身定制了更深入、更专业的课程，并定期组织跨部门的合规案例研讨和模拟演练。例如，每年一次的情景模拟培训，不仅重现了可能遇到的风险场景，还通过小组讨论和现场演练，切实提高了员工的风险识别和应对能力。

（四）总结

忠利集团的合规管理案例充分展示了现代金融机构如何利用科学的组织架构、全面的风险管理体系及先进的技术手段，实现高效的合规管理。通过具体的全球化与本地化策略、技术赋能措施、以人为本的文化建设及覆盖全员的培训体系，忠利集团在实际运营中多次用成功的微案例验证了自身模式的有效性，为同行业在全球化运营背景下如何平衡合规一致性与灵活性提供了宝贵的经验，成为业内的标杆。

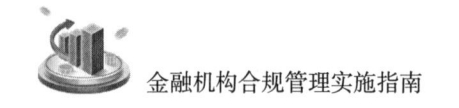

第二十三节 境外机构合规管理

一、境外机构合规管理的监管政策

第二十九条 金融机构的境外金融分支机构及境外金融子公司,应当遵循东道国(地区)法律法规和监管要求,并且设立独立的合规管理部门或者符合履职需要的合规岗位,负责根据境外业务、市场情况、相关司法辖区法律法规以及执法环境等因素,识别和防范合规风险,培养专业合规人才。

二、理解和学习:境外机构合规管理

在全球化经济的浪潮中,金融机构的境外金融分支机构及境外金融子公司日益成为其拓展国际市场、提升国际竞争力的重要力量。然而,随着业务的跨国界拓展,合规风险也随之增加,这对金融机构的合规管理体系提出了更高的要求。为了确保境外金融分支机构及子公司的稳健运营,防范合规风险,金融机构必须遵循东道国(地区)的法律法规和监管要求,并设立独立的合规管理部门或者符合履职需要的合规岗位。

第一,遵循东道国(地区)的法律法规和监管要求是金融机构境外金融分支机构及子公司合规管理的基础。不同国家和地区有各自独特的法律体系、监管政策和市场环境,金融机构必须深入了解并严格遵守这些规定,才能确保业务的合法合规。为此,金融机构需要建立健全的合规管理制度和流程,确保境外金融分支机构及子公司在业务开展过程中能够始终遵循当地法律法规和监管要求。

第二,在此基础上,金融机构的境外金融分支机构及子公司应当设立独立的合规管理部门或者符合履职需要的合规岗位。这一举措是防范合规风险、保障业务稳健运营的关键。合规管理部门或合规岗位应当具备足够的独立性和权威性,能够不受业务部门和其他部门的干扰,客观地、公正地履行合规管理职责。

合规管理部门或合规岗位的具体职责包括但不限于:根据境外业务的特点、市场情况、相关司法辖区的法律法规及执法环境等因素,全面识别和评估合规风险。这需要合规管理人员具备深厚的法律功底、丰富的合规经验和敏锐的市场洞察力,能够及时发现并报告潜在的合规问题。同时,合规管理部门或合规岗位还应当负责制定和执行合规制度、程序和标准,确保境外金融分支机构及子公司的各项业务活动都符合当地法律法规和监管要求。

除了识别和防范合规风险外,合规管理部门或合规岗位还承担着培养专业合规人才的重要职责。合规管理是一项专业性很强的工作,需要合规管理人员具备扎实的专业知识、良好的职业道德和较高的综合素质。因此,金融机构应当加大对合规管理人员的培训和发展力度,为他们提供系统的合规知识培训、实践锻炼和职业发展机会,帮助他们不断提升自己的专业素养和合规管理能力。

在培养专业合规人才的过程中,金融机构可以注重以下几个方面:一是加强法律法规和监管政策的学习和培训,使合规管理人员能够及时了解并掌握最新的法律法规和监管要求;二是加强合规意识和风险防控能力的培养,使合规管理人员能够始终保持高度的警惕性和敏锐性,及时发现并报告合规风险;三是加强跨文化交流和沟通能力的培养,使合规管理人员能够适应不同国家和地区的文化差异和沟通方式,更好地履行合规管理职责。

三、思维导图:境外机构合规管理

为了直观、系统地展现境外机构合规管理的整体架构与运作流程,我们精心绘制了境外机构合规管理思维导图,如图2-23所示。图2-23清晰地呈现了境外机构合规管理的关键环节。它展示了境外机构合规管理流程的规范性和系统性,确保境外机构在运营过程中能够严格遵守相关法律法规,有效防控合规风险。通过图2-23,金融机构可以全面了解境外机构合规管理的全貌,从而优化管理架构,提升合规管理水平,为境外机构的稳健发展提供有力保障。

四、工具:境外机构合规管理事项检测实施一览表

为了助力金融机构境外机构有效实施合规管理,并确保其合规体系的高效运行,我们特别设计了境外机构合规管理事项检测实施一览表,如表2-23所示。通过表2-23,境外机构可以系统地对自身的合规管理工作进行自查和评估,及时发现并纠正存在的问题,确保合规管理体系的完善性和有效性。这不仅有助于境外机构提升合规管理水平,还能有效防控合规风险,为金融机构的全球化发展提供坚实的合规保障。

```
境外机构合规管理
├─ 遵循东道国（地区）法律法规
│   ├─ 法律法规研究
│   │   ├─ 实时跟踪更新
│   │   └─ 解读与适应性分析
│   ├─ 合规性审查
│   │   ├─ 业务操作合规
│   │   └─ 产品与服务合规
│   └─ 法律顾问咨询
│       ├─ 重大决策法律咨询
│       └─ 纠纷解决法律支持
├─ 设立独立合规管理部门
│   ├─ 部门职责明确
│   │   ├─ 合规风险管理
│   │   └─ 合规制度制定
│   ├─ 组织架构构建
│   │   ├─ 部门层级设定
│   │   └─ 跨部门协作机制
│   └─ 资源配置
│       ├─ 人员编制
│       └─ 技术与系统支持
├─ 设立合规岗位
│   ├─ 岗位设置
│   │   ├─ 合规专员
│   │   └─ 合规主管
│   ├─ 岗位职责
│   │   ├─ 日常合规监测
│   │   └─ 合规培训与宣传
│   └─ 职业发展路径
│       ├─ 技能培训与提升
│       └─ 晋升通道规划
├─ 根据境外业务识别合规风险
│   ├─ 业务类型分析
│   │   ├─ 传统银行业务
│   │   └─ 投资银行业务
│   ├─ 市场环境评估
│   │   ├─ 经济形势分析
│   │   └─ 政治稳定性考量
│   └─ 风险识别方法
│       ├─ 风险评估模型
│       └─ 历史案例复盘
└─ 培养专业合规人才
    ├─ 人才培养体系
    │   ├─ 入职培训
    │   └─ 在职教育
    ├─ 专业技能提升
    │   ├─ 法律知识更新
    │   └─ 合规工具应用
    └─ 人才激励与保留
        ├─ 绩效考核机制
        └─ 职业发展规划
```

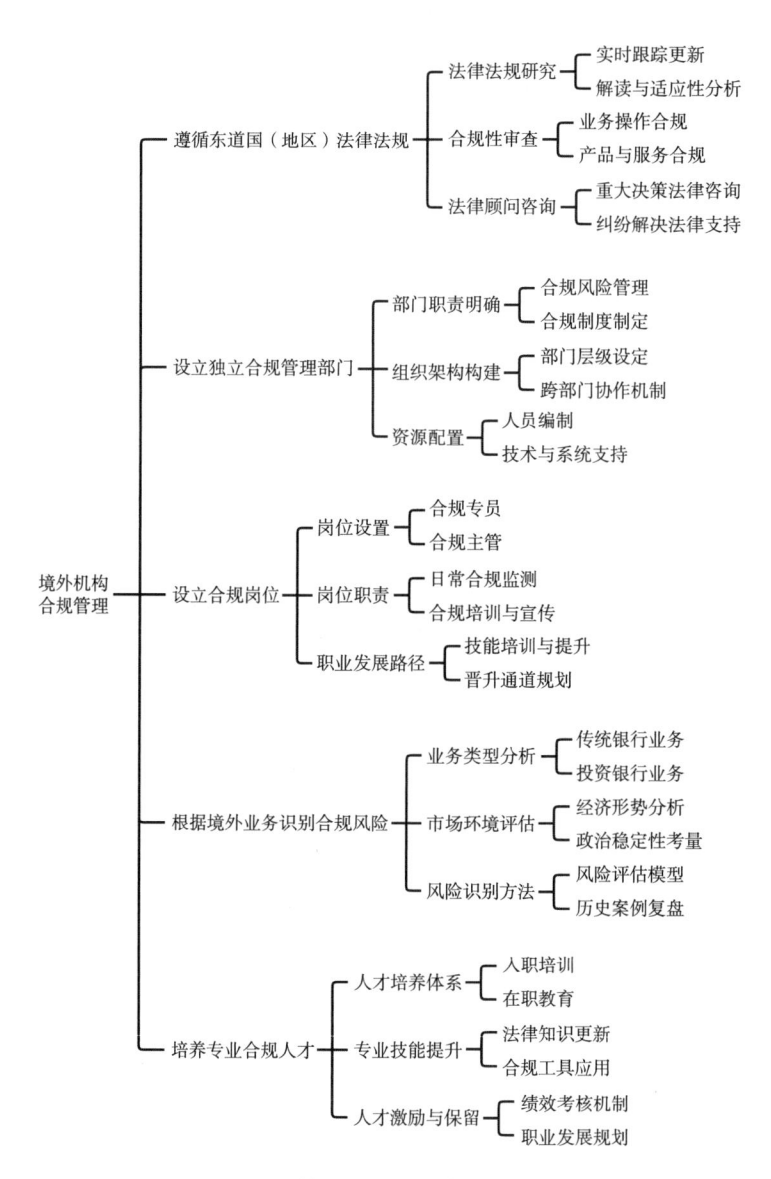

图 2-23 境外机构合规管理思维导图

表 2-23 境外机构合规管理事项检测实施一览表

项目	内容	具体内容	检测项目	评价已经做到	评价尚未做到
境外机构合规管理	遵循东道国（地区）法律法规	法律法规研究	实时跟踪更新		
			解读与适应性分析		
		合规性审查	业务操作合规		
			产品与服务合规		
		法律顾问咨询	重大决策法律咨询		
			纠纷解决法律支持		
	设立独立合规管理部门	部门职责明确	合规风险管理		
			合规制度制定		
		组织架构构建	部门层级设定		
			跨部门协作机制		
		资源配置	人员编制		
			技术与系统支持		
	设立合规岗位	岗位设置	合规专员		
			合规主管		
		岗位职责	日常合规监测		
			合规培训与宣传		
		职业发展路径	技能培训与提升		
			晋升通道规划		
境外机构合规管理	根据境外业务识别合规风险	业务类型分析	传统银行业务		
			投资银行业务		
		市场环境评估	经济形势分析		
			政治稳定性考量		
		风险识别方法	风险评估模型		
			历史案例复盘		
	培养专业合规人才	人才培养体系	入职培训		
			在职教育		
		专业技能提升	法律知识更新		
			合规工具应用		
		人才激励与保留	绩效考核机制		
			职业发展规划		

五、案例

美国全国保险公司的境外机构合规管理

(一) 金融机构介绍

美国全国保险公司成立于1926年,是美国领先的保险与金融服务提供商之一,总部位于俄亥俄州哥伦布市。其服务领域涵盖汽车保险、房屋保险、人寿保险、商业保险、养老与退休规划、投资理财等方面。随着业务的扩展,美国全国保险公司逐步进入国际市场,在欧洲、亚洲、拉丁美洲等地区建立了多家子公司及分支机构,为全球客户提供个性化的金融服务。

美国全国保险公司的国际化扩展为其带来了巨大的市场潜力,同时也面临来自不同司法辖区的合规挑战。各国法律法规差异、监管环境的复杂性,以及不断变化的国际金融监管框架,都要求公司制定全面的合规管理方案,以确保全球业务的合法性和可持续性。美国全国保险公司深刻认识到,合规管理不仅仅是应对监管的工具,更是保护公司声誉、维护客户信任的重要基石。因此,合规管理被视为公司全球战略的重要组成部分。

(二) 具体措施

1. 设立独立的合规管理部门

美国全国保险公司在其境外主要金融分支机构及子公司内设立了独立的合规管理部门。这些部门的职责包括监督当地业务活动的合法性,确保所有操作符合法律法规,及时向总部报告潜在的合规风险。通过独立的运作,这些部门能够保持对监管要求的高度敏感性,避免合规管理中可能出现的利益冲突问题。

2. 聘用合规专家,培养专业人才

为了提升合规管理的专业性,美国全国保险公司积极聘用具有本地法律和合规背景的专家担任境外机构的合规负责人。这些专业人士不仅熟悉东道国的法律法规,还具备全球视野,能够在合规框架内提供创新性的业务解决方案。此外,美国全国保险公司通过内部培训、外部学习和国际合规论坛等方式,为员工提供持续的专业发展机会,形成了一支高素质的合规团队。

3. 量身定制的合规制度

针对各地不同的法律法规及监管环境,美国全国保险公司量身定制了一系列合规制度。例如，在欧洲地区，针对《一般数据保护条例》，公司制定了详细的数据隐私保护制度，确保客户信息的安全。在亚洲新兴市场，公司重点关注反洗钱和反恐融资的监管要求，建立了完善的客户身份识别流程和交易监控系统。

4. 定期开展合规检查与风险评估

美国全国保险公司的境外机构每年会定期接受合规检查与风险评估。这些检查不仅限于内部审计，还包括与第三方合规顾问机构合作，以确保合规程序的客观性和透明度。通过这些检查，公司能够及时发现潜在问题，并采取纠正措施，防范可能的合规风险。

5. 建设合规文化与培训体系

美国全国保险公司特别重视合规文化的建设，认为合规文化是全体员工的责任。境外机构定期组织员工参加合规培训，涵盖反腐败、数据保护、市场操纵预防等内容。培训中还结合实际案例分析，帮助员工理解合规的重要性。此外，公司设立了合规咨询热线，员工可以随时获得有关政策和操作的指导。

6. 与监管机构保持密切联系

美国全国保险公司在境外机构的合规管理中，与当地监管机构保持了开放、透明的沟通渠道。这种做法有助于公司实时了解监管趋势，及时调整业务策略，以应对潜在的监管变化。同时，通过与监管机构的良好合作，美国全国保险公司在境外市场建立了可靠的企业形象。

（三）案例特色和亮点

1. 以客户信任为核心的合规策略

美国全国保险公司始终将维护客户信任作为境外合规管理的根本出发点。在实际操作中，公司不仅严格遵守法律法规，更通过公开透明的操作流程和高标准的信息保护措施来巩固客户信心。例如，其欧洲子公司率先推出了一款透明保险产品合同，详细披露所有费用、风险条款及服务细则，既让客户充分了解产品内容，又树立了行业标杆。另一个案例中，有客户在仔细研读合同后，不仅避免了后续的纠纷，还通过公司提供的定制化风险咨询获得了更为贴心的保障，从而对公司的专业性和诚信留下了更加深刻的印象。

2. 科技赋能的合规管理

为提升合规管理的效率和精准度，美国全国保险公司引入了前沿的人工智能和大数据技术。公司开发的智能合规监测系统能够实时分析各地交易数据，自动识别潜在风险并发出预警。在一次国际大额交易中，该系统迅速捕捉到数据异常波动，促使合规团队及时介入，避免了一场可能引发法律风险的危机。另一个微型案例显示，在某司法辖区内，这一系统的部署使得人工监控成本大幅降低，同时实现了全天候监测，极大提升了风险防控的响应速度。

3. 全球化与本地化的平衡

在全球化经营中，美国全国保险公司采用"全球统一标准、本地灵活实施"的合规策略。公司在全球范围内建立了一整套统一的合规制度框架，以确保各地业务运行的一致性。同时，公司根据不同国家的法律要求和文化背景灵活调整具体执行细节。例如，在亚洲某国，由于该地监管环境较为复杂，公司专门成立了本地合规团队，针对本地法规和市场习惯进行制度优化，确保全球标准在落地实施时既不失严谨又能适应当地实际需求。另一个案例中，这种全球本地化模式使得当地子公司在面临监管调整时能够迅速响应，保障了业务的连续性与稳定性。

4. 危机管理与合规应对机制

针对突发的合规危机，美国全国保险公司建立了高效的快速响应机制。有一次，某境外子公司因当地监管政策突变面临业务暂停的风险，公司立即召集全球合规团队，并与当地法律顾问密切协作，短时间内对内部合规制度进行了全面调整，同时积极与监管机构沟通，迅速恢复了正常运营。此案例不仅展示了公司在危急时刻的高效反应和决策能力，还凸显了其合规体系在面对复杂局面时的灵活性和韧性，赢得了监管机构和市场的广泛认可。

（四）总结与启示

美国全国保险公司的境外机构合规管理案例生动地展示了一家全球化金融企业如何在复杂多变的国际监管环境中，实现合规要求与业务增长之间的有效平衡。通过设立独立的合规管理部门、培养专业合规人才、构建科技赋能的监测系统及积极推动合规文化建设，公司不仅成功规避了法律风险，更将合规管理上升为提升竞争力和品牌价值的重要战略工具。该案例的成功经验启示我们：对金融机构而言，合规不仅是监管的必然要求，更是一种长远战略选择，只有将合规与企业发展深度融合，才能在国际市场中赢得更大的发展空间。

第二十四节　合规管理部门层级管理

一、合规管理部门层级管理的监管政策

第三十条　金融机构总部合规管理部门向首席合规官负责，按照机构规定和首席合规官的安排履行合规管理职责；省级分支机构或者一级分支机构合规管理部门向本级机构合规官负责，按照本级机构规定和合规官安排履行合规管理职责；下属各机构合规管理部门接受上级合规管理部门的指导和监督。

二、理解和学习：合规管理部门层级管理

在金融机构的庞大组织架构中，合规管理部门作为确保机构稳健运营、防范合规风险的关键部门，其职责的履行和运作机制的设计都显得尤为重要。为了构建一个高效、有序的合规管理体系，金融机构总部、省级分支机构或一级分支机构及下属各机构的合规管理部门都遵循明确的层级责任体系和运作机制。

首先，金融机构总部的合规管理部门在整个合规管理体系中扮演着核心和领导角色。这个部门直接向首席合规官负责，是首席合规官在机构内部推动合规文化、制定合规制度、监督合规执行的重要助手。按照机构的规定和首席合规官的安排，总部合规管理部门负责全面履行合规管理职责。这包括但不限于：制定和完善合规管理制度和流程，确保机构的各项业务活动都符合法律法规、监管要求和内部规章制度；对机构的合规风险进行识别和评估，及时提出风险预警和处置建议；组织开展合规培训和宣传活动，提高全体员工的合规意识和风险防控能力；与监管机构保持密切沟通，及时了解监管动态，确保机构的合规管理与监管要求保持一致。

其次，在省级分支机构或一级分支机构层面，合规管理部门同样扮演着至关重要的角色。这个部门向本级机构的合规官负责，是本级机构合规管理的具体实施者和执行者。按照本级机构的规定和合规官的安排，省级分支机构或一级分支机构合规管理部门负责在本级机构范围内履行合规管理职责。他们需要密切关注本级机构的业务活动和合规风险，及时发现和报告合规问题；协助本级机构领导层制定和执行合规制度，确保本级机构的合规管理与总部保持一致；组织开展本级机构的合规培训和宣传活动，提高本级机构员工的合规意识和风险防控能力；同时，还需要与本级机构的业务部门、财务部门、内部审计部门等保持密切协作，共同构建本级机

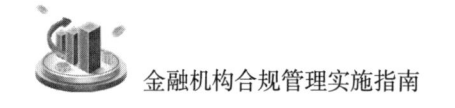

构的合规管理体系。

最后，对下属各机构而言，其合规管理部门在合规管理体系中同样占据着不可或缺的地位。这些部门的合规管理工作接受上级合规管理部门的指导和监督，确保下属各机构的合规管理与上级机构保持一致。上级合规管理部门会通过定期或不定期的检查、评估等方式，对下属各机构的合规管理工作进行监督和指导。同时，上级合规管理部门还会为下属各机构提供合规政策、制度、流程等方面的支持和帮助，确保下属各机构能够顺利开展合规管理工作。

在这种层级责任体系和运作机制下，金融机构的合规管理部门形成了一个上下联动、协同作战的整体。总部合规管理部门作为领航者，负责制定整体合规战略和规划，为下级机构提供方向和指引；省级分支机构或一级分支机构合规管理部门作为中坚力量，负责在本级机构范围内具体实施合规管理制度，确保合规管理的落地生根；下属各机构合规管理部门作为基层执行者，负责在上级机构的指导和监督下，开展具体的合规管理工作，确保合规管理的全面覆盖。

这种层级责任体系和运作机制的设计，不仅有助于确保金融机构的合规管理工作能够有序、高效地进行，还有助于提高全体员工的合规意识和风险防控能力。通过层级分明的责任体系和协同作战的运作机制，金融机构能够构建一个全方位、多层次的合规管理体系，为机构的稳健运营提供有力的保障。同时，这种体系还能够促进金融机构与监管机构之间的良好沟通与合作，确保机构的合规管理与监管要求始终保持一致。

三、思维导图：合规管理部门层级

为了清晰、直观地展示合规管理部门的层级架构与职责分配，我们精心绘制了合规管理部门层级思维导图，如图2-24所示。图2-24系统地呈现了合规管理部门的各个层级，以及每个层级所承担的职责和角色。它不仅展示了合规管理部门内部的组织结构和汇报关系，还突出了各层级之间的协作与配合，确保合规管理工作能够顺畅、高效地进行。通过图2-24，金融机构可以全面了解合规管理部门的层级设置和职责划分，从而优化组织架构，提升合规管理的整体效能。

```
                                                ┌─ 责任归属 ── 向首席合规官负责
                         ┌─ 总部合规管理部门 ─┤   职责履行 ┌─ 按照机构规定
                         │                      │            └─ 按照首席合规官的安排
                         │                      │            ┌─ 制定合规制度
                         │                      └─ 职能概述 ┤   监督合规执行情况
                         │                                    └─ 风险评估与管理
                         │
                         │                                          ┌─ 责任归属 ── 向本级机构合规官负责
                         │                                          │   职责履行 ┌─ 按照本级机构规定
                         ├─ 省级分支机构或一级分支机构合规管理部门 ─┤            └─ 按照合规官的安排
                         │                                          │            ┌─ 执行总部合规制度
                         │                                          │   职能概述 ┤   区域性风险评估
                         │                                          │            └─ 合规培训与宣传
                         │                                          └─ 与总部互动 ── 接受总部的指导和监督
  合规管理 ─┤
  部门层级                │                                ┌─ 责任归属 ── 接受上级合规管理部门的管理
                         │                                │   职责履行 ┌─ 依据上级部门指导
                         ├─ 下属各机构合规管理部门 ─────┤            └─ 遵循上级部门监督
                         │                                │            ┌─ 日常合规监测
                         │                                └─ 职能概述 ┤   报告合规风险
                         │                                             └─ 协助调查与整改
                         │
                         │                             ┌─ 指导内容 ┌─ 合规政策解读
                         ├─ 上级合规管理部门指导 ──┤            └─ 合规流程优化建议
                         │                             │   方式、方法 ┌─ 定期会议
                         │                             └               └─ 培训与研讨会
                         │
                         │                             ┌─ 监督范围 ┌─ 合规制度执行情况
                         └─ 上级合规管理部门监督 ──┤            └─ 合规事件处理
                                                       │   监督手段 ┌─ 定期检查
                                                       └              └─ 不定期抽查
```

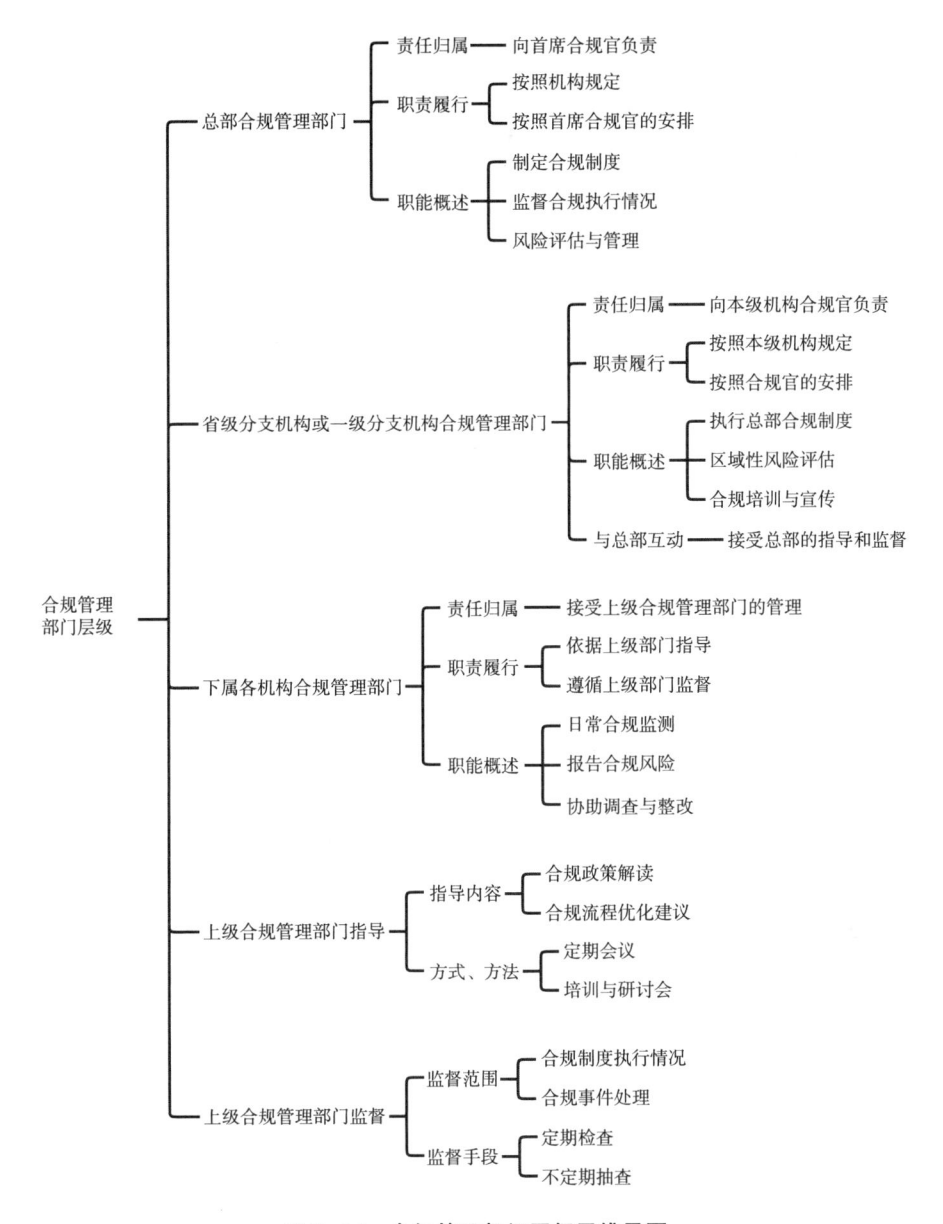

图 2-24　合规管理部门层级思维导图

四、工具：合规管理部门层级检测实施一览表

为了帮助金融机构合规管理部门准确评估自身层级设置的合理性与有效性，我们特别设计了一份合规管理部门层级检测实施一览表，如表 2-24 所示。通过表 2-24，合规管理部门可以系统地对自己的层级设置进行自查和评估，及时发现并调整存在的层级职责不清、人员配置不合理或层级间协作不畅等问题。这有助于优化合规管理部

门的组织架构，提升管理效率，确保合规管理工作能够有序、高效地进行，为金融机构的合规运营提供有力支撑。

表 2-24 合规管理部门层级检测实施一览表

项目	主题	事项	检测项目	评价已经做到	评价尚未做到
合规管理部门层级管理事项	总部合规管理部门	责任归属	向首席合规官负责		
		职责履行	按照机构规定		
			按照首席合规官的安排		
		职能概述	制定合规制度		
			监督合规执行情况		
			风险评估与管理		
	省级分支机构或一级分支机构合规管理部门	责任归属	向本级机构合规官负责		
		职责履行	按照本级机构规定		
			按照合规官的安排		
		职能概述	执行总部合规制度		
			区域性风险评估		
			合规培训与宣传		
		与总部互动	接受总部的指导和监督		
	下属各机构合规管理部门	责任归属	接受上级合规管理部门的管理		
		职责履行	依据上级部门指导		
			遵循上级部门监督		
		职能概述	日常合规监测		
			报告合规风险		
			协助调查与整改		
	上级合规管理部门指导	指导内容	合规政策解读		
			合规流程优化建议		
		方式、方法	定期会议		
			培训与研讨会		
	上级合规管理部门监督	监督范围	合规制度执行情况		
			合规事件处理		
		监督手段	定期检查		
			不定期抽查		

五、案例

美国利宝互助保险集团合规管理部门层级管理

（一）金融机构介绍

美国利宝互助保险集团成立于1912年，总部位于美国马萨诸塞州波士顿。经过百余年的发展，该公司已成为全球财产与意外伤害保险领域的重要参与者，业务覆盖全球29个国家和地区，提供全面的保险产品与服务，包括个人和商业保险等。作为一家跨国金融机构，美国利宝互助保险集团不仅注重产品创新与市场扩展，还高度重视合规管理体系的建设，特别是在多层级合规管理方面，形成了一套值得借鉴的优秀实践。

美国利宝互助保险集团是全球最知名的财产与意外伤害保险公司之一，在《财富》世界500强企业中长期占有一席之地。集团旗下业务范围涵盖个人汽车保险、房屋保险、商业不动产保险、劳工赔偿险、商业汽车险、责任保险和再保险等多个领域。集团通过设立多层次、多地域的分支机构，满足不同国家和地区客户的多样化需求。

美国利宝互助保险集团以"帮助人们应对生活中的不确定性"为使命，致力于为客户提供优质的保险服务，同时也强调自身业务运营的合规性，以维护市场秩序和客户信任。尤其是作为一家国际性公司，集团面临不同司法辖区法律法规的复杂性，因此高度重视合规管理，并建立了从总部到各级分支机构的多层级合规管理体系。

（二）具体措施

关于总部合规管理体系，美国利宝互助保险集团的合规管理以总部为核心，设立了专门的合规管理部门，由首席合规官直接领导。总部合规部门负责制定集团整体的合规战略、制度和程序，监督集团在全球范围内的合规风险管理。这些制度包括但不限于反洗钱、反恐融资、数据保护与隐私合规、反腐败与反贿赂制度等。

首席合规官直接向集团执行委员会和董事会报告，确保集团的合规管理事务始终处于公司治理的核心位置。此外，总部合规管理部门还与各国家和地区的监管机构保持密切沟通，确保集团的国际业务符合当地法律法规和监管要求。

（三）分支机构合规管理体系

在省级或一级分支机构层面，美国利宝互助保险集团要求各分支机构设立独立的合规管理部门，直接向本级机构的合规官负责。这些分支机构的合规部门主要职责如下。

（1）执行总部的合规制度：确保总部制定的合规制度在本级机构得到严格贯彻实施。

（2）风险识别与防控：根据本地市场特点和法律环境，识别合规风险并制定相应的风险管理措施。

（3）合规支持与审查：为业务部门的日常经营提供法律合规支持，对新业务、新产品进行合规审查。

（4）培训与咨询：组织员工参与合规培训，提升全体员工的合规意识，同时为业务部门提供合规咨询服务。

（四）下属机构的合规监督与指导

在更下一级的机构和业务单位层面，合规管理部门与上级部门保持密切联系，接受指导与监督。这种自上而下的合规管理模式确保了集团的合规战略能够在全球范围内得到一致执行。具体而言，下属机构在运营过程中会定期向上级合规管理部门提交合规报告，涵盖潜在风险、合规事件处理进展及内部控制情况。上级合规部门对下级机构进行定期审查，确保合规制度和程序得到有效落实，同时为下属机构提供实时支持。

（五）案例特色和亮点

1. 多层级管理架构确保制度执行一致性

美国利宝互助保险集团在全球范围内构建了一套从总部到基层机构的多层级合规管理体系。该体系通过明确职责分工和上下级之间的有效指导与监督，实现了全球各地合规制度的无缝对接和高效执行。比如，在一次跨境业务中，拉丁美洲某分支机构在发现潜在合规隐患后，迅速上报总部，并在总部统一协调下，制定了针对性的整改措施，使得问题在萌芽阶段得到有效遏制，充分展示了这种架构在应对复杂法律环境时的适应性和执行力。

2. 动态化的风险识别与管理

美国利宝互助保险集团的合规管理部门始终紧跟各国市场动态和法律法规的变化，实时调整合规策略，构建了动态风险监控体系。通过部署实时数据监控平台和智能预警系统，公司可以迅速捕捉监管环境的变化信号。有一次，欧洲某国突然颁发新法规，公司风险管理团队在24小时内调整了内部监控参数，并同步更新了相关操作流程，成功规避了一场可能的法律风险。这一微案例凸显了动态风险管理对提升公司应对突发事件灵活性的关键作用。

3. 重视合规文化的培育

美国利宝互助保险集团深知合规文化是企业可持续发展的基石，为此定期举办合规文化宣导活动和专题培训，强化员工的风险意识和提高员工的职业道德水平。除了常规培训，集团还组织模拟情景演练，通过角色扮演和案例讨论让员工直观体验合规风险，并提出改进建议。一次内部合规文化节活动中，一位基层员工在模拟情景中提出了优化数据报告流程的建议，该建议后来被采纳并推广到全公司，成为提升内部控制效能的一大亮点。

4. 先进的合规技术支持

为了进一步提升合规工作的效率与精准度，美国利宝互助保险集团大力投资引入自动化合规监控系统和人工智能驱动的风险分析工具。这些先进技术不仅能够全天候实时监控交易数据，还能自动识别异常行为并触发预警机制。有一次，系统在数分钟内发现了一笔异常跨境交易，并自动发出风险警报，促使合规团队迅速介入调查，有效避免了可能的违规风险。这种科技赋能模式大幅降低了人工监控的成本，同时显著提高了风险防控的时效性和准确性。

5. 全球协同与本地化结合

在全球经营的大背景下，美国利宝互助保险集团坚持"全球统一标准、本地灵活实施"的合规模式。集团总部制定统一的合规制度框架，而各区域则根据本地法律、市场特点和文化差异进行针对性调整。以亚洲市场为例，当地监管要求与欧美存在显著差异，集团在确保全球标准不变的前提下，针对性地优化了数据保护和风险管理措施。另一个案例显示，其日本分支机构通过与当地监管机构密切合作，调整了部分操作流程，使得合规管理既符合全球要求，又切实贴合当地实际，从而在复杂的跨境业务环境中展现了极大的竞争优势。

（六）案例总结

美国利宝互助保险集团的多层级合规管理体系不仅体现了集团对合规风险的高度重视，也展示了其在全球化背景下的治理智慧。通过总部、分支机构和下属机构之间的密切协作，集团能够在合规管理上实现"整体规划、分级管理、逐层落实"的目标。

这种体系为其他跨国金融机构提供了重要的借鉴意义。在面对不同司法辖区的法律法规和市场环境时，既要保持全球合规策略的一致性，又要注重本地化的合规执行能力，从而实现合规管理的高效和高质量。

美国利宝互助保险集团的成功经验还表明，只有将合规管理视为企业核心治理的一部分，并通过制度、文化和技术手段共同推进，才能真正实现企业的可持续发展。这一案例为金融行业特别是跨国机构提供了深刻启示：合规并不仅仅是遵守规则，更是一种长期的责任和承诺。

第二十五节　合规管理部门独立性

一、合规管理部门独立性的监管政策

第三十一条　金融机构的合规管理部门和合规岗位应当独立于前台业务、财务、资金运用、内部审计部门等可能与合规管理存在职责冲突的部门或者岗位。合规管理部门和合规岗位不得承担与合规管理相冲突的其他职责。

二、理解和学习：合规管理部门独立性

在金融机构的运营体系中，合规管理部门和合规岗位扮演着至关重要的角色。它们不仅是金融机构内部合规管理的核心力量，更是确保金融机构稳健运营、防范合规风险的重要保障。为了充分发挥合规管理部门和合规岗位的作用，金融机构必须坚守一个基本原则，即合规管理部门和合规岗位应当独立于前台业务、财务、资金运用、内部审计部门等可能与合规管理存在职责冲突的部门或者岗位。

这一独立性原则的确立，是基于对合规管理特殊性和重要性的深刻认识。合规管理涉及金融机构的各个方面，从业务操作到内部控制，从风险管理到法律遵循等。其目的在于确保金融机构的经营活动符合法律法规、监管要求和内部规章制度，防止因合规风险而引发的声誉损失、法律纠纷甚至经营危机。因此，合规管理部门和合规岗位必须保持高度的独立性和权威性，才能有效地履行其职责。

独立性原则的具体实施，要求金融机构在组织架构、人员配置、职责划分等方面做出明确安排。

首先，在组织架构上，合规管理部门应当作为金融机构的一个独立部门存在，与其他业务部门、财务部门、资金运用部门、内部审计部门等保持平行关系。这种平行关系确保了合规管理部门在履行职责时不会受到其他部门的干扰和影响，能够客观地、公正地对金融机构的合规状况进行评估和监督。

其次，在人员配置上，合规管理部门和合规岗位的人员应当具备专业的合规知识和丰富的合规经验。他们应当熟悉法律法规、监管要求和内部规章制度，能够准确识

别和评估合规风险。同时，这些人员还应当具备良好的职业道德和责任心，能够坚守合规原则，不受其他部门的利益诱惑或压力影响。为了确保合规管理部门和合规岗位人员的独立性，金融机构应当为他们提供专门的培训和发展机会，使他们能够不断提升自己的专业素养和合规管理能力。

最后，在职责划分上，合规管理部门和合规岗位应当明确其职责范围和工作重点。他们的主要职责是制定和执行合规制度、程序和标准，监督和评估金融机构的合规状况，识别和报告合规风险，以及提供合规咨询和建议。这些职责与前台业务、财务、资金运用、内部审计等部门的职责存在明显的区别和界限。合规管理部门和合规岗位不得承担与合规管理相冲突的其他职责，如业务拓展、利润追求等。这种职责的明确划分，确保了合规管理部门和合规岗位能够专注于合规管理，不受其他因素的干扰和影响。

为了进一步保障合规管理部门和合规岗位的独立性，金融机构还应当建立健全相应的制度和机制。例如，可以建立合规管理部门的独立报告制度，确保合规管理部门能够直接向金融机构的高级管理层或董事会报告合规状况和风险；可以建立合规岗位的独立考核机制，将合规管理绩效作为合规岗位人员晋升和奖惩的重要依据；可以建立合规管理部门与其他部门之间的沟通协调机制，确保合规管理部门在履行职责时能够得到其他部门的支持和配合。

三、思维导图：合规管理部门独立性

为了直观、清晰地展现合规管理部门的独立性架构与运作机制，我们精心绘制了合规管理部门独立性思维导图，如图 2-25 所示。图 2-25 系统地呈现了合规管理部门在金融机构组织架构中的独立地位，以及其与其他部门之间的相对关系。它不仅突出了合规管理部门在履行职责时的独立性和权威性，还展示了合规管理部门如何通过与金融机构内外部各相关方的协调与合作，确保合规管理工作的公正、客观和有效。通过图 2-25，金融机构可以全面了解合规管理部门的独立性设置和运作方式，从而进一步加强合规管理部门的独立性建设，提升其在金融机构中的影响力和地位，为金融机构的合规经营提供坚实保障。

四、工具：合规管理部门独立性检测实施一览表

为了确保合规管理部门的独立性得到有效维护和体现，我们特别设计了合规管理

部门独立性检测实施一览表，如表 2-25 所示。通过表 2-25，合规管理部门可以系统地对自身的独立性进行自查和评估，及时发现并解决可能存在的依赖性问题或干扰因素，确保合规管理部门在履行职责时能够保持高度的独立性和客观性。这有助于提升合规管理的权威性和有效性，为金融机构的合规经营提供有力保障。

```
合规管理部门独立性
├─ 部门独立性
│   ├─ 独立于前台业务部门
│   │   ├─ 职责界定清晰
│   │   ├─ 不参与业务决策与执行
│   │   └─ 监督与评估业务合规性
│   ├─ 独立于财务部门
│   │   ├─ 财务独立核算
│   │   ├─ 避免利益冲突
│   │   └─ 监督财务合规操作
│   ├─ 独立于资金运用部门
│   │   ├─ 资金监控与审计分离
│   │   ├─ 风险评估与策略制定独立
│   │   └─ 确保资金运用合规性
│   └─ 独立于内部审计部门
│       ├─ 审计职能分离
│       ├─ 协调而非领导关系
│       └─ 确保审计结果客观公正
├─ 合规岗位独立性
│   ├─ 岗位职责明确
│   │   ├─ 专注于合规审查与监督
│   │   └─ 不参与具体业务操作
│   ├─ 报告路线独立
│   │   ├─ 直接向高级管理层或董事会报告
│   │   └─ 确保信息畅通无阻
│   ├─ 人员配置独立
│   │   ├─ 专职合规人员
│   │   └─ 避免与其他部门兼职
│   └─ 培训与发展独立
│       ├─ 独立的合规培训体系
│       └─ 职业发展路径明确
├─ 避免职责冲突
│   ├─ 职责界定清晰
│   │   ├─ 明确合规管理职责范围
│   │   └─ 界定与其他部门职责边界
│   ├─ 流程隔离
│   │   ├─ 合规审查流程独立
│   │   └─ 避免流程交叉导致职责混淆
│   └─ 风险隔离机制
│       ├─ 建立风险防火墙
│       └─ 确保合规风险得到有效控制
├─ 合规管理部门职责专注
│   ├─ 合规制度制定与执行
│   │   ├─ 制定合规制度与程序
│   │   └─ 监督制度执行情况
│   ├─ 合规风险评估与监控
│   │   ├─ 识别与评估合规风险
│   │   └─ 监控风险变化趋势
│   └─ 合规培训与宣传
│       ├─ 组织合规培训
│       └─ 提升全员合规意识
└─ 合规岗位不承担冲突职责
    ├─ 不参与业务决策
    │   ├─ 仅提供合规意见与建议
    │   └─ 不直接参与业务决策过程
    ├─ 不涉及财务操作
    │   ├─ 不参与财务报销与审批
    │   └─ 确保财务操作合规性审查的独立性
    └─ 不参与内部审计
        ├─ 仅提供合规性评估
        └─ 不直接参与内部审计工作
```

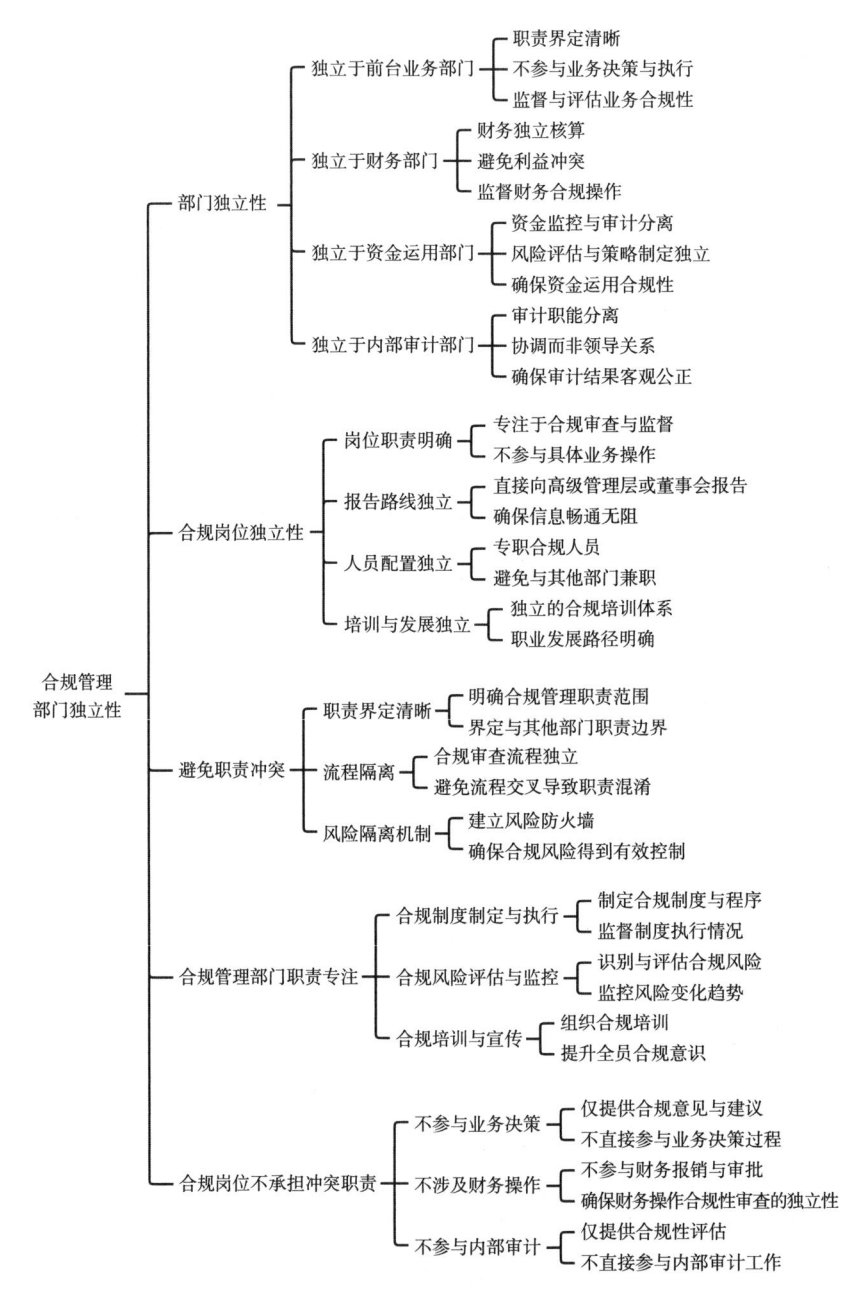

图 2-25 合规管理部门独立性思维导图

表 2-25 合规管理部门独立性检测实施一览表

项目	主题	事项	检测项目	评价已经做到	评价尚未做到
合规管理部门独立性	部门独立性	独立于前台业务部门	职责界定清晰		
			不参与业务决策与执行		
			监督与评估业务合规性		
		独立于财务部门	财务独立核算		
			避免利益冲突		
			监督财务合规操作		
		独立于资金运用部门	资金监控与审计分离		
			风险评估与策略制定独立		
			确保资金运用合规性		
		独立于内部审计部门	审计职能分离		
			协调而非领导关系		
			确保审计结果客观公正		
	合规岗位独立性	岗位职责明确	专注于合规审查与监督		
			不参与具体业务操作		
		报告路线独立	直接向高级管理层或董事会报告		
			确保信息畅通无阻		
		人员配置独立	专职合规人员		
			避免与其他部门兼职		
		培训与发展独立	独立的合规培训体系		
			职业发展路径明确		
	避免职责冲突	职责界定清晰	明确合规管理职责范围		
			界定与其他部门职责边界		
	合规管理部门职责专注	流程隔离	合规审查流程独立		
			避免流程交叉导致职责混淆		
		风险隔离机制	建立风险防火墙		
			确保合规风险得到有效控制		
		合规制度制定与执行	制定合规制度与程序		
			监督制度执行情况		
		合规风险评估与监控	识别与评估合规风险		
			监控风险变化趋势		

续表

项目	主题	事项	检测项目	评价已经做到	评价尚未做到
合规管理部门独立性	合规管理部门职责专注	合规培训与宣传	组织合规培训		
			提升全员合规意识		
	合规岗位不承担冲突职责	不参与业务决策	仅提供合规意见与建议		
			不直接参与业务决策过程		
		不涉及财务操作	不参与财务报销与审批		
			确保财务操作合规性审查的独立性		
		不参与内部审计	仅提供合规性评估		
			不直接参与内部审计工作		

五、案例

加拿大丰业银行合规管理部门独立性管理

（一）金融机构介绍

加拿大丰业银行成立于1832年，是加拿大历史最悠久的银行之一。总部位于多伦多，它是加拿大五大银行之一，也是全球重要的金融机构之一。丰业银行在全球范围内开展多元化的金融服务，其业务涵盖零售银行、商业银行、财富管理和资本市场服务等领域。加拿大丰业银行业务遍布全球网络，在50多个国家拥有业务，涵盖北美、拉丁美洲、加勒比地区、欧洲和亚洲等区域。

加拿大丰业银行因其卓越的国际化运营能力而被称为"加拿大最国际化的银行"。这种国际化特性不仅要求银行在各市场实现业务增长，还要求其对复杂的跨国法规环境具有高度敏感性和适应性，特别是在合规管理领域。加拿大丰业银行认识到，合规管理在其全球业务中的重要性，不仅关系到银行的运营稳健性，也直接影响其在国际市场上的声誉。因此，加拿大丰业银行将合规管理纳入其核心战略，在全球范围内构建了一个独立性强、效率高且技术先进的合规管理体系。

（二）具体措施

加拿大丰业银行的合规管理部门的独立性体现在其清晰的组织架构设计中，其合规管理部门独立于前台业务、财务部门、资金运用部门和内部审计部门，确保职责不受其他部门的影响。具体如下。

（1）总部的合规管理体系。加拿大丰业银行在总部设立了独立的合规管理部门，该部门直接向首席合规官报告,而首席合规官则直接向董事会下属的风险管理委员会负责。通过这样的报告关系,合规管理部门的决策权和执行权不受任何其他业务部门的制约。这种架构使合规管理部门在履职时具有权威性和独立性,能够为银行的重大决策提供独立的合规审查意见。

(2)区域和分支机构的合规管理延伸。加拿大丰业银行在各主要区域及其下属的一级分支机构也设有独立的合规管理部门。这些部门对本级机构的合规事务负责,同时接受总部的统一指导和监督。这种上下级之间的联动机制不仅增强了合规机制的执行力,还确保了机制在全球范围内的统一性。

(3)避免职责冲突的明确规定。加拿大丰业银行通过内部机制明确规定,合规管理部门及其人员不得承担与合规管理相冲突的职责。例如,合规人员不得参与具体业务决策,也不得直接参与资金运作。这种明确的职责划分,有助于维护合规管理工作的独立性和公正性。

加拿大丰业银行通过严格的制度设计和科学的流程管理,进一步强化了合规管理部门的独立性。具体如下。

(1)全面的制度框架。加拿大丰业银行制定了涵盖合规风险管理的基本体系、操作指引及工作手册。这些文件不仅明确了合规管理的基本原则,还详细规定了合规管理部门在风险评估、审查、监控及问责等环节的具体职责。所有制度均需经过董事会批准,并定期由合规部门进行审查和更新,确保其与最新的法规和市场实践保持一致。

(2)严格的审查和审批流程。加拿大丰业银行要求所有涉及重大交易、产品开发及战略决策的事项,必须经过合规管理部门的独立审查。合规部门有权否决任何可能违反法规或内部制度的决策,而无须考虑其对短期利润的影响。这种"否决权"赋予了合规管理部门足够的权威性。

(3)技术支持与数据透明化。加拿大丰业银行引入了先进的合规管理技术平台,用于实时监控潜在的违规行为,并生成详细的风险报告。这些平台完全由合规管理部门独立管理,数据透明化的设计避免了对其他部门数据的依赖,从而进一步提升了合规管理的独立性。

(三)案例特色和亮点

加拿大丰业银行的合规管理部门直接向董事会汇报,而非通过首席执行官或其他业务部门,从而构建了一条独立而透明的汇报与监督链条。这种设计有效防止了高层管理人员对合规工作的干预,确保了合规部门在运作中的独立性和权威性。

1. 全球统一与本地化结合的管理模式

加拿大丰业银行的合规管理制度由总部统一制定，但在执行时充分考虑到各地法规要求与市场特点的差异。例如在拉丁美洲市场，合规部门特别注重反洗钱和反腐败事务。有一次，当地分支银行在对一笔跨境转账进行例行审查时，发现疑似资金流转异常，经过深入调查后，发现该交易存在潜在洗钱风险，并及时与当地监管部门沟通，成功避免了更大风险。在欧洲市场，该地区则更侧重于隐私保护和数据安全合规。银行在一次针对数据泄漏风险的内部演练中，通过模拟突发网络攻击事件，检验并完善了数据防护措施，确保了客户信息安全。这种因地制宜的管理方式不仅保障了全球制度的一致性，也大幅提高了各地制度的本地适用性。

2. 合规文化的深入推广

加拿大丰业银行认为，合规管理的独立性不仅依赖于制度和流程，更需要全体员工对合规理念的高度认同和自觉遵循。为此，银行定期开展各类合规培训、发布专门的合规宣传材料，并举办合规文化月活动，旨在深入推广合规理念。在某次活动中，一名基层员工通过参与互动讨论，提出了改进内部数据上报流程的建议，该建议被采纳后，有效提升了部门之间的信息共享效率。此外，银行还设有内部案例分享会，邀请各部门讲述实际操作中遇到的合规问题及解决方案，使得每位员工都能从真实案例中获得启发，增强风险意识。

3. 技术驱动的风险管理创新

为了进一步提升合规管理的效率和精准度，加拿大丰业银行大力引入人工智能和机器学习技术，构建了先进的自动化监控系统。该系统能在秒级时间内分析海量交易数据，自动筛选出疑似违规行为，并生成详细的风险分析报告。一个案例显示，在一次夜间监控过程中，系统迅速检测到一笔交易金额异常且模式不符的交易，自动发出警报，促使合规团队迅速介入调查，从而防止了可能引发的重大风险。这种技术手段不仅大幅提高了监控效率，也使得部门在人员有限的情况下依然能够保持高效运作。

（四）总结与启示

加拿大丰业银行的合规管理部门独立性管理实践不仅展示了现代金融机构如何通过科学的组织设计和流程优化来保障合规独立性，还为全球金融行业提供了重要的参考样本。具体如下。

（1）独立性是合规管理的核心：通过清晰的汇报链条和职责划分，确保合规管理部门能够在不受干扰的情况下履职。

（2）技术与文化双轮驱动：技术创新为合规管理提供了强有力的支持，但最终的执行仍然依赖于全体员工的合规意识。

（3）因地制宜的全球化策略：在全球化运营中，合规管理需要平衡全球一致性与本地适应性之间的关系。

（4）高层支持与参与：董事会对合规工作的重视和直接参与，为合规管理部门的独立性提供了坚实的基础。

这一案例充分说明在全球化日益深化和监管环境日趋复杂的背景下，合规管理部门的独立性不仅是法律法规的要求，更是金融机构长期稳健发展的必然选择。

第二十六节　其他部门合规人员配备

一、其他部门合规人员配备的监管政策

第三十二条　金融机构应当为合规管理部门以外的其他部门配备专职或者兼职从事合规工作的人员。鼓励并支持金融机构建立上述人员向同级合规管理部门负责的机制。

二、理解和学习：其他部门合规人员配备

在金融机构的日常运营中，合规管理是一项至关重要且不可或缺的工作。它不仅关系到金融机构的稳健运营，更直接影响金融市场的秩序和投资者的权益。为了确保合规管理的全面性和有效性，金融机构不仅要在合规管理部门内部配备专业的合规人员，还应当为合规管理部门以外的其他部门配备专职或者兼职从事合规工作的人员。这一举措对金融机构构建全方位的合规管理体系具有深远的意义。

金融机构的业务部门众多，每个部门都有其独特的业务特点和合规风险。因此，仅仅依靠合规管理部门的力量是难以全面覆盖所有合规风险的。为其他部门配备专职或兼职的合规工作人员可以使合规管理更加贴近业务实际，更加及时地发现和处置合规风险。这些合规工作人员将作为合规管理部门的"眼睛"和"耳朵"，在业务部门中发挥着重要的监督和提醒作用。

对配备的专职或兼职合规工作人员，金融机构应当给予充分的鼓励和支持。他们虽然不属于合规管理部门，但在合规管理上却承担着与合规管理部门相同的责任和使命。因此，金融机构应当为他们提供必要的合规培训，使他们熟悉合规规范和流程，

掌握合规管理的基本方法和技巧。同时，金融机构还应当为他们提供足够的资源和支持，确保他们能够顺利地开展合规工作，不受其他业务工作的干扰和影响。

为了更好地发挥这些合规工作人员的作用，金融机构应当建立上述人员向同级合规管理部门负责的机制。这一机制的建立，可以确保合规工作人员在开展工作过程中有明确的汇报对象和指导机构。同级合规管理部门作为合规管理的专业部门，可以为合规工作人员提供专业的指导和建议，帮助他们解决在工作中遇到的困难和问题。同时，同级合规管理部门还可以对合规工作人员的工作进行监督和评估，确保他们的工作符合合规规范的要求。

在具体实施过程中，金融机构可以根据业务部门的实际情况和合规风险的特点，灵活地配备专职或兼职的合规工作人员。对业务量大、合规风险高的部门，可以配备专职的合规工作人员，以确保合规管理的全面性和及时性。对业务量相对较小、合规风险较低的部门，则可以配备兼职的合规工作人员，以在保证合规管理效果的同时，节约人力资源成本。

此外，金融机构还应当建立健全合规工作人员的考核和激励机制。合规工作是一项长期而艰巨的任务，需要合规工作人员具备高度的责任心和敬业精神。为了激发合规工作人员的工作积极性和创造性，金融机构应当建立科学的考核体系，对合规工作人员的工作表现进行客观、公正的评价。同时，金融机构还应当设立相应的奖励机制，对在合规工作中表现突出的合规工作人员给予表彰和奖励，以激励他们更好地履行合规管理职责。

除了配备专职或兼职的合规工作人员外，金融机构还应当注重培养全体员工的合规意识。合规管理不仅仅是合规管理部门和合规工作人员的责任，更是全体员工的共同职责。金融机构应当通过定期的培训、宣传和教育活动增强全体员工的合规意识和风险防控能力，使员工在日常工作中自觉遵守合规规范，积极识别和防控合规风险，形成全员参与、共同维护合规管理的良好氛围。

三、思维导图：其他部门合规人员配备

为了全面、直观地展示金融机构其他部门合规人员的配备情况与组织架构，我们精心绘制了其他部门合规人员配备思维导图，如图2-26所示。图2-26系统地呈现了金融机构内其他部门合规人员配备要求，包含了合规人员配置原则、合规人员配置范围、合规人员职责、合规人员选拔标准、合规人员培训与发展、合规人员激

励与考核、合规人员支持与资源保障等。它不仅展示了合规人员在金融机构各部门中的广泛覆盖，还突出了合规人员配备的合理性和科学性，确保各部门在业务运营中都能得到专业的合规指导和支持。通过图2-26，金融机构可以清晰地了解各部门合规人员的配备状况，从而优化人员配置，提升金融机构的整体合规管理水平和风险防控能力。

```
其他部门合规人员配备
├── 合规人员配置原则
│   ├── 专职与兼职并存
│   └── 确保合规管理全面性
├── 合规人员配置范围
│   ├── 合规管理部门
│   └── 其他业务部门（如风险、财务、运营等）
├── 合规人员职责
│   ├── 专职合规人员
│   │   ├── 制定并执行合规策略
│   │   ├── 监控合规风险
│   │   └── 组织合规培训
│   └── 兼职合规人员
│       ├── 协助专职合规人员工作
│       ├── 参与日常合规检查
│       └── 报告合规问题
├── 合规人员选拔标准
│   ├── 专业知识背景（法律、金融等）
│   ├── 良好的职业道德
│   └── 沟通与协调能力
├── 合规人员培训与发展
│   ├── 定期组织合规培训
│   ├── 提供职业发展机会
│   └── 鼓励持续学习与认证
├── 合规人员向同级合规管理部门负责机制
│   ├── 明确报告路径
│   ├── 定期汇报合规工作
│   └── 紧急问题即时通报
├── 合规人员激励与考核
│   ├── 设立合规绩效指标
│   ├── 奖励合规表现优异者
│   └── 对不合规行为进行处罚
└── 合规人员支持与资源保障
    ├── 提供必要的工作工具
    ├── 确保信息获取渠道畅通
    └── 设立合规咨询热线或平台
```

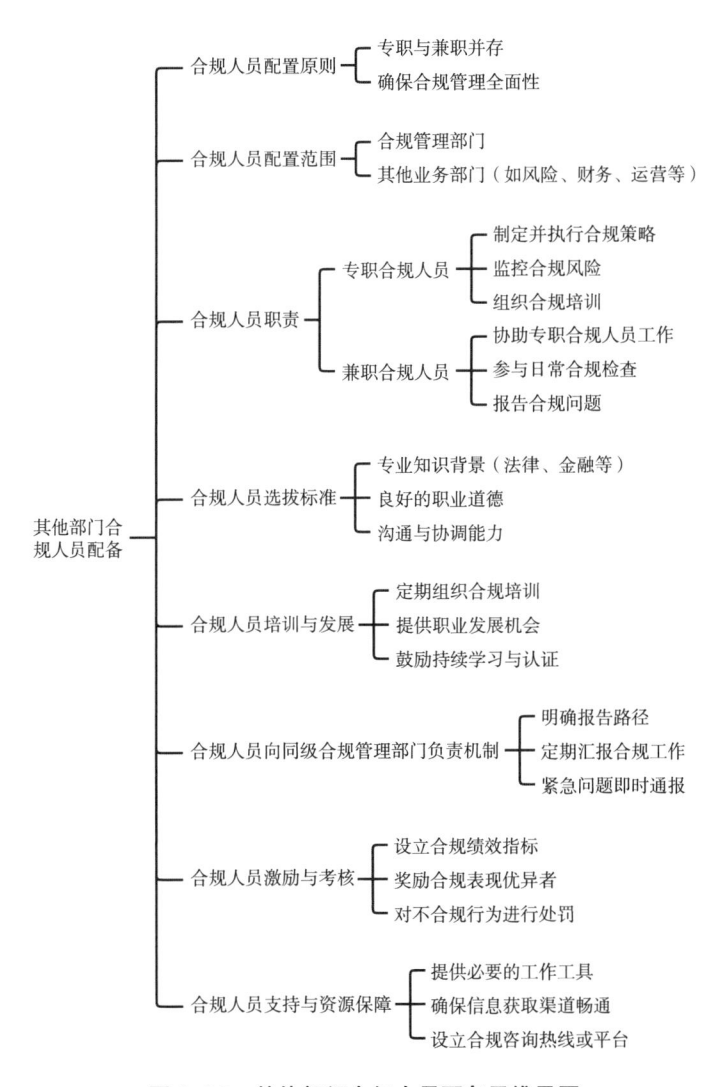

图 2-26 其他部门合规人员配备思维导图

四、工具：其他部门合规人员配备检测实施一览表

为了确保金融机构其他部门合规人员的配备满足合规管理的要求，并持续提升合

规管理的有效性，我们特别设计了其他部门合规人员配备检测实施一览表，如表2-26所示。通过表2-26，金融机构可以系统地对各部门合规人员的配备情况进行自查和评估，及时发现并解决配备不足或配置不合理的问题，确保各部门都能得到专业的合规支持和指导，从而提升金融机构的整体合规管理水平和风险防控能力。

表2-26 其他部门合规人员配备检测实施一览表

项目	主题	检测项目	评价已经做到	评价尚未做到
其他部门合规人员配备	合规人员配置原则	专职与兼职并存		
		确保合规管理全面性		
	合规人员配置范围	合规管理部门		
		其他业务部门（如风险、财务、运营等）		
	专职合规人员	制定并执行合规策略		
		监控合规风险		
		组织合规培训		
	兼职合规人员	协助专职合规人员工作		
		参与日常合规检查		
		报告合规问题		
	合规人员选拔标准	专业知识背景（法律、金融等）		
		良好的职业道德		
		沟通与协调能力		
	合规人员培训与发展	定期组织合规培训		
		提供职业发展机会		
		鼓励持续学习与认证		
	合规人员向同级合规管理部门负责机制	明确报告路径		
		定期汇报合规工作		
		紧急问题即时通报		
	合规人员激励与考核	设立合规绩效指标		
		奖励合规表现优异者		
		对不合规行为进行处罚		
	合规人员支持与资源保障	提供必要的工作工具		
		确保信息获取渠道畅通		
		设立合规咨询热线或平台		

五、案例

L 银行其他部门合规人员配备管理深度分析

（一）金融机构介绍

L 银行作为中国金融业的佼佼者，自 1993 年开业以来，始终秉持其"笃守诚信，创造卓越"的核心价值观，致力于为客户提供优质、高效的金融服务。从最初的区域性商业银行，到成为拥有遍布全国的服务网络和多元化金融产品的综合性金融服务提供商，L 银行的发展历程见证了其不断追求卓越、勇于创新的决心和实力。

L 银行凭借其在金融市场、投资银行、资产管理、零售银行、小微企业金融等多个领域的深耕细作，赢得了广泛的客户基础和良好的市场口碑。同时，该行积极响应国家金融改革和创新号召，推动数字化转型，提升服务效率和客户体验，不断巩固和扩大其在金融市场中的领先地位。

然而，L 银行的成功并非偶然。在快速变化的金融市场中，该行始终保持清醒的头脑，坚持合规经营，将风险管理放在首位。特别是在合规管理方面，L 银行不仅设立了专门的合规管理部门，还建立了完善的合规管理体系，确保银行业务的合规性和稳健性。

（二）具体措施

在 L 银行，合规管理被视为银行业务的生命线。为了确保银行业务的合规性，该行不仅设立了专门的合规管理部门，还积极为其他业务部门配备专职或兼职的合规工作人员。这些合规人员在日常工作中发挥着至关重要的作用，他们不仅负责监督业务部门的合规操作，还负责向同级合规管理部门报告合规风险，为银行的风险防控提供有力支持。

1. 合规人员配备原则

L 银行在合规人员配备方面遵循以下原则。

（1）按需配备。根据业务部门的规模和合规风险程度，灵活配备专职或兼职合规人员。对高风险业务或新业务领域，L 银行会优先考虑配备专职合规人员，以确保合规工作的专业性和有效性。

（2）专业胜任。合规人员需要具备丰富的金融知识和合规经验，以及熟悉银行业务流程和监管要求。L 银行通过严格的选拔和培训机制，确保合规人员具备胜任工作的能力和素质。

（3）独立性与协同性并重。合规人员在工作中保持独立性，不受业务部门的影响和干扰。同时，L银行鼓励合规人员与业务部门保持密切沟通与合作，共同推动业务的合规发展。

2. 合规人员职责与分工

L银行为其他业务部门配备的合规人员主要承担以下职责。

（1）合规审查与监督。对业务部门开展的业务活动进行合规审查，确保业务活动符合法律法规、监管要求和银行内部规章制度。同时，对业务部门的日常操作进行监督，及时发现并纠正合规问题。

（2）合规风险识别与评估。通过日常巡查、风险监测等方式，识别业务中的合规风险点，并进行风险评估。根据评估结果，制定相应的风险防控措施，确保业务风险可控。

（3）合规培训与宣传。定期组织合规培训和宣传活动，提高业务部门的合规意识和风险防控能力。通过培训，使业务部门员工了解合规要求、掌握合规技能，为银行的合规经营奠定基础。

（4）合规报告与沟通。定期向同级合规管理部门报告合规工作进展和风险状况，确保合规信息的及时传递和有效沟通。同时，与业务部门保持密切沟通，了解业务需求，为业务部门提供合规咨询和支持。

3. 合规人员管理机制

为了确保合规人员能够充分发挥作用，L银行建立了完善的合规人员管理机制，具体如下。

（1）选拔与培训机制。L银行通过严格的选拔程序，选拔具备丰富金融知识和合规经验的优秀人才担任合规人员。同时，该行定期组织合规培训，提高合规人员的专业素养和业务能力。培训内容涵盖法律法规、监管要求、合规风险管理等方面，确保合规人员能够跟上金融市场的变化和监管要求的变化。

（2）考核与激励机制。L银行建立了完善的合规人员考核与激励机制，通过定期考核，评估合规人员的工作表现和业务水平，对表现突出的合规人员，给予表彰和奖励，激发其工作积极性和创造性。同时，对工作不力或存在合规问题的合规人员，采取相应的惩罚措施，确保合规工作的严肃性和权威性。

（3）监督与问责机制。L银行对合规人员的工作实施严格的监督和问责制度。对违反合规规定的行为，该行将依法依规进行严肃处理，确保合规工作的规范性和有效性。同时，该行还鼓励员工积极参与合规监督，对发现的合规问题及时报告和处理，共同维护银行的合规经营。

（三）案例特色和亮点

L银行在其他部门合规人员配备管理方面的特色和亮点，主要体现在以下几个方面。

1. 专职与兼职相结合，灵活高效

L银行根据业务部门的规模和合规风险程度，采取灵活配置专职与兼职合规人员的策略。在高风险或新兴业务领域，L银行会优先配置专职合规人员，确保专业性和高效性。对于规模较小、风险较低的部门，则通过兼职方式进行管理，有效节省人力资源，避免资源浪费。例如，在一次新型支付业务上线初期，L银行针对业务较为复杂的部门迅速配备了一名专职合规负责人，通过全天候监控和风险评估，成功防止了可能出现的操作漏洞。在传统储蓄业务部门，L银行采用兼职合规人员协助日常检查的方式，不仅实现了风险控制，还大大提高了整体资源利用效率。

2. 系统化培训，提升合规能力

L银行非常重视合规人员的专业素质建设，定期组织系统化培训和进行严格的考核，内容涵盖最新法律法规、监管要求及合规风险管理等。L银行不仅内部组织培训，还鼓励合规人员参加外部交流和行业研讨，及时吸收业内最佳实践经验和前沿信息，从而不断提升团队整体的风险防控能力。例如，在一次针对金融科技新规的专项培训中，一位合规专员在模拟案例讨论时提出了改进内部审查流程的建议，该建议后来在全行推广实施，显著提高了对新业务领域的风险识别能力。

3. 信息沟通与协同合作，形成合力

为确保合规信息的及时传递和处理，L银行建立了完善的信息沟通机制。合规人员与各业务部门之间通过定期召开合规工作会议、组织现场检查及风险预警会议，保持紧密联系，形成协同作战的合力。这种机制不仅能及时发现潜在风险，还能迅速协调解决问题。在一次月度合规例会上，一名基层合规员发现某部门在数据处理流程中存在微小漏洞，通过现场讨论，迅速组织跨部门会商，调整了流程并预防了可能的风险，确保了业务的安全运行。

4. 强化监督与问责，确保合规严肃性

L银行对合规工作实施严格的监督和问责制度，对任何违反合规规定的行为均依法依规进行严肃处理，确保合规管理工作的权威性和严肃性。L银行设有专门的合规举报机制，鼓励员工积极参与监督，一旦发现问题可迅速报告，并由专门团队进行调查和整改。有一次，一名员工通过内部举报平台反映某部门存在轻微违规操作，经调查属实后，L银行迅速采取问责措施，并公开通报整改情况，营造了严明的纪律氛围，

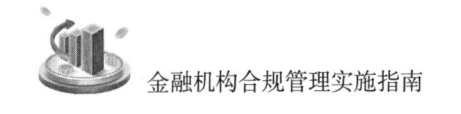

进一步树立了全行的合规经营形象。

（四）案例深度分析

L银行在其他部门合规人员配备管理方面的成功案例不仅体现了该行对合规工作的高度重视和严谨态度，也揭示了其在合规管理方面的一些独特经验和做法，以下是对该案例的深度分析。

1. 合规文化深入人心，形成良好氛围

L银行注重合规文化的建设，通过举办合规知识竞赛、合规宣传月等活动，提高了全体员工的合规意识和风险防控能力。同时，该行还鼓励员工积极参与合规工作，对在合规工作中表现突出的员工给予表彰和奖励。这种正向激励措施使合规文化在浦发银行内部深入人心，形成了良好的合规氛围。在这种氛围下，员工更加自觉地遵守合规要求，积极参与合规工作，为银行的合规经营奠定了坚实基础。

2. 合规管理体系完善，确保合规有效性

L银行建立了完善的合规管理体系，包括合规制度、合规流程、合规培训、合规监督等方面。通过这一体系的建设和完善，L银行确保了合规工作的有效性和规范性。同时，该行还注重合规管理体系的持续改进和优化，根据监管要求和银行业务发展的需要，不断调整和完善合规管理体系。这种持续改进和优化的做法使L银行的合规管理体系更加适应市场需求和监管要求的变化，确保了合规工作的有效性和可持续性。

3. 合规人员专业素养高，具备较强能力

L银行的合规人员具备较高的专业素养和较强的业务能力。他们不仅熟悉法律法规和监管要求，还具备丰富的金融知识和实践经验。在工作中，他们能够准确识别合规风险点，制定有效的风险防控措施，确保业务的合规性。同时，他们还注重与业务部门的沟通和协作，共同推动业务的合规发展。这种专业素养高、能力强的合规人员队伍为L银行的合规经营提供了有力保障。

4. 合规监督与问责机制严格，维护合规严肃性

L银行对合规工作实施严格的监督和问责制度。对违反合规规定的行为，该行将依法依规进行严肃处理，确保合规工作的严肃性和权威性。同时，该行还建立了合规举报机制，鼓励员工积极参与合规监督。这种严格的监督和问责机制使L银行的合规工作更加规范有序，有效遏制了合规违规行为的发生。同时，它也向全体员工传递了一个明确的信息：合规不是口号，而是必须严格遵守的底线。

第二十七节　合规管理体系统一

一、合规管理体系统一的监管政策

第三十三条　金融机构应当将各部门、下属各机构的合规管理纳入统一体系，强化对各部门合规岗位、下属各机构合规管理部门的指导与监督，明确各部门、下属各机构向机构总部报告的合规管理事项，对下属各机构经营管理和员工履职行为的合规性进行检查，督导各部门、下属各机构合规管理工作符合合规规范。

二、理解和学习：合规管理体系统一

在金融行业这个高度复杂且风险频发的领域中，合规管理不仅是金融机构稳健运营的基石，更是维护金融市场秩序、保障投资者权益的关键所在。为了确保合规管理的有效性和全面性，金融机构应当将各部门、下属各机构的合规管理纳入一个统一的管理体系之中，这一举措对金融机构的长远发展具有深远的意义。

第一，将各部门、下属各机构的合规管理纳入统一体系，意味着金融机构要建立起一个涵盖全机构、全业务流程的合规管理框架。在这个框架内，无论是总部还是下属机构，无论是前台业务部门还是中后台支持部门，都要遵循统一的合规标准和规范。这种统一性的实现，有助于金融机构形成合力，共同应对合规风险，确保全机构的合规管理水平得到整体提升。

第二，为了强化对各部门合规岗位、下属各机构合规管理部门的指导与监督，金融机构需要建立一套完善的指导监督机制。总部合规管理部门作为全机构合规管理的"指挥中心"，应当承担起对各部门、下属各机构合规工作的指导和监督职责。具体来说，总部合规管理部门可以制定详细的合规管理手册和操作流程，为各部门、下属各机构的合规工作提供明确的指导和依据。同时，通过定期的培训、交流和检查等方式，加强对各部门合规岗位、下属各机构合规管理部门的业务指导和监督，确保他们能够准确理解和执行合规规范，有效提升合规管理的水平和效率。

第三，在统一合规管理体系中，明确各部门、下属各机构向机构总部报告的合规管理事项是至关重要的一环。金融机构应当制定具体的报告制度和流程，明确各部门、下属各机构需要向总部报告的合规管理事项，如合规风险的发现与处置、合规制度的执行情况、合规培训的开展情况等。通过这些报告，总部合规管理部门可以及时了解各部门、下属各机构的合规管理状况，发现问题并采取相应的措施进行整改和优化。这种报告制度的建立，有助于金融机构形成上下联动、信息畅通的合规管理机制，确保合规管理的全面性和及时性。

第四，除了指导和监督外，金融机构还需要对下属各机构经营管理和员工履职行为的合规性进行检查。这种检查可以是定期的，也可以是不定期的，旨在确保下属各机构在经营管理过程中严格遵守合规规范，员工在履职过程中秉持合规原则。检查的内容可以包括业务操作的合规性、内部控制的有效性、合规风险的防控措施等。通过检查，金融机构可以及时发现和纠正下属各机构在经营管理和员工履职中存在的合规问题，防止合规风险的发生和蔓延。

第五，在督导各部门、下属各机构合规管理工作符合合规规范的过程中，金融机构应当注重发挥合规管理部门的专业优势和权威作用。合规管理部门作为金融机构合规管理的核心部门，应当具备专业的合规知识和丰富的合规经验，能够为各部门、下属各机构提供有针对性的合规指导和建议。同时，合规管理部门还应当具备对合规问题进行独立调查和处理的能力，确保合规管理的公正性和有效性。通过合规管理部门的督导和推动，金融机构可以确保各部门、下属各机构的合规管理工作符合合规规范，营造全机构合规管理的良好氛围。

此外，金融机构还应当注重合规文化的培育和传播。合规文化是金融机构文化的重要组成部分，它强调诚信、守法、合规的价值观和行为准则。通过培育和传播合规文化，金融机构可以增强员工的合规意识和风险防控能力，使员工在日常工作中自觉遵守合规规范，积极识别和防控合规风险。同时，合规文化的培育和传播还有助于金融机构营造良好的合规氛围，促进全机构合规管理的持续提升。

三、思维导图：合规管理体系统一

为了全面、系统地展现金融机构合规管理体系的整体架构与运作流程，我们精心绘制了合规管理体系统一思维导图，如图2-27所示。图2-27清晰地呈现了合规管理体系统一的各个组成部分，包括合规管理纳入统一体系、合规岗位与部门指导监督、合规管理事项报告制度、合规性检查机制、员工履职行为合规性监督、下属机构经营管理合规性督导、合规规范明确与执行、合规管理体系持续优化等关键环节。它不仅展示了合规管理体系的完整性和系统性，还确保合规管理工作能够有序、高效地进行。通过图2-27，金融机构可以直观地了解合规管理体系的全貌，从而更好地把握合规管理的核心要点，优化管理流程，提升合规管理的整体效能。

```
                            ┌─ 各部门合规管理整合
            ┌─ 合规管理纳入统一体系 ─┼─ 下属各机构合规管理整合
            │                      └─ 统一的合规管理框架构建
            │
            │                      ┌─ 合规岗位设置规范
            ├─ 合规岗位与部门指导监督 ─┼─ 合规管理部门职责明确
            │                      └─ 定期指导与监督机制
            │
            │                      ┌─ 报告事项清单制定
            ├─ 合规管理事项报告制度 ─┼─ 报告流程与时限
            │                      └─ 总部对报告的评估与反馈
            │
            │                      ┌─ 定期检查计划制订
            ├─ 合规性检查机制 ──────┼─ 检查内容与标准
合规管理     │                      └─ 检查结果处理与整改
体系统一 ───┤
            │                      ┌─ 员工合规培训与教育
            ├─ 员工履职行为合规性监督 ─┼─ 履职行为合规性评估
            │                      └─ 不合规行为纠正与处罚
            │
            │                        ┌─ 经营管理合规性标准
            ├─ 下属机构经营管理合规性督导 ─┼─ 督导方式与频率
            │                        └─ 经营管理问题整改跟踪
            │
            │                      ┌─ 合规规范制定与更新
            ├─ 合规规范明确与执行 ─┼─ 合规规范宣传与普及
            │                      └─ 合规规范执行情况评估
            │
            │                      ┌─ 合规管理效果评估
            └─ 合规管理体系持续优化 ─┼─ 管理体系问题识别与改进
                                   └─ 合规管理创新与实践
```

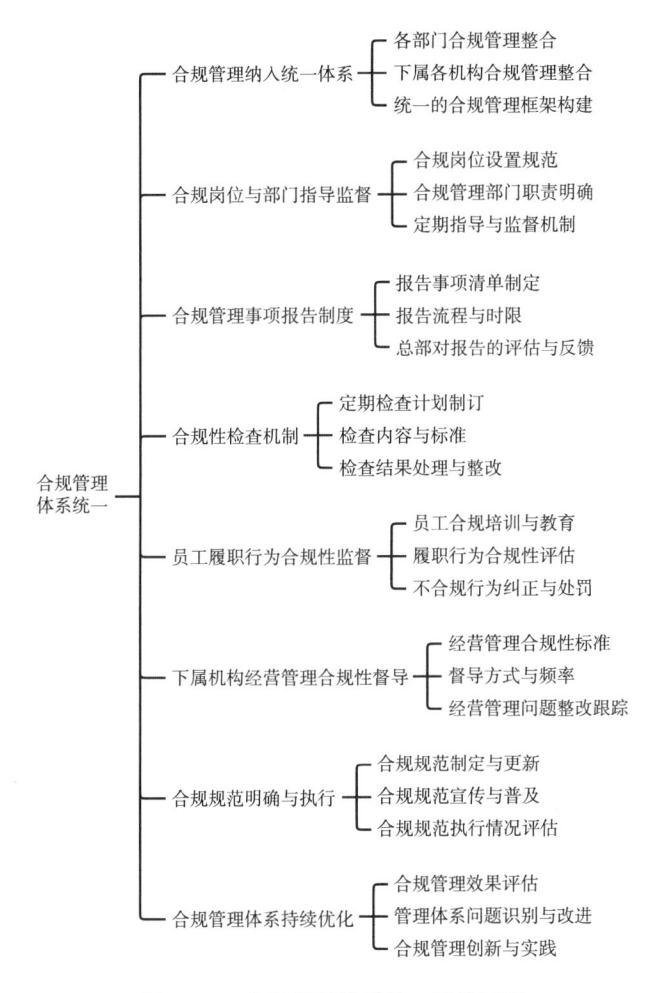

图 2-27　合规管理体系统一思维导图

四、工具：合规管理体系统一检测实施一览表

为了确保金融机构合规管理体系的统一性和有效性，我们特别设计了合规管理体系统一检测实施一览表，如表 2-27 所示。通过表 2-27，金融机构可以系统地对自身的合规管理体系进行自查和评估，及时发现并纠正存在的问题，确保合规管理体系的各个环节都能得到有效执行，从而提升金融机构的整体合规管理水平和风险防范能力。

表 2-27 合规管理体系统一检测实施一览表

项目	主题	检测项目	评价已经做到	评价尚未做到
合规管理体系统一	合规管理纳入统一体系	各部门合规管理整合		
		下属各机构合规管理整合		
		统一的合规管理框架构建		
	合规岗位与部门指导监督	合规岗位设置规范		
		合规管理部门职责明确		
		定期指导与监督机制		
	合规管理事项报告制度	报告事项清单制定		
		报告流程与时限		
		总部对报告的评估与反馈		
	合规性检查机制	定期检查计划制订		
		检查内容与标准		
		检查结果处理与整改		
	员工履职行为合规性监督	员工合规培训与教育		
		履职行为合规性评估		
		不合规行为纠正与处罚		
	下属机构经营管理合规性督导	经营管理合规性标准		
		督导方式与频率		
		经营管理问题整改跟踪		
	合规规范明确与执行	合规规范制定与更新		
		合规规范宣传与普及		
		合规规范执行情况评估		
	合规管理体系持续优化	合规管理效果评估		
		管理体系问题识别与改进		
		合规管理创新与实践		

五、案例

韩国 K 金融集团合规管理体系统一

（一）金融机构介绍

韩国 K 金融集团（以下简称 K 金融集团）是韩国规模最大的综合性金融机构之一，

集团在全球金融市场中拥有较高的声誉和广泛的业务网络,旗下涵盖银行、证券、保险、资产管理等多元化金融服务。其核心子公司K国民银行是韩国最大的商业银行,资产规模和市场份额在韩国居首。K金融集团秉承客户为中心的经营理念,通过数字化转型和全球化布局,不断提升其竞争力和服务能力。

随着全球金融监管环境的日益严格,K金融集团高度重视合规管理,将其视为提升运营效率、防范金融风险、确保企业可持续发展的核心战略之一。K金融集团深刻认识到,一个统一高效的合规管理体系不仅是遵守法律法规的必要条件,也是保护客户权益、维护市场稳定的关键。

(二)具体措施

1. 统一合规管理框架的建立

为了实现合规管理的全覆盖,K金融集团制定了一套全面的合规管理框架。该框架的核心目标是确保所有部门和下属机构的合规活动能够在统一的指导下进行,避免因策略不一致或执行标准不统一而产生合规漏洞。

这一框架由集团合规管理总部主导,涵盖以下几个关键方面。一是策略标准化。集团总部制定了统一的合规策略,包括反洗钱、反恐融资、数据隐私保护和反欺诈等领域的详细指南。这些策略确保各部门和子公司在不同市场环境下能够遵守相同的合规标准。二是制度化监督。集团要求所有合规活动必须接受总部的监督,并通过数字化合规管理平台实时追踪各机构的合规状况。三是差异化执行策略。针对不同的业务线和地域市场特点,制定灵活的执行策略,确保既符合集团整体要求,又能适应本地法规的特殊性。

2. 设立集团层级的合规管理委员会

为了确保合规管理的统一性和高效性,K金融集团设立了集团层级的合规管理委员会。委员会由首席合规官领导,其成员包括来自银行、证券、保险等主要子公司的高级管理人员和法律专家。该委员会负责以下职能。一是策略制定与更新。根据国内外金融监管环境的变化,及时调整和更新集团的合规策略。二是资源分配。合理配置合规管理资源,确保各子公司和部门拥有足够的合规支持。三是重大事项决策。对涉及集团整体利益的重大合规问题进行决策,如应对跨境合规风险、处理重大违规事件等。

3. 明确报告机制与责任划分

K金融集团要求各部门和下属机构设立专职或兼职的合规岗位,这些岗位直接向集团总部的合规管理部门报告。报告机制如下。一是定期报告。所有部门和子公司每季度需提交合规状况报告,内容包括合规风险评估、违规事件处理情况及改进建议。二是即时报告。在出现重大合规风险或违规行为时,需立即向总部汇报,并配合总部制定应对措施。三是反馈机制。集团总部定期向各部门和子公司反馈其合规管理工作表现,并提出改进意见。

4. 定期检查与监督

K金融集团总部对下属机构的合规管理工作进行定期检查和评估。这些检查包括文件审查、现场审计、员工访谈等方式,重点关注以下领域。一是经营管理的合规性。确保所有业务活动符合相关法律法规和集团策略。二是员工履职行为。检查员工在履职过程中是否遵循合规要求,如避免利益冲突、保护客户信息等。三是内部控制有效性。评估各机构的内部控制机制是否能够有效识别和防范合规风险。

5. 合规文化建设与培训

K金融集团深知,合规管理不仅依赖于制度和技术,更需要通过文化建设和培训提高全体员工的合规意识。因此,集团采取了一系列措施推动合规文化的普及。一是全员培训计划。为所有员工提供定期的合规培训,涵盖法律法规解读、案例分析、实操指导等内容。二是专题研讨会。邀请行业专家和监管机构代表参与,帮助员工了解最新的监管动态和合规实践。三是合规文化宣传。通过内部通信、海报、视频等多种形式,强化合规理念的传播。

(三) 案例特色和亮点

1. 数字化合规平台的应用

K金融集团自主开发了一套先进的数字化合规管理平台,将全集团各部门和子公司的合规活动统一纳入系统化、可视化的管理流程中。该平台不仅能够实时监控各业务环节中的合规风险,还能自动生成详细的合规报告,为合规人员提供高效的工作支持。例如在一次交易监测中,系统迅速捕捉到一笔金额异常且数据模型偏离常规模式的交易,自动触发预警,并将风险信息及时传递给相关部门,使问题在早期得到解决,避免了潜在风险扩散。

2. 本地化与全球化相结合

在构建统一的合规管理体系的同时,K金融集团充分考虑到不同市场的监管环境和文化差异,制定出"全球统一标准、本地灵活调整"的策略。例如在进入东南亚市场时,集团在遵循整体核心标准的基础上,根据当地消费者隐私保护法和反洗钱要求做出针对性调整，确保既满足全球合规要求，又符合本地法律法规，最终成功获得当地监管机构的认可，显著提升了国际竞争力。

3. 高度透明的沟通机制

K 金融集团构建了多层次、多渠道的内部沟通机制，确保各级管理层和部门之间合规信息的高效流转。所有合规事项的决策过程、执行情况和整改措施均通过内部系统实时公开，提升了透明度。例如在每月的跨部门合规会议中，一位基层合规员提出了对某业务流程中存在的小漏洞的改进建议，经过现场讨论和验证，该建议被迅速推广应用，从而优化了整体风险防控流程，增强了各部门对合规管理的信任与支持。

4. 应急响应能力强

为了迅速应对突发合规风险，K 金融集团建立了完善的报告机制和一支高效的应急反应团队。集团在出现重大风险时，应急反应团队能在极短时间内启动应急预案，进行风险评估、报告撰写和整改方案制定。例如在一次涉及跨境交易的违规事件中，集团在 48 小时内完成了全面风险评估、内部报告及整改方案的制定，迅速控制了事态发展。另有微型案例显示，集团的某子公司在监控系统发现异常数据后，立即启动应急响应，并通过与总部及当地监管部门的紧密协作，迅速查明问题并落实整改措施，获得了监管部门的高度评价。

通过上述措施，K 金融集团构建了一个高效、精准且具有前瞻性的合规管理体系，在全球化经营中确保了风险的有效防控。

（四）案例总结

K 金融集团的合规管理体系统一案例，是金融机构应对复杂监管环境和多元化业务需求的一次成功实践。通过建立统一的合规管理框架，设立强有力的监督机制，并推动合规文化的深度融入，K 金融集团不仅提升了自身的合规水平，也为全球金融行业提供了有益的借鉴。

这一案例表明，合规管理的核心在于平衡遵守规则与发展业务之间的关系。通过统筹规划和精细化管理，金融机构不仅能够规避法律风险，还可以通过合规优势赢得市场信任，为自身的可持续发展打下坚实基础。

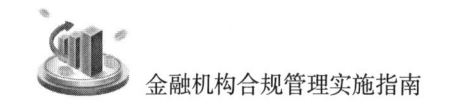

第二十八节　垂直管理合规部门

一、垂直管理合规部门的监管政策

第三十四条　鼓励金融机构对合规管理部门实行垂直管理。对合规管理部门实行垂直管理的金融机构，其下属各机构合规管理部门向上一级合规管理部门负责，接受上一级合规管理部门管理。

鼓励首席合规官统筹合规管理人员选聘、业务指导、工作汇报、考核管理、合规官提名等事项。

二、理解和学习：垂直管理合规部门

在金融行业的波澜壮阔中，合规管理如同一座灯塔，为金融机构的稳健航行指明方向。为了确保这座灯塔的明亮与稳固，金融机构需要构建一套高效、有序的合规管理体系。其中，对合规管理部门实行垂直管理，以及设立首席合规官来统筹合规管理事务，成了金融机构合规管理的重要趋势。

鼓励金融机构对合规管理部门实行垂直管理，这一做法具有深远的意义。垂直管理意味着合规管理部门在组织架构上形成一条清晰的链条，从总部到下属各机构，层层相连，环环相扣。在这样的管理体系下，下属各机构的合规管理部门不再孤立无援，而是向上一级合规管理部门负责，接受其管理与指导。

实行垂直管理的金融机构，其合规管理部门的运作将更加高效与统一。上一级合规管理部门能够制定全面的合规策略和制度，确保下属各机构在执行过程中保持一致性。同时，通过垂直管理，合规信息的传递将更加迅速与准确。下属机构在遇到合规难题或风险时，能够及时向上级合规管理部门汇报，获得专业的指导与支持。这种上下联动的机制，有助于金融机构迅速应对合规挑战，降低合规风险。

此外，垂直管理还有助于提升合规管理部门的独立性与权威性。在垂直管理体系下，合规管理部门能够更加独立地履行职责，不受其他部门或机构的干扰。这种独立性使合规管理部门能够更加客观地评估合规风险，提出改进建议，确保金融机构的合规管理更加公正与有效。

为了更好地实施垂直管理，金融机构需要设立首席合规官这一重要职位。首席合规官作为合规管理的最高负责人，承担着统筹合规管理人员选聘、业务指导、工作汇报、考核管理、合规官提名等事项的重任。

在选聘合规管理人员方面，首席合规官需要具备敏锐的洞察力和专业的判断力。他们需要挑选出具备丰富合规经验、良好职业素养和高度责任心的合规管理人员，为金融机构的合规管理注入新鲜血液。同时，首席合规官还要对合规管理人员进行业务指导，确保他们能够熟悉并掌握合规策略和制度，有效地履行合规管理职责。

在工作汇报方面，首席合规官需要建立定期的工作汇报机制。下属各机构的合规管理部门需要定期向首席合规官汇报合规工作的进展情况、存在的问题及改进措施。首席合规官则需要对这些汇报进行认真分析，及时发现问题并提出解决方案，确保合规管理工作的持续改进与完善。

在考核管理方面，首席合规官需要制定科学的考核标准和方法。他们需要对合规管理人员的工作表现进行全面、客观的评估，确保考核结果的公正性与准确性。同时，首席合规官还要根据考核结果对合规管理人员进行奖惩，激励他们更加积极地履行合规管理职责。

此外，首席合规官还负责合规官的提名工作。他们需要根据金融机构的合规管理需求和合规管理人员的实际情况提出合适的合规官人选，为金融机构的合规管理提供有力的人才保障。

实行垂直管理与设立首席合规官相结合的措施将极大地提升金融机构的合规管理水平。垂直管理确保了合规管理部门的统一性与高效性，而首席合规官则通过全面统筹合规管理事务，为金融机构的合规管理提供有力的组织保障和人才支持。

三、思维导图：垂直管理合规部门

为了直观、清晰地展示金融机构垂直管理合规部门的组织架构与运作模式，我们精心绘制了垂直管理合规部门思维导图，如图2-28所示。图2-28系统地呈现了合规部门垂直管理工作，包括从垂直管理概述、组织架构调整、汇报与管理机制、首席合规官角色、合规管理人员选聘、业务指导与支持，到工作汇报体系、考核管理机制、合规官提名与任命、附加措施等全部工作事项。它不仅展示了合规部门在金融机构中的独立地位和权威性，还突出了垂直管理模式在确保合规策略统一执行、合规风险有效防控方面的优势。通过图2-28，金融机构可以全面了解垂直管理合规部门的整体架构和运作流程，从而更好地协调各部门之间的合规工作，提升合规管理的效率和效果。

四、工具：垂直管理合规部门检测实施一览表

为了确保金融机构垂直管理合规部门的运作效率和合规管理的有效性，我们特别设计了垂直管理合规部门检测实施一览表，如表 2-28 所示。通过表 2-28，垂直管理合规部门可以系统地对自身的运作情况进行自查和评估，及时发现并解决存在的问题，确保合规管理工作能够按照垂直管理的模式高效、有序地进行，从而提升金融机构的整体合规水平和风险防范能力。

```
                       ┌── 垂直管理概述 ──┬── 鼓励金融机构实施
                       │                 └── 下属机构合规部门向上级汇报
                       │
                       ├── 组织架构调整 ──┬── 设立多级合规管理部门
                       │                 └── 明确各级部门职责
                       │
                       ├── 汇报与管理机制 ┬── 下属合规部门向上级合规部门负责
                       │                 └── 定期报告与即时沟通机制
                       │
                       ├── 首席合规官角色 ┬── 设立首席合规官
                       │                 └── 负责全面合规管理
                       │
                       ├── 合规管理人员选聘 ┬── 首席合规官统筹选聘流程
垂直管理 ──────────────┤                   └── 制定选聘标准与程序
合规部门               │
                       ├── 业务指导与支持 ┬── 首席合规官提供业务指导
                       │                 └── 定期培训与知识分享
                       │
                       ├── 工作汇报体系 ──┬── 合规管理人员向上级汇报
                       │                 └── 重大合规事项即时报告
                       │
                       ├── 考核管理机制 ──┬── 首席合规官制定考核标准
                       │                 └── 定期考核与绩效评估
                       │
                       ├── 合规官提名与任命 ┬── 首席合规官提名合规官人选
                       │                   └── 高级管理层或董事会任命
                       │
                       └── 附加措施 ─────┬── 设立合规热线与举报机制
                                         └── 加强合规文化建设与宣传
```

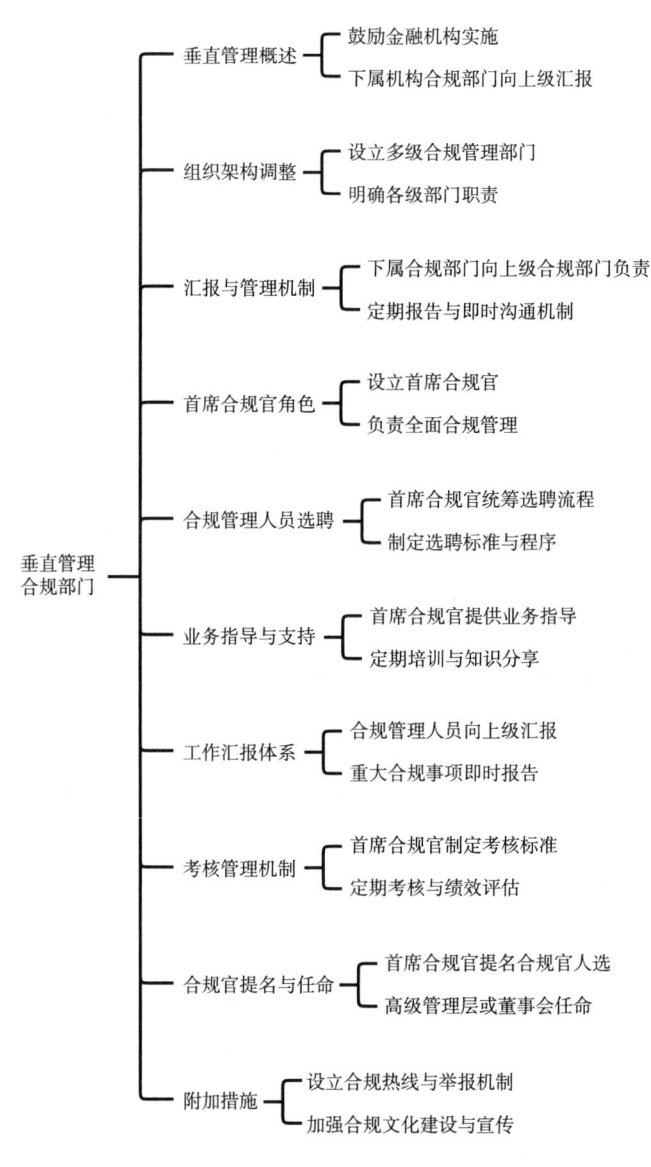

图 2-28 垂直管理合规部门思维导图

表 2-28 垂直管理合规部门检测实施一览表

项目	主题	检测项目	评价已经做到	评价尚未做到
垂直管理合规部门	垂直管理概述	鼓励金融机构实施		
		下属机构合规部门向上级汇报		
	组织架构调整	设立多级合规管理部门		
		明确各级部门职责		
	汇报与管理机制	下属合规部门向上级合规部门负责		
		定期报告与即时沟通机制		
	首席合规官角色	设立首席合规官		
		负责全面合规管理		
	合规管理人员选聘	首席合规官统筹选聘流程		
		制定选聘标准与程序		
	业务指导与支持	首席合规官提供业务指导		
		定期培训与知识分享		
	工作汇报体系	合规管理人员向上级汇报		
		重大合规事项即时报告		
	考核管理机制	首席合规官制定考核标准		
		定期考核与绩效评估		
	合规官提名与任命	首席合规官提名合规官人选		
		高级管理层或董事会任命		
	附加措施	设立合规热线与举报机制		
		加强合规文化建设与宣传		

五、案例

美国第一资本金融公司垂直管理模式

（一）金融机构介绍

美国第一资本金融公司（以下简称第一资本金融）是一家专注于数字化银行服务的金融机构。作为一家以技术驱动的金融控股公司，第一资本金融在信用卡、消费贷款、汽车贷款和储蓄账户等领域占据重要市场份额。根据 2023 年的公开财务数据，第一资本金融拥有超过 6800 万客户，是美国最具影响力的金融机构之一。

在金融行业中，合规管理是机构发展的基石。第一资本金融深刻认识到合规管理在提升公司信誉、优化业务流程及规避法律风险中的重要性。随着全球监管环境的变化及数字金融科技领域的快速发展，第一资本金融率先确立了以垂直管理模式为核心的合规管理架构，为全行业树立了标杆。

（二）具体措施

1. 垂直管理结构的定义

第一资本金融引入了典型的垂直管理模式，以确保合规管理部门的统一性和独立性。根据该模式，公司总部设有独立的合规管理部门，直接向首席合规官负责，首席合规官则向董事会报告。下属各分支机构的合规管理部门同样采用垂直管理架构，直接接受上一级合规管理部门的指导和监督。

这种结构的设计目标是通过清晰的汇报关系和监督机制避免跨部门间的利益冲突，同时确保公司合规策略在各级机构中得到统一执行。

2. 核心特点

（1）统一标准与策略。第一资本金融的总部合规管理部门负责制定公司层面的合规管理框架、策略和程序。所有下属机构在执行过程中必须遵循这些统一标准。

（2）独立性。所有合规管理人员均独立于业务部门，不承担与业务目标相关的职责，以确保合规判断的客观性。

（3）实时监督。利用先进的金融科技工具，实现对下属机构合规操作的实时监控与数据分析，增强管理效率。

（4）首席合规官的权威性。首席合规官不仅负责全公司的合规战略规划，还对关键管理事项，如合规官的提名、业务指导和考核拥有最终决策权。

3. 垂直管理实施的具体情况

（1）策略制定与执行。总部的合规管理部门会根据美国金融监管环境及行业最新动态定期制定和更新合规策略。这些策略涵盖反洗钱、数据隐私保护、消费者权益保障等重要领域。为了确保策略的顺利落地，总部会通过在线培训和实时数据分享系统，将策略内容迅速传递至各分支机构。

（2）合规官的选聘和考核。每一级机构的合规官由上一级合规部门负责提名和考核，这一做法不仅避免了地方机构可能出现的"选择性合规"问题，也确保了合规管理团队始终保持专业性和公正性。

（3）风险评估和改进。总部合规管理部门定期组织专项风险评估项目，涵盖各分支机构的操作流程、员工履职行为等方面。一旦发现风险点，立即制订整改计划，并将改进成果纳入年度考核指标。

（4）技术支持。第一资本金融通过自主开发的数字合规平台，整合了反洗钱监控、员工合规行为跟踪、客户投诉管理等功能。这一平台实现了实时监督和大数据分析，成为垂直管理架构中不可或缺的工具。

（三）案例特色和亮点

1. 强化统一性

在垂直管理架构下，总部对各部门和分支机构的合规管理事项拥有明确的指导权和监督权，从而建立了高度统一的操作标准。总部制定统一的合规标准和操作流程，并定期组织跨区域审核，确保各地区在执行上保持一致性，有效避免因地区差异导致的漏洞。在一次全球内部合规检查中，总部发现某分支机构在执行操作时存在细微偏差，随即组织现场培训和整改指导，使得该分支机构在一周内恢复了与总部标准的一致性，显著提高了整体风险防控水平。

2. 加强问责机制

通过建立明确的汇报和考核链条，每一级机构的合规官对其上一级负责，形成了"从上到下"的责任传递体系。该机制不仅提高了管理透明度，还通过定期绩效考核和专项问责，确保每个环节的责任落实到人，有效减少了潜在的合规风险。某次内审中，一项违规行为通过多级汇报链条被迅速追溯到具体责任人，其所属机构在短时间内制定整改措施并迅速执行，最终通过问责处理，进一步巩固了全行的合规管理风格。

3. 数字化驱动

第一资本金融率先将人工智能和区块链技术引入合规管理领域，通过实时数据采集和分析，显著提升了对违规行为的预警能力。该公司开发的数字化平台不仅能自动筛查交易数据，还利用区块链技术确保数据的不可篡改性，为合规风险评估提供了坚实的数据支撑。在一次跨境交易监控中，系统在秒级响应内发现了数据异常，通过自动生成的风险报告，合规团队立即介入调查，成功阻止了一起可能出现的违规操作，并在事后总结出一套优化预警机制的经验。

4. 员工文化建设

第一资本金融高度重视合规文化的培养，通过全员培训和行为激励措施将合规理念深度融入员工日常工作。除了常规的合规知识培训，总部还为分支机构员工提供定期轮岗机会和现场交流，使他们能在不同环境中更好地理解和落实合规策略。在一次内部轮岗计划中，一位来自分支机构的员工通过到总部参与高强度合规培训，发现了原有流程中的隐患，提出了改进建议。该建议经试点后推广至全行，不仅优化了工作流程，也显著增强了全员的风险防控意识。

通过上述措施，第一资本金融构建了一套高度统一、责任明确的合规管理体系，该体系以技术为驱动力，并且深入融合企业文化。

（四）案例启示与未来挑战

第一资本金融的垂直管理模式为全球金融机构的合规管理树立了新标杆。然而，随着金融科技的快速发展和全球化监管要求的不断升级，第一资本金融在未来需要应对以下挑战。

（1）国际业务扩张。随着业务范围的扩大，尤其是在新兴市场，第一资本金融需要更深入了解各国的本地法规，以确保合规管理的全球适用性。

（2）数据隐私与网络安全。在大数据和人工智能广泛应用的背景下，如何平衡数据使用与客户隐私保护将成为一大重点。

（3）人才培养与储备。合规管理领域的人才需求持续增长，第一资本金融需要加大对合规专业人才的培养和吸引力度，以保持团队的高水准运作。

第一资本金融通过垂直管理模式的成功实践，构建了一个统一、高效、独立的合规管理体系。该体系不仅有效降低了法律和声誉风险，也提升了公司的核心竞争力，其经验值得其他金融机构学习和借鉴。同时，这一案例也提醒我们，合规管理是一个持续改进的过程，需要结合技术创新和文化建设始终保持与外部环境的同步发展。

这一案例充分展示了合规管理对金融机构的重要意义，并引发了关于如何更好地实现全球化合规管理的深刻思考。

第二十九节 三方合规责任

一、三方合规责任的监管政策

第三十五条 金融机构的各业务及职能部门、下属各机构承担合规的主体责任，负责本条线本领域合规规范的严格执行与有效落实，积极配合合规管理部门的工作。

金融机构的合规管理部门承担合规的管理责任，组织、协调、推动各部门和下属各机构开展合规管理工作。

金融机构内部审计部门承担合规的监督责任，对机构经营管理的合规性进行审计，并与合规管理部门建立有效的信息交流机制。

二、理解和学习：三方合规责任

在金融行业的广阔天地里，合规管理如同一道坚固的防线，守护着金融机构的稳健运营和金融市场的秩序井然。在这道防线中，金融机构的各业务及职能部门、下属各机构、合规管理部门及内部审计部门，各自承担着不可或缺的责任，共同编织出一张严密的合规管理网络。

金融机构的各业务及职能部门、下属各机构，作为金融业务的直接执行者和操作者承担着合规的主体责任。这意味着，它们不仅要负责本条线、本领域内合规规范的严格执行与有效落实，更要将合规理念融入日常工作的每一个细节中。从客户服务的流程设计到产品创新的合规审查，从市场交易的合规监控到风险管理的合规评估，每一个环节都离不开合规的保驾护航。各部门、各机构应当深刻认识到，合规不是束缚手脚的枷锁，而是保障业务健康发展的基石。因此，它们必须积极主动地配合合规管理部门的工作，及时报告合规风险，主动寻求合规建议，确保业务操作始终在合规的轨道上运行。

金融机构的合规管理部门是这道防线中的"指挥官"。它承担着合规的管理责任，负责组织、协调、推动各部门和下属各机构开展合规管理工作。合规管理部门不仅要制定和完善合规策略、制度和流程，还要对各部门、各机构的合规执行情况进行监督和检查，确保合规规范得到有效落实。同时，合规管理部门还要负责合规文化的培育和传播，通过培训、宣传、教育等多种方式提高全体员工的合规意识和风险防控能力。

在合规管理部门的组织下，金融机构能够形成一股合力，共同应对合规挑战，维护金融机构的声誉和稳定。

而金融机构的内部审计部门扮演着合规管理的"监督者"角色。它承担着对机构经营管理的合规性进行审计的重任，通过独立的审计活动，发现潜在的合规风险和问题，提出改进建议和措施。内部审计部门与合规管理部门之间建立有效的信息交流机制至关重要。这种机制能够确保审计过程中发现的合规问题能够及时传递给合规管理部门，以便其采取相应措施进行整改和防范。同时，合规管理部门也可以将合规管理的最新要求和动态传递给内部审计部门，为其审计活动提供指导和支持。两者之间的密切合作与信息共享能够形成合规管理的闭环，提高合规管理的效率和效果。

三、思维导图：三方合规责任

为了清晰、直观地阐述金融机构、合规管理部门及第三方机构在合规管理中的责任划分与协作关系，我们精心绘制了三方合规责任思维导图，如图2-29所示。图2-29完整地呈现了金融机构作为合规管理主体的总体责任（业务及职能部门责任），以及下属各机构、合规管理部门、内部审计部门三方面的合规管理责任。它不仅展示了三方在合规管理中的各自角色和定位，还突出了三方之间的协同与配合机制，确保合规管理工作能够全面、有效地推进。通过图2-29，金融机构可以明确三方在合规管理中的责任边界，优化协作流程，提升合规管理的整体效能和风险防范能力。

四、工具：三方合规责任检测实施一览表

为了确保金融机构、合规管理部门及第三方机构在合规管理中的责任明确且得到有效执行，我们特别设计了一份三方合规责任检测实施一览表，如表2-29所示。通过表2-29，金融机构可以系统地对三方合规责任的落实情况进行自查和评估，及时发现并纠正存在的问题，确保三方在合规管理中各自承担的责任得到明确界定和有效执行，从而提升金融机构的整体合规水平和风险防范能力。

```
三方合规责任
├─ 业务及职能部门
│   ├─ 零售银行业务部 ┬ 负责零售业务合规规范执行
│   │              └ 配合合规管理部门工作
│   ├─ 投资银行业务部 ┬ 负责投资银行业务合规规范执行
│   │              └ 配合合规管理部门工作
│   ├─ 风险管理部 ┬ 风险管理策略与合规性评估
│   │          └ 配合合规管理部门工作
│   ├─ 财务管理部 ┬ 财务操作合规性管理
│   │          └ 配合合规管理部门工作
│   ├─ 人力资源部 ┬ 员工行为合规性管理
│   │          └ 配合合规管理部门工作
│   ├─ 法务部 ┬ 法律事务合规性审核
│   │       └ 配合合规管理部门工作
│   ├─ 信息技术部 ┬ 信息系统合规性管理
│   │          └ 配合合规管理部门工作
│   └─ 其他业务部门 ┬ 各自业务领域的合规性管理
│                └ 配合合规管理部门工作
├─ 下属各机构
│   ├─ 分支机构 ┬ 承担本地合规主体责任
│   │        └ 严格执行总部的合规策略
│   ├─ 子公司 ┬ 在母公司框架内执行合规规范
│   │       └ 定期向母公司报告合规情况
│   └─ 代表处或办事处 ┬ 负责区域合规事务
│                  └ 协调区域合规活动
├─ 合规管理部门
│   ├─ 合规策略制定 ┬ 制定整体合规策略
│   │            └ 定期更新合规策略
│   ├─ 组织协调 ┬ 协调各部门合规工作
│   │        └ 推动合规文化建设
│   └─ 合规培训 ┬ 定期组织合规培训
│            └ 提升员工合规意识
└─ 内部审计部门
    ├─ 合规性审计 ┬ 对业务操作进行合规审计
    │          └ 对内部控制进行评估
    ├─ 审计报告 ┬ 编制审计报告
    │        └ 提出改进建议
    └─ 信息交流 ┬ 与合规管理部门建立交流机制
             └ 共享审计与合规信息
```

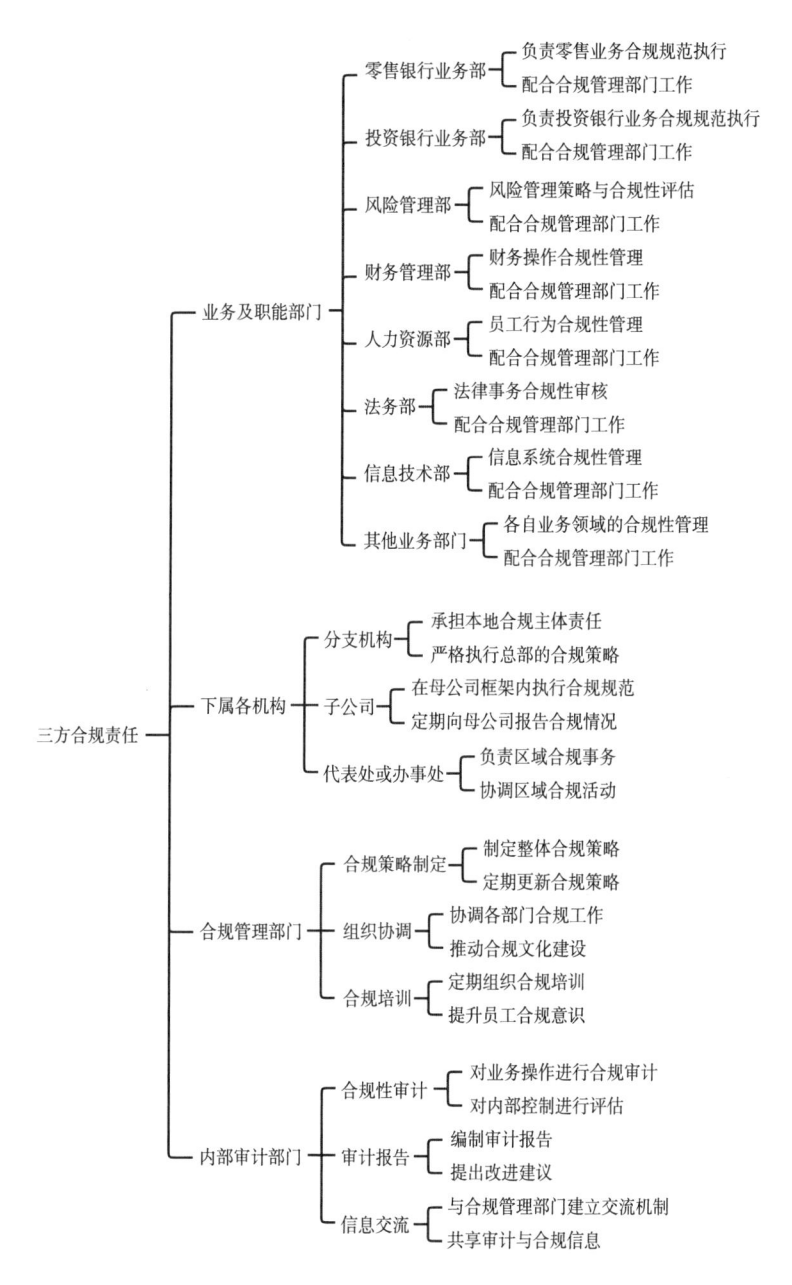

图 2-29 三方合规责任思维导图

表 2-29 三方合规责任检测实施一览表

项目	主题	事项	检测项目	评价已经做到	评价尚未做到
三方合规责任	业务及职能部门	零售银行业务部	负责零售业务合规规范执行		
			配合合规管理部门工作		
		投资银行业务部	负责投资银行业务合规规范执行		
			配合合规管理部门工作		
		风险管理部	风险管理策略与合规性评估		
			配合合规管理部门工作		
		财务管理部	财务操作合规性管理		
			配合合规管理部门工作		
		人力资源部	员工行为合规性管理		
			配合合规管理部门工作		
		法务部	法律事务合规性审核		
			配合合规管理部门工作		
		信息技术部	信息系统合规性管理		
			配合合规管理部门工作		
		其他业务部门	各自业务领域的合规性管理		
			配合合规管理部门工作		
	下属各机构	分支机构	承担本地合规主体责任		
			严格执行总部的合规策略		
		子公司	在母公司框架内执行合规规范		
			定期向母公司报告合规情况		
		代表处或办事处	负责区域合规事务		
			协调区域合规活动		
	合规管理部门	合规策略制定	制定整体合规策略		
			定期更新合规策略		
		组织协调	协调各部门合规工作		
			推动合规文化建设		
		合规培训	定期组织合规培训		
			提升员工合规意识		
	内部审计部门	合规性审计	对业务操作进行合规审计		
			对内部控制进行评估		
		审计报告	编制审计报告		
			提出改进建议		
		信息交流	与合规管理部门建立交流机制		
			共享审计与合规信息		

五、案例

瑞士安达保险集团三方合规责任管理

(一)金融机构介绍

瑞士安达保险集团(以下简称安达保险)是全球最大、最知名的上市财产及责任保险公司之一,其业务遍及全球54个国家和地区,涵盖了商业和个人财产保险、责任保险、意外及健康保险、再保险、人寿保险等多个保险领域。作为一家长期以来致力于专业化与高效运营的全球性保险公司,安达保险始终将合规管理作为企业运营的核心要素之一。特别是在全球监管环境日益复杂、法律法规日益严格的背景下,合规管理对公司确保其合法性、降低运营风险、维护公司声誉和实现可持续发展具有重大意义。

为了满足全球监管机构的高标准要求,安达保险在其合规管理中创新性地实施了"三方合规责任"模式,明确将合规责任分为三大层级,分别由业务及职能部门、合规管理部门和内部审计部门分别承担主体责任、管理责任和监督责任,从而构建起一个既相互独立又高效协作的合规管理体系。

(二)特征及优势

安达保险作为全球领先的财产及责任保险公司,其在全球范围内提供广泛的保险产品及服务,客户涵盖大型企业、中小企业、机构客户及个人客户。公司以其卓越的承保能力和广泛的产品线著称,特别是在风险管理和精准承保方面处于行业领先地位。以下是其核心业务特征及优势。

(1)多元化产品线。安达保险的业务覆盖财产险、责任险、意外健康险、信用保险等多个领域,在专业责任保险和环境责任保险等复杂险种领域具有显著优势。

(2)全球化网络。公司在54个国家和地区开展业务,其全球网络为客户提供无缝、跨境的保险解决方案。

(3)风险管理能力。依托全球强大的数据和风险分析能力,安达保险在承保前精准评估风险,为客户提供高度定制化的保险产品。

安达保险的合规管理能力与其业务规模和复杂性相匹配。通过全面实施三方合规责任机制,公司确保在全球范围内的运营活动符合所有相关法律法规及内部规章。

（三）具体措施

1. 业务及职能部门的主体责任

业务及职能部门作为合规工作的第一道防线，承担了主体责任。这一职责包括但不限于以下几个方面。一是严格执行合规规范。业务部门必须确保在其工作范围内的所有活动均符合公司内部规章制度和外部法律法规。例如，在处理保险承保、索赔管理或资金运作等日常事务中，业务部门会优先考虑合规性。二是主动报告潜在风险。一旦业务活动中发现可能存在合规风险的问题，业务部门有义务立即报告合规管理部门，并采取措施防止风险扩大。三是配合合规审查与评估。业务部门需要在合规管理部门组织的定期或临时检查中提供必要的文件、信息和支持，协助进行合规性审查。

2. 合规管理部门的管理责任

合规管理部门是整个合规体系的核心，负责组织、协调和推动合规工作的开展。其主要职责如下。一是制定合规策略。合规管理部门根据公司整体战略和业务需求，制定符合当地法律法规和国际准则的合规策略，并确保这些策略在全公司范围内的贯彻落实。二是培训与指导。为了提高员工的合规意识和能力，合规管理部门定期组织合规培训，确保员工了解最新的合规要求。三是风险监控与报告。通过风险监控系统和定期评估，合规管理部门实时监测公司的合规风险，并定期向管理层汇报合规情况。

3. 内部审计部门的监督责任

内部审计部门作为独立的监督机构，承担了合规工作的最终把关责任，主要体现在以下几个方面。一是合规性审计。内部审计部门定期对公司各业务部门的运营活动进行合规性审查，评估其是否符合法律法规和内部规定。二是信息共享机制。内部审计部门与合规管理部门建立了有效的信息共享和沟通机制，确保合规审计发现的问题能够快速传递，并推动相关责任部门进行整改。三是定期报告。审计部门需向董事会或高级管理层提交合规性审计报告，提供风险评估和改进建议。

（四）案例特色和亮点

1. 职责明确的分工体系

安达保险采用三方合规责任模式，通过明确划分各部门职责，使各环节各司其职。业务部门专注于合规策略的贯彻执行，合规管理部门承担风险监控和合规策略的制定，内部审计部门负责监督和审计，确保流程落地。在一次新产品上线过程中，业务部门发现产品设计中存在合规盲点，随即向合规管理部门反馈，内部审计部门介入后迅速开展专项检查，最终三方协同修改流程，确保产品在上市前顺利通过合规审查，有效避免了潜在风险。

2. 高度协作的管理机制

尽管各部门各有分工，但安达保险建立了跨部门协同合作机制，实现信息共享和无缝对接。安达保险定期召开跨部门合规会议，交换各环节的最新风险情报和整改进展。借助实时信息共享平台，各部门能够即时上传和查询合规数据，保证信息流动畅通。在一次季度会议上，内部审计部门发现某分支机构的数据录入存在不一致情况，经实时平台信息共享，合规管理部门和业务部门迅速召开专题讨论，调整了操作流程，确保了数据准确性。

3. 强有力的培训和文化建设

安达保险高度重视全员合规文化建设，通过多样化培训和激励措施，将合规理念深植于日常工作中。安达保险定期组织法律法规、监管要求及风险管理专题培训，过后安排评估并反馈培训成果。同时，安达保险注重激励优秀实践，通过安排案例分享和情景模拟，使员工在实战中学习如何识别并规避风险。在合规文化月活动中，一位基层员工通过参与情景模拟，发现并报告了部门内的一项潜在操作风险，其建议经过验证后被纳入标准操作流程，显著提升了整个部门的风险防控意识。

4. 技术驱动的合规创新

安达保险运用大数据分析、人工智能和自动化工具，不断提升合规管理效率和预警能力。安达保险利用实时监控系统对全行数据进行自动筛查，快速定位异常行为；通过区块链技术确保数据不可篡改，为风险追溯提供可靠依据。系统能自动生成风险报告，帮助各部门在最短时间内采取应对措施。在一次跨区域交易监控中，系统迅速检测到异常交易模式，并自动生成风险提示，促使合规团队在数分钟内介入调查，成功化解了潜在的合规危机。

5. 全球视野与本地化结合

作为一家跨国企业，安达保险在制定全球统一合规框架的同时，充分尊重各地的法律法规和文化差异，实施本地化调整。总部统一制定合规标准，确保全球业务一致性；各地区依据当地法规和市场需求，对标准进行适应性调整，实现灵活落地。在进入东南亚市场时，安达保险依据当地数据保护法律对原采用的全球标准进行微调，设立专门的本地合规团队，不仅满足了监管要求，还赢得了当地市场的信任，助力业务顺利拓展。

通过以上举措，安达保险构建了一套职责明确、协同高效、技术领先、文化深耕且兼顾全球与本地需求的合规管理体系，不仅有效规避潜在风险，还为公司在激烈的市场竞争中树立良好的品牌形象。

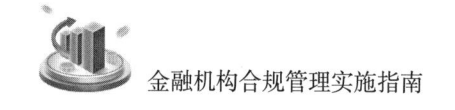

（五）总结与启示

安达保险的三方合规责任机制为其他金融机构提供了宝贵的经验。其主要启示如下。一是职责分工与协作并重。明确分工的同时，加强部门间的协作，是构建高效合规管理体系的关键。二是全员参与的合规文化。只有全员参与并深刻理解合规的重要性，才能真正实现合规管理的落地。三是技术与管理的结合。通过技术创新提升合规效率，为公司节约成本并降低合规风险。四是国际化与本地化的平衡。跨国企业需在全球标准化与本地化之间找到平衡，以适应不同市场的法律和文化环境。

安达保险的案例展示了如何通过科学的机制设计和文化建设实现合规管理的精细化和高效化。这不仅是对自身业务的保障，也是对客户、员工和社会的责任。

第三十节　员工合规行为规范

一、员工合规行为规范的监管政策

第三十六条　金融机构全体员工应当遵守与其履职行为有关的合规规范，积极识别、控制其履职行为的合规风险，主动配合金融机构和监管机构开展合规管理，并对其履职行为的合规性承担责任。

二、理解和学习：员工合规行为规范

员工的基本职业素养。金融行业作为经济体系的核心组成部分，其运作的规范性与透明度直接影响到整个经济的稳定与发展。金融机构员工，作为金融服务的直接提供者，其行为举止、业务操作都必须严格遵循相关法律法规、行业准则及内部规章制度。这不仅是对客户负责，更是对金融机构自身负责，对金融市场负责。员工应当时刻保持对合规规范的敬畏之心，将合规理念融入日常工作的每一个环节，确保自己的行为始终在合规的框架内进行。

积极识别、控制履职行为的合规风险是金融机构员工必须具备的风险意识。在金融业务日益复杂的今天，合规风险无处不在，可能隐藏在市场波动、客户行为、内部操作等层面。员工在履行职责时，应当保持高度的警觉性，对可能存在的合规风险进行及时识别与评估。一旦发现风险点，应立即采取措施予以控制或消除，防止风险进一步扩大，造成不可挽回的损失。这种风险意识的培养，需要金融机构加强员工培训，提高员工的合规敏感度和风险应对能力。

主动配合金融机构和监管机构开展合规管理是金融机构员工应尽的义务。合规管理是一个系统工程，需要金融机构内部各部门的协同合作，也需要与外部监管机构的密切沟通。员工作为金融机构的组成部分，应当积极响应合规管理部门的号召，参与合规文化的建设，配合合规审查、合规检查等工作。同时，对监管机构提出的合规要求，员工也应当认真对待，及时提供所需信息，协助监管机构更好地了解金融机构的合规状况，共同维护金融市场的秩序与稳定。

对其履职行为的合规性承担责任是金融机构员工职业道德的体现。合规不是一种被动的约束，而是一种主动的责任担当。员工在履行职责时，应当明确自己的行为是否符合合规规范，是否可能引发合规风险。一旦因为个人行为引起合规问题，员工应当勇于承担责任，接受相应的处罚或纠正措施。这种责任感的培养，有助于形成良好的合规文化，促使员工在日常工作中更加注重合规性，减少违规行为的发生。

三、思维导图：员工合规行为规范

为了全面、系统地展示金融机构员工合规行为规范的整体框架与具体内容，我们精心绘制了员工合规行为规范思维导图，如图2-30所示。图2-30清晰地呈现了员工合规行为规范的各个组成部分，包括合规规范遵守、合规风险识别、合规风险控制、配合合规管理、合规信息报告、合规文化建设、合规责任承担、合规激励机制等关键环节。它不仅展示了员工合规行为规范的全面性和系统性，还突出了各环节之间的逻辑关系和相互作用，确保员工能够明确知晓并遵守金融机构的合规要求。通过这份思维导图，金融机构可以直观地了解员工合规行为规范的全貌，从而更好地指导员工行为，强化合规文化，提升金融机构的合规管理水平和风险防范能力。

四、工具：员工合规行为规范检测实施一览表

为了确保金融机构员工能够全面、准确地理解和遵守合规行为规范，我们特别设计了员工合规行为规范检测实施一览表，如表2-30所示。通过表2-30，员工可以自主地对自身的合规行为进行自查和评估，及时发现并纠正不符合规范的行为，从而强化合规意识，提升个人的合规表现。同时，金融机构也可以利用表2-30对员工的合规

行为进行监督和管理，确保员工合规行为规范的有效执行，维护金融机构的合规文化和风险防范体系。

```
员工合规行为规范
├─ 合规规范遵守
│   ├─ 全体员工需严格遵守与履职行为相关的法律法规
│   ├─ 遵循金融机构内部制定的合规制度及流程
│   └─ 积极参加合规培训，提升合规意识
├─ 合规风险识别
│   ├─ 主动学习合规知识，增强风险识别能力
│   ├─ 在日常工作中主动识别潜在合规风险点
│   └─ 及时上报识别的合规风险，不隐瞒、不拖延
├─ 合规风险控制
│   ├─ 在业务操作中采取有效措施预防合规风险发生
│   ├─ 对已识别的合规风险进行妥善处置和控制
│   └─ 积极配合风险管理部门进行风险评估和整改
├─ 配合合规管理
│   ├─ 积极参与金融机构组织的合规检查与审计
│   ├─ 如实提供合规管理所需的信息和资料
│   └─ 对合规管理部门提出的整改要求及时响应并执行
├─ 合规信息报告
│   ├─ 建立合规信息报告机制，确保信息畅通
│   ├─ 定期向合规管理部门报告合规工作进展
│   └─ 对重大合规事件进行即时报告，不延误
├─ 合规文化建设
│   ├─ 倡导和践行合规文化，树立合规理念
│   ├─ 在团队中传播合规正能量，影响带动他人
│   └─ 参与合规文化活动，为合规文化建设贡献力量
├─ 合规责任承担
│   ├─ 对自身履职行为的合规性负责
│   ├─ 对因个人原因导致的合规问题承担相应责任
│   └─ 接受合规问责，不推诿、不逃避
└─ 合规激励机制
    ├─ 金融机构应建立合规激励机制，鼓励合规行为
    ├─ 对在合规工作中表现突出的员工进行表彰和奖励
    └─ 将合规表现纳入员工绩效考核体系，作为晋升和薪酬的依据之一
```

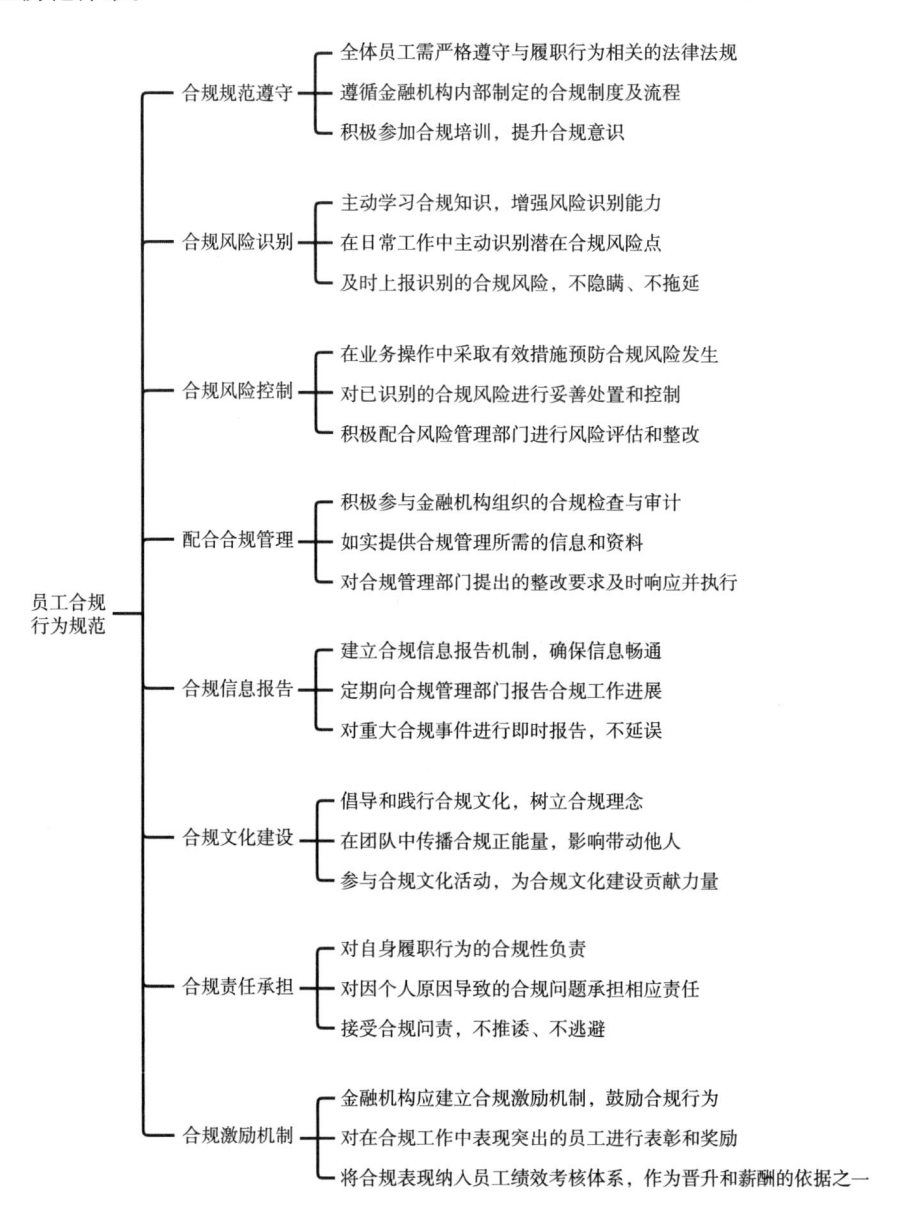

图 2-30　员工合规行为规范思维导图

表2-30 员工合规行为规范检测实施一览表

项目	主题	检测项目	评价已经做到	评价尚未做到
员工合规行为规范	合规规范遵守	全体员工需严格遵守与履职行为相关的法律法规		
		遵循金融机构内部制定的合规制度及流程		
		积极参加合规培训，提升合规意识		
	合规风险识别	主动学习合规知识，增强风险识别能力		
		在日常工作中主动识别潜在合规风险点		
		及时上报识别的合规风险，不隐瞒、不拖延		
	合规风险控制	在业务操作中采取有效措施预防合规风险发生		
		对已识别的合规风险进行妥善处置和控制		
		积极配合风险管理部门进行风险评估和整改		
	配合合规管理	积极参与金融机构组织的合规检查与审计		
		如实提供合规管理所需的信息和资料		
		对合规管理部门提出的整改要求及时响应并执行		
	合规信息报告	建立合规信息报告机制，确保信息畅通		
		定期向合规管理部门报告合规工作进展		
		对重大合规事件进行即时报告，不延误		
	合规文化建设	倡导和践行合规文化，树立合规理念		
		在团队中传播合规正能量，影响带动他人		
		参与合规文化活动，为合规文化建设贡献力量		
	合规责任承担	对自身履职行为的合规性负责		
		对因个人原因导致的合规问题承担相应责任		
		接受合规问责，不推诿、不逃避		
	合规激励机制	金融机构应建立合规激励机制，鼓励合规行为		
		对在合规工作中表现突出的员工进行表彰和奖励		
		将合规表现纳入员工绩效考核体系，作为晋升和薪酬的依据之一		

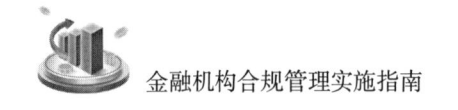

五、案例

澳大利亚和新西兰银行集团有限公司员工合规行为规范

（一）金融机构介绍

1. 澳新银行概况

澳大利亚和新西兰银行集团有限公司（以下简称澳新银行）成立于1828年，已经有190多年的历史。澳新银行在全球范围内拥有强大的影响力和广泛的业务网络。澳新银行的业务涉及个人银行、企业银行、财富管理、投资银行，以及金融市场等多个领域。其核心业务之一便是为个人客户提供广泛的金融产品和服务，包括贷款、储蓄账户、投资产品等，同时也为大中型企业提供银行服务，涉及贸易融资、企业贷款和资本市场等。

澳新银行是亚太地区重要的金融机构之一，并且在新西兰、亚洲、欧洲等市场开展业务。凭借全球化的业务网络和跨境金融服务能力，澳新银行在全球金融行业中占据了显著的市场地位。然而，随着全球金融监管要求日益严格，澳新银行也面临着诸多合规性挑战。尤其是在跨国业务的运作中，如何有效地应对来自不同国家和地区的法规要求，成了澳新银行的重要课题。

2. 合规管理战略

作为一家国际化的银行，澳新银行深知合规管理在全球化金融环境中的重要性。其合规战略的核心是确保银行在所有运营地区遵守相关法规和道德标准，减少合规风险，保持良好的声誉。合规不仅仅是一个行政职能，更是确保银行长期可持续发展的基石。为了实现这一目标，澳新银行制定了严格的合规制度，并通过多种方式确保其在全球运营中的执行力。

银行的合规管理体系围绕着"全员合规"这一核心理念展开，即每一位员工都需要主动承担合规责任。通过这种方式，澳新银行确保全体员工从最高层到基层都共同参与合规管理，确保银行的每一项业务活动都能够符合外部的法律法规和内部的合规要求。

3. 合规管理体系

澳新银行的合规管理体系是其能够在全球范围内稳健运营的关键之一。该体系包括以下几个主要部分。一是合规部门。澳新银行设有专门的合规管理部门，负责制定合规制度、指导各部门执行合规要求，并定期对业务进行合规审查。合规管理部门不仅是合规管理的"决策者",也是风险识别和解决方案制订的重要支持部门。二是风险管理委员会。澳新银行设有一个由高层管理人员组成的风险管理委员会,专门负责对银行的合规策略进行审议和评估。委员会会定期召开会议,分析银行当前的合规状况,评估各类风险,确保所有业务活动符合监管要求。三是内部审计功能。为了确保合规管理的实施效果,澳新银行还设有独立的内部审计部门,负责对银行的各项业务进行审计和监督。审计报告和发现的潜在问题会定期反馈给管理层,帮助其制定应对策略。四是合规文化建设。澳新银行注重合规文化的长期建设,通过持续的培训、宣传和管理,确保合规管理理念深入人心。无论是新员工的入职培训,还是在职员工的定期复训,澳新银行始终将合规教育置于战略优先级的位置。

4.合规文化的重要性

澳新银行在其合规管理中,尤其重视合规文化的建设。银行认为,合规文化不仅仅是由合规部门推动的制度和程序,它还应当渗透到每一位员工的工作习惯和行为标准中。澳新银行通过一系列措施确保员工在各自的岗位上都能主动识别和管理合规风险。员工的行为规范不仅要符合内部的合规标准,还应符合全球各地的法律法规要求。

合规文化的形成与传递是通过以下几种方式实现的。一是领导层的示范作用。澳新银行高层领导始终强调合规的重要性,并在自己的工作中做出示范,确保合规文化从上至下全面贯彻执行。领导层的重视为全体员工树立了榜样。二是员工的广泛参与。合规文化的建设不仅仅依赖于合规部门的推动,澳新银行通过鼓励员工参与合规管理活动,提升了员工的合规意识和责任感。员工通过培训、讨论、互动等形式,深刻理解合规要求,并在工作中自觉执行。三是合规奖惩制度。澳新银行设立了完善的奖惩机制,对积极参与合规管理并表现优异的员工给予奖励,而对违反合规要求的行为,则通过培训、警告或惩罚等方式进行处理。这种奖惩机制确保了合规管理不只是纸上谈兵,而是切实落实到每位员工的实际行为中。

(二)具体措施

1.员工合规行为规范的核心原则

澳新银行的员工合规行为规范确保员工在不同岗位上履行各自的合规责任,最大限度地降低合规风险,主要包含以下几个核心要求。一是遵守法律法规。员工必须遵守所在国家和地区的所有相关法律法规,包括金融监管、反洗钱、反恐融资等领域的法律要求。员工在处理任何涉及客户和资金的事务时,都必须确保遵守适用的法律法规。二是诚信与透明。员工必须以诚信为基础,诚实、透明地与客户、同事和监管机构进行沟通。任何涉及银行内部或客户的操作，员工必须保证没有任何隐瞒和误导。三是防范利益冲突。澳新银行要求员工在工作中保持公正无私，避免任何可能的利益冲突。例如，在提供金融产品或服务时，员工不能让个人利益影响其对客户的建议或决策。四是数据隐私与客户保护。银行严格要求员工对客户的个人信息和敏感数据进行保密。任何未经授权的泄露或滥用客户信息的行为都将被视为严重违规。五是报告违规行为。员工有责任主动报告任何可能违反合规要求的行为。澳新银行提供了匿名举报渠道，确保员工能够安全地报告任何可疑的行为或潜在的合规问题。

2. 合规行为的执行与监督机制

澳新银行确保员工合规行为规范得以有效执行，通过以下几个机制加强对员工行为的监督。一是合规培训与考核。澳新银行为所有员工提供定期的合规培训，确保员工能够理解并遵守最新的合规要求。员工必须通过定期的考核，验证他们对合规知识的掌握程度。二是行为审查与合规审计。澳新银行通过定期的行为审查和合规审计，确保员工在履职过程中始终遵循合规要求。审计报告为管理层提供了改进措施和决策支持。三是内部举报与外部监督。澳新银行设有匿名举报机制，员工可以通过该渠道报告任何违反合规的行为。

此外，澳新银行还会定期接受外部监管机构的检查和审查，确保所有业务活动符合监管要求。

（三）案例特色和亮点

1. 全面的合规文化建设

澳新银行始终将合规文化作为企业发展的核心基石，强调全员参与和高层示范作用。澳新银行不仅在日常工作中融入合规要求，更通过内部宣传、主题活动和案例分享，将合规理念深入人心。高层管理者定期出席合规主题会议，并讲解合规案例，确保每位员工都能感受到合规的重要性。同时，澳新银行通过内部刊物和线上平台，实时发布合规动态和最佳实践经验。在一次合规活动中，一位新入职的员工在听取了高层的亲身经历后，主动提出优化风险报告流程的建议，该建议经过试点后大大提高了部门间的信息传递效率，成为全行推广的标杆。

2. 多样化的合规培训形式

为了应对不断变化的金融监管环境，澳新银行通过线上与线下相结合的方式，为员工提供全方位的合规培训，培训内容不仅涵盖最新法规和监管要求，还结合实际案例进行情景模拟和问题讨论。除此外，银行定期组织线上直播讲座、互动研讨和实战模拟演练，同时邀请外部专家进行专题培训，确保培训内容持续更新，满足不同岗位的实际需求。在最新一轮针对反洗钱法规的培训中，一位来自分行的合规专员通过线上互动平台分享了实际遇到的案例，并获得来自总部专家的即时反馈，这不仅帮助他更好地理解法规，也促使其他同事积极参与讨论。

3. 透明的合规报告与反馈机制

澳新银行建立了多层次、全渠道的合规信息报告体系，确保每一项合规事项都能在最短时间内传达到管理层。员工可以通过匿名渠道上报疑似违规行为，而所有反馈均被实时汇总和处理。银行设立了专门的合规信息平台，所有举报和反馈均会生成电子档案，管理层定期召开会议评估风险并制定整改措施。这一机制不仅保证了信息的透明度，还增强了员工对合规管理的信任。一次，某部门员工匿名举报内部数据传输不符合最新标准，经过快速反馈与内部核查后，银行立即调整了数据处理流程，成功避免了潜在的合规风险，同时该事件还成为优化信息共享机制的契机。

4. 奖惩制度与激励机制

澳新银行的合规管理不仅注重对违规行为的严格处罚，同时也通过奖励机制激励员工积极践行合规要求。银行定期评选优秀员工，并将案例在全行宣传，形成正向激励。对于在合规工作中表现突出的员工，银行给予奖金、晋升机会及表彰证书；对于违规行为，银行则采取零容忍态度，确保合规管理的严肃性。在一次全行合规评比中，一位员工因主动识别并报告了一起潜在的操作风险而获得"合规星星"称号，其建议不仅被迅速采纳，还形成了新的操作标准，显著提升了银行的风险防控水平。

（四）总结与反思

通过对澳新银行员工合规行为规范案例的详细分析，我们看到澳新银行通过全员参与、文化引导、制度保障和技术支持等多维举措，有效控制了合规风险，营造了全员合规的文化氛围。无论是在员工行为的规范管理、合规培训和反馈机制的落实，还是在奖惩激励制度的建立上，澳新银行都展现出了卓越的管理能力，获得了丰富的成功经验。

这一成功经验为全球金融机构提供了宝贵的借鉴，在面临的合规风险挑战日益严峻的今天，通过强化内部文化建设、完善培训体系和建立透明高效的信息沟通机制，澳新银行能够在复杂多变的金融环境中稳步前行，实现长期的可持续发展。

本章小结

一、合规管理组织架构与职责分工

1. 组织架构构建

（1）分级管理、逐级负责：金融机构按照此原则构建合规管理责任体系，由董事会、高级管理人员、各部门及下属机构主要负责人共同组成。

（2）董事会职责：确定合规管理目标，对合规管理的整体有效性承担最终责任。

（3）高级管理人员职责：落实合规管理目标，对主管或分管领域的业务合规性负领导责任。

（4）部门及下属机构负责人职责：确保本部门、本级机构的合规管理目标得以实现，承担首要责任。

2. 首席合规官及各级合规官

（1）设立要求：金融机构应设立首席合规官及各级合规官，负责领导、组织、推动和监督合规管理工作。

（2）任职资格：需要具备本科及以上学历及丰富的金融和法律合规工作经验，并通过国家金融监督管理总局或其派出机构的任职资格许可。

3. 合规管理部门

（1）独立性：合规管理部门需独立于可能与合规管理存在职责冲突的部门，确保其独立性和公正性。

（2）职责范围：包括合规管理制度的拟定、合规审查、合规检查、风险评估、合规事件处理等。

二、合规管理具体要求和措施

1. 制定合规管理制度

（1）制度构建：金融机构应制定合规管理制度，明确合规管理职责、流程和要求。

（2）制度更新：根据法律法规和监管政策的变化，及时更新和完善合规管理制度。

2. 深化合规文化建设

（1）高层引领：高层管理人员应树立合规意识，通过自身行为传递合规理念。

（2）全员参与：鼓励全体员工参与合规文化建设，形成全员合规的良好氛围。

3. 合规审查与风险评估

（1）合规审查：对金融机构的发展战略、重要内部规范、新产品和新业务方案、重大决策事项进行合规审查。

（2）风险评估：定期开展合规风险评估，识别潜在合规风险，制定并实施风险管控措施。

4. 合规检查与监督

（1）合规检查：通过内部审计、专项检查等方式对金融机构的合规管理情况进行检查和评估。

（2）监督落实：对检查中发现的问题进行跟踪整改，确保合规要求得到有效落实。

5. 合规培训与宣传教育

（1）培训计划：制订合规培训计划，定期组织合规培训，提高员工的合规意识和能力。

（2）宣传教育：通过内部网络、宣传栏等方式向员工普及合规知识和案例警示。

6. 合规报告与问责

（1）合规报告：建立合规报告机制，及时报告合规管理情况和合规风险事件。

（2）问责机制：对违反合规规范的行为进行严肃问责，维护合规管理的严肃性和权威性。

三、案例分析与启示

1. 国内外案例

（1）法国农业信贷银行：通过建立合规组织架构、制定合规制度和程序、加强合规培训和教育等措施，提升了合规管理水平。

（2）D银行：合规管理从高层做起，全员主动合规，明确合规责任，开展合规文化建设，树立了一个合规管理标杆，为同行提供了宝贵经验和启示。

2. 启示

（1）高层重视：金融机构高层管理人员应高度重视合规管理，确保合规理念深入人心。

（2）制度建设：建立健全的合规管理制度和流程，为合规管理提供有力保障。

（3）文化培育：加强合规文化建设，形成全员合规的良好氛围。

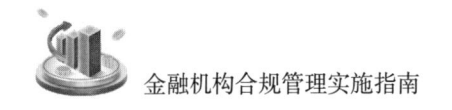

（4）科技赋能：运用科技手段提高合规管理的效率和准确性，及时发现和防范合规风险。

四、未来展望

第二章详细阐述了金融机构合规管理的组织架构、职责分工、具体要求和措施，并通过案例分析展示了合规管理的重要性和实践路径。未来，金融机构应继续加强合规管理建设，提升合规管理水平，为稳健运营和可持续发展提供有力保障。同时，随着金融市场的不断发展和监管政策的持续完善，金融机构还应密切关注市场动态和监管要求的变化，及时调整合规管理策略和措施，确保合规管理的有效性和适应性。

第三章

合规管理保障

本书第三章主要聚焦于金融机构合规管理的保障措施，以确保金融机构在业务运营中遵守法律法规，有效防范和控制合规风险。该章从人员配置、职权保障、薪酬管理、考核制度、信息化建设、合规培训等多个方面对金融机构的合规管理工作进行了全面规范。

在人员配置方面，金融机构需为首席合规官、合规官及其管理部门提供充分保障，包括赋予他们提出否定意见的权利，以确保合规管理工作的独立性和权威性。合规管理部门应配备充足且具备专业知识的合规管理人员，这些人员应具备法律或经济金融专业背景，以确保其能够胜任合规审核、法律合规意见等复杂任务。同时，金融机构各部门和下属机构也应根据业务规模和风险管控难度配备相应数量的专职或兼职合规管理人员，以加强合规管理的覆盖面和有效性。

在职权保障方面，金融机构应确保首席合规官、合规官及其管理部门在履行职责时不受干涉，确保其能够依法合规开展工作。金融机构的股东、董事和高级管理人员应尊重合规管理人员的独立性，不得违反规定的职责和程序干涉其工作。同时，合规管理人员有权参加或列席金融机构的重要会议，查阅、复制相关文件、资料，并进行质询和取证，以确保其能够及时掌握合规风险信息，并采取相应的风险防范措施。

在薪酬管理和考核制度方面，金融机构应建立合规管理人员的薪酬管理机制和考核制度，以激励其积极履行合规管理职责。首席合规官的年度薪酬收入总额原则上应不低于同等条件高级管理人员的平均水平，合规官及合规管理人员的年度薪酬收入总额也应不低于所在机构同等条件人员的平均水平。此外，金融机构还应将合规管理质效纳入内设部门、下属各机构的考核范围，并将合规职责履行情况作为员工考核、人员任用、评优评先等工作的重要依据。

在信息化建设和合规培训方面，金融机构应加强合规管理信息化建设，运用信息化手段将合规要求和业务管控措施嵌入流程，提高合规管理的效率和准确性。同时，金融机构还应建立合规培训机制，制订年度合规培训计划，加大对机构员工的培训力度，提升员工的合规意识和能力。

第一节 保障合规官及部门履职权利

一、保障合规官及部门履职权利的监管政策

第三十七条 金融机构应当为首席合规官及合规官、合规管理部门履职提供充分保障，赋予相关人员和部门提出否定意见的权利。

金融机构的股东、董事和高级管理人员不得违反规定的职责和程序，干涉首席合规官或者合规官依法合规开展工作。

金融机构的董事、高级管理人员、各部门和下属各机构及其员工应当支持和配合首席合规官及合规官、合规管理部门及合规管理人员的工作，不得以任何理由限制、阻挠首席合规官及合规官、合规管理部门及合规管理人员履行职责。

二、理解和学习：保障合规官及部门履职权利

《办法》第三十七条详尽阐述了金融机构在合规管理方面的重要责任与义务。金融机构应当充分认识到合规管理的重要性，为首席合规官及合规官、合规管理部门提供充分的保障，确保他们能够独立、客观地履行其职责。这不仅仅体现在物质资源的支持上，更包括在组织结构、人员配置、信息获取等方面的全面保障。金融机构应赋予首席合规官、合规官及合规管理部门提出否定意见的权利，这意味着在决策过程中，如果他们发现存在合规风险或不符合法律法规的情况，有权明确提出反对意见，以确保金融机构的运营始终符合法律法规的要求。

同时，金融机构的股东、董事和高级管理人员作为金融机构的决策者和领导者，必须严格遵守规定的职责和程序，不得干涉首席合规官或者合规官依法合规开展工作。他们应当尊重首席合规官和合规官的独立性，支持其客观、公正地履行职责，为金融机构的合规管理营造良好的环境。

此外，金融机构的董事、高级管理人员、各部门和下属各机构及其员工也承担着重要的责任。他们应当全力支持和配合首席合规官及合规官、合规管理部门及合规管理人员的工作，不得以任何理由限制、阻挠他们履行职责。无论是提供必要的信息、协助调查，还是执行合规决策，都应当积极配合，确保合规管理工作的顺利进行。只有这样，金融机构才能建立起完善的合规管理体系，有效防范和化解合规风险，保障金融机构的稳健运营和持续发展。

三、思维导图：保障合规官及部门履职权利

为了直观展示金融机构如何保障合规官及合规管理部门的履职权利，我们绘制了保障合规官及部门履职权利思维导图，如图 3-1 所示。它以图形化的方式全面而系统地展示了保障合规官及合规管理部门履职权利的关键要素和相互关系。

第一，图 3-1 从首席合规官及合规官的履职保障出发，明确提出了提供充分资源与权限、确保独立性与权威性，并赋予提出否定意见权利的重要性，这为合规官在机构内部有效行使职权提供了坚实的保障。

第二，图 3-1 详细阐述了合规管理部门的履职保障措施，包括资源配置与支持、流程与机制优化及跨部门协作机制等，这些措施共同构成了合规管理部门高效运作的坚实基石。

第三，在股东、董事及高级管理人员的职责约束方面，图 3-1 强调了不干涉合规工作原则、遵守规定职责与程序及违规干涉责任追究等关键要求，这有助于确保合规工作的独立性和权威性不受干扰。

第四，图 3-1 还突出了董事对合规工作的支持，包括推动合规文化建设、监督合规管理执行及在决策中融入合规考量等，这体现了董事会在合规管理中的核心领导地位。

第五，高级管理人员的职责也在图 3-1 得到了明确展示，他们需要落实合规管理要求、支持合规管理部门工作，并定期评估合规效果，以确保机构的合规管理水平持续提升。

第六，在各部门及下属机构的配合方面，图 3-1 强调了跨部门合规协作、下属机构合规管理及合规信息共享与反馈的重要性，这有助于构建协同高效的合规管理体系。

第七，图 3-1 还涉及了员工对合规工作的配合义务，包括遵守合规规章制度、主动报告合规风险及参与合规培训与活动等，这些措施有助于营造全员参与的合规文化氛围。

图 3-1 以直观、清晰的方式呈现了保障合规官及合规管理部门履职权利的关键要素和相互关系，为机构优化合规管理机制、提升合规管理水平提供了有力的可视化支持。

第三章 合规管理保障

```
                               ┌─ 提供充分资源与权限
              ┌ 首席合规官及合规官履职保障 ─┼─ 确保独立性与权威性
              │                └─ 赋予提出否定意见权利
              │
              │                ┌─ 资源配置与支持
              ├ 合规管理部门履职保障 ─┼─ 流程与机制优化
              │                └─ 跨部门协作机制
              │
              │                    ┌─ 不干涉合规工作原则
              ├ 股东、董事及高级管理人员职责约束 ─┼─ 遵守规定职责与程序
              │                    └─ 违规干涉责任追究
              │
              │                ┌─ 推动合规文化建设
  保障合规官及 ─┼ 董事对合规工作的支持 ─┼─ 监督合规管理执行
  部门履职权利   │                └─ 决策中融入合规考量
              │
              │                ┌─ 落实合规管理要求
              ├ 高级管理人员的职责 ─┼─ 支持合规管理部门工作
              │                └─ 定期评估合规效果
              │
              │                ┌─ 跨部门合规协作
              ├ 各部门及下属机构配合 ─┼─ 下属机构合规管理
              │                └─ 合规信息共享与反馈
              │
              │                ┌─ 遵守合规规章制度
              └ 员工对合规工作的配合 ─┼─ 主动报告合规风险
                               └─ 参与合规培训与活动
```

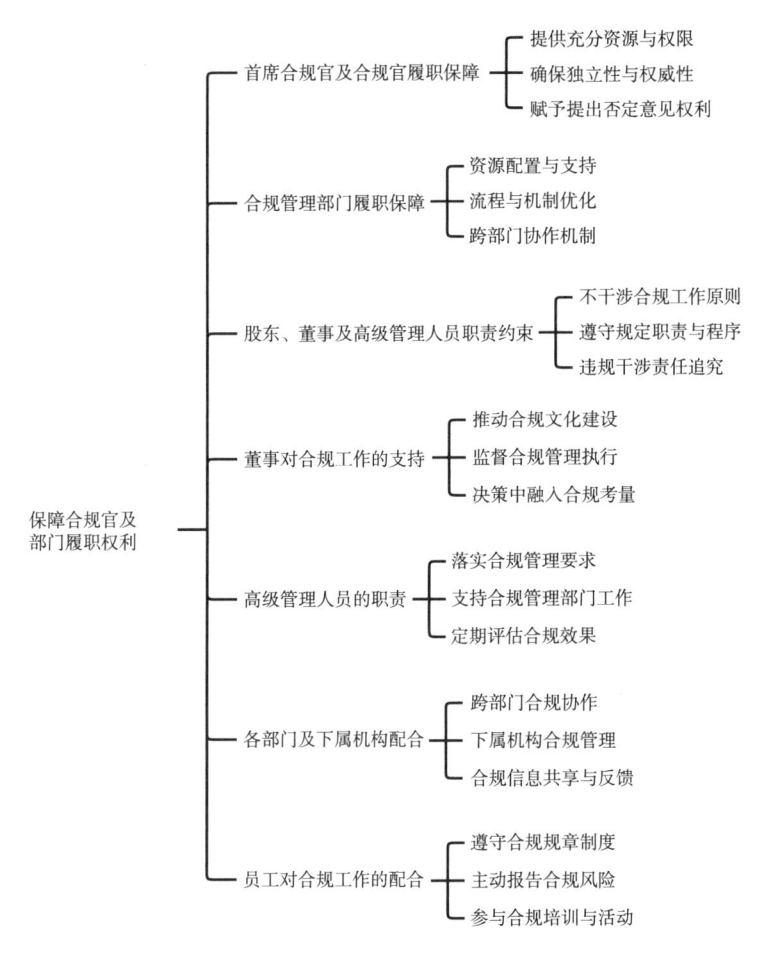

图 3-1 保障合规官及部门履职权利思维导图

四、工具：保障合规官及部门履职权利检测实施一览表

为了确保合规官及合规管理部门能够充分履行其职责，我们特别设计了保障合规官及部门履职权利检测实施一览表，如表 3-1 所示。它是一个结构清晰、内容详尽的电子表格，旨在全面检测和记录保障合规官及合规管理部门履职权利的实施情况。该表格从多个维度出发，系统梳理了保障合规官及部门履职权利的关键要素和具体措施。

表 3-1 保障合规官及部门履职权利检测实施一览表

项目	内容	检测项目	评价已经做到	评价尚未做到
保障合规官及部门履职权利	首席合规官及合规官履职保障	提供充分资源与权限		
		确保独立性与权威性		
		赋予提出否定意见权利		
	合规管理部门履职保障	资源配置与支持		
		流程与机制优化		
		跨部门协作机制		
	股东、董事及高级管理人员职责约束	不干涉合规工作原则		
		遵守规定职责与程序		
		违规干涉责任追究		
	董事对合规工作的支持	推动合规文化建设		
		监督合规管理执行		
		决策中融入合规考量		
	高级管理人员的职责	落实合规管理要求		
		支持合规管理部门工作		
		定期评估合规效果		
	各部门及下属机构配合	跨部门合规协作		
		下属机构合规管理		
		合规信息共享与反馈		
	员工对合规工作的配合	遵守合规规章制度		
		主动报告合规风险		
		参与合规培训与活动		

五、案例

N保险保障合规官及部门履职权利管理

（一）金融机构介绍

N保险成立于1991年，其发展历程堪称中国保险业的缩影。从最初的单一保险业务，发展到涵盖寿险、财险、养老保险、健康保险、农业保险和资产管理等全方位的金融服务，其国际化步伐稳健而有力，展现了中国保险企业的全球竞争力。

然而，在N保险辉煌的背后，是其对合规管理的不懈追求。在金融行业，合规是生命线，是保障客户权益、维护市场秩序、促进企业可持续发展的基石。N保险深知这一点，因此，从高层到基层，从制度到执行，都将合规视为企业文化的核心组成部分。

（二）具体措施

1.建立独立、高效的合规管理体系

N保险深知，一个独立、高效的合规管理体系是保障合规官及部门履职权利的基础。因此，公司建立了由董事会承担最终责任、管理层负责实施、三道防线各司其职、协调配合的风险与合规管理框架。

在这一框架下，各部门和各级机构作为第一道防线，负责识别、评估、控制本部门和本机构的风险与合规问题。风险与合规管理部门及岗位作为第二道防线，负责支持、组织、协调、监督各部门和各级机构开展风险与合规管理各项工作。内部审计部门作为第三道防线，定期对公司的风险与合规管理情况进行独立审计，确保合规管理的有效性和合规性。

这一体系的建立，不仅明确了合规管理的责任主体和职责分工，还确保了合规管理的独立性和权威性。合规官及合规管理部门在这一体系中发挥着举足轻重的作用，他们有权对公司的各项业务活动进行合规审查，提出合规意见，确保公司的经营活动符合法律法规和监管要求。

2.赋予合规官及部门提出否定意见的权利

在N保险，合规官及合规管理部门被赋予了提出否定意见的权利。这一权利的赋予，是N保险对合规管理高度重视的体现，也是保障合规官及部门履职权利的重要举措。

在实际工作中，合规官及合规管理部门在发现违规行为或潜在风险时，可以及时向相关部门或领导提出否定意见，要求停止或纠正违规行为，防止风险的发生或扩大。

这一权利的赋予，使合规官及合规管理部门能够在业务决策过程中发挥重要的监督作用，确保公司的各项经营活动都符合法律法规和监管要求。

N 保险还建立了合规举报机制，鼓励员工积极向合规官及合规管理部门举报违规行为或潜在风险。对举报属实的情况，公司将依法依规进行处理，并给予举报人相应的奖励和保护。这一机制的建立，不仅增强了员工的合规意识，还提高了合规管理的效率和准确性。

3. 明确职责和程序，防止干涉合规工作

为了确保合规官及合规管理部门能够独立、公正地履行职责，N 保险明确规定了金融机构的股东、董事和高级管理人员不得违反规定的职责和程序，干涉首席合规官或合规官依法合规开展工作。

这一规定不仅体现了 N 保险对合规管理的重视和支持，还确保了合规官及合规管理部门的独立性和权威性。在实际工作中，合规官及合规管理部门可以依据法律法规和监管要求，独立开展合规审查、合规培训、合规监测等工作，不受外部因素的干扰和影响。

N 保险还建立了合规管理信息报告制度，要求合规官及合规管理部门定期向董事会、监事会和管理层报告合规管理情况，及时揭示合规风险，提出合规建议。这一制度的建立，不仅增强了合规管理的透明度和可追溯性，还提高了合规管理的效率和效果。

4. 强化内部支持和配合，形成合规管理合力

N 保险深知，合规管理不是合规官及合规管理部门的单打独斗，而是需要全公司的共同努力和配合。因此，公司要求董事、高级管理人员、各部门和下属各机构及其员工支持和配合首席合规官及合规官、合规管理部门及合规管理人员的工作。

为了实现这一目标，N 保险采取了多种措施。

一是加强合规培训，提高全员的合规意识和合规能力。公司定期组织合规培训活动，邀请专家学者进行授课，讲解法律法规和监管要求，分享合规管理经验和案例。通过培训，员工不仅增强了合规意识，还提高了合规管理的能力和水平。

二是建立合规考核机制，将合规管理纳入员工绩效考核体系。公司将合规管理作为员工绩效考核的重要指标之一，对在合规管理方面表现突出的员工给予表彰和奖励，对违反合规规定的员工依法依规进行处理。这一机制的建立，不仅激发了员工参与合规管理的积极性和主动性，还提高了合规管理的效率和效果。

三是加强内部沟通和协作，形成合规管理合力。公司建立了合规管理联席会议制度，定期召开会议，研究解决合规管理中的重大问题和难点问题。同时，公司还加强

了各部门之间的沟通和协作，形成了合规管理的合力。在实际工作中，各部门之间互相支持、互相配合，共同推动合规管理的深入开展。

（三）案例特色和亮点

1. 创新引领：以合规日为载体，打造特色合规文化

N保险以合规文化为突破口，创新地将每年9月7日定为"合规日"，充分体现了对合规管理的高度重视和独到理解。这一举措不仅是形式上的纪念日，更成为推动合规理念深植人心的重要载体。N保险对在合规管理方面表现突出的员工予以表彰，通过发放徽章、证书和奖金激励员工持续关注合规工作。同时，公司内部定期评选对合规风险管理做出突出贡献的团队和个人，在内部发布榜单，形成正向激励，并组织全员参与宣誓仪式和主题讲座，通过情景模拟和案例讨论，使每位员工深刻体会合规精神。

在去年的"合规日"活动中，一位初入职的新员工在听取高层分享后，主动提出优化数据审核流程的建议，该建议经过试点后在全公司推广，使该环节的审核效率提升了20%，并因此获得了"合规新星"的荣誉。

2. 科技赋能：运用先进技术手段，提升合规管理效率

N保险积极探索科技在合规管理中的应用，借助大数据、人工智能和区块链等技术手段，实现了从传统模式向智能化、自动化管理的跨越。系统运用先进的智能合约技术，对保险合同进行自动化审查，快速识别合同条款中的不合规风险，大幅提升审查效率和准确性。系统通过实时数据采集和智能算法，对全行交易和业务流程进行监控，自动生成风险预警报告，为决策层提供科学依据。N保险设立了专项基金，鼓励员工积极探索和开发符合业务需求的合规技术应用，推动科技创新与合规管理深度融合。

在一次跨部门数据监控中，系统在几秒内识别出一笔异常交易，自动生成风险报告后，合规团队迅速介入调查，成功防止了潜在的违规操作。此外，一项由员工自主研发的小程序也通过智能合约审查流程减少了50%的人工审核时间。

3. 文化铸魂：构建全员参与的合规文化体系

N保险高度重视全员参与的合规文化建设，通过多渠道、多形式的活动，将合规理念深度融入员工日常工作中，并延伸至合作伙伴与客户群体。N保险定期举办线上线下结合的合规培训和知识竞赛，不仅帮助员工掌握最新法规，还通过互动问答等形式激发员工学习热情。同时，公司制作了精美的合规宣传手册、视频和案例集，借助

内部网站、小视频等多平台广泛传播。N 保险通过制定完善的合规管理制度、设立专项监督小组和定期自查，确保合规文化的持续落地和巩固。

在一次全员合规知识竞赛中，一位基层员工凭借对最新反洗钱法规的精准理解，获得了一等奖，其见解随后被编入内部培训教材，激励了更多员工积极参与合规实践，并提升了 N 保险整体风险防范能力。

4. 严格问责：建立违规必究的问责机制

N 保险建立了一套严谨的问责机制，无论涉及哪个层级的员工，一旦发现违反合规规定的行为，都将依法依规从严查处，确保合规管理始终保持高标准、严要求。N 保险建立了自上而下的责任链条，各部门合规官对上级负责，并定期接受内部和外部审核。N 保险对于违规行为，采取包括警告、罚款、降职、开除等严厉处罚，确保每一例违规行为都能得到有效震慑，并利用数据监控和内部稽核手段，及时发现和纠正各环节中的违规行为，形成闭环管理。

在一次内部审计中，N 保险发现某分支机构存在轻微违规操作，经过跨部门联合调查，迅速追究责任人，并实施整改措施。这一行动不仅及时纠正了漏洞，也树立了公司对违规零容忍的坚定态度，极大地增强了全行的合规意识和纪律性。

（四）案例分析

N 保险在合规管理方面取得了显著的成绩和经验。这些成绩和经验不仅为 N 保险自身的稳健发展提供了有力保障，还为其他金融机构提供了有益的借鉴和参考。

1. 高层重视与支持是合规管理成功的关键

N 保险高层对合规管理的高度重视和支持是合规管理成功的关键。公司高层将合规管理视为企业文化的核心组成部分，将其作为公司稳健发展的重要保障。在实际工作中，公司高层积极参与合规管理活动，为合规官及合规管理部门提供有力的支持和保障。这种高层重视与支持的态度和行为，不仅增强了合规官及合规管理部门的信心和动力，还提高了合规管理的效率和效果。

2. 独立高效的合规管理体系是合规管理的基础

N 保险建立的独立高效的合规管理体系是合规管理的基础。这一体系明确了合规管理的责任主体和职责分工，确保了合规管理的独立性和权威性。同时，这一体系还注重内部沟通和协作，形成了合规管理的合力。这种独立高效的合规管理体系的建立和实施，为 N 保险的合规管理提供了有力的制度保障和支持。

3. 先进的科技手段是合规管理的重要支撑

N保险不仅积极探索合规科技的应用，还持续投入资源进行优化和升级。通过大数据分析，公司能够实时监控业务数据，及时发现潜在的合规风险点，为合规官提供有力的数据支持。人工智能技术的引入，则使合规审查过程更加高效和准确，极大减轻了合规官的工作负担，提高了审查效率。

更重要的是，N保险还注重科技手段与合规管理的深度融合。公司利用科技手段建立合规风险预警模型，对业务活动中的合规风险进行预测和评估，为合规决策提供科学依据。同时，公司还开发了合规培训系统，通过在线学习、模拟测试等方式，提高员工的合规意识和能力，确保合规文化的有效传承。

4. 全员参与的合规文化是合规管理的灵魂

N保险深知，合规管理不是合规官或合规部门的"独角戏"，而是需要全公司上下共同努力。因此，公司注重培养全员参与的合规文化，鼓励员工积极参与合规管理活动，将合规理念融入日常工作中。

公司定期举办合规培训、合规知识竞赛等活动，提高员工的合规意识和能力。同时，公司还建立了合规举报机制，鼓励员工积极举报违规行为，为合规管理提供线索和支持。这种全员参与的合规文化，不仅增强了员工的责任感和归属感，还提高了合规管理的效率和效果。

5. 严格的问责机制是合规管理的保障

N保险建立了严格的问责机制，对违反合规规定的行为进行严肃处理，无论涉及哪个层级的人员都不例外。这种零容忍的态度，不仅体现了公司对合规管理的坚定决心，也确保了合规官及合规管理部门能够独立、公正地履行职责。

问责机制的建立，使违规行为得到了有效的遏制和惩罚。员工们深知，违反合规规定将付出沉重的代价，因此更加自觉遵守合规要求，形成了良好的合规氛围。这种严格的问责机制，为N保险的稳健发展提供了有力的保障。

（五）案例启示

1. 高层领导要高度重视合规管理

N保险的成功经验告诉我们，高层领导对合规管理的高度重视是合规管理成功的关键。只有高层领导参与、推动，才能确保合规管理在公司内部的地位和影响力。因此，其他金融机构也应该加强高层领导对合规管理的重视和支持，确保合规管理能够得到有效实施。

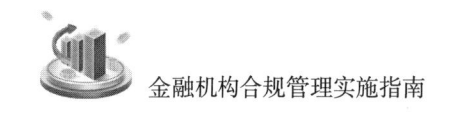

2. 要建立独立、高效的合规管理体系

N 保险的独立、高效的合规管理体系为其他金融机构提供了有益的借鉴。其他金融机构也应该建立明确的合规管理责任主体和职责分工，确保合规管理的独立性和权威性。同时，要注重内部沟通和协作，形成合规管理的合力，提高合规管理的效率和效果。

3. 要积极运用科技手段提升合规管理效率

N 保险在合规管理方面的科技应用进行的探索和实践为我们提供了宝贵的经验。其他金融机构也应该积极运用大数据、人工智能等先进技术手段，提升合规管理的效率和准确性。通过科技手段与合规管理的深度融合，实现合规管理的智能化和自动化，为公司的稳健发展提供有力支持。

4. 要培养全员参与的合规文化

N 保险的全员参与合规文化为我们提供了有益的启示。其他金融机构也应该注重培养全员参与的合规文化，鼓励员工积极参与合规管理活动，将合规理念融入日常工作中。通过举办合规培训、合规知识竞赛等活动，提高员工的合规意识和能力，确保合规文化的有效传承。

5. 要建立严格的问责机制

N 保险的严格问责机制为合规管理工作提供了有力的保障。其他金融机构也应该建立严格的问责机制，对违反合规规定的行为进行严肃处理，无论涉及哪个层级的人员都不例外。通过严格的问责机制，遏制和惩罚违规行为，形成良好的合规氛围，为公司的稳健发展提供有力保障。

N 保险在保障合规官及部门履职权利管理方面的成功经验和做法值得我们深入学习和借鉴。其他金融机构应该结合自身的实际情况，积极采取措施加强合规管理，确保公司的稳健发展。同时，监管部门也应该加强对金融机构合规管理的监督和指导，推动金融机构合规管理的不断完善和提升。

第二节　合规管理部门人员配备要求

一、合规管理部门人员配备要求的监管政策

第三十八条　金融机构应当为合规管理部门配备充足的、具备与履行合规管理职责相适应专业知识和技能的合规管理人员。

合规管理部门应当主要由具有法律或者经济金融专业学历背景的人员组成。初次从事对机构合同进行法律合规审核的人员，以及为机构改制重组、并购上市、产权转让、破产重整、和解及清算等重大事项提出法律合规意见的人员原则上应当具有法律专业背景或者通过法律职业资格考试。

二、理解和学习：合规管理部门人员配备要求

金融机构在构建合规管理体系时，应当充分认识到合规管理部门的重要性，并为其配备充足的合规管理人员。这些合规管理人员不仅需要具备扎实的专业知识，还应当掌握与履行合规管理职责相适应的技能，以确保能够高效、准确地完成合规管理工作。为了达到这一要求，金融机构在招聘和选拔合规管理人员时，应当注重考查其专业素养和实践经验，确保所选人员能够胜任合规管理部门的各项工作。

合规管理部门作为金融机构内部的重要职能部门，其人员组成应当具有专业性和针对性。因此，合规管理部门应当主要由具有法律或者经济金融专业学历背景的人员组成。这些人员不仅熟悉法律法规和经济政策，还能够运用所学知识对金融机构的业务活动进行合规性审查，及时发现并纠正存在的合规风险。特别是那些初次从事对机构合同进行法律合规审核的人员，以及为机构改制重组、并购上市、产权转让、破产重整、和解及清算等重大事项提出法律合规意见的人员，金融机构更应当严格要求其具有法律专业背景或者通过法律职业资格考试。这是因为这些工作涉及金融机构的核心利益和法律风险，需要由具备深厚法律功底和实践经验的人员来承担。通过这样的人员配置，金融机构可以确保合规管理部门能够充分发挥其职能作用，为金融机构的稳健运营提供有力保障。

三、思维导图：合规管理部门人员配备要求

为了清晰呈现合规管理部门在人员配备方面的具体要求，我们特别设计了合规管理部门人员配备要求思维导图，如图3-2所示。它以直观、系统的图形方式详细展示了合规管理部门在人员配备方面的核心要求和构成。图3-2先强调了合规管理人员总体要求，即需要配备充足的人员，并确保他们具备与履行合规管理职责相适应的专业知识和技能，这是合规管理部门有效运作的基础。在此基础上，其进一步阐述了合规管理部门的人员构成，明确指出合规管理部门应主要由具有法律或者经济金融专业学历背景的人员组成，这样的专业构成有助于提升合规管理工作的专业性和针对性。

针对法律专业背景的要求，图3-2特别指出了初次从事合同法律合规审核的人员，以及为重大事项提出法律合规意见的人员需要具备扎实的法律专业知识，以确保合规审核和法律意见的专业性和准确性。同时，对经济金融专业知识的要求，图3-2也进行了详细说明，要求合规管理人员需掌握经济金融基础知识，并具备对经济金融政策进行持续学习和更新的能力，这有助于合规管理人员更好地理解和应对复杂的经济金融环境，提升合规管理的效能。

图3-2以清晰、直观的方式呈现了合规管理部门在人员配备方面的关键要素和要求，为合规管理部门的组建和优化提供了有力的指导和参考。

```
                              ┌─ 配备充足的人员
              ┌─ 合规管理人员总体要求 ─┤
              │                └─ 具备与履行合规管理职责相适应的专业知识和技能
              │
              ├─ 合规管理部门的人员构成 ── 主要由具有法律或者经济金融专业学历背景的人员组成
合规管理部门   │
人员配备要求 ─┤                 ┌─ 初次从事合同法律合规审核的人员
              ├─ 法律专业背景的要求 ─┤
              │                └─ 为重大事项提出法律合规意见的人员
              │
              │                     ┌─ 合规管理人员需掌握经济金融基础知识
              └─ 经济金融专业知识的要求 ┤
                                    └─ 具备对经济金融政策进行持续学习和更新的能力
```

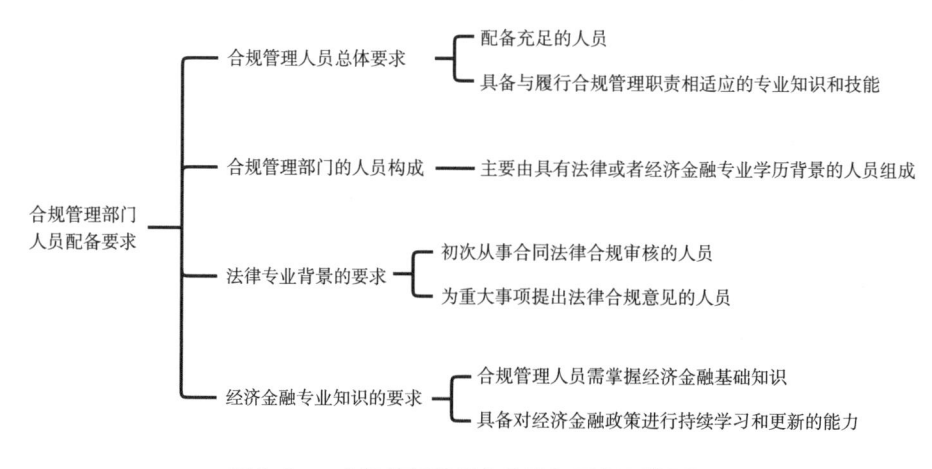

图3-2　合规管理部门人员配备要求思维导图

四、工具：合规管理部门人员配备要求检测实施一览表

为了确保合规管理部门的人员配备能够满足金融机构的合规管理需求，我们特别设计了合规管理部门人员配备要求检测实施一览表，如表3-2所示。它是一个详细的表格，用于记录和评估合规管理部门的人员配备情况。

表3-2内容详尽，条理清晰，不仅为合规管理部门的人员配备提供了明确的指导和依据，也为后续的检测和实施工作提供了便利，有助于提升合规管理部门的整体素质和效能，为金融机构的合规管理工作提供了有力支持。

表 3-2　合规管理部门人员配备要求检测实施一览表

项目	内容	检测项目	评价已经做到	评价尚未做到
合规管理部门人员配备要求	合规管理人员总体要求	配备充足的人员		
		具备与履行合规管理职责相适应的专业知识和技能		
	合规管理部门的人员构成	主要由具有法律或者经济金融专业学历背景的人员组成		
	法律专业背景的要求	初次从事合同法律合规审核的人员		
		为重大事项提出法律合规意见的人员		
	经济金融专业知识的要求	合规管理人员需掌握经济金融基础知识		
		具备对经济金融政策进行持续学习和更新的能力		

五、案例

M 保险集团控股有限公司的合规管理人员配备

（一）金融机构介绍

M 保险集团控股有限公司（以下简称 M 保险集团）成立于 2008 年，由日本三井住友保险集团与安达保险公司合并而成，现已成为全球领先的综合保险企业之一。该公司总部设在东京，其业务遍及全球，涉及多个领域，包括财产保险、健康保险、再保险，以及与金融服务相关的产品。作为日本最大的保险集团之一，M 保险集团在多个国家和地区拥有子公司和分支机构，在全球保险市场占有重要地位。

M 保险集团在全球范围内运营，面临着来自不同国家和地区的法律和监管要求。这些要求涉及多个方面，包括消费者保护、反洗钱、反恐融资、数据隐私保护等方面。此外，随着金融市场的全球化和跨境业务的发展，M 保险集团必须确保其所有业务活动符合法律法规，并避免合规风险。

为了应对这些合规挑战，M 保险集团建立了严密的合规管理体系，并确保其在全球业务范围内保持合规性。这一体系涵盖了从公司治理、合规制度到人员配备和持续培训的各个层面。

（二）具体措施

1. 合规管理部门的组织结构

M保险集团的合规管理部门在集团和各子公司层面设有专门的合规管理团队。整个合规管理体系分为集团级合规管理团队和地区性子公司合规团队，两者之间有着密切的沟通和协调机制。集团级合规管理团队主要负责制定公司范围的合规制度和标准，监督和指导下属公司执行合规制度，而地区性子公司合规团队则根据当地法规的要求进行定制化的合规管理。

M保险集团的合规管理组织结构通常包含集团合规管理委员会、法律合规部、合规与风控结合的管理模式、反洗钱与反恐融资专职部门等几个主要部分。集团合规管理委员会通常由集团高层管理人员组成，负责重大合规决策、合规制度的审批与实施等。法律合规部负责日常的法律合规审核、法律咨询和对外法律事务的处理。特别是在跨境交易、并购、重组等重要事项中，法律合规部的角色至关重要。在M保险集团的合规管理体系中，合规与风控密切相关，风控部门与合规部门共享信息，确保公司业务风险得到全面识别和控制。反洗钱与反恐融资专职部门负责确保公司业务符合反洗钱和反恐融资法规，处理与客户交易相关的合规审查和反洗钱监控。

2. 合规管理人员的专业背景要求

在M保险集团，合规管理人员的专业背景被视为其履行合规职责的关键。公司非常重视合规管理人员的学术背景、专业资质及实践经验，尤其是在涉及跨境交易、保险法规、金融法律等复杂领域时，合规人员需要具备专业能力。

（1）法律专业背景。合规管理部门的核心成员通常具有法律专业背景，尤其是金融法律、公司法、保险法等方面的专业知识。这些人员负责进行合同审核、策略制定、法律合规审查等关键工作。此外，针对公司业务中的复杂交易，如并购、重组、股权转让等，合规人员必须具备扎实的法律知识和实践经验，能够为公司提供准确的法律意见。

（2）金融学与经济学专业背景。除了法律专业人员，M保险集团还聘用大量具备金融学、经济学背景的人员。这些合规人员专注于公司财务合规、金融市场合规、反洗钱及反恐融资等领域，尤其在全球化背景下，跨国经营要求合规人员具有较强的国际视野和多元化的知识体系。

（3）其他跨学科背景的合规专家。为应对技术变革带来的挑战，M保险集团还招聘了具有金融科技、数据保护等背景的合规专家。这些专家能够帮助公司应对新的合规要求，如通用数据保护条例、数据泄露、网络安全等问题。

3.合规管理人员的培训与职业发展

M保险集团非常注重合规管理人员的职业培训与发展，确保其始终保持对行业法规的最新了解和最佳实践的应用。公司为员工提供了多元化的培训项目。针对全球及地区性新的法律和监管要求，M保险集团为合规管理人员提供定期的法律法规更新培训。通过这些培训，合规人员能够迅速掌握法律环境的变化，并及时调整合规策略。

除法律法规外，M保险集团还为合规管理人员提供反洗钱、金融合规、风险管理等相关专业技能的培训，通过强化专业知识，帮助合规人员更好地应对复杂的合规挑战。为了确保合规管理人员能够在全球化运营环境下高效工作，M保险集团还提供国际合规标准的培训，提升其在全球范围内的合规管理能力。同时，M保险集团为合规管理人员提供明确的职业发展路径。从入职初期的合规专员，到中层的合规经理，再到高层的合规总监，合规人员有机会通过不断积累经验和提升专业能力走向管理岗位。

（三）案例特色和亮点

1.以专业为导向的合规管理

M保险集团高度重视合规管理部门人员的专业性，并根据合规工作的复杂性和多样性，实行精细化的人才配置。针对金融、保险、法律、反洗钱等不同领域，公司分别设立了专门团队，确保每个环节均由具备相应专业背景和丰富实践经验的人员负责。某次反洗钱新规突然发布，专门负责反洗钱的团队迅速完成了内部流程调整和风险评估，确保了全行业务无缝衔接，并获得监管部门的高度认可。

2.合规与风控的协作模式

在复杂的跨境经营环境中，M保险集团通过推动合规部门与风险控制部门之间的紧密协作，实现了信息共享和策略联动。公司定期召开跨部门联席会议，共同研讨风险预警、制定应急预案，并针对潜在合规风险开展联合审查。在一次跨境业务审查中，风控部门发现某笔交易存在疑点，合规部门立即介入调查，双方联合制定的风险防控策略迅速阻断了风险蔓延，确保了业务合规性和安全性。

3.全员参与的合规文化建设

M保险集团深知坚守合规不仅是部门责任，也是全员共同的使命。为此，公司大力推广合规文化建设，力求将合规理念融入日常工作。公司通过定期举办线上线下合规培训、组织合规知识竞赛、开展合规宣导活动等方式，使每位员工都能了解最新法规和内部合规要求，同时还将合规理念延伸至合作伙伴和客户中。在一次全员合规知识竞赛中，一名基层员工因精准回答风险识别题目获得了"合规先锋"称号，其实际

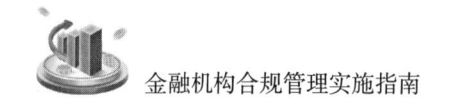

工作中的一条改进建议也随后被纳入全行培训教材，显著提升了整体风险防范水平。

4. 技术驱动的合规管理

借助大数据、人工智能等先进技术，M保险集团在合规管理领域实现了智能化、自动化监控，极大提升了监控效率和风险预警能力。公司开发了一套全自动合规监控系统，能够实时分析业务数据，自动筛查异常交易并生成预警报告。在反洗钱领域，系统能利用数据分析技术进行可疑交易的快速甄别。在一次跨国业务交易中，系统在几秒内识别出一笔异常交易，通过自动生成的预警报告，合规团队迅速介入调查，成功防范了一起潜在的违规风险，保障了客户资金安全。

5. 跨国合规管理的应对能力

作为一家全球运营的保险集团，M保险集团在合规管理中注重兼顾国际标准与本地法规要求，确保跨国业务合法合规。公司不仅要求合规人员熟悉本地法律法规，还定期组织国际合规标准培训，确保各地区团队能灵活应对不同国家的监管环境。同时，针对国际贸易和资本流动不断变化的要求，集团不断更新内部政策。在拓展东南亚市场过程中，合规团队针对当地数据保护和反洗钱法规进行了细致调研，制定了符合当地特色的合规措施，并在短时间内成功推动业务落地，获得当地监管机构的认可。

通过以上多维度举措，M保险集团构建了一套以专业、协作、全员参与、技术驱动和国际化为核心的合规管理体系。

（四）结语与深思

M保险集团的合规管理部门人员配备体现了该公司对合规管理的重视，也展示了如何通过专业化的人员配置、跨部门的协作模式及先进的技术支持，确保其在全球复杂的合规环境中始终保持稳定与合规。

通过这一案例，其他金融机构可以汲取经验，重视合规管理人员的选拔、培训和职业发展，同时加强合规与风控部门的协同作战，进一步提升合规管理的整体效能。随着全球金融市场的不断变化和合规要求的日益严格，M保险集团的合规管理体系为其他机构提供了有价值的参考，为未来的合规管理实践指明了方向。

第三节 各部门及境外合规管理人员配置

一、各部门及境外合规管理人员配置的监管政策

第三十九条 金融机构各部门、下属各机构应当配备与业务规模、风险管控难度

相匹配的专职或者兼职合规管理人员。

境外金融分支机构及境外金融子公司,应当配备熟悉所在司法辖区法律法规和相关银行保险业务的合规管理人员。合规风险较高的重点国家和地区,应当增加专职合规管理人员,有效防范应对合规风险。

二、理解和学习:各部门及境外合规管理人员配置

金融机构在构建全面合规管理体系的过程中,充分认识到合规管理人员的重要性,因此明确要求各部门、下属各机构应当根据自身的业务规模和风险管控难度,合理配备专职或者兼职的合规管理人员。这一要求旨在确保金融机构的各个层面都能有专业的合规人员负责监督和管理,从而有效识别和防控潜在的合规风险。

同时,境外金融分支机构及境外金融子公司,由于其运营环境涉及不同司法辖区的法律法规,合规管理的复杂性显著增加。因此,这些机构应当特别注重配备熟悉所在司法辖区法律法规和相关银行保险业务的合规管理人员。这些合规管理人员不仅需要具备扎实的法律专业知识,还需要对当地的金融市场和监管环境有深入的了解,以确保境外机构的业务活动能够符合当地的法律法规要求,避免因合规问题引发不必要的法律风险。

特别是在合规风险较高的重点国家和地区,金融机构应当进一步增加专职合规管理人员的数量。这些专职合规管理人员将专注于监控和分析当地的合规风险,及时提供合规建议和应对措施,确保金融机构在这些高风险地区的业务能够稳健运营。通过增加专职合规管理人员,金融机构可以更加有效地防范和应对合规风险,保护自身的合法权益,提升在国际市场上的竞争力。

三、思维导图:各部门及境外合规管理人员配置

为了直观、清晰地展现金融机构各部门及境外机构的合规管理人员配置情况,我们特别设计了各部门及境外合规管理人员配置思维导图,如图3-3所示。它以图形化的方式,展示了合规管理人员在不同部门和境外机构的配置结构和原则。

图3-3首先从总体原则出发,强调了合规管理人员配置应与业务规模、风险管控难度相匹配的核心思想。其次,它详细描绘了境内机构(包括总部部门和下属机构)的合规管理人员配置情况,指出各部门和机构应根据自身的业务需求,灵活配备专职或兼职的合规管理人员。再次,对于境外金融分支机构和境外金融子公司,它特别指

出了配置合规管理人员的特殊要求，包括需要配备熟悉所在司法辖区法律法规的合规管理人员，以及管理人员需具备相关的银行保险业务知识。最后，它还强调了识别重点国家和地区合规风险的重要性，并提出了在重点区域增加专职合规管理人员数量的配置策略，以确保有效防范和应对合规风险。

图 3-3 设计简洁明了，逻辑清晰，不仅有助于理解和实施合规管理人员配置的原则和要求，也为优化合规管理资源配置、提升合规管理效能提供了有力的可视化支持。

各部门及境外合规管理人员配置
- 总体原则：配备与业务规模、风险管控难度相匹配的合规管理人员
- 境内机构配置
  - 总部部门：各部门根据业务需求配备专职或兼职合规管理人员
  - 下属机构：下属各机构（如分行、支行）按需配备专职或兼职合规管理人员
  - 配置依据
    - 业务规模
    - 风险管控难度
- 境外金融分支机构配置
  - 基本要求：配备熟悉所在司法辖区法律法规的合规管理人员
  - 业务熟悉度：管理人员需了解相关银行保险业务
  - 人员类型：可为专职或兼职，依据具体情况而定
- 境外金融子公司配置
  - 法律法规熟悉度：配备熟悉所在司法辖区法律法规的合规管理人员
  - 业务匹配：管理人员需具备相关的银行保险业务知识
- 重点国家和地区配置
  - 识别重点区域：识别合规风险较高的国家和地区
  - 增加专职人员：在重点区域增加专职合规管理人员数量
  - 风险应对：确保有效防范和应对合规风险

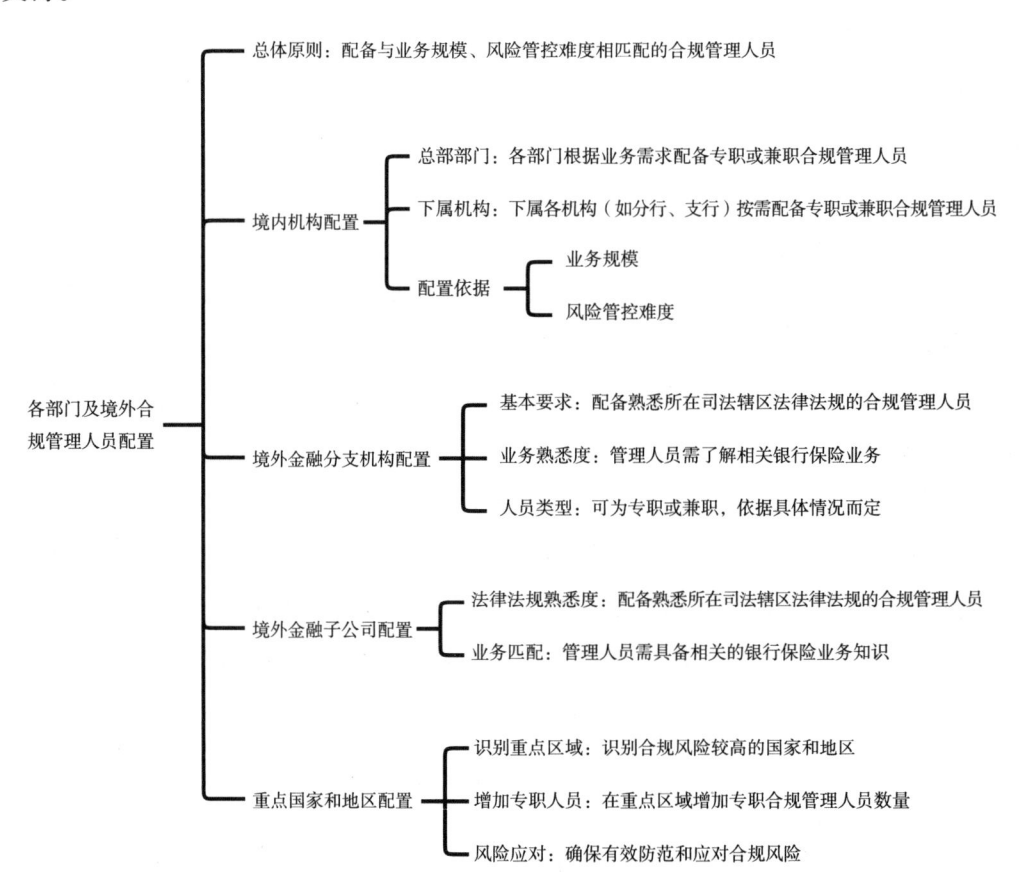

图 3-3 各部门及境外合规管理人员配置思维导图

四、工具：各部门及境外合规管理人员配置检测实施一览表

为了确保金融机构各部门及境外机构的合规管理人员配置合理、有效，我们特别设计了各部门及境外合规管理人员配置检测实施一览表，如表 3-3 所示。这一工具设计为表格的形式，旨在全面检测和记录各部门及境外合规管理人员的配置情况。

表 3-3 详细列出了关于合规管理人员配置的各项检测实施内容，涵盖了从总体原则到具体部门、境外机构的人员配置要求。首先，它明确了合规管理人员配置的总体原则，即根据与业务规模和风险管控难度相匹配的原则进行配备。其次，它进一步细化了境内机构（包括总部部门和下属机构）的合规管理人员配置要求及配置依据（如业务规模和风险管控难度）。再次，对于境外金融分支机构和境外金融子公司，它特别强调了配备熟悉所在司法辖区法律法规的合规管理人员的重要性，并指出管理人员需了解相关银行保险业务。最后，它还针对重点国家和地区，提出了识别合规风险较高的国家和地区、增加专职合规管理人员数量等具体配置要求，以确保有效防范和应对合规风险。

表 3-3 内容详尽，条理清晰，不仅为合规管理人员的配置提供了明确的指导和依据，也为后续的检测和实施工作提供了便利。通过表 3-3，可以直观地了解各部门及境外合规管理人员的配置情况，为优化合规管理资源配置、提升合规管理效能提供有力支持。

表 3-3　各部门及境外合规管理人员配置检测实施一览表

项目	主题	内容	检测项目	评价已经做到	评价尚未做到
各部门及境外合规管理人员配置	总体原则	配备相匹配人员	配备与业务规模、风险管控难度相匹配的合规管理人员		
	境内机构配置	总部部门	各部门根据业务需求配备专职或兼职合规管理人员		
		下属机构	下属各机构（如分行、支行）按需配备专职或兼职合规管理人员		
		配置依据	业务规模		
			风险管控难度		
	境外金融分支机构配置	基本要求	配备熟悉所在司法辖区法律法规的合规管理人员		
		业务熟悉度	管理人员需了解相关银行保险业务		
		人员类型	可为专职或兼职，依据具体情况而定		
	境外金融子公司配置	法律法规熟悉度	配备熟悉所在司法辖区法律法规的合规管理人员		
		业务匹配	管理人员需具备相关的银行保险业务知识		
	重点国家和地区配置	识别重点区域	识别合规风险较高的国家和地区		
		增加专职人员	在重点区域增加专职合规管理人员数量		
		风险应对	确保有效防范和应对合规风险		

五、案例

O银行合规管理人员配置深度剖析

（一）金融机构介绍

O银行作为中国领先的大型商业银行之一，自1996年成立以来，始终秉持"服务大众，情系民生"的企业使命，致力于为客户提供全面、优质、高效的金融服务。作为一家具有深厚底蕴和全球视野的金融机构，O银行在国内外拥有广泛的业务网络和分支机构，业务范围涵盖吸收公众存款、发放短期及中长期贷款、办理国内外结算、票据贴现、发行金融债券、代理发行及兑付政府债券、买卖政府债券、同业拆借、外汇买卖、提供信用证服务及担保、代理收付款项及代理保险业务等多个领域。

随着全球金融市场的不断发展和监管要求的日益严格，合规管理已成为金融机构稳健运营、防范风险的重要基石。O银行深谙此道，始终将合规管理置于银行经营管理的核心地位，致力于构建全面、系统、高效的合规管理体系。在这一过程中，合规管理人员的配置无疑起到了至关重要的作用。

（二）合规管理人员配置的背景与意义

在金融机构的运营过程中，合规风险无处不在。无论是国内业务还是跨境业务，都面临着复杂多变的法律环境和监管要求。因此，金融机构必须建立健全合规的管理体系，确保各项业务活动符合法律法规和监管政策的要求。而合规管理人员的配置，则是合规管理体系有效运行的关键所在。

合规管理人员作为合规管理的执行者和监督者，承担着识别、评估、监测和报告合规风险的重要职责。他们不仅需要具备扎实的法律基础知识和丰富的合规管理经验，还需要熟悉银行业务流程和风险点，能够及时发现并纠正潜在的合规问题。此外，对于境外分支机构和子公司而言，合规管理人员还需要熟悉所在司法辖区的法律法规和相关银行保险业务，确保业务的合规性和稳健性。

因此，金融机构各部门、下属各机构应当配备与业务规模、风险管控难度相匹配的专职或兼职合规管理人员。境外金融分支机构及境外金融子公司，则应当配备熟悉所在司法辖区法律法规和相关银行保险业务的合规管理人员。对于合规风险较高的重点国家和地区，还应当增加专职合规管理人员，以有效防范和应对合规风险。

（三）国内各部门合规管理人员配置

1. 业务部门的合规管理人员配置

O银行的业务部门是银行运营的核心单元，涉及吸收存款、发放贷款、办理结算等多个环节。为了确保业务活动的合规性，每个业务部门都配备了专职或兼职合规管理人员。这些合规管理人员不仅具备扎实的法律基础知识和丰富的合规管理经验，还深入了解银行业务流程和风险点，能够及时发现并纠正潜在的合规问题。

例如，在信贷业务部门，合规管理人员会参与贷款项目的审批流程，对借款人的资质、还款能力、抵押物价值等进行严格审查，确保贷款项目的合规性和风险可控性。在金融市场业务部门，合规管理人员则会对交易对手方的信用状况、交易品种的风险特性等进行评估，确保金融市场的交易活动符合监管政策的要求。

2. 风险管理部门的合规管理人员配置

风险管理部门是O银行合规管理的核心部门之一，承担着识别、评估、监测和报告合规风险的重要职责。为了有效履行这些职责，风险管理部门配备了专业的合规风险管理团队。

合规风险管理团队由具有丰富风险管理经验和专业知识的合规管理人员组成，他们不仅熟悉银行业务流程和风险点，还具备扎实的法律基础知识和数据分析能力。通过运用先进的风险管理工具和技术手段，该团队能够对全行的合规风险进行实时监测和预警，为银行管理层提供决策支持。

同时，风险管理部门还与其他业务部门和合规管理部门保持密切沟通与合作，共同构建全面、系统、高效的合规管理体系。

3. 内控合规部的合规管理人员配置

内控合规部是O银行合规管理的牵头部门，负责监督全行合规管理的实施情况，协调各部门之间的合规工作，并定期组织合规培训和宣传活动。为了有效履行这些职责，内控合规部配备了专职的合规管理人员。这些合规管理人员不仅具备扎实的法律基础知识和丰富的合规管理经验，还熟悉银行业务流程和监管政策的要求。他们负责制订和完善银行合规管理制度和流程，对全行的合规风险进行实时监测和预警，并定期组织合规培训和宣传活动，提高员工的合规意识和能力。

此外，内控合规部还建立了合规管理信息系统，通过运用大数据、人工智能等先进技术手段，对合规数据进行深度挖掘和分析，为合规管理人员提供更加精准的决策支持。

(四)境外分支机构和子公司的合规管理人员配置

1. 设立独立的合规管理部门

对于境外分支机构和子公司而言,合规管理尤为重要。为了确保业务的合规性和稳健性,O 银行在境外分支机构和子公司均设立了独立的合规管理部门。这些合规管理部门与国内的内控合规部保持密切沟通与合作,共同构建全球合规管理体系。它们负责制定和完善所在机构的合规管理制度和流程,对业务活动进行实时监测和预警,并及时向国内总部报告合规风险情况。

2. 配备熟悉所在司法辖区法律法规的合规管理人员

针对境外分支机构和子公司面临的复杂多变的法律环境和监管要求,O 银行在选聘合规管理人员时特别注重其是否熟悉所在司法辖区的法律法规和相关银行保险业务。这些合规管理人员不仅具备扎实的法律基础知识和丰富的合规管理经验,还熟悉当地的金融环境和监管要求。他们能够准确理解和把握监管政策的变化和趋势,为银行在当地的业务发展提供有力的合规支持。例如,在 O 银行某境外分行,合规管理人员不仅熟悉当地的银行法规和监管政策,还深入了解当地的金融文化和商业习惯。他们积极参与当地金融市场的交易活动,与当地的监管机构保持密切沟通与合作,为银行在当地的稳健运营提供了有力保障。

3. 增加专职合规管理人员以应对高风险地区

对于合规风险较高的重点国家和地区,O 银行增加了专职合规管理人员的配置。这些合规管理人员不仅具备丰富的合规管理经验和专业知识,还能够深入了解当地的文化和商业习惯,为银行在这些地区的业务发展提供有力的合规支持。

例如,在 O 银行某合规风险较高的境外子公司,银行增加了多名专职合规管理人员。他们与当地的监管机构保持密切沟通与合作,积极参与当地金融市场的交易活动,并定期组织合规培训和宣传活动,提高员工的合规意识和能力。通过这些措施,该子公司的合规管理水平得到了显著提升,为其在当地的稳健运营提供了有力保障。

(五)案例特色和亮点

1. 全面覆盖与重点防控相结合

O 银行在合规管理人员配置上,既实现了业务条线和机构网点全覆盖,又在重点领域和高风险区域实施精准防控。O 银行在国内各部门及境外分支机构、子公司均设有合规管理岗位,确保每个业务环节都能覆盖到。同时,对涉及复杂产品、跨境业务或高风险领域的部门,O 银行增派专职合规人员进行深度监控。在某次新产品推出过程中，境外分支机构的一位专职合规人员及时发现并上报了合同条款中存在的潜在风险，通过跨部门会商，迅速修正合同后产品成功上市，避免了可能的法律纠纷。

2. 专业化与本土化相结合

在选聘合规管理人员时，O银行不仅看重其专业能力，还特别强调对本地法律法规和市场环境的熟悉程度。总部及各地分支机构均按照业务需求设定相应的专业标准，选用具备扎实法律、金融和反洗钱背景的专业人才。在海外，O银行重点选聘了解当地司法体系和监管要求的专家，确保合规管理既专业又贴合本地实际。某海外子公司因遇到当地监管政策调整，依靠具备本土经验的合规团队，迅速修订内控流程，确保业务连续性，并在短时间内获得当地监管机构的认可。

3. 信息化与智能化相结合

O银行充分利用大数据、人工智能和其他前沿技术手段，构建起实时监测和预警的合规管理信息系统。O银行通过建设智能化合规平台，对全行业务数据进行全天候监控。系统利用大数据分析筛选出异常交易或风险点，并自动生成预警报告，辅助管理层及时决策。在一次跨境交易审查中，系统在几秒内捕捉到一笔异常交易，自动预警信息触发后，合规团队迅速介入调查，成功防范了一起可能引发重大风险的操作失误。

4. 持续培训与文化建设相结合

O银行坚持将合规理念融入企业文化，通过持续培训和宣传活动不断提升全员的合规意识和专业能力。O银行定期举办线上线下结合的合规培训、专题研讨和知识竞赛，并利用内部刊物、视频和案例分享等形式推广合规文化，鼓励员工参与意见征集和流程优化。同时，O银行制定长效机制，将合规要求固化到各项业务流程中。在一次全行合规知识竞赛中，一位基层员工凭借对最新监管政策的深入理解脱颖而出，其提出的优化建议随后被采纳，进一步完善了数据监控流程，并在内部评选中获得"合规星"称号，激发了更多员工参与合规管理的热情。

通过上述多层次、多角度的举措，O银行构建了一套既全面覆盖又有重点防控的合规管理体系，实现了专业化、本土化、信息化和文化建设的有机融合，为及时发现和纠正潜在合规问题提供了坚实保障，同时也大幅提升了该银行的整体合规风险管理水平和业务稳健性。

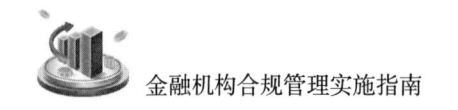

第四节　合规官双线汇报机制

一、合规官双线汇报机制的监管政策

第四十条　金融机构应当保证合规官报告的独立性，实行双线汇报，以向首席合规官汇报为主，并向本级机构行长（总经理）汇报。

二、理解和学习：合规官双线汇报机制

金融机构在构建合规管理体系时，应当高度重视合规官的独立性与报告机制的有效性，为此，特别强调了要保证合规官报告的独立性。为了实现这一目标，金融机构实行双线汇报制度，这一制度的设计旨在确保合规官能够充分、客观地履行其职责，并及时、准确地向上级汇报合规管理情况。

具体来说，合规官主要以向首席合规官汇报为主。首席合规官作为金融机构合规管理的最高负责人，负责全面监督和管理金融机构的合规事务。合规官向首席合规官汇报，可以确保合规管理信息的畅通传递，使首席合规官能够及时了解金融机构的合规情况，对存在的合规风险进行及时评估和应对。

同时，合规官还需要向本级机构的行长（总经理）汇报。行长（总经理）作为金融机构的经营管理者，对金融机构的整体运营负有最终责任。合规官向其汇报，可以使行长（总经理）充分了解金融机构的合规管理情况，从而在决策过程中充分考虑合规因素，确保金融机构的业务活动符合法律法规和监管要求。

双线汇报制度的实施，既保证了合规官报告的独立性，又确保了合规管理信息的全面传递。这种制度设计有助于金融机构建立健全的合规管理体系，提升合规管理的有效性和效率，为金融机构的稳健运营提供有力保障。

三、思维导图：合规官双线汇报机制

为了直观、清晰地展示金融机构合规官的双线汇报机制，我们特别设计了合规官双线汇报机制图，如图3-4所示。它以图形化的方式全面展示了合规官在组织内部的双线汇报机制。

图3-4首先明确了合规官的角色定位，即他们是确保机构合规性的重要一环，具有高度的独立性和权威性，被赋予直接监督与报告职责。图3-4详细描绘了合规官的

双线汇报路径：一方面，合规官需要定期向首席合规官汇报工作，包括定期提交合规报告、及时通报重大合规风险，以及参与合规政策规划与执行等，这确保了合规信息的纵向传递和合规管理体系的连贯性；另一方面，合规官还需要向本级机构的行长（总经理）汇报合规工作的进展与成效，以及在合规管理过程中遇到的困难和挑战，获取管理层的支持与资源调配，并协调解决合规与业务冲突，这有助于加强合规管理与业务运营之间的沟通与协作，确保合规要求能够得到有效落实。此外，图3-4还强调了合规官在双线汇报中应保持的客观性和公正性，既要向首席合规官提供准确、全面的合规信息，也要向本级机构管理层反映真实的合规情况，为机构的稳健发展提供有力保障。

图3-4是理解和实施合规官双线汇报机制的重要工具，对于提升机构的合规管理水平具有重要意义。

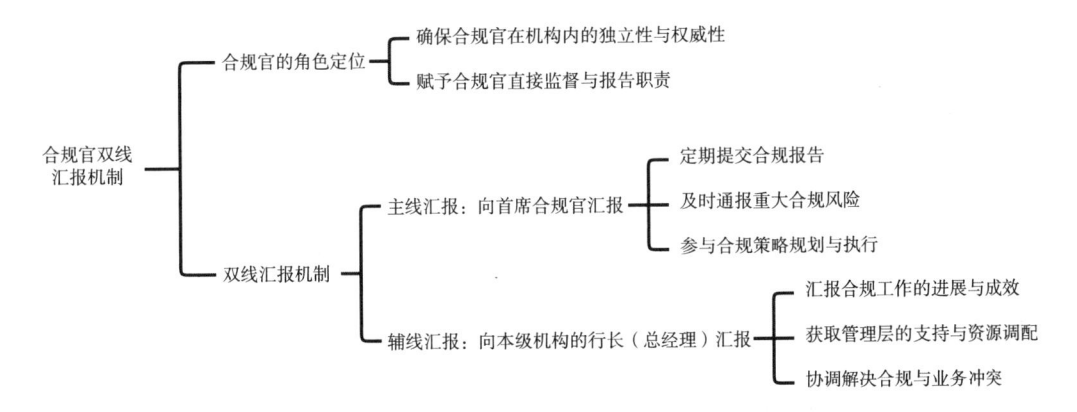

图3-4 合规官双线汇报机制思维导图

四、工具：合规官双线汇报机制检测实施一览表

为了确保金融机构的合规官双线汇报机制得到有效执行，我们特别设计了合规官双线汇报机制检测实施一览表，如表3-4所示。它是一个详细记录合规官双线汇报机制实施情况的表格。

表3-4是合规官双线汇报机制实施情况的重要记录工具，对于提升合规管理的效率和效果具有重要意义。

表 3-4 合规官双线汇报机制检测实施一览表

项目	主题	内容	检测项目	评价已经做到	评价尚未做到
合规官双线汇报机制	合规官的角色定位	独立性与权威性	确保合规官在机构内的独立性与权威性		
		直接监督与报告职责	赋予合规官直接监督与报告职责		
	双线汇报机制	主线汇报：向首席合规官汇报	定期提交合规报告		
			及时通报重大合规风险		
			参与合规策略规划与执行		
		辅线汇报：向本级机构的行长（总经理）汇报	汇报合规工作的进展与成效		
			获取管理层的支持与资源调配		
			协调解决合规与业务冲突		

五、案例

P 保险合规官双线汇报机制

（一）金融机构介绍

P 保险是一家深耕金融保险领域多年的综合性金融服务集团。自 1996 年成立以来，P 保险集团始终秉持"诚信、稳健、创新、共赢"的核心价值观，致力于为客户提供全面、专业、高品质的金融保险服务。经过多年的稳健发展，P 保险集团已经形成了涵盖保险、资管、医养三大核心业务的多元化业务布局，成为行业内的佼佼者。

作为一家负责任的金融保险企业，P 保险集团在业务快速发展的同时，始终将合规管理作为企业发展的基石，不断完善内部控制体系，确保公司的稳健运营。泰康保险集团深知，只有建立健全的合规管理体系，才能有效防范合规风险，保障客户的合法权益，实现企业的可持续发展。

（二）P 保险集团的创新实践：合规官双线汇报机制

在合规管理领域，P 保险集团始终走在行业前列。为了更好地保障合规官报告的独立性，提高合规管理的效率和质量，P 保险集团创新性地实施了合规官双线汇报机制。这一机制的实施，不仅体现了 P 保险集团对合规管理的高度重视，也展示了其在合规管理领域的创新能力和实践水平。

在 P 保险集团，合规官是合规管理体系中的核心角色。各级机构均设立了专门的合规官，负责监督和管理本机构的合规工作。这些合规官具备深厚的法律背景和丰富的合规管理经验，能够独立、客观地评估本机构的合规风险，并提出相应的改进措施。

P保险集团的合规官主要负责制定和执行本机构的合规政策和程序，确保公司的业务活动符合法律法规和监管要求。其监测和评估本机构的合规风险，及时发现并纠正违规行为，防止合规风险的发生和扩大。合规官组织和开展合规培训，提高员工的合规意识和能力，营造全员合规的良好氛围，并协助管理层应对合规挑战和问题，提供合规咨询和建议，支持公司的稳健运营。

（三）具体措施

P保险集团的合规官双线汇报机制是一种独特的合规管理模式。在这种模式下，合规官既向首席合规官汇报工作，又向本级机构总经理汇报工作。这种双线汇报机制确保了合规官报告的独立性和全面性，提高了合规管理的效率和质量。

1.向首席合规官汇报

合规官定期向首席合规官汇报本机构的合规工作进展、合规风险情况及合规政策的执行情况。首席合规官作为集团合规管理的最高负责人，对合规官的工作进行指导和监督，确保集团合规管理的统一性和有效性。

在向首席合规官汇报时，合规官需要提供详细的合规报告，包括合规风险的识别、评估、监控和应对措施等方面的内容。首席合规官会根据这些报告，对合规官的工作进行评估和指导，确保公司的合规管理工作符合法律法规和监管要求。

此外，首席合规官还会定期组织合规官进行交流和培训，分享合规管理的经验和最佳实践，提高合规官的专业素养和履职能力。

2.向本级机构总经理汇报

合规官同时向本级机构总经理汇报工作，以便总经理及时了解本机构的合规情况，并在业务决策中充分考虑合规因素。这种汇报机制有助于增强总经理的合规意识，促进业务合规发展。

在向本级机构总经理汇报时，合规官需要简要介绍本机构的合规工作情况和合规风险状况，提出合规建议和改进措施。总经理会根据这些汇报，对业务活动进行合规性审查，确保公司的业务活动符合法律法规和监管要求。

通过双线汇报机制的实施，P保险集团确保了合规官报告的独立性和全面性。合规官既能够向首席合规官汇报工作，获得专业的指导和监督；又能够向本级机构总经理汇报工作，促进业务合规发展。这种机制不仅提高了合规管理的效率和质量，还增强了公司的合规文化氛围。

（四）保障合规官报告的独立性

为了确保合规官报告的独立性，P保险集团采取了一系列措施。这些措施旨在保障合规官在履行合规管理职责时的独立性和客观性，防止其受到其他部门和人员的干扰和影响。

1. 合规官独立履职

P保险集团明确规定，合规官在履行合规管理职责时，应保持独立、客观的态度。合规官不受其他部门和人员的干扰和影响，独立开展合规管理工作。这一规定确保了合规官在履行职责时的独立性和客观性，提高了合规管理的公正性和权威性。

2. 双线汇报的独立性

在双线汇报机制下，合规官既向首席合规官汇报工作，又向本级机构总经理汇报工作。这种汇报机制确保了合规官报告的独立性。合规官在向首席合规官和本级机构总经理汇报工作时，保持报告的独立性和客观性，不受任何一方的不当干预。这一规定有效防止了合规官在汇报工作时受到外部压力或影响，确保了合规报告的真实性和准确性。

3. 合规官考核与激励

P保险集团还建立了合规官的考核与激励机制。通过对合规官的工作进行定期评估，P保险集团能够及时了解合规官的工作表现和履职能力。根据评估结果，泰康保险集团会给予合规官相应的奖励和晋升，以激发其工作积极性和创造力。这一机制不仅提高了合规官的履职能力，还增强了其归属感和忠诚度。

（五）案例特色和亮点

P保险集团的合规官双线汇报机制，在管理上展现了显著的创新与实践成果，不仅提升了合规管理的独立性和效率，还为整个行业树立了标杆，具有广泛的借鉴意义。

1. 增强合规管理的独立性和有效性

P保险集团实行双线汇报机制，要求合规官既向首席合规官汇报工作，又向总经理进行汇报。这种双重汇报渠道形成了相互制约、相互监督的管理格局，使合规官在评估本机构合规风险时能保持客观独立，并能及时提出改进措施。通过这种机制，首席合规官与总经理能够实时掌握机构内的合规状况，对发现的问题进行及时指导和干预,从而大大提高了风险防控的整体水平。在一次内部例行检查中,一名合规官发现某业务流程中存在潜在风险,迅速向首席合规官和总经理进行双线汇报,促使双方立即组织专题讨论,并迅速调整了相关流程,成功规避了风险升级。

2. 促进业务合规发展

双线汇报机制不仅提高了合规管理的独立性,同时也有效提升了业务部门对合规因素的重视程度。合规官定期向总经理汇报合规情况,使其在业务决策时充分考虑合规风险,从而推动整个机构业务活动的合规发展。这种机制促使总经理在决策过程中更注重风险预防,借助合规官的专业建议,制定更加科学、合理的业务发展策略,提高了保险集团的整体市场竞争力。在一次重大业务拓展前,合规官通过双线汇报详细分析了潜在风险,并提出优化建议,最终促使总经理调整业务方案,避免了因合规问题引发的后续风险,确保了新业务的顺利开展。

3. 提升合规官的职业素养和履职能力

P保险集团通过建立严格的考核与多元灵活的激励机制,持续推动合规官在履行职责过程中不断学习和进步。集团为合规官提供了丰富的内部培训和外部交流机会,使其能够紧跟最新法规和合规管理动态,拓宽视野和实践经验。这一措施不仅提升了合规官的专业水平,也增强了他们对公司合规文化的认同感和归属感,从而在日常工作中更为积极主动地发现和化解风险。某次外部合规研讨会后,一位合规官将学到的新理念和方法带回总部,并在内部培训中分享。其提出的一项优化建议随即被采纳,集团改进了风险监控流程,提高了整体监控效率,并在后续的绩效评估中获得了表彰。

4. 树立行业合规管理标杆

P保险集团的双线汇报机制在业内具有较高影响力,其实施效果为其他金融机构提供了宝贵的实践经验。通过这一机制,集团不仅显著提高了自身的合规管理水平,同时也为行业内推广类似模式树立了标杆。这种机制强化了全员对合规管理重要性的认识,推动其他金融机构纷纷借鉴P保险集团的做法,探索适合自身实际情况的合规管理模式,从而在更大范围内提升金融行业的整体合规水平。某知名金融机构在考察P保险集团的双线汇报机制后,结合自身特点进行改进,设立了类似的汇报体系。该机构在后续合规检查中发现风险问题的响应速度明显加快,有效避免了一起可能引发大规模风险的隐患。

P保险集团的合规官双线汇报机制充分体现了合规管理的重要性和必要性,通过增强合规独立性、促进业务合规、提升合规人员素养及树立行业标杆,为金融机构提供了一套行之有效的管理模式。其他金融机构可结合自身实际,借鉴这一经验,从而更好地防范合规风险,保障客户合法权益,实现企业的可持续发展。

第五节　保障合规管理部门知情权与调查权

一、保障合规管理部门知情权与调查权的监管政策

第四十一条　金融机构应当保障首席合规官及合规官、合规管理部门及人员履行职责所需的知情权和调查权。

首席合规官及合规官有权根据履行职责需要，参加或者列席有关会议，查阅、复制有关文件、资料。金融机构召开董事会会议、经营决策会议等重要会议的，应当提前通知首席合规官。

首席合规官、合规官根据履行职责需要，有权向有关部门或者下属各机构进行质询和取证，要求金融机构有关人员对相关事项作出说明，向外部审计、法律服务等中介机构了解情况。

二、理解和学习：保障合规管理部门知情权与调查权

金融机构在构建和完善合规管理体系的过程中，应当充分保障首席合规官及合规官、合规管理部门及人员履行职责所需的知情权和调查权，这是确保合规管理工作有效开展的重要前提。

具体来说，首席合规官及合规官作为金融机构合规管理的核心力量，他们有权根据履行职责的实际需要，参加或者列席与合规管理相关的各类会议，这些会议可能包括董事会会议、经营决策会议等金融机构的重要会议。通过参与这些会议，首席合规官及合规官能够及时了解金融机构的战略规划、业务决策和经营管理情况，从而更好地履行合规管理职责。

为了保障首席合规官及合规官的知情权，金融机构在召开董事会会议、经营决策会议等重要会议时，应当提前通知首席合规官，确保他们能够准时参加并列席会议。同时，首席合规官及合规官还有权查阅、复制与合规管理相关的各类文件、资料，以便对金融机构的合规状况进行全面、深入的了解和分析。

此外，首席合规官、合规官在履行职责过程中，还有权向金融机构的有关部门或

者下属各机构进行质询和取证。他们可以要求金融机构有关人员对相关事项做出详细说明，以便更好地了解合规风险的来源和性质。同时，首席合规官、合规官还有权向外部审计、法律服务等中介机构了解情况，以获取专业的合规管理建议和支持。

金融机构应当充分保障首席合规官及合规官、合规管理部门及人员的知情权和调查权，为他们履行合规管理职责提供必要的支持和保障。通过这些措施，金融机构可以更加有效地识别和防控合规风险，确保业务活动的合规性和稳健性。

三、思维导图：合规管理部门知情权与调查权保障

为了清晰、直观地展现金融机构如何保障合规管理部门的知情权与调查权，我们特别设计了合规管理部门知情权与调查权保障思维导图，如图3-5所示。它以图形化的方式，系统而全面地展示了合规管理部门在知情权与调查权方面的保障措施。

图3-5通过清晰的层级和分支，详细展示了合规管理部门在知情权方面的多重保障，包括有权参加或列席董事会会议、经营决策会议等重要会议，以及有权查阅和复制相关文件、资料，确保合规管理部门能够及时获取到全面的信息。同时，在调查权方面，图3-5也明确指出了合规管理部门有权向有关部门或下属机构进行质询和取证，要求金融机构有关人员对相关事项做出说明，甚至有权向外部审计机构和法律服务等中介机构了解情况，这些措施共同构成了对合规管理部门调查权的全面保障。

图3-5逻辑清晰，层次分明，既突出了合规管理部门在知情权与调查权方面的核心需求，又详细展示了满足这些需求的具体措施和路径，为合规管理部门有效履行职责、维护组织合规性提供了有力的支持。

通过图3-5，我们可以清晰地了解到金融机构如何保障合规管理部门的知情权与调查权，以及这些权利在合规管理过程中的重要作用。这有助于金融机构建立健全的合规管理体系，提升合规管理的有效性和效率，为金融机构的稳健运营提供有力保障。

四、工具：合规管理部门知情权与调查权检测实施一览表

为了确保合规管理部门在金融机构中能够充分行使其知情权与调查权，我们特别设计了合规管理部门知情权与调查权检测实施一览表，如表3-5所示。它详尽地列出了关于合规管理部门知情权与调查权保障的各个方面。

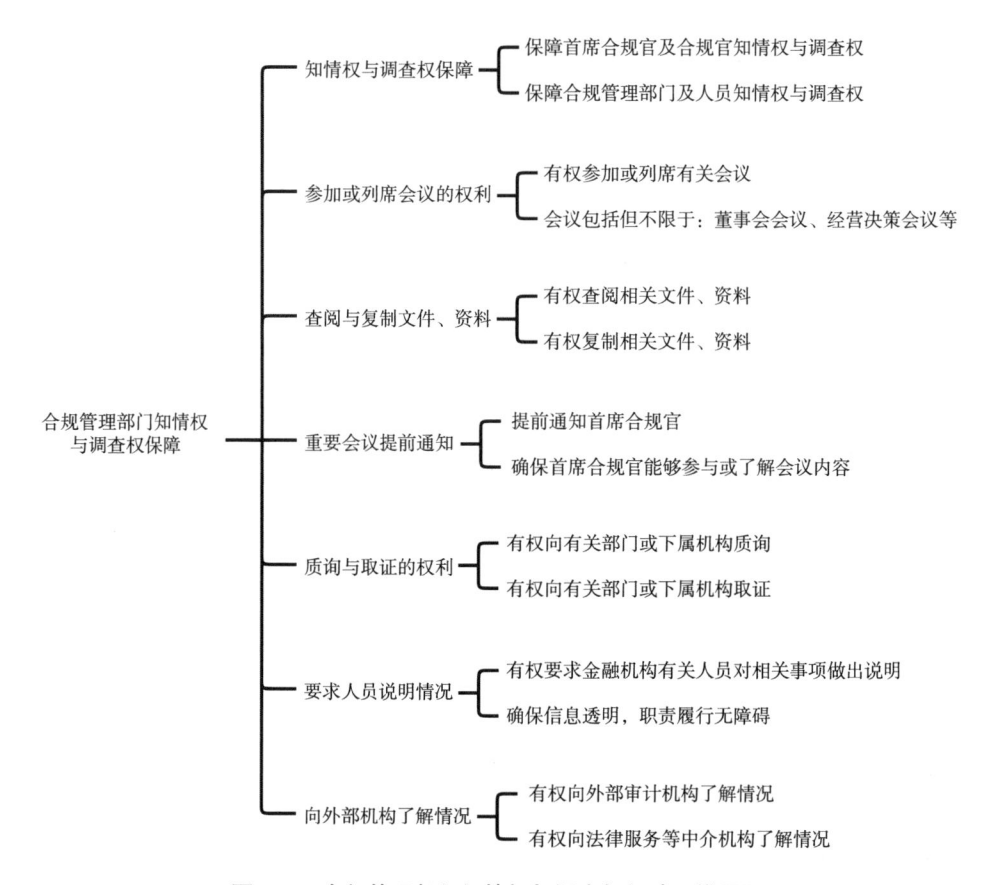

```
合规管理部门知情权与调查权保障
├─ 知情权与调查权保障
│   ├─ 保障首席合规官及合规官知情权与调查权
│   └─ 保障合规管理部门及人员知情权与调查权
├─ 参加或列席会议的权利
│   ├─ 有权参加或列席有关会议
│   └─ 会议包括但不限于：董事会会议、经营决策会议等
├─ 查阅与复制文件、资料
│   ├─ 有权查阅相关文件、资料
│   └─ 有权复制相关文件、资料
├─ 重要会议提前通知
│   ├─ 提前通知首席合规官
│   └─ 确保首席合规官能够参与或了解会议内容
├─ 质询与取证的权利
│   ├─ 有权向有关部门或下属机构质询
│   └─ 有权向有关部门或下属机构取证
├─ 要求人员说明情况
│   ├─ 有权要求金融机构有关人员对相关事项做出说明
│   └─ 确保信息透明，职责履行无障碍
└─ 向外部机构了解情况
    ├─ 有权向外部审计机构了解情况
    └─ 有权向法律服务等中介机构了解情况
```

图 3-5　合规管理部门知情权与调查权保障思维导图

首先，表 3-5 强调了保障首席合规官及合规官，还有合规管理部门及人员的知情权与调查权，这是确保合规管理工作顺利进行的基础。

表 3-5 为合规管理部门的知情权与调查权提供了全面的保障，是确保合规管理工作有效进行的重要工具。通过使用这一工具，合规管理部门可以及时发现自身在知情权与调查权方面存在的问题和不足，进而采取相应的改进措施，确保自身能够充分、有效地行使这些权利。这有助于合规管理部门更好地履行其职责，提升合规管理的水平和效果，为金融机构的稳健运营提供有力保障。

表 3-5 合规管理部门知情权与调查权检测实施一览表

项目	主题	检测项目	评价已经做到	评价尚未做到
合规管理部门知情权与调查权保障	知情权与调查权保障	保障首席合规官及合规官知情权与调查权		
		保障合规管理部门及人员知情权与调查权		
	参加或列席会议的权利	有权参加或列席有关会议		
		会议包括但不限于：董事会会议、经营决策会议等		
	查阅与复制文件、资料	有权查阅相关文件、资料		
		有权复制相关文件、资料		
	重要会议提前通知	提前通知首席合规官		
		确保首席合规官能够参与或了解会议内容		
	质询与取证的权利	有权向有关部门或下属机构质询		
		有权向有关部门或下属机构取证		
	要求人员说明情况	有权要求金融机构有关人员对相关事项做出说明		
		确保信息透明，职责履行无障碍		
	向外部机构了解情况	有权向外部审计机构了解情况		
		有权向法律服务等中介机构了解情况		

五、案例

加拿大枫信金融控股公司：保障合规管理部门知情权与调查权

（一）公司背景

1. 公司概况

加拿大枫信金融控股公司（以下简称枫信金融）成立于 20 世纪 80 年代，总部位于加拿大多伦多，是一家全球知名的金融控股公司。其核心业务涵盖资本市场交易、衍生品交易、资产管理和金融咨询服务。枫信金融以其风险管理能力和创新的金融产品闻名，在全球多个金融中心（如纽约、伦敦、东京）均设有分支机构。

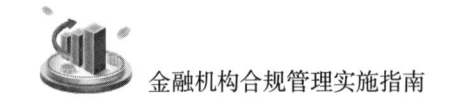

2. 行业地位与合规压力

作为一家跨国金融机构，枫信金融面临复杂的法律和监管环境。各国不同的监管框架、法规要求以及跨境业务的高风险特性，使公司在合规管理方面投入了大量资源。近年来，全球范围内金融机构的合规风险事件频发，这进一步加大了公司对合规管理的重视程度。

3. 合规管理的重要性

对于枫信金融而言，合规不仅是监管要求，还是维持公司信誉、保障客户权益和持续运营的核心要素。为此，公司确立了以首席合规官为核心的合规管理架构，并通过一系列政策和实践，确保合规部门在公司内部享有充分的知情权与调查权。

（二）具体措施

1. 制度层面的保障

枫信金融制定了《合规管理条例》和《合规操作手册》，明确规定了合规管理部门的职责和权限。这些文件的核心内容包括合规官拥有全面的知情权，能够访问所有与履职相关的公司信息。合规官享有独立的调查权，可以直接向相关部门提出质询，并要求其提供必要的信息和文件。合规官需定期向高级管理层和董事会汇报工作情况，并有权参与决策会议。

2. 信息共享机制

公司建立了一个内部信息共享平台，确保合规部门能够实时获取以下信息：各部门的运营数据（包括交易记录、财务报表、客户投诉等）、内部审计报告、风险评估报告及外部监管机构的审查意见，以及与重大决策相关的讨论文件和背景材料。

信息共享机制的优势在于提升了信息传递效率，减少了因信息不对称引发的合规风险。

3. 会议参与制度

枫信金融规定，合规官必须参与公司所有涉及战略决策的会议，包括但不限于董事会会议、经营管理层会议、风险管理委员会会议。通过参与这些会议，合规官能够在决策过程中及时发现潜在的合规问题，并提出改进建议。

4. 质询与取证的执行

合规官有权直接联系任何相关部门或个人，要求其对具体事项做出说明。这一权利的保障体现在：合规官可以向公司内部的关键岗位人员（如财务总监、交易主管）直接质询。在发现疑点时，合规官可以调取相关文件，并对相关人员进行访谈。

必要时，合规官还可以寻求外部审计机构或法律服务机构的协助，以确保调查的客观性和全面性。

5. 独立性保障

为了避免合规部门受到外部干扰，公司设立了双重汇报机制：合规官直接向首席合规官报告，确保其独立性。同时，合规官也需向所在部门的负责人报告，以便其工作与业务实践紧密结合。

（三）案例特色和亮点

1. 信息化与数字化支持

枫信金融在合规管理中广泛引入先进的数字化技术，构建了全流程的信息化管理体系。该体系运用人工智能技术实时分析交易数据，精准检测异常行为。系统通过区块链技术对合规相关文档进行存储与共享，确保数据不可篡改，并借助自动化监控系统，对整个交易过程进行实时风险监控。这一系列技术手段的应用不仅大幅提高了合规管理的效率和准确性，还为决策层提供了及时、可靠的数据支持。在一次日常监控中，系统通过智能算法在几秒内识别出一笔金额异常的交易，自动触发预警信号。合规团队随即介入调查，经过核查及时修正了数据错误，成功规避了该事件潜在的资金风险。

2. 全球化适应性

枫信金融根据各地区不同的法律法规要求，制定了因地制宜的本地化合规政策，确保全球运营与当地监管无缝对接。在欧洲，枫信金融严格遵守当地监管要求的条例规定。在美国，枫信金融针对法律法规推出专门的培训计划。在亚洲，枫信金融成立专门的团队应对洗钱和恐怖融资风险。这种全球化与本地化相结合的模式使得枫信金融能够灵活应对各地区的监管挑战，同时保证了合规管理的一致性与针对性。欧洲某分支机构在新法规出台后，枫信金融依靠本地专家迅速调整数据处理流程，使系统完全符合监管要求，有效避免了潜在的处罚风险，并提升了客户信任度。

3. 高层参与与支持

枫信金融的高级管理层高度重视合规管理，定期与合规部门开展深度沟通，确保各项合规工作获得充足资源支持。公司董事会设立了专门的合规委员会，监督合规管理的实施情况，并确保合规建议能直接影响业务决策。这种上下联动的管理模式强化了全公司的风险防控体系，有效提升了整体合规水平。在一次季度会议中，高层领导针对合规部门报告提出改进建议，迅速调动资源对流程进行优化，使得一项潜在风险在初期就得到有效控制，充分展现了高层参与对合规管理的关键推动作用。

（四）启示与经验

1. 合规管理的核心在于独立性

枫信金融通过完善的制度和机制，确保合规部门在复杂的业务环境中保持独立，真正实现对合规风险的前瞻性预防。

2. 技术驱动是未来趋势

面对日益增长的数据量与复杂业务场景，积极运用人工智能、大数据和区块链等技术手段，是提升合规管理效率和精准度的必由之路。

3. 全球化与本地化的平衡

跨国金融机构需在遵循全球统一标准的基础上，根据各地监管要求制定灵活的本地政策，确保业务在全球范围内稳健运行。

4. 高层重视是关键

合规管理需要高级管理层和董事会给予持续支持，这种支持不仅体现在资源投入上，更体现在决策过程中，他们的参与对合规管理发挥着重要作用。

（五）总结

枫信金融通过制度、技术与管理实践的有机结合，构建了全流程、无死角的合规管理体系，保障了合规管理部门的知情权与调查权。该案例不仅展示了公司对合规工作的高度重视，还为其他金融机构提供了可借鉴的实践经验。在全球金融监管日益严格的背景下，合规管理已成为企业核心竞争力的重要组成部分。枫信金融的成功经验表明，只有将合规深度嵌入业务流程，才能真正实现合规与业务的双赢，保障企业的长期可持续发展。

第六节　首席合规官、合规官独立性保障

一、首席合规官、合规官独立性保障的监管政策

第四十二条　金融机构应当保障首席合规官、合规官的独立性，决定解聘首席合规官、合规官的，应当有正当理由。

正当理由包括首席合规官、合规官本人申请，或者被国家金融监督管理总局及其派出机构责令更换，或者有证据证明其无法正常履职、未能勤勉尽责等情形。

二、理解和学习：首席合规官、合规官独立性保障

金融机构在构建和完善合规管理体系的过程中，应当切实保障首席合规官、合规官的独立性，这是确保合规管理工作能够客观、公正、有效地开展的重要基石。

为了保障首席合规官、合规官的独立性，金融机构应当建立一系列制度和机制，确保他们在履行职责时不受其他部门的干预和影响。首席合规官、合规官应当拥有独立的决策权和建议权，能够就金融机构的合规风险提出独立的意见和建议，为金融机构的决策提供有力的合规支撑。

同时，金融机构在决定解聘首席合规官、合规官时，必须秉持谨慎、公正的原则，确保有正当理由。正当理由包括但不限于以下几种情形：首先是首席合规官、合规官本人因个人原因提出辞职申请，经过金融机构审核同意后，可以解除其职务；其次是被国家金融监督管理总局及其派出机构责令更换，这通常是因为首席合规官、合规官在履职过程中存在严重违规或失职行为，导致金融机构受到监管处罚或声誉损失；最后是有充分证据证明首席合规官、合规官无法正常履职或未能勤勉尽责，如长期缺勤、工作失职、违反职业道德等，这些情形都可能影响合规管理工作的有效开展，因此金融机构有权解除其职务。

金融机构应当充分认识到保障首席合规官、合规官独立性的重要性，并建立健全相关制度和机制，确保他们在履行职责时能够保持客观、公正、独立的态度。同时，在决定解聘首席合规官、合规官时，必须有正当理由，并确保合规管理工作的连续性和稳定性。

三、思维导图：首席合规官、合规官独立性保障

为了直观、清晰地展现金融机构如何保障首席合规官、合规官的独立性，我们特别设计了首席合规官、合规官独立性保障思维导图，如图3-6所示。它是一份关于首席合规官、合规官独立性保障的结构图，展示了确保首席合规官与合规官独立性的关键因素和原则。

```
                            ┌─ 首席合规官与合规官的独立性 ─┬─ 确保首席合规官与合规官在组织中的独立地位
                            │                              └─ 保障其独立履行合规监督与管理职责
                            │
                            ├─ 解聘首席合规官、合规官的原则 ─┬─ 决定解聘需有正当理由
                            │                                └─ 维护合规管理体系的稳定性与权威性
                            │
                            ├─ 正当理由之一：本人申请 ─┬─ 首席合规官、合规官因个人原因提出解聘申请
首席合规官、合规             │                          └─ 尊重个人职业选择与意愿
官独立性保障    ────────────┤
                            ├─ 正当理由之二：监管责令更换 ─┬─ 被国家金融监督管理总局及其派出机构责令更换
                            │                              └─ 响应监管机构要求，确保合规管理符合监管标准
                            │
                            ├─ 正当理由之三：无法正常履职 ─┬─ 有证据证明首席合规官、合规官因健康、能力等原因无法正常履职
                            │                              └─ 保障合规管理体系的有效运行
                            │
                            └─ 正当理由之四：未能勤勉尽责 ─┬─ 有确凿证据证明首席合规官、合规官未能履行其职责
                                                           └─ 维护合规管理的严肃性与有效性
```

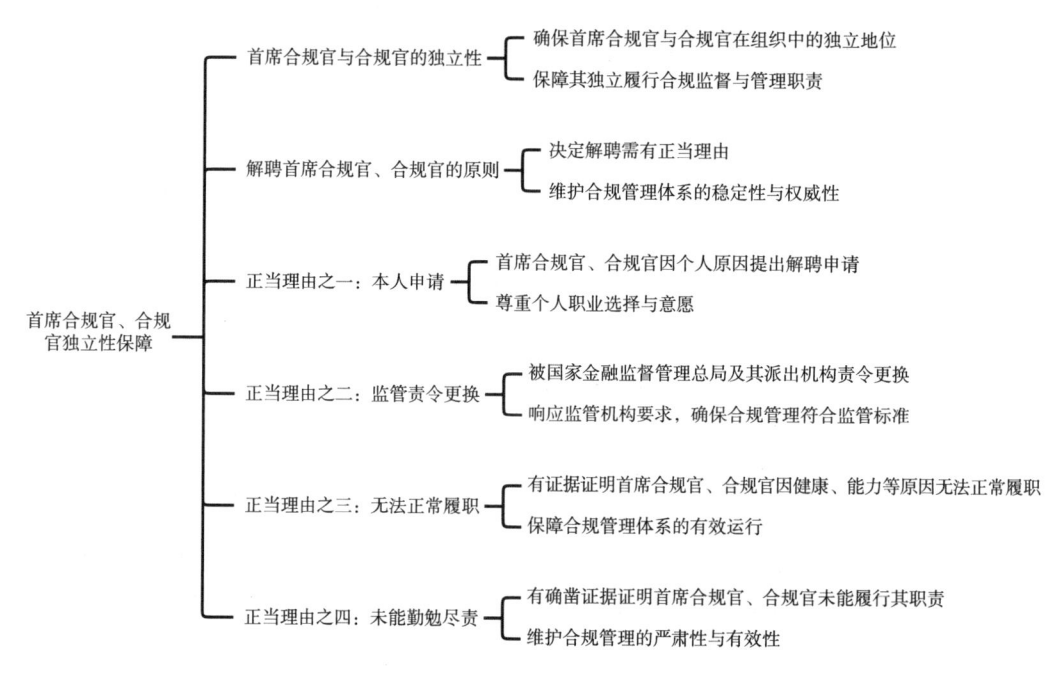

图 3-6　首席合规官、合规官独立性保障思维导图

四、工具：首席合规官、合规官独立性保障检测实施一览表

为了确保首席合规官、合规官在金融机构中的独立性得到充分保障，我们特别设计了首席合规官、合规官独立性保障检测实施一览表，如表 3-6 所示。它列出了确保首席合规官与合规官独立性的各项措施及评价标准。

表 3-6 首先强调了确保首席合规官与合规官在组织中的独立地位，以及保障他们独立履行合规监督与管理职责的重要性。同时，表 3-6 还明确了解聘首席合规官、合规官的原则，包括需有正当理由、维护合规管理体系的稳定性与权威性等。正当理由包括本人申请、监管责令更换、无法正常履职及未能勤勉尽责等，这些规定既尊重了个人职业选择与意愿，又保障了合规管理体系的有效运行，还维护了合规管理的严肃性与有效性。

表 3-6 通过详细列出首席合规官与合规官独立性保障检测实施的各项措施及评价标准，不仅为金融机构的合规管理工作提供了有力的支持和保障，还为金融机构提供了一个系统化的评估框架。同时，首席合规官、合规官可以根据表 3-6 中的关键因素和检测点，逐一对照自身实际情况进行评估，及时发现并纠正在独立性方面存在的错误。通过定期使用这一工具进行检测，首席合规官、合规官可以确保自身在金融机构

中的独立性得到充分保障，从而更好地履行合规管理职责，为金融机构的稳健运营提供有力的合规支撑。

表 3-6 首席合规官、合规官独立性保障检测实施一览表

项目	主题	检测项目	评价已经做到	评价尚未做到
首席合规官、合规官独立性保障	首席合规官与合规官的独立性	确保首席合规官与合规官在组织中的独立地位		
		保障其独立履行合规监督与管理职责		
	解聘首席合规官、合规官的原则	决定解聘需有正当理由		
		维护合规管理体系的稳定性与权威性		
	正当理由之一：本人申请	首席合规官、合规官因个人原因提出解聘申请		
		尊重个人职业选择与意愿		
	正当理由之二：监管责令更换	被国家金融监督管理总局及其派出机构责令更换		
		响应监管机构要求，确保合规管理符合监管标准		
	正当理由之三：无法正常履职	有证据证明首席合规官、合规官因健康、能力等原因无法正常履职		
		保障合规管理体系的有效运行		
	正当理由之四：未能勤勉尽责	有确凿证据证明首席合规官、合规官未能履行其职责		
		维护合规管理的严肃性与有效性		

五、案例

英国渣打银行首席合规官及合规官独立性保障

（一）金融机构介绍

渣打银行成立于 1853 年，总部位于英国伦敦，是一家历史悠久的跨国银行，业务范围遍及亚洲、非洲和中东市场，在欧洲和美洲也设有业务网点。渣打银行以其丰富的本地知识与国际化的视野而闻名，其金融服务覆盖个人银行业务、企业银行业务、财富管理、贸易融资、风险管理等多个领域。

作为一家国际性金融机构，渣打银行的核心价值观之一是强调诚信经营与合规管

理。在全球金融环境日趋复杂、监管要求日益严格的背景下，渣打银行对合规管理的重视程度持续提升，并将首席合规官及其他合规官的独立性保障作为合规管理的重要内容。

（二）具体措施

为了确保首席合规官及其他合规官在履职过程中的独立性，渣打银行采取了一系列具体且严格的措施。这些措施涉及合规官的职权范围、报告机制、组织结构、资源保障等多个方面。

1. 独立的汇报机制

渣打银行实施双线汇报机制，首席合规官直接向集团首席执行官和董事会的风险委员会汇报工作，而非仅向运营管理层汇报。这种双线汇报机制确保了首席合规官的独立性，避免业务部门干预合规管理。

具体而言，首席合规官定期向集团首席执行官报告合规管理情况，包括重大风险事项、潜在合规问题、整改进展等，确保管理层及时了解和支持合规工作。首席合规官每季度向董事会的风险委员会汇报工作进展，包括政策执行情况、合规问题调查结果、国际及本地监管变化等内容。这种直接汇报机制确保了董事会对合规工作的监督职能。

2. 严格的解聘程序

为保障首席合规官的独立性，渣打银行明确规定了解聘程序。根据相关政策，解聘首席合规官需满足以下条件之一：个人申请辞职；金融监督管理机构提出更换要求；经董事会审查确认，首席合规官因健康、能力等原因无法正常履职；发现首席合规官未能履行勤勉尽责义务或存在重大失职行为。任何解聘决定都需由董事会批准，并由独立第三方审查决策过程的合规性。

3. 独立的合规职能部门

渣打银行的合规部门在组织架构上完全独立于业务部门，直接向集团首席合规官负责。这种结构上的独立性确保了合规部门的监督职能不受业务部门的影响。

此外，合规部门在资源分配、政策制定、审查权限等方面拥有独立决策权。合规部门有权独立起草、修订和发布合规政策，并对政策的实施效果进行监督。合规部门有权独立开展合规调查，包括向相关部门和人员获取信息、调取文件等。渣打银行为合规部门提供充足的预算和专业支持，包括法律咨询、外部审计服务等。

4. 知情权与参与权

首席合规官及合规官有权参加或列席公司所有重大会议，包括董事会会议、经营决策会议等。这一机制确保了合规官能够在决策过程中实时了解相关信息，并发表专业意见。

此外，渣打银行明确规定，任何重要决策在实施前必须征求合规部门的意见，尤其是涉及高风险业务、跨境交易、反洗钱审查等领域。

5. 定期审查与第三方评估

渣打银行每年邀请独立第三方机构对其合规管理体系进行审查，重点评估首席合规官及合规官的独立性保障措施是否有效。这种独立审查机制不仅提高了合规管理的透明性，也为持续改进提供了依据。

（三）案例特色和亮点

渣打银行的首席合规官及合规官独立性保障体系在全球范围内树立了高标准，其主要特色和亮点体现在以下几个方面。

1. 高层支持与文化驱动

渣打银行的董事会和高级管理层始终将合规管理视为企业发展的基石，并以实际行动确保合规官的独立履职，其将合规目标纳入企业战略规划，确保合规要求贯穿各项业务。渣打银行明文规定高层管理人员不得干预合规官的工作，保障其独立性和客观性。渣打银行的员工行为准则中反复强调合规的重要性，营造全员合规文化。在一次内部年度评估中，一位合规官因发现某业务流程中的潜在违规风险，独立上报并提出整改建议。由于管理层长期支持其独立工作，相关部门迅速采纳了整改措施，成功化解了风险隐患，并因此获得了内部表彰。

2. 全球一致的合规标准

尽管渣打银行在多个国家和地区开展业务，其合规体系依托全球统一标准构建，确保在不同司法辖区内都能保持高效、一致的合规管理。渣打银行制定统一的合规操作手册和流程，各地分支机构均按此执行。其全球各区域分支机构的合规官通过定期交流与经验共享，共同应对不同地区的监管挑战。在一次涉及亚洲与欧洲双重监管的跨境项目中，统一标准使渣打银行的各地合规团队能够迅速沟通协作，确保项目在满足各自监管要求的前提下顺利推进，并最终获得监管机构的高度好评。

3. 注重合规专业能力提升

渣打银行不断强化合规官的专业能力，通过持续培训和国际交流，为其提供不断更新的知识与技能支持。银行内部定期组织涵盖最新监管动态、风险管理技术等内容的内部培训，鼓励合规官参加国际会议和专业研讨，学习其他金融机构的最佳实践，并支持合规官考取国际合规认证等专业资格，提升职业素养。一位合规官在参加完国际研讨会后，结合所学提出了一项改进内部合规风险监控流程的建议。该建议在试点后大幅提高了预警响应速度，并在后续内部评估中被评为"最佳创新实践"，显著提升了团队整体风险管理水平。

4. 开放的举报渠道

渣打银行建立了透明且安全的匿名举报平台，鼓励员工积极举报潜在的合规问题，并确保每一条举报都能得到独立、公正的调查。渣打银行为员工提供了匿名举报通道，降低举报风险，激励大家主动揭露问题。合规部门有权独立调查举报内容，并及时采取必要措施，确保问题得到彻底解决。某员工通过匿名平台举报了一起数据传输中的合规隐患，经过合规部门独立核查后，相关问题在短时间内得到修正，有效防止了潜在风险的扩散，同时也增强了全行员工对合规管理机制的信任感。

5. 与外部监管的积极互动

渣打银行定期与全球各地的监管机构开展深入交流，分享合规实践经验，并根据最新监管要求及时调整内部政策，从而提升了整体合规管理效率和国际声誉。除此外，渣打银行组织与监管机构的座谈会和工作坊，实时掌握最新政策动态，并根据监管反馈，迅速修订和优化内部合规制度，确保持续符合监管要求。在一次与欧洲监管机构的沟通中，渣打银行获得了关于数据隐私的新指引，随后迅速调整内部合规流程，使合规管理更贴近监管要求，最终使得该行在欧洲市场的合规评分大幅提升，并赢得了监管部门的认可。

通过以上举措，渣打银行构建了一套高效、透明且具有全球适应性的合规管理体系，有效保障了合规官的独立性与客观性。

（四）结论与启示

渣打银行通过双线汇报机制、严格的解聘程序、独立的组织架构、知情权与参与权保障等措施，成功建立了一套具有高度独立性和有效性的合规管理体系。这一体系不仅帮助渣打银行在日益复杂的全球金融环境中保持竞争优势，也为其他金融机构提供了宝贵的借鉴。

从渣打银行的实践可以看出，保障首席合规官及合规官的独立性，需要从制度设计、文化建设、资源保障等多个层面入手。只有确保合规官在履职过程中不受干扰，才能真正实现合规管理的目标，为金融机构的长期可持续发展保驾护航。

第七节 合规管理人员薪酬与考核管理

一、合规管理人员薪酬与考核管理的监管政策

第四十三条 金融机构应当建立首席合规官、合规官、合规管理人员薪酬管理机制。首席合规官工作称职的，其年度薪酬收入总额原则上不低于同等条件（同职级、同考核结果）高级管理人员的平均水平。合规官及合规管理人员工作称职的，其年度薪酬收入总额原则上不低于所在机构同等条件（同岗位类型、同职级、同考核结果）人员的平均水平。国家对国有金融企业薪酬标准另有规定的，从其规定。

金融机构应当制定首席合规官、合规官、合规管理部门及专职合规管理人员的考核管理制度，除机构主要负责人外，不得采取非分管合规管理部门的高级管理人员评价、其他部门评价、以业务部门的经营业绩为依据等不利于合规独立性的考核方式；不得将需要各部门合力完成的合规工作单独作为合规管理部门的考核指标。

二、理解和学习：合规管理人员薪酬与考核管理

金融机构在构建全面、有效的合规管理体系时，应当特别重视首席合规官、合规官及合规管理人员的薪酬管理机制建设。这一机制旨在确保合规管理人员的薪酬与其职责、贡献及工作表现相匹配，从而激励他们更加积极地履行合规管理职责。

具体来说，金融机构应当为首席合规官设立合理的薪酬管理机制。对于工作称职的首席合规官，其年度薪酬收入总额原则上应不低于同等条件（同职级、同考核结果）高级管理人员的平均水平。这一原则体现了对首席合规官工作价值和贡献的认可，也有助于吸引和留住优秀的合规管理人才。

同时，金融机构还应当为合规官及合规管理人员建立相应的薪酬管理机制。对于工作称职的合规官及合规管理人员，其年度薪酬收入总额原则上也应不低于所在机构同等条件（同岗位类型、同职级、同考核结果）人员的平均水平。这一机制有助于激发合规管理人员的积极性和创造力，促使他们更加投入地参与合规管理工作。

值得注意的是，国家对国有金融企业的薪酬标准可能有特别规定。在这种情况下，金融机构应当遵循国家的相关规定，确保薪酬管理机制的合规性和有效性。

此外，金融机构在制定首席合规官、合规官、合规管理部门及专职合规管理人员的考核管理制度时，应当充分考虑合规管理的独立性和专业性。除机构主要负责人外，不得采取非分管合规管理部门的高级管理人员评价、其他部门评价或以业务部门的经营业绩为依据等不利于合规独立性的考核方式。这些考核方式可能会干扰合规管理人员的独立判断，影响合规管理的客观性和公正性。

同时，金融机构还应当避免将需要各部门合力完成的合规工作单独作为合规管理部门的考核指标。合规管理是一项系统工程，需要各部门共同协作和配合。因此，考核指标应当体现合规管理的整体性和协同性，而不是仅仅关注合规管理部门的单一表现。通过这样的考核管理制度，金融机构可以更加全面地评估合规管理人员的工作表现，为他们的职业发展提供有力的支持。

三、思维导图：合规管理人员薪酬与考核管理

为了直观、系统地展现金融机构对合规管理人员的薪酬与考核管理机制，我们特别设计了合规管理人员薪酬与考核管理思维导图，如图3-7所示。它以图形化的方式，全面而深入地展示了合规管理人员薪酬与考核管理的核心内容和关键因素。

图3-7先概述了薪酬管理机制，明确了其针对的职位包括首席合规官、合规官及合规管理人员，旨在确保这些合规职位的薪酬具有合理性与竞争力。对于首席合规官的薪酬管理，它提出了年度薪酬不低于同等条件高级管理人员平均水平的原则，并设定了工作称职、同职级、同考核结果等条件，还特别强调了遵循国家对国有金融企业薪酬标准的规定。合规官及合规管理人员的薪酬管理也遵循了类似的原则和条件。此外，图3-7进一步阐述了考核管理制度的制定，明确了金融机构作为考核主体，以及首席合规官、合规官、合规管理部门及专职合规管理人员作为考核对象。在考核独立性保障方面，图3-7强调了禁止非分管合规管理部门的高级管理人员评价、其他部门评价及以业务部门经营业绩为依据的考核，以确保合规考核的独立性与公正性。最后，图3-7还关注了考核指标的设置，禁止将需合力完成的合规工作单独作为合规管理部门考核指标，而是强调综合考量合规管理工作的全面性与协作性。

图3-7通过直观、清晰的方式，全面展示了合规管理人员薪酬与考核管理的核心要点，我们可以清晰地了解到金融机构对合规管理人员的薪酬与考核管理机制的全貌。图3-7为金融机构建立健全的合规管理体系提供了有力的视觉化支持和指导，有助于提升合规管理的有效性和效率。

第三章 合规管理保障

```
合规管理人员
薪酬与考核管理
├── 薪酬管理机制概述
│   ├── 针对职位：首席合规官、合规官、合规管理人员
│   └── 目标：确保合规职位的薪酬具有合理性与竞争力
├── 首席合规官薪酬管理
│   ├── 原则：年度薪酬不低于同等条件高级管理人员平均水平
│   ├── 条件：工作称职、同职级、同考核结果
│   └── 特别规定：遵循国家对国有金融企业薪酬标准的规定
├── 合规官及合规管理人员薪酬管理
│   ├── 原则：年度薪酬不低于所在机构同等条件人员平均水平
│   ├── 条件：工作称职、同岗位类型、同职级、同考核结果
│   └── 特别规定：遵循国家对国有金融企业薪酬标准的规定
├── 考核管理制度制定
│   ├── 主体：金融机构
│   └── 对象：首席合规官、合规官、合规管理部门及专职合规管理人员
├── 考核独立性保障
│   ├── 禁止事项
│   │   ├── 非分管合规管理部门的高级管理人员评价
│   │   ├── 其他部门评价
│   │   └── 以业务部门经营业绩为依据的考核
│   └── 目标：确保合规考核的独立性与公正性
└── 考核指标设置
    ├── 禁止事项：将需合力完成的合规工作单独作为合规管理部门考核指标
    └── 强调：综合考量合规管理工作的全面性与协作性
```

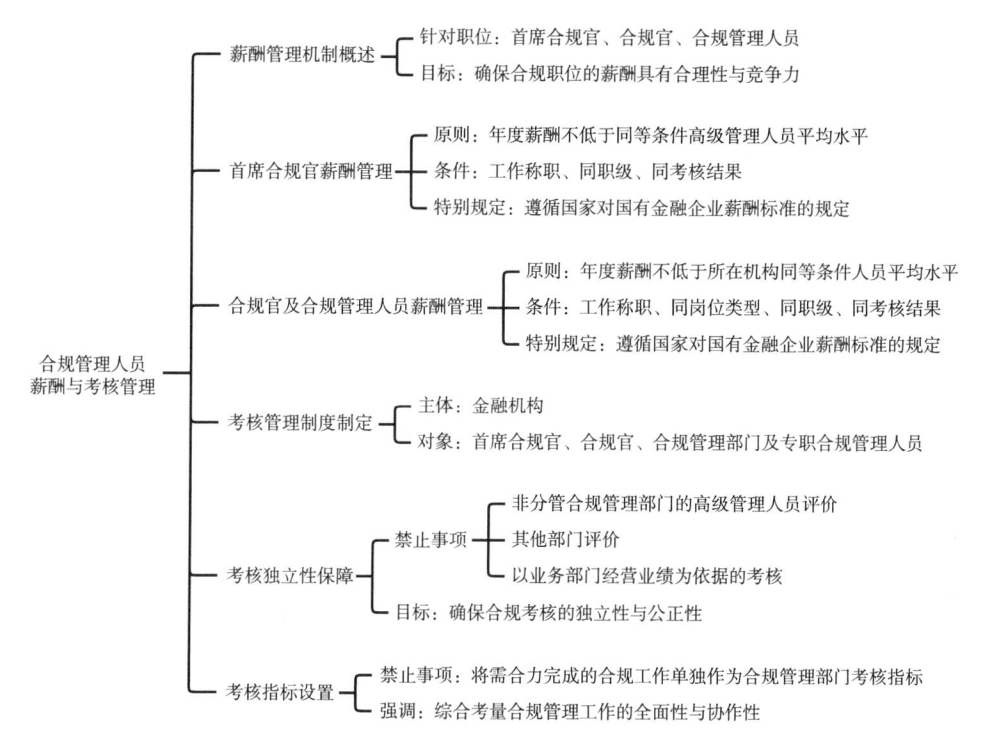

图 3-7　合规管理人员薪酬与考核管理思维导图

四、工具：合规管理人员薪酬与考核管理检测实施一览表

为了确保金融机构的合规管理人员薪酬与考核管理机制得到有效执行，并持续优化完善，我们特别设计了合规管理人员薪酬与考核管理检测实施一览表，如表 3-7 所示。它系统地概述了合规管理人员薪酬与考核管理的各个方面。

表 3-7 为合规管理人员的薪酬与考核管理提供了全面、细致的指导，旨在确保合规管理工作的有效性和公正性。通过定期使用这一工具进行检测，合规管理人员可以确保自身在薪酬与考核管理方面的权益，同时也能够促进金融机构合规管理体系的不断完善和优化。

表 3-7 合规管理人员薪酬与考核管理检测实施一览表

项目	主题	检测项目		评价已经做到	评价尚未做到
合规管理人员薪酬与考核管理	薪酬管理机制概述	针对职位：首席合规官、合规官、合规管理人员			
		目标：确保合规职位的薪酬具有合理性与竞争力			
	首席合规官薪酬管理	原则：年度薪酬不低于同等条件高级管理人员平均水平			
		条件：工作称职、同职级、同考核结果			
		特别规定：遵循国家对国有金融企业薪酬标准的规定			
	合规官及合规管理人员薪酬管理	原则：年度薪酬不低于所在机构同等条件人员平均水平			
		条件：工作称职、同岗位类型、同职级、同考核结果			
		特别规定：遵循国家对国有金融企业薪酬标准的规定			
	考核管理制度制定	主体：金融机构			
		对象：首席合规官、合规官、合规管理部门及专职合规管理人员			
	考核独立性保障	禁止事项	非分管合规管理部门的高级管理人员评价		
			其他部门评价		
			以业务部门经营业绩为依据的考核		
		目标：确保合规考核的独立性与公正性			
	考核指标设置	禁止事项：将需合力完成的合规工作单独作为合规管理部门考核指标			
		强调：综合考量合规管理工作的全面性与协作性			

五、案例

友邦保险合规管理人员薪酬与考核管理

友邦保险一直秉持着"以客户为中心"的核心理念，致力于为客户提供全面、专业的保险产品和服务。在合规管理方面，友邦保险同样走在行业前列，通过建立健全的合规管理体系，确保业务运营符合法律法规和监管要求，为公司的稳健发展提供了有力保障。

（一）具体措施

1. 薪酬管理机制

友邦保险深知合规管理人员在公司合规管理体系中的重要作用，因此建立了科学合理的薪酬管理机制，以确保合规管理人员能够获得与其工作贡献相匹配的薪酬。

友邦保险为首席合规官设立了专门的薪酬体系，确保其在工作称职的情况下，年度薪酬收入总额原则上不低于同等条件（同职级、同考核结果）高级管理人员的平均水平。这一举措不仅体现了公司对合规管理工作的高度重视，也确保了首席合规官在公司内部的薪酬竞争力，有助于吸引和留住优秀的合规管理人才。在具体实施中，友邦保险会根据首席合规官、合规官及合规管理人员的工作职责、工作表现及市场薪酬水平等因素，综合确定其薪酬水平。同时，友邦保险还会定期对首席合规官的薪酬进行评估和调整，以确保其薪酬水平与其工作贡献和市场价值相匹配。

对于合规官及合规管理人员，友邦保险同样采取了科学合理的薪酬管理机制。在工作称职的情况下，他们的年度薪酬收入总额原则上不低于所在机构同等条件（同岗位类型、同职级、同考核结果）人员的平均水平。这一举措不仅体现了友邦保险对合规管理团队的全面支持，也确保了合规管理人员在公司内部的薪酬公平性和激励性。

2. 考核管理制度

为了确保合规管理工作的有效性和独立性，友邦保险制定了严格的考核管理制度，对首席合规官、合规官及合规管理部门及专职合规管理人员进行全面、客观的考核。

友邦保险对首席合规官、合规官及合规管理人员的考核管理采取了独立、客观的原则。除机构主要负责人外，不得采取非分管合规管理部门的高级管理人员评价、其他部门评价、以业务部门的经营业绩为依据等不利于合规独立性的考核方式。这一举措确保了首席合规官在履行合规管理职责时，能够保持高度的独立性和公正性，不受其他业务部门的干扰和影响。

在考核过程中，友邦保险会重点关注首席合规官的合规管理能力、合规文化推广、合规风险防控等方面。同时，友邦保险还会根据市场环境和监管要求的变化，及时调整考核标准和方式，以确保考核结果的客观性和准确性。

（二）案例特色和亮点

1. 薪酬与考核机制的紧密结合

友邦保险通过科学合理的薪酬激励机制与严格的考核管理制度，确保合规管理人员获得与其实际工作贡献相匹配的薪酬，并激发持续改进的积极性。友邦保险定期评估和动态调整薪酬与考核体系，确保机制始终适应市场环境和最新监管要求，并建立绩效反馈系统，将合规风险防控成效、工作执行情况和文化推广成果进行量化考核。某年度内部考核中，一名合规管理人员因在风险预警系统优化中的出色表现，获得了额外奖金和晋升机会，其经验随后被纳入全行培训课程，激励其他员工积极探索创新。

2. 确保合规独立性

友邦保险在薪酬与考核体系设计上，特别注重保障合规管理人员的独立性，避免受到非合规部门评价和业务部门经营业绩的干扰。友邦保险制定明确的考核规则，剔除与合规无关的绩效指标，确保评价体系专注于风险防控和合规执行，并通过内部独立审查机制，确保合规官在执行职责时拥有充分的独立判断空间。在一次跨部门风险检查中，一名合规官独立发现并上报了一项隐蔽的风险隐患，避免了后续可能造成的重大损失。该案例经过内部复盘后被作为独立性保障机制的成功典范，在友邦保险进行广泛推广。

3. 全面、客观的考核体系

友邦保险构建了涵盖工作职责履行、风险防控能力、合规文化推广等多个维度的综合考核体系，确保评价既全面又客观。友邦保险设立多层级考核指标，通过定量数据和定性评估相结合，科学衡量合规工作的各项成果，并定期组织跨部门联合评审，确保考核结果真实反映合规管理的实际水平。在友邦保险的年度考核中，一项针对合规文化推广的创新项目因在内部宣传和员工培训中取得显著成效，被评为"优秀项目"，其经验随后被推广至其他部门，有效推动了整体合规意识提升。

4. 注重合规文化的推广

友邦保险深知合规文化对企业稳健发展的重要作用，因此在薪酬与考核管理中，始终把合规文化建设作为重要内容，通过多种形式不断强化全员合规意识。友邦保险定期举办合规培训、专题研讨和合规知识竞赛，将最新法规和内部政策转化为易于理解的知识点，并营造"以合规为荣、以违规为耻"的企业氛围，将合规要求融入日常工作和行为准则中。在一次全员合规培训活动中，一位员工因提出优化合规流程的建议而获得"合规创新奖"，其建议不仅提升了部门内风险监控效率，还在内部论坛上引发了热烈讨论，进一步推动合规文化在整个公司深入人心。

通过上述措施，友邦保险成功构建了一套以薪酬激励与考核管理为核心的合规保障体系，不仅确保了合规管理人员的独立性和专业性，还通过全面客观的考核和深入推广的合规文化，进一步提升了整体合规风险防控能力，为企业的稳健发展提供了坚实保障。

（三）启示

友邦保险合规管理人员薪酬与考核管理案例为我们提供了宝贵的启示。通过建立科学合理的薪酬激励机制和严格的考核管理制度，确保合规管理人员能够获得与其工作贡献相匹配的薪酬；通过注重合规独立性的保障和全面、客观的考核体系的建立，提升合规管理人员的工作水平和公司的合规管理水平；通过注重合规文化的推广和营造全员合规的良好氛围，构建以合规为荣、以违规为耻的合规文化体系。这些做法不仅有助于提升友邦保险自身的合规管理水平，也为整个保险行业的合规管理提供了有益的借鉴和参考。

第八节　合规工作考核制度

一、合规工作考核制度的监管政策

第四十四条　金融机构应当建立合规工作考核制度，将内设部门、下属各机构合规管理质效纳入考核，并将合规管理情况纳入对下属各机构负责人的年度综合考核。

金融机构应当强化考核结果运用，将合规职责履行情况作为员工考核、人员任用、评优评先等工作的重要依据。

二、理解和学习：合规工作考核制度

金融机构在构建全面风险管理体系的过程中，应当高度重视合规工作考核制度的建立与完善。为了确保合规管理的有效性和全面性，金融机构应当建立一套科学、合理的合规工作考核制度，将内设部门及下属各机构的合规管理质效明确纳入考核范畴。这一制度的设计，旨在通过量化指标和定性评价相结合的方式，全面评估各部门及下属机构在合规管理方面的表现，包括合规政策的执行情况、合规风险的识别与防控、合规文化的建设与推广等多个方面。

同时，金融机构还应当将合规管理情况作为对下属各机构负责人年度综合考核的重要内容之一。这意味着，机构负责人的绩效评估将不再仅仅局限于业务业绩和财务指标，合规管理的成效也将成为衡量其工作表现的重要标准。这样的考核机制，有助于引导机构负责人树立正确的业绩观，将合规管理视为与业务发展同等重要的工作，从而推动合规理念在金融机构内部的深入贯彻。

更为重要的是，金融机构应当将合规职责履行情况作为员工考核、人员任用、评优评先等工作的重要依据。具体来说，对于在合规管理方面表现突出的员工，金融机构应当给予相应的奖励和晋升机会，以此激励更多员工积极参与到合规管理中来。而对于合规职责履行不到位的员工，则应当依据考核制度进行相应的处罚或调整，以确保合规管理的严肃性和权威性。

综上所述，金融机构建立合规工作考核制度，并将合规管理质效纳入对内设部门、下属各机构及其负责人的考核范畴，同时强化考核结果的运用，是提升合规管理水平、防范合规风险、促进金融机构稳健发展的重要举措。这一制度的实施将有助于构建更加完善、有效的合规管理体系，为金融机构的长期发展奠定坚实的基础。

三、思维导图：合规工作考核制度

为了全面、直观地展现金融机构合规工作考核制度的构建与运作，我们特别设计了合规工作考核制度思维导图，如图 3-8 所示。它详细呈现了一个全面而系统的合规工作考核制度框架，为金融机构理解和实施合规考核制度提供了清晰的指引。

图 3-8 首先明确了制度建立的目的，即为确保企业内设部门及下属各机构在合规管理工作中的高效执行，建立起一套全面的合规工作考核制度。考核对象广泛涵盖了内设部门、下属各机构及其负责人，确保了考核的全面性和深入性。考核内容主要聚焦于合规管理质效，通过年度综合考核的方式，对下属各机构负责人的合规管理情况进行全面评估。在考核结果运用方面，强调了将合规职责履行情况作为员工考核的重要依据，并将其纳入员工考核体系，直接关联到员工的绩效、晋升等方面，以此激励员工积极参与合规管理。此外，合规表现也被作为人员任用的考量因素，确保任用人员具备较高的合规意识。在评优评先方面，合规管理情况同样被纳入考核范围，以此激励员工在日常工作中更加重视合规要求，积极参与合规管理。综上所述，图 3-8 所描述的合规工作考核制度，不仅体现了企业对合规管理的高度重视，也通过一系列科学合理的考核措施，有效推动了企业合规文化的建设和落实。

图 3-8 为金融机构提供了全面、清晰的合规考核框架和指引，有助于金融机构建立健全的合规工作考核制度，提升合规管理的有效性和效率。

四、工具：合规工作考核制度检测实施一览表

为了确保金融机构的合规工作考核制度得到有效执行，并持续进行完善和优化，

第三章 合规管理保障

我们特别设计了合规工作考核制度检测实施一览表,如表 3-8 所示。它详细列出了合规工作考核制度中的各个关键因素,以及针对这些因素的检测点,为金融机构提供了一个系统化的评估和改进工具。

通过表 3-8,金融机构可以对自身的合规工作考核制度进行全面、细致的检测。表中明确了制度建立、考核对象、考核内容、考核周期、考核结果运用、员工考核、人员任用、评优评先等核心要素,并针对每个要素列出了具体的检测点。

金融机构可以根据表 3-8 中的检测点,逐一对照自身的合规工作考核制度进行评估。通过检测,金融机构可以及时发现并纠正考核制度中存在的问题和不足,进一步完善和优化考核制度,确保其更加符合金融机构的实际情况和合规管理要求。

合规工作考核制度
- 制度建立
  - 建立全面的合规工作考核制度
  - 确保制度涵盖内设部门及下属各机构
- 考核对象
  - 内设部门
  - 下属各机构
  - 下属各机构负责人
- 考核内容
  - 合规管理质效
  - 合规管理情况(下属各机构负责人)
- 考核周期:年度综合考核
- 考核结果运用
  - 强化考核结果的运用
  - 将合规职责履行情况作为重要依据
- 员工考核
  - 将合规职责履行情况纳入员工考核体系
  - 影响员工的绩效、晋升等
- 人员任用
  - 将合规表现作为人员任用的考量因素
  - 确保任用人员具备较高的合规意识
- 评优评先
  - 合规管理情况影响评优评先资格
  - 激励员工积极参与合规管理

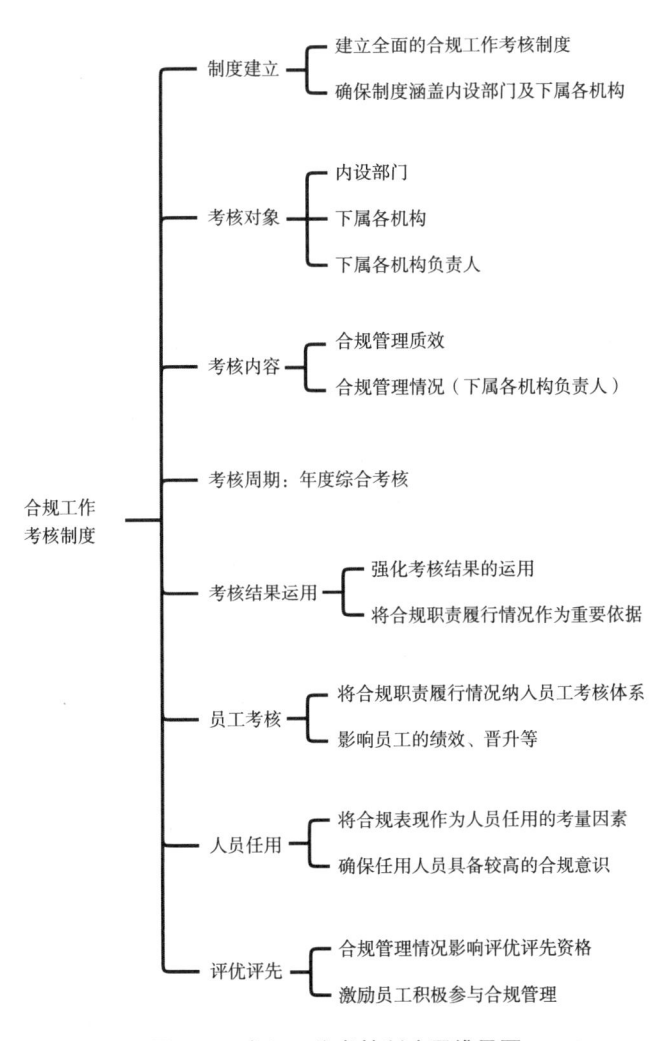

图 3-8 合规工作考核制度思维导图

此外，表 3-8 还特别留白了检测的评测项目，金融机构应当定期组织相关部门和人员对合规工作考核制度进行检测，形成检测报告，并根据报告结果进行针对性的改进和完善。通过这样的检测机制，金融机构可以不断提升合规工作考核制度的科学性和有效性，为金融机构的合规管理提供有力的制度保障。

表 3-8 合规工作考核制度检测实施一览表

项目	主题	检测项目	评价已经做到	评价尚未做到
合规工作考核制度	制度建立	建立全面的合规工作考核制度		
		确保制度涵盖内设部门及下属各机构		
	考核对象	内设部门		
		下属各机构		
		下属各机构负责人		
	考核内容	合规管理质效		
		合规管理情况（下属各机构负责人）		
	考核周期	年度综合考核		
	考核结果运用	强化考核结果的运用		
		将合规职责履行情况作为重要依据		
	员工考核	将合规职责履行情况纳入员工考核体系		
		影响员工的绩效、晋升等		
	人员任用	将合规表现作为人员任用的考量因素		
		确保任用人员具备较高的合规意识		
	评优评先	合规管理情况影响评优评先资格		
		激励员工积极参与合规管理		

五、案例

荷兰合作银行集团合规工作考核制度

（一）金融机构介绍

荷兰合作银行集团是荷兰最大的银行之一，总部位于乌得勒支。荷兰合作银行集团起源于荷兰农村地区，最初为农业信贷合作社，旨在为当地的农民和农业企业提供金融服务。荷兰合作银行集团已经发展成全球领先的农业金融服务提供商，其业务范围涵盖零售银行、企业银行、投资银行、财富管理等多个领域。荷兰合作银行集团凭借其强大的市场份额、全球业务网络及创新的金融产品，成为世界银行业中的佼佼者。

在现代金融业的竞争中，荷兰合作银行集团尤其注重风险管理和合规性，以确保其业务的可持续性和金融稳定性。特别是面对全球金融监管日益严格的环境，荷兰合作银行集团在合规管理方面进行了深入的改革和创新，建立了一套符合其全球运营特点的合规考核制度。

（二）合规工作考核制度

合规管理是确保银行在全球多个市场中稳健运营的基础。荷兰合作银行集团的合规工作考核制度不仅着眼于内部监管，还紧密结合银行的全球战略目标，确保各分支机构、业务部门及员工都能够在法律法规框架内高效运作。以下是荷兰合作银行集团合规工作考核制度的关键组成部分。

1. 全员参与的合规工作考核体系

荷兰合作银行集团将合规责任下放到每一位员工，确保每个员工都在其岗位上承担合规职责。银行的合规工作考核体系并不局限于合规部门，而是全员参与、全员负责。这种全面参与的机制有效避免了合规管理的碎片化和分散化，确保了每个岗位的工作都遵循同样的合规标准。

（1）全员合规责任：每一位员工都需要对自己的工作履行合规责任。无论是前线的客户经理、后端的技术支持人员，还是高层管理人员，都需要在日常工作中保持高度的合规意识。例如，客户经理在办理业务时，必须确保所有交易符合反洗钱和客户身份验证的要求；而后台支持部门则需要确保数据处理和客户信息管理符合隐私保护法规。

（2）合规责任的嵌入：荷兰合作银行集团通过将合规责任嵌入到每个岗位的职责描述中，确保每个员工在完成常规工作任务时都能够始终遵守合规要求。合规表现将直接影响员工的年度绩效评分，并且与薪酬、晋升等关键人事决策紧密相关。

（3）激励与奖惩机制：为确保员工的合规表现得到充分激励，荷兰合作银行集团将合规管理结果与员工的奖励、晋升机会挂钩。每年银行会根据员工在合规管理中的表现，给予合适的奖惩。例如，合规表现突出的员工可能会获得奖金或特殊奖励，而在合规方面存在问题的员工，可能会面临警告，甚至岗位调整等惩罚措施。

2. 下属机构与内设部门的合规考核

作为一家全球化运营的金融机构，荷兰合作银行集团对各个下属机构和内设部门的合规管理进行严格考核。每个分支机构都需要根据总部的合规要求，结合当地的法律法规，制定相应的合规政策，并接受总部定期的合规审查。

（1）分支机构的合规性评估：荷兰合作银行集团对所有下属机构和分支机构进行定期的合规审查，确保其在本地运营过程中遵守全球总部制定的合规要求。这一机制确保了各个分支机构即使在不同的法律环境下运营，依然能够在整体合规框架内高效运作。

（2）内设部门合规责任：除了分支机构，荷兰合作银行集团还将合规工作纳入内设部门的考核。例如，风险管理部门、合规部门、审计部门等都必须根据总部的合规要求，定期向管理层提交报告。这些部门不仅负责日常合规检查，还需要提出合规改进措施，以确保银行整体合规管理的持续优化。

（3）合规责任分级与细化：荷兰合作银行集团的合规考核体系非常注重责任分级。每个部门的负责人都需要对本部门的合规性进行全面评估。对于未能及时发现合规风险的部门，银行会进行责任追究。

3. 将合规管理情况纳入负责人年度考核

荷兰合作银行集团将合规管理情况纳入各部门负责人及分支机构负责人的年度综合考核。这一做法确保了高层管理人员在合规管理中的主导作用，并提高了他们对合规问题的关注度与应对能力。

（1）高层领导的合规责任：荷兰合作银行集团特别强调高层领导在合规管理中的责任，尤其是分支机构的负责人。在每年的考核中，分支机构的负责人不仅要对业务目标的完成情况负责，还要对合规执行情况进行全面评估。如果发现分支机构在合规管理方面存在漏洞，相关负责人将受到直接影响，可能面临职务调整或其他处罚。

（2）合规文化的领导推动：高层领导的合规考核成绩将直接影响他们在公司中的职务安排。荷兰合作银行集团认为，领导者在推动合规文化建设中的作用至关重要。因此，荷兰合作银行集团特别注重领导层在合规管理中的表现，要求每一位高层领导不仅要执行合规政策，还要通过言传身教，推动全员遵守合规要求。

（3）合规决策的透明性与问责制：荷兰合作银行集团在高层领导合规考核中，强调决策的透明性和合规性。每一项重大决策，尤其是涉及跨部门合作和国际化扩展的决策，都必须经过合规部门的审查和批准。领导者在面对合规问题时的反应速度、处理能力和责任心都会成为其考核的重要指标。

4. 合规考核结果的实际运用

荷兰合作银行集团非常重视合规考核结果的实际运用，将其作为员工晋升、奖励、评优评先、岗位调整等一系列人事决策的重要依据。

（1）员工晋升与岗位调整：合规表现优异的员工通常会优先得到晋升机会。荷兰合作银行集团明确表示，合规工作是员工晋升过程中不可忽视的因素。如果员工在工作中没有严格遵守合规规定，或者未能及时发现合规风险，银行可能会延迟其晋升时间，甚至会采取降职、岗位调整等措施。

（2）奖惩制度：对于合规工作表现优异的员工，荷兰合作银行集团会给予奖励，包括年终奖金、股票期权、升职等。而合规问题较为严重的员工，则可能面临严格的处罚，甚至在一些情况下，银行会解除与员工的劳动合同。

（3）评优评先：荷兰合作银行集团将合规工作纳入员工的评优评先考核中，这一做法通过正向激励，鼓励员工在日常工作中提高合规意识。优秀的合规员工不仅能够获得个人荣誉，还可以获得更多的职业发展机会。

（三）案例特色和亮点

1. 高度系统化的考核体系

荷兰合作银行集团建立了一套全覆盖、系统化的合规考核体系，将合规管理嵌入所有员工、所有部门和所有分支机构的绩效考核中，确保合规工作贯穿于整个银行运营的每一个环节。荷兰合作银行集团制定了统一的合规考核标准，确保各级单位严格按照既定流程执行，并通过内部数据平台，实施实时监控和定期评估，防止合规工作出现碎片化或局部失控的情况。在一次例行审查中，某分支机构内部考核数据异常，被及时发现，经核查发现是合规流程有一处遗漏，经过调整后，该分支的合规评分提高了15%，充分体现了系统化考核在发现并纠正问题中的作用。

2. 强调高层领导的示范作用

荷兰合作银行集团非常注重高层领导在合规管理中的榜样作用，不仅要求高层执行合规政策，还通过实际行动引导全体员工自觉遵守合规要求。荷兰合作银行集团将高层领导的合规表现纳入考核体系，确保其在工作中发挥示范带动作用，并定期召开由董事会主持的合规交流会，高层领导分享自身在合规工作中的经验和心得。在一次内部合规会议上，一位高层领导介绍如何在业务决策中融入合规考量，并分享了一个成功避免违规风险的案例，激励了全行员工积极参与合规改进工作，最终使部门间的合规协同效率显著提升。

3. 数据驱动的合规监控

荷兰合作银行集团利用先进的数据分析技术，构建了以实时数据监控为核心的合规管理体系，从而实现对风险的及时预警和量化评估。其应用大数据和人工智能技术对各类业务数据进行全天候监控，自动识别异常行为，并设立数据反馈机制，将风险预警信息迅速传递给相关部门，及制定相应的整改措施。在某次跨境交易监控中，系统自动检测到一笔交易数据异常，并生成预警报告，合规团队在 30 分钟内介入调查并发现是系统数据录入错误，及时修正后避免了一次可能的监管风险。

4. 强调全球合规性与本地化管理的结合

作为一家全球运营的银行，荷兰合作银行集团在确保全球统一合规标准的基础上，根据各国、各地区的法律法规和监管要求，制定了灵活的本地化合规政策。其结合全球标准和本地需求，定期更新合规政策，并通过持续培训确保全球员工熟悉各自适用的规则。同时，其建立了区域合规团队，负责根据当地监管动态及时反馈并调整内部合规流程。在进入亚洲市场过程中，荷兰合作银行针对当地反洗钱法规开展专项培训，并调整了部分合规流程，使新政策迅速落地，成功避免了因政策不匹配可能引发的合规风险，同时也让当地监管机构对其合规管理能力给予了更高认可。

通过以上措施，荷兰合作银行集团不仅构建了高度系统化、数据驱动的合规考核和监控体系，还通过高层示范和全球本地化结合的策略，有效地确保了合规管理在全行范围内的贯彻落实。

（四）总结与启示

荷兰合作银行集团的合规工作考核制度，为全球金融机构提供了丰富的经验和创新的实践方案。其合规管理的高度系统化、全员参与机制及数据驱动的合规监控，都是值得其他银行借鉴和学习的亮点。同时，荷兰合作银行集团强调高层领导的示范作用和合规责任的全员化，确保了合规文化的根植和持续发展。这一制度不仅帮助荷兰合作银行集团保持了全球业务的稳定性和可持续发展，也为全球金融行业提供了合规管理的最佳实践。

通过这个案例，我们可以看到，在复杂多变的全球金融市场中，合规管理不仅是一个法律问题，更是银行文化的重要组成部分。一个有效的合规考核制度，能够促进银行内部的规范化管理、风险控制和长远发展。在日益严峻的金融监管环境下，金融机构必须不断优化合规管理体系，以确保其在合规性和业务发展之间找到平衡，推动银行业的健康发展。

第九节 加强合规管理信息化建设

一、加强合规管理信息化建设的监管政策

第四十五条 金融机构应当加强合规管理信息化建设，可以运用信息化手段将合规要求和业务管控措施嵌入流程，针对关键节点加强合规审查，强化过程管控。

二、理解和学习：加强合规管理信息化建设

金融机构在当今复杂多变的监管环境中，应当高度重视并加强合规管理的信息化建设。为了提升合规管理的效率和准确性，金融机构可以充分运用信息化手段，将合规要求和业务管控措施紧密地嵌入到各项业务流程之中。这一举措旨在确保在业务操作的过程中，合规管理能够贯穿始终，成为业务发展的有力保障。

具体来说，金融机构可以通过信息化系统，将合规要求细化为具体的操作规范和控制点，并将其嵌入到业务流程的关键节点上。这样，在业务处理的过程中，系统就能够自动对关键信息进行合规审查，及时发现并预警潜在的合规风险。这种嵌入式的合规管理方式，不仅提高了合规审查的效率和准确性，还有效避免了人为疏漏和误判的可能性。

同时，金融机构还应当强化过程管控，通过信息化手段对业务流程进行实时监控和追踪。这样，合规管理部门就能够随时了解业务进展情况，及时发现并纠正违规操作，确保业务活动始终在合规的轨道上运行。此外，信息化系统还能够提供丰富的数据支持和分析功能，帮助合规管理部门更好地识别风险点、评估风险影响，并制定相应的风险应对措施。

综上所述，金融机构加强合规管理信息化建设，运用信息化手段将合规要求和业务管控措施嵌入流程，针对关键节点加强合规审查、强化过程管控，是提升合规管理水平、防范合规风险的重要途径。这一举措将有助于金融机构构建更加完善、有效的合规管理体系，为金融机构的稳健发展提供有力的支撑和保障。

三、思维导图：合规管理信息化建设

为了全面、直观地展现金融机构合规管理信息化建设的框架与布局，我们特别设计了合规管理信息化建设思维导图，如图3-9所示。它以图形化的方式，详细描绘了

合规管理信息化建设的各个关键组成部分及其相互之间的关联，为金融机构推进合规管理信息化建设提供了清晰的指引。

通过图 3-9，我们可以看到合规管理信息化建设的核心框架，它包括合规管理信息化概述、信息化手段应用、合规要求嵌入流程、关键节点合规审查、过程管控强化、数据安全与隐私保护、持续改进与优化等流程。

图 3-9 详细展示了合规管理信息化建设的全面框架与核心要素。它首先强调了合规管理信息化的重要性，旨在通过一系列信息化手段提升合规效率、强化风险控制，并详细列出了实施原则，包括全面覆盖以确保无遗漏，实时监控以迅速发现潜在风险，以及灵活调整以适应不断变化的法规和业务环境。在信息化手段应用方面，它展示了系统集成、数据分析和人工智能等关键技术的应用，这些技术共同作用于业务系统与合规系统的对接，通过大数据技术识别合规风险，以及利用人工智能技术辅助合规审查与决策。此外，图 3-9 还突出了合规要求如何被嵌入到业务流程中，包括流程梳理、自动化嵌入和流程优化，以确保每个环节都符合合规标准。在关键节点合规审查方面，该图强调了交易审批、客户身份验证等环节的重要性，并建议加强审查力度。同时，实时监控系统作为预警潜在合规风险的重要工具。图 3-9 还涵盖了反馈与改进机制，强调了审查结果反馈和持续优化审查流程。在过程管控强化方面，图 3-9 列出了实时监控和定期审计等措施。对于数据安全与隐私保护，图 3-9 提出了数据加密、访问控制和隐私政策等关键措施。最后，图 3-9 强调了持续改进与优化的重要性，包括定期评估合规管理效果、跟踪最新合规技术，以及及时调整合规策略以适应法规变化。

图 3-9 为金融机构推进合规管理信息化建设提供了全面、清晰的框架和指引，有助于金融机构构建更加完善、有效的合规管理体系，提升合规管理的效率和准确性，为金融机构的稳健发展提供有力保障。

四、工具：合规管理信息化建设检测实施一览表

为了确保金融机构的合规管理信息化建设得到有效推进，并持续进行完善和优化，我们特别设计了合规管理信息化建设检测实施一览表，如表 3-9 所示。它以表格的形式，详细列出了合规管理信息化建设的各个关键因素，以及针对这些因素的检测点和实施步骤，为金融机构提供了一个系统化的评估和改进框架。

通过表 3-9，金融机构可以对自身的合规管理信息化建设进行全面、细致的检测。它明确了合规管理信息化概述、信息化手段应用、合规要求嵌入流程、关键节点合规

审查、过程管控强化、数据安全与隐私保护、持续改进与优化等核心要素。针对每个要素，该表都列出了具体的检测点，如提升合规效率、强化风险控制等。

金融机构可以根据表 3-9 中的检测点，逐一对照自身的合规管理信息化建设情况进行评估。通过检测，金融机构可以及时发现并纠正信息化建设中存在的问题和不足，进一步完善和优化合规管理信息化体系。

```
合规管理
信息化建设
├─ 合规管理信息化概述
│   ├─ 目标设定
│   │   ├─ 提升合规效率
│   │   └─ 强化风险控制
│   └─ 实施原则
│       ├─ 全面覆盖
│       ├─ 实时监控
│       └─ 灵活调整
├─ 信息化手段应用
│   ├─ 系统集成 ── 业务系统与合规系统对接
│   ├─ 数据分析 ── 通过大数据技术识别合规风险
│   └─ 人工智能 ── 人工智能辅助合规审查与决策
├─ 合规要求嵌入流程
│   ├─ 流程梳理 ── 明确各环节合规要点
│   ├─ 自动化嵌入 ── 通过软件工具自动添加合规步骤
│   └─ 流程优化 ── 简化流程，提高合规效率
├─ 关键节点合规审查
│   ├─ 识别关键节点
│   │   ├─ 交易审批
│   │   └─ 客户身份验证
│   ├─ 加强审查力度
│   │   ├─ 多层审批机制
│   │   └─ 实时监控系统
│   └─ 反馈与改进
│       ├─ 审查结果反馈
│       └─ 持续优化审查流程
├─ 过程管控强化
│   ├─ 实时监控
│   │   ├─ 实时监控业务操作
│   │   └─ 预警潜在合规风险
│   ├─ 定期审计
│   │   ├─ 内部审计
│   │   └─ 第三方审计
│   └─ 纠正措施
│       ├─ 违规行为及时纠正
│       └─ 预防措施制定
├─ 数据安全与隐私保护
│   ├─ 数据加密 ── 敏感数据加密存储
│   ├─ 访问控制 ── 权限管理，防止数据泄露
│   └─ 隐私政策
│       ├─ 明确客户数据使用政策
│       └─ 保障客户隐私权
└─ 持续改进与优化
    ├─ 评估与反馈
    │   ├─ 定期评估合规管理效果
    │   └─ 收集员工与客户反馈
    ├─ 技术更新
    │   ├─ 跟踪最新合规技术
    │   └─ 升级现有系统
    └─ 法规适应
        ├─ 及时调整合规策略
        └─ 确保符合最新法规要求
```

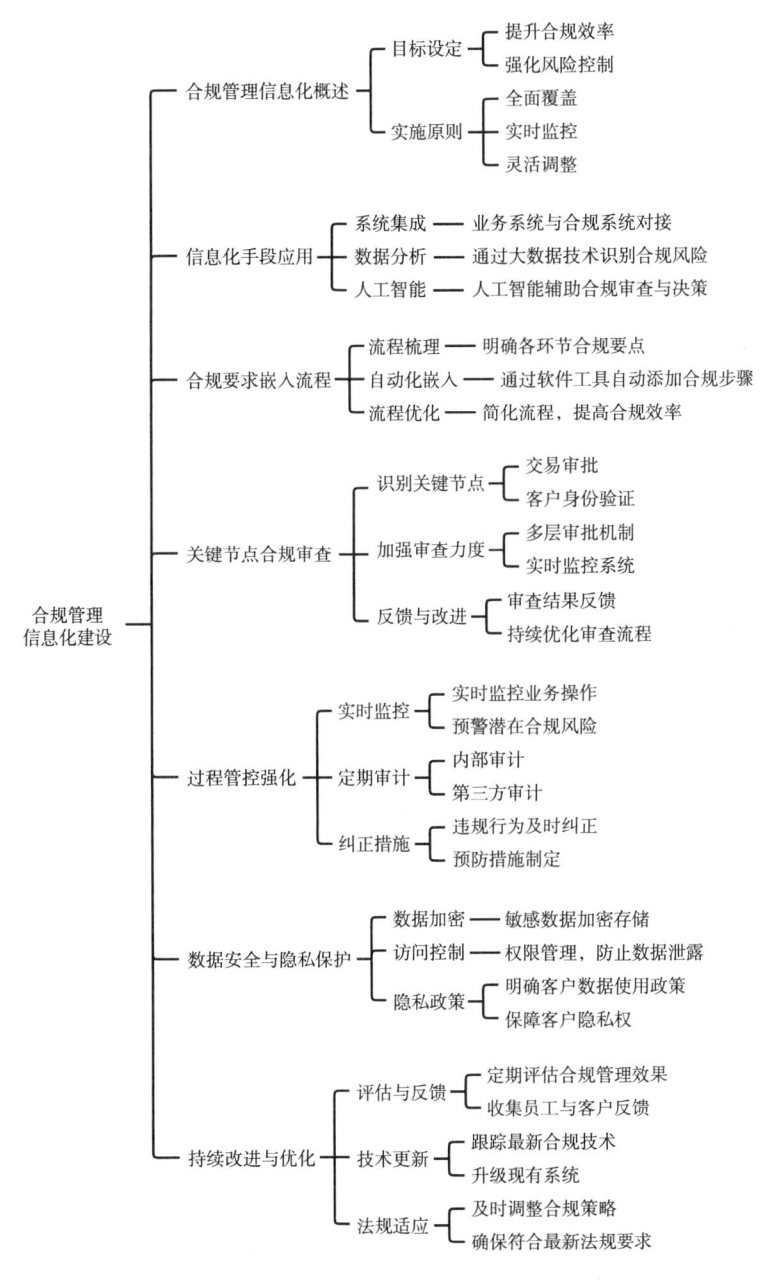

图 3-9 合规管理信息化建设思维导图

表 3-9 是金融机构推进合规管理信息化建设的重要工具,它将帮助金融机构更好地了解自身信息化建设的现状,发现问题并及时进行改进,从而提升合规管理的效率和准确性,为金融机构的稳健发展提供有力保障。

表 3-9 合规管理信息化建设检测实施一览表

项目	主题	内容	检测项目	评价已经做到	评价尚未做到
合规管理信息化建设	合规管理信息化概述	目标设定	提升合规效率		
			强化风险控制		
		实施原则	全面覆盖		
			实时监控		
			灵活调整		
	信息化手段应用	系统集成	业务系统与合规系统对接		
		数据分析	通过大数据技术识别合规风险		
		人工智能	人工智能辅助合规审查与决策		
	合规要求嵌入流程	流程梳理	明确各环节合规要点		
		自动化嵌入	通过软件工具自动添加合规步骤		
		流程优化	简化流程,提高合规效率		
	关键节点合规审查	识别关键节点	交易审批		
			客户身份验证		
		加强审查力度	多层审批机制		
			实时监控系统		
		反馈与改进	审查结果反馈		
			持续优化审查流程		
	过程管控强化	实时监控	实时监控业务操作		
			预警潜在合规风险		
		定期审计	内部审计		
			第三方审计		
		纠正措施	违规行为及时纠正		
			预防措施制定		

续表

项目	主题	内容	检测项目	评价已经做到	评价尚未做到
合规管理信息化建设	数据安全与隐私保护	数据加密	敏感数据加密存储		
		访问控制	权限管理，防止数据泄露		
		隐私政策	明确客户数据使用政策		
			保障客户隐私权		
	持续改进与优化	评估与反馈	定期评估合规管理效果		
			收集员工与客户反馈		
		技术更新	跟踪最新合规技术		
			升级现有系统		
		法规适应	及时调整合规策略		
			确保符合最新法规要求		

五、案例

俄罗斯外贸银行加强合规管理信息化建设

（一）金融机构介绍

1. 俄罗斯外贸银行的背景与历史

俄罗斯外贸银行是俄罗斯最大、最重要的国有商业银行之一，曾由俄罗斯政府全资控股。随着俄罗斯金融市场的发展，俄罗斯外贸银行逐渐成为俄罗斯和国际金融领域的重要参与者。它的主要职能包括提供全面的金融服务，如公司银行、零售银行、投资银行及资产管理等。作为一个国际化银行，俄罗斯外贸银行在多个国家设有分支机构，包括英国、德国、美国及中国等，致力于为国内外客户提供金融支持。

2. 俄罗斯外贸银行在俄罗斯及全球的地位

俄罗斯外贸银行作为俄罗斯第二大银行，掌握着大量的市场份额。在俄罗斯国内，俄罗斯外贸银行是一个综合性金融集团，其客户包括大量的企业客户和个人客户。此外，俄罗斯外贸银行的金融服务涵盖了跨境融资、外汇交易、资本市场等重要领域，尤其在与俄罗斯政府合作的国有企业和大型基础设施项目中具有强大的市场影响力。

在全球范围内，俄罗斯外贸银行通过不断扩展其国际业务，强化其跨国金融市场的布局。尽管近年来面临国际政治与经济的不确定性，俄罗斯外贸银行依然致力于在全球范围内提供全方位的银行服务。

3. 俄罗斯外贸银行面临的国际合规挑战

由于其跨国业务和国际合作，俄罗斯外贸银行必须应对来自不同国家和地区的合规要求，这些要求不仅包括反洗钱等标准，还涉及每个国家特有的金融法律法规。此外，俄罗斯外贸银行也面临着因国际制裁和金融监管政策变化所带来的合规挑战，特别是在对外经济关系紧张的情况下，合规压力尤为突出。

例如，美国及欧盟的制裁对俄罗斯外贸银行的业务造成了显著影响，特别是在跨境支付和外汇交易等领域。面对这些挑战，俄罗斯外贸银行决定加大对合规管理信息化的投入，以确保其业务能够高效合规地运行。

（二）加强合规管理信息化建设的必要性

1. 金融行业合规管理的重要性

随着全球化和信息化的发展，金融行业面临的合规压力不断增加。金融机构需要遵守的合规要求越来越复杂，特别是在反洗钱、客户身份验证、交易监控等方面。金融机构的合规失败可能会导致重大的法律风险和财务风险，甚至影响其声誉，导致客户和投资者的信任丧失。

2. 俄罗斯外贸银行在合规管理中的挑战

俄罗斯外贸银行作为一家国际化银行，其合规管理面临着诸多挑战。首先，由于其广泛的国际业务，俄罗斯外贸银行必须遵循各国不同的法规和监管要求。其次，随着金融产品的复杂化和跨境交易的增加，手动合规检查难以应对日益复杂的合规任务。最后，银行内部管理流程的传统化和信息流通不畅，也给合规管理带来了困难。

3. 信息化手段对合规管理的推动作用

在信息化技术的推动下，金融行业的合规管理得到了极大的提升。信息化手段使银行能够将合规要求和业务管控措施嵌入到每一个业务环节中。自动化、智能化的系统能够在实时监控和数据分析中，及时发现潜在的合规风险，并采取有效措施进行应对。通过信息化手段，金融机构不仅能够提高合规效率，还能够降低人为错误的风险。

（三）具体措施

1. 合规要求与业务管控的嵌入流程

俄罗斯外贸银行通过信息化手段，将合规要求和业务管控措施嵌入到日常业务流程中。银行的核心业务流程，如客户开户、资金划转、贷款审批等，都需要通过信息化系统进行合规审查。通过集成合规规则和业务要求，银行能够在客户业务办理的每一个环节中自动检查是否符合相关法规和政策要求。

例如，在客户开户环节，俄罗斯外贸银行通过集成反洗钱合规检查模块，自动核查客户是否为高风险人员或是否涉及恐怖主义融资等违法行为。在跨境支付环节，系统会自动对交易进行国际制裁名单匹配，确保资金流动不违反国际制裁规定。

2. 自动化合规审查的实施

俄罗斯外贸银行推行自动化合规审查流程，通过高效的合规管理系统自动执行预设的合规规则。这种系统能够覆盖从客户身份验证到交易监控的各个环节，实现合规审查的全覆盖。自动化不仅提升了效率，还能在交易发生的瞬间进行合规检查，及时发现不符合合规要求的交易，避免了人工审核可能带来的延误和疏漏。

3. 关键节点的合规审查机制

俄罗斯外贸银行在关键节点上加强合规审查机制。例如，在高风险交易、境外资金流入流出、大额资金交易等环节，系统会对这些高风险节点进行重点审查。通过对这些节点的重点监控，俄罗斯外贸银行能够及时识别潜在的风险，采取必要的审查措施，防止洗钱、恐怖主义融资等违法行为的发生。

4. 全流程监控和预警机制的建设

俄罗斯外贸银行通过建立全流程监控系统，确保银行业务活动在每个阶段都受到严格的合规监控。无论是交易的发起、执行，还是结束，每一步都经过系统的合规审查。同时，银行还建立了预警机制，在系统发现潜在合规风险时，会及时发出警告并启动应急响应措施。这种全流程监控和预警机制极大提高了银行的风险管理能力，确保银行能够在发现风险的第一时间进行干预。

（四）案例特色和亮点

1. 自动化合规审查提高了合规管理的效率

俄罗斯外贸银行在合规信息化建设方面的一大亮点在于自动化合规审查。利用自动化工具和算法，银行能迅速、高效地处理海量交易数据，自动识别异常行为。自动化系统不受人工操作时间限制，能够全天候监控跨境支付和大额交易，确保合规检查的全面覆盖和高度准确。在一次跨境支付过程中，系统在不到10秒内捕捉到一笔异常大额交易，自动生成预警报告，经调查确认存在潜在洗钱风险，银行迅速采取措施，成功避免了风险升级。

2. 实时监控与预警机制的创新与效果

俄罗斯外贸银行构建了一个全面的实时监控平台，创新性地将所有交易的合规状态实时呈现，并在检测到风险时即时启动预警机制。监控平台集成了多层次数据分析模块，能够即时追踪每笔交易的合规状态。预警系统通过设定关键指标阈值，自动触发报警，确保在问题扩大前迅速响应。某日，平台在短时间内检测到连续几笔低额异常交易，通过预警机制，合规部门迅速介入，最终发现这是一次有针对性的洗钱测试，及时采取措施阻断了风险链条。

3. 大数据与人工智能在合规管理中的应用

俄罗斯外贸银行将大数据分析和人工智能技术深度融入合规管理，通过对客户交易行为的深入挖掘，不断优化合规审核标准。人工智能利用历史数据和规则模型不断学习，自动调整审核参数，提高审查的准确性。大数据平台整合来自各业务线的信息，进行多维度比对，发现潜在异常模式。在一次常规监控中，系统通过大数据比对，自动识别出一笔交易模式与历史数据显著不同，经进一步调查后确认存在虚假交易嫌疑，及时拦截了一起可能的内部欺诈行为。

4. 跨部门协作与信息共享的加强

信息化建设不仅体现在技术应用上，俄罗斯外贸银行还通过集中管理平台加强了各部门之间的协作与信息共享。其建立了统一的合规信息管理平台，实现各部门实时共享交易数据、风险预警及整改进展，并通过定期跨部门会议与协同工作坊，确保各部门在合规问题上达成一致，共同提高管理效率。在一次系统升级后，合规部门发现数据异常，通过平台迅速通知风控与内部审计部门，三个部门联合开展专项检查，及时解决了数据不一致问题，保证了全行合规信息的一致性与透明性。

（五）面临的挑战与应对策略

尽管俄罗斯外贸银行在合规管理信息化建设上取得显著成效，但仍面临挑战。国际政治形势复杂，多变的制裁政策要求银行不断调整合规策略，以应对国际制裁压力。银行需要持续跟进，确保内部系统与最新要求同步，迎接各国监管法规的频繁变化。为此，俄罗斯外贸银行持续优化合规管理系统，加强技术研发，提升对新型合规风险的适应能力，并加强与国际监管机构的沟通，定期组织专家研讨，确保合规政策始终符合全球最新标准。

（六）未来发展

随着信息技术的不断进步，未来合规管理将更加依赖于先进技术。俄罗斯外贸银行计划进一步探索区块链技术在文档存储与共享中的应用，以确保数据的不可篡改性，并不断研发更智能的人工智能模型，实现更精准的风险预测与管理。其目标为推动合规管理全流程数字化转型，实现从数据采集到风险决策的自动化闭环管理。

（七）总结

俄罗斯外贸银行在合规管理信息化建设上取得了显著成果。通过全面实施自动化合规审查、实时监控与预警、大数据与人工智能应用以及跨部门协作，银行有效提升了合规管理水平并降低了合规风险。这些措施不仅大幅提高了工作效率，还为银行在复杂多变的国际金融环境中稳健运行提供了有力保障。未来，随着技术的不断革新，合规管理将迎来更多创新机遇，俄罗斯外贸银行的成功实践也将为全球金融机构提供宝贵的借鉴。

第十节　建立合规培训机制

一、建立合规培训机制的监管政策

第四十六条　金融机构应当建立合规培训机制，制定年度合规培训计划，加大对机构员工的培训力度，将合规管理作为董事、高级管理人员初任、重点合规风险岗位人员业务培训、新员工入职必修内容，持续提升员工合规意识。

二、理解和学习：建立合规培训机制

金融机构在日益复杂的监管环境中，应当高度重视并积极建立完善的合规培训机制。为了确保全员都能深刻理解并践行合规理念，金融机构应当制定详尽的年度合规培训计划，这一计划需涵盖各个层级、各类岗位的员工，确保合规培训的全面覆盖和持续推进。

在年度合规培训计划的制定过程中，金融机构应充分考虑不同岗位、不同职责员工的合规培训需求。对于董事、高级管理人员等关键决策层，合规管理应作为其初任培训的必修内容，以强化其合规意识，确保其在决策过程中始终秉持合规为先的原则。对于重点合规风险岗位的人员，如客户经理、交易员等，业务培训中必须融入合规管理的内容，以提升其识别、评估和防控合规风险的能力。

同时，新员工入职时，合规培训也应成为其必修课程之一。通过系统的合规培训，新员工可以迅速了解机构的合规政策、程序和要求，树立正确的合规理念，为日后的

工作打下坚实的基础。此外，金融机构还应加大对机构员工的日常培训力度，通过定期组织合规讲座、研讨会、在线课程等多种形式，持续提升员工的合规意识和专业素养。

综上所述，金融机构建立合规培训机制，制定年度合规培训计划，并加大对机构员工的培训力度，将合规管理作为董事、高级管理人员初任、重点合规风险岗位人员业务培训、新员工入职的必修内容，是提升全员合规意识、防范合规风险的重要举措。这一机制的建立和实施，将有助于金融机构构建更加完善、有效的合规管理体系，为金融机构的稳健发展提供有力的保障。

三、思维导图：合规培训机制

为了全面、直观地展现金融机构合规培训机制的构建与运作框架，我们特别设计了合规培训机制思维导图，如图3-10所示。它以图形化的方式，详细描绘了合规培训机制的各个关键组成部分及其相互之间的逻辑关系，为金融机构建立和完善合规培训体系提供了清晰的指引。

通过图3-10，我们可以看到合规培训机制的核心框架，它包括合规培训机制概述、年度合规培训计划制定、加大员工培训力度、董事合规培训、高级管理人员合规培训、重点合规风险岗位人员业务培训、新员工入职合规必修内容、持续提升员工合规意识等。

图3-10为金融机构建立和完善合规培训体系提供了全面、清晰的框架和指引，有助于金融机构提升员工的合规意识和专业素养，防范合规风险，为金融机构的稳健发展提供有力的支持。

除了图3-10要求的内容之外，合规培训内容设计还需根据培训目标，结合金融机构的实际业务需求和合规管理要求，制定出具体、实用的培训内容。这些内容既包括合规基础知识、法律法规政策，也包括合规风险识别、评估和防控等实操技能。培训方式选择则根据培训内容的特点和培训对象的需求，灵活采用线上课程、线下讲座、实操演练、案例分析等多种培训方式，以确保培训的针对性和有效性。培训实施与执行环节则负责将培训计划付诸实践，组织培训师资，安排培训时间与地点，管理培训过程，确保培训活动的顺利进行。培训效果评估则通过问卷调查、考试测试、实操考核等多种方式，对培训效果进行量化评估和定性分析，以了解培训的实际成效和存在的问题。最后，持续改进环节则根据培训效果评估的结果，对合规培训机制进行不断的优化和完善，以确保培训机制的与时俱进和持续有效。

第三章 合规管理保障

四、工具：合规培训机制检测实施一览表

为了确保金融机构的合规培训效果得到有效验证，并持续提升员工的合规意识和能力，我们特别设计了合规培训机制检测实施一览表，如图3-10所示。它详细列出了合规培训检测的各项关键因素，以及针对这些因素的具体检测点和实施步骤，为金融机构提供了一个系统化的评估和改进工具。

通过表3-10，金融机构可以对合规培训的效果进行全面、细致的检测。该表明确了检测的项目、主题、内容、评价等核心要素，确保检测的全面性和准确性。在检测主题方面，它涵盖了合规培训机制概述、年度合规培训计划制定、加大员工培训力度、董事合规培训、高级管理人员合规培训、重点合规风险岗位人员业务培训、新员工入职合规必修内容、持续提升员工合规意识等多个维度，以全面评估合规培训的能力和表现。

合规培训机制
- 合规培训机制概述
  - 确立合规培训的重要性与必要性
  - 强调合规文化在金融机构中的核心地位
- 年度合规培训计划制定
  - 确定年度培训目标
  - 规划培训课程与内容
  - 安排培训时间与地点
  - 设定培训预算与资源分配
- 加大员工培训力度
  - 针对不同岗位设置差异化培训课程
  - 定期组织合规知识考试与考核
  - 实施培训效果评估与反馈机制
- 董事合规培训
  - 初任董事合规管理基础培训
  - 董事合规职责与法律责任教育
  - 董事合规决策能力提升课程
- 高级管理人员合规培训
  - 高级管理人员合规领导力培养
  - 重大合规风险识别与应对策略
  - 国内外合规法律法规更新解读
- 重点合规风险岗位人员业务培训
  - 风险岗位合规操作规范
  - 合规风险识别与报告流程
  - 合规管理工具与技术应用
- 新员工入职合规必修内容
  - 新员工合规意识启蒙教育
  - 金融机构合规政策与制度介绍
  - 案例分析：违规行为的后果与教训
- 持续提升员工合规意识
  - 设立合规知识分享平台
  - 鼓励员工参与合规文化建设活动
  - 定期举办合规主题研讨会与工作坊

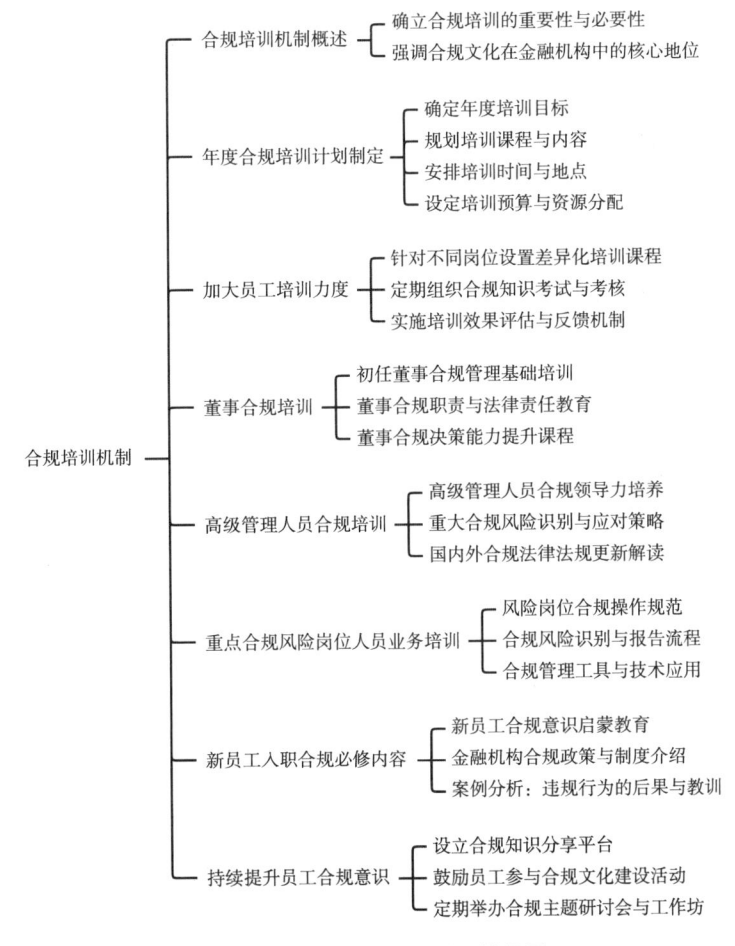

图3-10 合规培训机制思维导图

针对每个检测点，表3-10都提供了具体的实施步骤和方法。金融机构可以根据这些步骤和方法，组织员工进行检测，或者由合规管理部门进行抽查和评估。通过检测，可以及时发现机构在合规培训方面存在的不足和问题，从而有针对性地进行改进和提升。

此外，金融机构应当根据检测的结果，对合规培训体系进行不断的优化和完善。针对发现的问题和不足，金融机构可以调整培训内容、方式和方法，以提高培训的针对性和有效性。同时，金融机构还可以将检测的结果作为合规培训部门员工绩效考核和晋升的重要依据，激励员工积极参与合规培训，不断提升自己的合规能力和水平。

表3-10是金融机构提升合规培训效果、员工合规意识和能力的重要工具。通过使用该表，金融机构可以系统地评估和改进合规培训体系，为金融机构的稳健发展提供有力的合规保障。

表3-10 合规培训机制检测实施一览表

项目	主题	检测项目	评价已经做到	评价尚未做到
合规培训机制	合规培训机制概述	确立合规培训的重要性与必要性		
		强调合规文化在金融机构中的核心地位		
	年度合规培训计划制定	确定年度培训目标		
		规划培训课程与内容		
		安排培训时间与地点		
		设定培训预算与资源分配		
	加大员工培训力度	针对不同岗位设置差异化培训课程		
		定期组织合规知识考试与考核		
		实施培训效果评估与反馈机制		
	董事合规培训	初任董事合规管理基础培训		
		董事合规职责与法律责任教育		
		董事合规决策能力提升课程		
	高级管理人员合规培训	高级管理人员合规领导力培养		
		重大合规风险识别与应对策略		
		国内外合规法律法规更新解读		

续表

项目	主题	检测项目	评价已经做到	评价尚未做到
合规培训机制	重点合规风险岗位人员业务培训	风险岗位合规操作规范		
		合规风险识别与报告流程		
		合规管理工具与技术应用		
	新员工入职合规必修内容	新员工合规意识启蒙教育		
		金融机构合规政策与制度介绍		
		案例分析：违规行为的后果与教训		
	持续提升员工合规意识	设立合规知识分享平台		
		鼓励员工参与合规文化建设活动		
		定期举办合规主题研讨会与工作坊		

五、案例

B银行建立合规培训机制

（一）金融机构介绍

B银行自成立以来，始终致力于为客户提供全面、专业、优质的金融服务。随着业务的不断拓展和国际化进程的加速，B银行已逐渐成长为全球领先的商业银行之一，拥有庞大的业务规模、广泛的国内外分支机构及数以亿计的个人客户和企业客户。

在复杂多变的金融环境中，合规风险是金融机构必须面对的重要挑战。对于B银行这样的大型金融机构来说，合规管理更是其稳健运营的基石。为了有效防范合规风险，提升员工的合规意识和风险管理能力，B银行建立了一套全面、系统的合规培训机制。这一机制不仅涵盖了从高级管理人员到普通员工的各个层级，还贯穿了员工的整个职业生涯，成为B银行稳健发展的重要保障。

（二）具体措施

1. 制定年度合规培训计划，确保培训的系统性和针对性

B银行每年年初都会根据监管政策的变化、银行业务的发展及合规管理的实际需求，制定详细的年度合规培训计划。计划明确了培训的目标、内容、方式和评估标准，

确保了培训的系统性和针对性。对于不同层级、不同岗位的员工，B银行会制定有差异化的培训计划，以满足其合规管理的实际需求。

2. 将合规管理纳入董事、高级管理人员初任培训，提高决策层的合规意识

对于新上任的董事和高级管理人员，B银行将合规管理作为其初任培训的重要内容之一。通过系统的合规培训，这些决策层人员深刻理解了合规文化的重要性，掌握了合规管理的核心要义，从而在业务决策中始终坚持合规原则。这种培训不仅有助于提升决策层的合规意识，还能为全行的合规管理树立榜样和标杆。

3. 针对重点合规风险岗位人员开展业务培训，提升风险防控能力

信贷、投资、财务等岗位是B银行合规风险的重点领域。为了提升这些岗位人员的合规操作技能和风险防范能力，B银行定期开展业务培训。培训内容不仅包括相关业务的合规要求和风险点，还包括内部控制流程、反洗钱规定等方面的知识。通过培训，员工能够全面掌握合规管理的相关知识和技能，有效防范合规风险。

4. 新员工入职合规培训，奠定职业生涯的合规基础

对于新入职的员工，B银行将合规培训作为必修课程。这种培训不仅有助于新员工快速融入银行的合规管理体系，还能为其未来的职业生涯奠定坚实的基础。

5. 采用多样化的培训方式，增强培训效果

为了增强合规培训的效果，B银行采用了多种培训方式。除了传统的课堂讲授外，还利用网络平台开展在线学习，方便员工随时随地学习。同时，通过案例分析、角色扮演、模拟演练等互动方式，提高员工的参与感和实践操作能力。这种多样化的培训方式不仅提高了员工的学习兴趣和积极性，还使培训更加贴近实际，更具针对性。

6. 建立严格的培训评估与反馈机制，确保培训质量

每次培训结束后，B银行都会对培训效果进行评估。通过考试、问卷调查等方式收集员工的反馈意见。同时，B银行还将合规培训成绩纳入员工绩效考核体系，激励员工自觉遵守合规要求，提高合规管理水平。

（三）案例特色和亮点

1. 全面覆盖，分层实施，确保合规文化的深入渗透

B银行的合规培训机制覆盖全行所有员工，从董事、高级管理人员到中层骨干和基层员工，各层级均有与其岗位职责相匹配的培训内容，确保合规理念从上到下无缝传递。

（1）高层引领，树立榜样。

对于董事和高级管理人员，银行通过初任培训和定期专题讲座，使他们深刻认识

到合规文化对银行稳健发展的根本意义。高层管理者的言行成为全行遵守合规规定的示范。例如，在一次全行合规主题大会上，董事长亲自分享了在合规风险控制中的成功经验，激励各部门高度重视合规管理。

（2）中层骨干，强化执行。

针对中层管理人员和业务骨干，B银行开展重点岗位专项培训，强化风险防范与操作技能。某区域分行的一位中层主管在培训后提出改进措施，使业务操作中的合规漏洞迅速得到整改，该案例随后被全行推广。

（3）基层员工，夯实基础。

通过新员工入职合规培训及定期的岗位培训，基层员工从入职第一天起便树立起合规意识，熟悉银行规章制度和操作流程。一次培训后，一位新入职员工在内部系统中发现并报告了一处细微的操作错误，相应部门及时纠正后避免了潜在风险。

2. 注重实效，形式多样，提高员工的参与度和学习效果

B银行在合规培训中采用线上、线下相结合的多元化方式，力求提高员工参与度和培训实际效果。

（1）在线学习，灵活便捷。

借助网络平台，员工可以根据个人时间自主选择学习进度和内容，随时随地进行合规知识更新。一位远程工作人员学习在线课程后，成功应对了新业务合规要求，获得部门表彰。

（2）互动教学，增强参与感。

通过案例分析、角色扮演和模拟演练等互动方式，使培训内容更直观、更贴近实际。比如，在一次模拟反洗钱演练中，员工通过实际操作发现了流程中的漏洞，现场讨论后迅速提出改进建议，极大提高了培训的实战性和吸引力。

3. 强化考核，确保质量，激励员工自觉遵守合规要求

B银行将合规培训成绩纳入员工绩效考核体系，建立严格的考核与激励机制，从而激发员工的合规自觉性和风险管理能力。

（1）考核激励，提高积极性。

通过量化考核指标，员工的培训成绩直接影响其绩效评估和晋升机会。一位员工在合规培训中表现优异，不仅获得奖金奖励，还被评为"合规之星"，其成功经验成为全行学习的典范。

（2）评估反馈，持续改进。

定期评估培训效果并进行反馈，确保培训内容和方式不断优化。部门在每季度总结会上分享培训改进成果，有效提升了整体培训质量和员工风险意识。

4. 持续改进，与时俱进，适应新的合规管理需求

B银行不断总结合规培训经验，根据监管政策变化和银行业务发展，及时调整培训内容和方法，确保培训机制始终保持活力和竞争力。

（1）紧跟政策，及时更新。

随着监管要求不断更新，每次政策调整后银行都会组织专题培训，确保员工第一时间了解最新规定。例如，在某次监管新规发布后，银行迅速组织了线上专题讲座，使全员在短时间内掌握了新政策的核心要点。

（2）创新发展，提升效果。

引入先进培训理念和技术，如虚拟现实模拟培训，使培训过程更加生动有趣，从而增强员工学习效果。一次虚拟现实模拟演练中，员工通过沉浸式体验深入理解了复杂的合规风险场景，极大提高了实际应对能力。

（四）B银行驻马店分行合规培训机制实践案例：扬合规之帆，助青春远航

1. 背景与目的

随着金融行业快速发展和监管政策不断变化，合规管理对金融机构的重要性日益凸显。B银行驻马店分行深刻认识到合规培训在防范风险中的关键作用，旨在培养员工严于律己、诚信负责的职业品质，让"合规为本，全员有责，风险可控，稳健高效"的理念深入人心。

2. 具体措施与实践

（1）召开启动会，明确培训目标。

驻马店分行召开合规教育主题活动启动会，分行领导详细阐述培训目标和意义，明确全员必须重视合规管理，为后续培训奠定坚实基础。启动会上，一位分行领导通过分享一则成功避免违规的真实案例，激励员工积极参与培训，营造出浓厚的合规氛围。

（2）规章制度宣讲，普及合规知识。

分行组织了一系列规章制度宣讲活动，向员工系统普及合规管理知识和操作规程，并针对重点合规风险岗位开展了专项业务培训。在一次宣讲中，某员工因对某项新规理解不深，经培训后迅速掌握要点，随后在实际操作中准确无误地应用新规，获得上级嘉奖。

（3）深入学习规章制度，强化合规意识。

通过自学、小组讨论和集中培训等方式，员工深入学习相关规章制度，加深理解，提高实际操作水平。一支小组在讨论后制作了合规知识手册，并在分行内部分享心得，不仅帮助更多员工快速掌握知识，还提升了全行的合规水平。

（4）开展"警示与反思"大讨论，增强风险意识。

分行开展"警示与反思"大讨论，通过案例分析、经验分享等形式，使员工直观认识合规风险的严重性，积极献计献策。在一次大讨论中，一位员工提出了关于改进风险预警机制的建议，经过试行后显著降低了风险发生率，该成果随后被纳入标准操作流程。

通过这些系统化、层次分明、形式多样且不断创新的培训措施，B银行不仅确保了全员合规文化的深入渗透，还通过严格的考核和持续改进全面提升了员工的合规意识和风险防控能力。这一系列实践，不仅为银行稳健运营提供了坚实保障，也为其他金融机构开展合规管理工作提供了宝贵的经验和启示。

本章小结

本章详细阐述了金融机构合规管理的保障措施，从人员配置、职权保障、薪酬管理、考核制度、信息化建设、合规培训等多个方面进行了全面规范。这些措施的实施将有助于金融机构构建全面、系统、有效的合规管理体系，提升合规管理的效率和效果。

一、人员配置与职权保障

1. 合规官及合规管理部门

（1）人员配置。金融机构应为合规官及合规管理部门配备充足的专业人员，确保合规管理工作的有效开展。

（2）职权保障。合规官及合规管理部门在履行职责时，应享有充分的独立性和权威性，确保其能够客观、公正地执行合规管理任务。

2. 首席合规官角色

（1）职责明确。首席合规官负责领导、组织、推动和监督合规管理工作，对合规管理的整体有效性承担最终责任。

（2）双线汇报。合规官应向首席合规官和本级机构行长（总经理）双线汇报，确保其能够独立履行职责，同时获得必要的支持和资源。

3.各部门及下属机构配合

金融机构各部门及下属机构应积极配合合规官及合规管理部门的工作，共同维护合规文化的落实。

二、薪酬管理与考核制度

1.薪酬管理

（1）合理薪酬。金融机构应建立合理的薪酬管理机制，确保合规官及合规管理人员的薪酬水平与其职责和贡献相匹配。

（2）激励机制。通过薪酬激励，激发合规官及合规管理人员的工作积极性和责任感，提高其合规管理的效率和效果。

2.考核制度

（1）全面考核。金融机构应建立全面的合规考核制度，将合规管理质效纳入内设部门、下属各机构的考核范围。

（2）结果运用。将合规职责履行情况作为员工考核、人员任用、评优评先等工作的重要依据，强化合规管理的严肃性和权威性。

三、信息化建设与合规培训

1.信息化建设

（1）科技赋能。金融机构应加强合规管理信息化建设，运用科技手段提高合规管理的效率和准确性。

（2）流程嵌入。将合规要求和业务管控措施嵌入业务流程，实现合规管理的自动化和智能化。

2.合规培训

（1）定期培训。金融机构应制订年度合规培训计划，加大对机构员工的培训力度，提高员工的合规意识和能力。

（2）全员参与。合规培训应覆盖全体员工，特别是新入职员工和重点合规风险岗位人员。

四、具体保障措施与案例分析

1. 具体保障措施

（1）知情权与调查权。保障合规官及合规管理部门的知情权与调查权，确保其能够及时获取合规管理所需的信息。

（2）违规报告与处理。建立违规风险及时报告和处理机制，确保合规问题能够得到及时识别和解决。

2. 案例分析

（1）国内外案例。通过国内外金融机构的合规管理实践案例，展示合规管理的重要性和有效实践路径。

（2）经验借鉴。从案例中提炼出可借鉴的经验和做法，为金融机构加强合规管理提供参考。

五、展望

未来，随着金融市场的不断发展和监管政策的持续完善，金融机构应继续关注合规管理的新要求和新趋势，不断完善和优化合规管理保障体系，确保业务运营的合规性和稳健性。

第四章

监督管理与法律责任

本书第四章主要阐述了监督管理与法律责任的相关内容，旨在确保金融机构合规管理工作的有效实施，并明确相关主体在合规管理中的法律责任。

首先，该章明确了国家金融监督管理总局及其派出机构对金融机构合规管理工作的监督检查职责。这些监管机构将对金融机构的合规管理工作进行定期或不定期的监督检查，并将合规管理工作开展情况作为金融机构综合评级的重要依据。这一举措有助于推动金融机构加强合规管理，提升合规水平。

其次，该章规定了金融机构在合规管理中的报告义务和配合义务。金融机构应及时向监管机构报告重大违法违规行为或重大合规风险隐患，并按照要求提供合规管理资料。同时，金融机构应积极配合监管机构的监督检查工作，不得隐瞒、谎报或阻挠。这些规定有助于监管机构及时掌握金融机构的合规风险情况，并采取相应的监管措施。

最后，在法律责任方面，该章详细列举了金融机构、董事、高级管理人员及首席合规官或合规官在合规管理中的法律责任。对于金融机构未及时报告重大违法违规行为或重大合规风险隐患、未按照要求提供合规管理资料等行为，监管机构将依法进行处罚。对于董事、高级管理人员未能勤勉尽责，致使金融机构发生重大违法违规行为或重大合规风险的，监管机构也将依法采取行政处罚或其他监管措施。同时，对于首席合规官或合规官违反规定，情节严重、致使金融机构发生重大违法违规行为或重大合规风险的，监管机构除依法采取行政处罚或其他监管措施外，还可以依法责令金融机构调整首席合规官或合规官。

此外，该章还强调了金融机构通过有效的合规管理主动发现、处理违法违规行为和合规风险隐患的重要性。对于金融机构主动发现、处理并落实责任追究的，监管机构可以依法从轻或减轻处理。这一规定有助于鼓励金融机构加强合规管理，及时发现和处理合规风险，降低合规风险对金融机构的影响。

《办法》第四章通过明确监管机构的监督检查职责、金融机构的报告义务和配合义务，以及相关主体的法律责任等措施，为金融机构合规管理工作的有效实施提供了有力保障。同时，该章还强调了金融机构主动发现、处理合规风险的重要性，有助于推动金融机构加强合规管理，提升合规水平。

第一节 监管机构对合规管理的监督检查

一、监管机构对合规管理的监督检查的监管政策

第四十七条 国家金融监督管理总局及其派出机构应当对金融机构合规管理工作进行监督检查,并将金融机构合规管理工作开展情况作为综合评级的重要依据。

二、理解和学习:监管机构对合规管理的监督检查

国家金融监督管理总局及其派出机构在履行监管职责的过程中,应当对金融机构的合规管理工作进行全面、深入的监督检查。这一监督检查工作不仅是对金融机构合规管理体系建设和完善情况的审视,还是对金融机构依法合规经营、有效防控风险能力的评估。

在监督检查过程中,国家金融监督管理总局及其派出机构将重点关注金融机构合规管理制度的建立健全情况、合规管理流程的规范执行情况、合规风险的识别与评估能力、合规文化的培育与践行情况等多个方面。通过现场检查、非现场检查、风险评估等多种手段,对金融机构的合规管理工作进行全方位、多角度的梳理和分析。

同时,国家金融监督管理总局及其派出机构将金融机构合规管理工作开展情况作为综合评级的重要依据。这意味着,金融机构的合规管理表现将直接影响其综合评级结果,进而影响其市场准入、业务发展、监管政策等多个方面。这一做法旨在激励金融机构高度重视合规管理工作,不断提升合规管理水平和风险防控能力。

通过将合规管理工作纳入综合评级体系,国家金融监督管理总局及其派出机构不仅能够对金融机构的合规管理表现进行客观、公正的评价,还能够引导金融机构树立正确的合规理念,形成良好的合规文化。同时,这也有助于提升金融行业的整体合规水平,维护金融市场的稳定和健康发展。

综上所述,国家金融监督管理总局及其派出机构对金融机构合规管理工作的监督检查,以及将合规管理工作开展情况作为综合评级的重要依据,是加强金融监管、防范金融风险、促进金融行业健康发展的重要举措。这一做法将有助于推动金融机构不断完善合规管理体系,提升合规管理水平和风险防控能力,为金融行业的稳健发展提供有力保障。

三、思维导图：监管机构对合规管理的监督检查

为了清晰、直观地展现监管机构对金融机构合规管理工作的监督检查框架与流程，我们特别设计了监管机构对合规管理的监督检查思维导图，如图4-1所示。该图以图形化的方式，详细描绘了监管机构在合规管理监督检查中的各个关键环节及其相互之间的逻辑关系，有助于监管机构更加高效、准确地开展监督检查工作，也为金融机构完善合规管理体系、提升合规管理水平提供了有力的指导和支持。

```
监管机构对合规管理的监督检查
├─ 监督检查主体
│   ├─ 国家金融监督管理总局
│   └─ 国家金融监督管理总局派出机构
├─ 监督检查对象 ── 金融机构
├─ 监督检查内容
│   ├─ 金融机构合规管理体系建设情况
│   ├─ 金融机构合规管理制度执行情况
│   ├─ 金融机构合规风险识别与评估
│   ├─ 金融机构合规培训与教育
│   ├─ 金融机构合规报告与记录
│   ├─ 金融机构合规文化建设
│   └─ 金融机构对违规行为的处理与整改
├─ 监督检查方式
│   ├─ 定期检查
│   ├─ 不定期检查
│   ├─ 专项检查
│   ├─ 现场检查
│   └─ 非现场检查
├─ 监督检查流程
│   ├─ 制订检查计划
│   ├─ 发出检查通知
│   ├─ 实施现场检查或非现场检查
│   ├─ 汇总检查结果
│   ├─ 编写检查报告
│   └─ 反馈检查结果
└─ 综合评级的应用
    ├─ 决定金融机构的监管政策与措施
    ├─ 影响金融机构的融资成本与市场形象
    └─ 激励金融机构提升合规管理水平
```

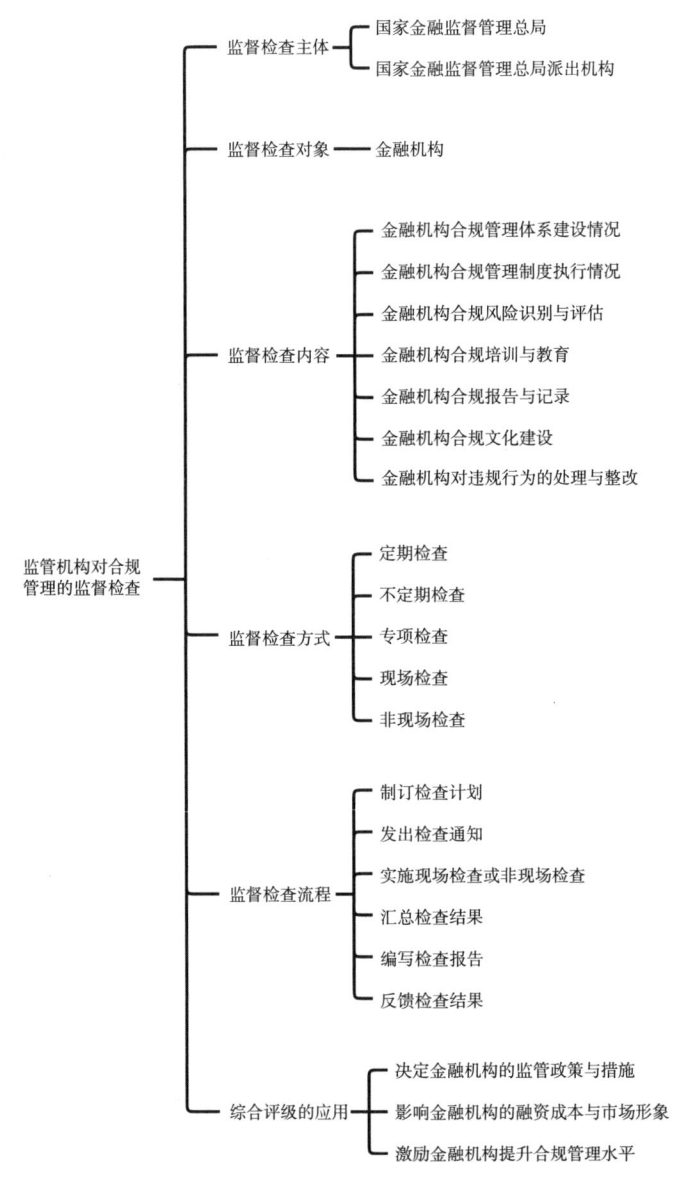

图4-1 监管机构对合规管理的监督检查思维导图

四、工具：监管机构对合规管理的监督检查检测实施一览表

为了系统化、规范化地执行对金融机构合规管理的监督检查工作，我们特别设计了监管机构对合规管理的监督检查检测实施一览表，如表4-1所示。它以表格的形式，全面而详细地列出了常见的监管机构在进行合规管理监督检查时所需关注的关键因素和检查点，为监督检查工作提供了清晰、具体的指导。

表4-1涵盖了监管机构对合规管理监督检查的各个方面，包括监督检查的主体、对象、内容、方式、流程、应用等。对于每一个检查点，该表都明确了具体的检查内容，确保监督检查工作的准确性和有效性。

监管机构在使用表4-1进行监督检查时，可以依据表格中的检查点，对金融机构的合规管理工作进行逐一核查。通过将金融机构的实际情况与表中的内容进行对比，监管机构能够迅速发现金融机构在合规管理中存在的问题和不足，为后续的整改工作提供有力的依据。

此外，表4-1还具有灵活性和可扩展性。随着金融行业的不断发展和监管政策的不断更新，监管机构可以根据实际情况对该表进行适时调整和完善，确保监督检查工作始终与金融行业的最新动态和监管要求保持同步。

表4-1是监管机构进行合规管理监督检查的重要工具，它为监督检查工作提供了系统化、规范化的指导，有助于监管机构更加高效、准确地发现金融机构在合规管理中存在的问题，推动金融机构不断完善合规管理体系，提升合规管理水平。

表4-1 监管机构对合规管理的监督检查监测实施一览表

项目	主题	检测项目	评价已经做到	评价尚未做到
监管机构对合规管理的监督检查	监督检查主体	国家金融监督管理总局		
		国家金融监督管理总局派出机构		
	监督检查对象	金融机构		
	监督检查内容	金融机构合规管理体系建设情况		
		金融机构合规管理制度执行情况		
		金融机构合规风险识别与评估		
		金融机构合规培训与教育		
		金融机构合规报告与记录		
		金融机构合规文化建设		
		金融机构对违规行为的处理与整改		

续表

项目	主题	检测项目	评价已经做到	评价尚未做到
监管机构对合规管理的监督检查	监督检查方式	定期检查		
		不定期检查		
		专项检查		
		现场检查		
		非现场检查		
	监督检查流程	制订检查计划		
		发出检查通知		
		实施现场检查或非现场检查		
		汇总检查结果		
		编写检查报告		
		反馈检查结果		
	综合评级的应用	决定金融机构的监管政策与措施		
		影响金融机构的融资成本与市场形象		
		激励金融机构提升合规管理水平		

五、案例

美国货币监理署对合规管理的监督检查

美国货币监理署是美国主要的银行监管机构之一，负责监督和监管全国范围内的国家银行和联邦储蓄协会。其核心职责包括确保金融机构的安全性和稳健性，维护金融系统的稳定，以及保护消费者的利益。在履行这些职责时，美国货币监理署对金融机构的合规管理进行监督检查，并将其作为综合评级的重要依据。

（一）金融机构介绍

美国金融机构是指提供金融服务的组织，包括银行、保险公司、证券公司等。在美国，金融机构的种类繁多，主要包括国家银行、联邦储蓄协会、州银行、信用合作社。

美国的国家银行由美国货币监理署监管，提供全面的银行服务，包括存款、贷款和支付服务。美国联邦储蓄协会主要提供储蓄和贷款服务，通常由美国货币监理署监管。美国的州银行由各州监管机构监管，但如果选择成为联邦储备系统的成员，则由美联储监管。美国的信用合作社由国家信用合作社管理局监管，主要为其成员提供金融服务。这些金融机构在美国经济中扮演着关键角色，提供资金流动、信贷支持和支付服务。

（二）具体措施

美国货币监理署对金融机构的合规管理进行监督检查，主要采取的措施包括现场检查、风险评估、审计和报告、培训和指导、处罚和纠正措施等。

现场检查是美国货币监理署定期对金融机构进行现场检查，评估其合规管理体系的有效性和执行情况。风险评估是通过分析金融机构的业务活动、财务状况和内部控制，评估其面临的合规风险。审计和报告是审查金融机构的内部审计报告和合规报告，确保其遵守相关法规和内部政策。培训和指导是为金融机构提供合规培训和指导，帮助其理解和遵守最新的法规要求。处罚和纠正措施是对于发现的合规问题，美国货币监理署可以采取处罚措施，并要求金融机构采取纠正行动。这些措施旨在确保金融机构建立健全的合规管理体系，防范和控制合规风险。

（三）案例特色和亮点

美国货币监理署在对金融机构合规管理的监督检查中展现出全面性、前瞻性、透明度、协作性和适应性等多重特色和亮点，这些特点在实际监管中为金融体系的稳定和安全提供了坚实保障。

1. 全面性

美国货币监理署的检查覆盖了金融机构运营的各个方面，从治理结构、风险管理、内部控制到合规文化，无一遗漏。其定期开展全方位检查，确保各项内部制度和操作流程符合监管要求，并通过随机抽查与重点专项监管相结合的方式，确保检查的覆盖面和深度。在一次针对中型银行的检查中，监理署发现该行在内部控制流程存在薄弱环节，随后要求其进行全面整改，最终该银行通过改进治理结构和优化风险管理流程，显著提升了整体合规水平。

2. 前瞻性

监理署不仅关注当前问题，更注重预测未来可能面临的合规风险，提前识别潜在问题并采取预防措施。其建立了风险预警机制，通过数据监控和趋势分析预测未来风险，并定期召开专题研讨会，讨论金融创新带来的新型风险。在金融科技快速发展的背景下，监理署提前识别出部分机构在虚拟货币相关业务中可能存在的风险隐患，并通过发布指导文件提前要求机构加强内控,成功避免了风险蔓延。

3. 透明度

美国货币监理署定期发布监管报告和指导文件,向公众和金融机构明确传达监管要求和期望,提高了监管工作的公开性和透明性。其定期公布检查结果与整改意见,接受社会监督,并开放线上平台,供金融机构和公众查阅最新监管动态和标准。在一次监管报告发布后,某大型银行针对报告中指出的问题,迅速调整内部制度,并在公开会议中详细介绍整改措施,这一透明处理方式不仅提高了公众信任度,也促使其他银行效仿改进。

4. 协作性

美国货币监理署与其他监管机构、执法机关及国际组织保持紧密合作,共同应对跨境和系统性合规风险。其参与国际监管协调会议,联合发布跨境风险提示,并与国内外执法机构共享监管数据,共同开展联合检查。在一次跨境支付风险事件中,多国监管机构通过协作,迅速交换信息并采取联合行动,成功阻止了大规模资金非法流动,展现了协作机制的高效性。

5. 适应性

随着金融市场的发展变化,美国货币监理署不断调整监管策略和措施,保持监管的有效性和前瞻性。其定期修订监管政策,确保与最新金融动态和科技发展相适应,并通过灵活的监管工具和试点项目,不断探索创新监管模式。面对近年来金融科技带来的新风险,监理署迅速推出针对性监管指引,并在试点区域开展新模式验证,帮助金融机构及时适应新的监管环境,有效降低了创新业务的合规风险。

通过这些特色和亮点,美国货币监理署不仅有效提升了金融机构合规管理水平,还在维护金融系统稳定和安全方面发挥了关键作用。

(四)案例分析

以某国家银行为例,美国货币监理署在对其进行现场检查时,发现该银行在反洗钱合规方面存在不足。具体表现为客户尽职调查程序不完善,未能及时报告可疑活动。美国货币监理署要求该银行制订并实施改进计划,包括加强员工培训、完善内部控制和风险评估机制。此外,美国货币监理署对该银行处以罚款,并要求其定期向监管机构报告整改进展。通过这些措施,该银行的合规管理得到了显著提升,合规风险得到了有效控制。

（五）结论

美国货币监理署通过对金融机构合规管理的监督检查，确保了金融机构遵守相关法规，维护了金融系统的稳定。其全面性、前瞻性、透明度、协作性和适应性的监管方式，为全球金融监管提供了宝贵的经验。金融机构应当重视合规管理，积极配合监管机构的检查和指导，持续提升合规水平，防范合规风险。

综上所述，可以看出美国货币监理署在金融机构合规管理监督检查方面的实践具有重要的借鉴意义。其他国家和地区的监管机构可以参考美国货币监理署的经验，制定适合自身的监管策略，提升金融监管的有效性和透明度。同时，金融机构应当加强自身的合规管理，建立健全的内部控制和风险管理体系，确保业务的合规性和稳健性。

第二节　监管谈话要求

一、监管谈话要求的监管政策

第四十八条　国家金融监督管理总局及其派出机构根据履行职责的需要，可以与金融机构董事、高级管理人员进行监管谈话，要求金融机构董事、高级管理人员就金融机构合规管理的重大事项作出说明。

二、理解和学习：监管谈话要求

国家金融监督管理总局及其派出机构在履行其金融监管职责的过程中，为了更深入地了解金融机构的运营状况、合规管理情况及潜在风险点，根据实际工作需要，有权与金融机构的董事、高级管理人员进行监管谈话。这一监管措施是金融监管体系中的重要环节，旨在通过直接沟通的方式，加强对金融机构高层管理人员的监督和指导，确保其能够切实履行合规管理职责。

在监管谈话中，国家金融监督管理总局及其派出机构会就金融机构合规管理的重大事项，向董事、高级管理人员提出具体、明确的问题和要求。这些重大事项可能涉及金融机构的合规政策制定与执行、合规风险识别与评估、合规内部控制机制的有效性、合规文化的培育与践行等多个方面。通过监管谈话，监管机构能够更直接地了解金融机构在合规管理方面的实际情况，包括其合规管理体系的完善程度、合规风险的防控能力、合规文化的建设情况等。

同时，金融机构的董事、高级管理人员在监管谈话中，需要就监管机构提出的问题和要求，做出详细、准确的说明。他们需要提供充分的信息和证据，证明金融机构在合规管理方面已经采取了有效的措施，或者就存在的问题和不足，提出具体的整改计划和时间表。这种说明不仅是对监管机构的一种回应，更是金融机构高层管理人员对合规管理责任的承担和体现。

通过监管谈话这一机制，国家金融监督管理总局及其派出机构能够更及时地掌握金融机构的合规管理情况，对存在的问题和风险进行早期预警和干预，防止问题进一步恶化。同时，这也能够促使金融机构的董事、高级管理人员更加重视合规管理工作，加强合规意识，提升合规管理水平，为金融机构的稳健发展提供有力的保障。

综上所述，国家金融监督管理总局及其派出机构根据履行职责的需要，与金融机构董事、高级管理人员进行监管谈话，并要求其就金融机构合规管理的重大事项做出说明，是金融监管体系中的重要措施。这一机制有助于加强监管机构与金融机构之间的沟通与合作，提升金融机构的合规管理水平，维护金融市场的稳定和健康发展。

三、思维导图：监管谈话要求

为了更直观、系统地展示监管谈话的具体要求和流程，我们特别设计了监管谈话要求思维导图，如图4-2所示。它清晰地呈现了监管机构在与金融机构董事、高级管理人员进行监管谈话时，所遵循的主要框架和关键因素，为监管机构进行监管谈话提供了明确的指导和依据，也有助于金融机构更好地理解和配合监管机构的监管工作，共同维护金融市场的稳定和健康发展。

四、工具：监管谈话要求检测实施一览表

为了规范监管谈话的流程，明确监管谈话的具体要求，我们特别设计了监管谈话要求检测实施一览表，如表4-2所示。它以表格的形式，详细列出了监管机构在与金融机构董事、高级管理人员进行监管谈话时，所需遵循的各项要求和标准。

第一，表4-2明确了监管谈话的发起方（监管主体），即国家金融监督管理总局及其派出机构，这是基于其金融监管职责的需要，对金融机构进行合规管理监督的重要方式。

```
                    ┌─ 监管主体 ──┬─ 国家金融监督管理总局
                    │           └─ 国家金融监督管理总局派出机构
                    │
                    ├─ 监管对象 ──┬─ 金融机构董事
                    │           └─ 金融机构高级管理人员
                    │
                    ├─ 监管方式：监管谈话
                    │
                    ├─ 谈话形式 ──┬─ 现场谈话
                    │           ├─ 视频谈话
                    │           └─ 书面问询
                    │
                    ├─ 谈话目的 ──┬─ 履行职责需要
监管谈话要求 ────────┤           ├─ 了解金融机构运营情况
                    │           └─ 评估金融机构合规管理水平
                    │
                    ├─ 谈话内容 ──┬─ 金融机构合规管理的重大事项
                    │           ├─ 金融机构业务运营状况
                    │           ├─ 金融机构风险管理措施
                    │           └─ 金融机构内部控制有效性
                    │
                    ├─ 谈话要求 ──┬─ 金融机构董事、高级管理人员需配合
                    │           ├─ 就监管关注的重大事项做出说明
                    │           └─ 提供必要的相关文件和资料
                    │
                    ├─ 谈话流程 ──┬─ 确定谈话对象和时间
                    │           ├─ 通知金融机构及其董事、高级管理人员
                    │           ├─ 进行监管谈话并记录
                    │           ├─ 分析谈话内容并评估金融机构合规情况
                    │           └─ 采取后续监管措施（如必要）
                    │
                    └─ 后续行动 ──┬─ 根据谈话结果制定或调整监管策略
                                ├─ 对存在问题的金融机构进行持续跟踪
                                ├─ 对严重违规行为采取处罚措施
                                └─ 加强与金融机构的沟通与协作，提升合规管理水平
```

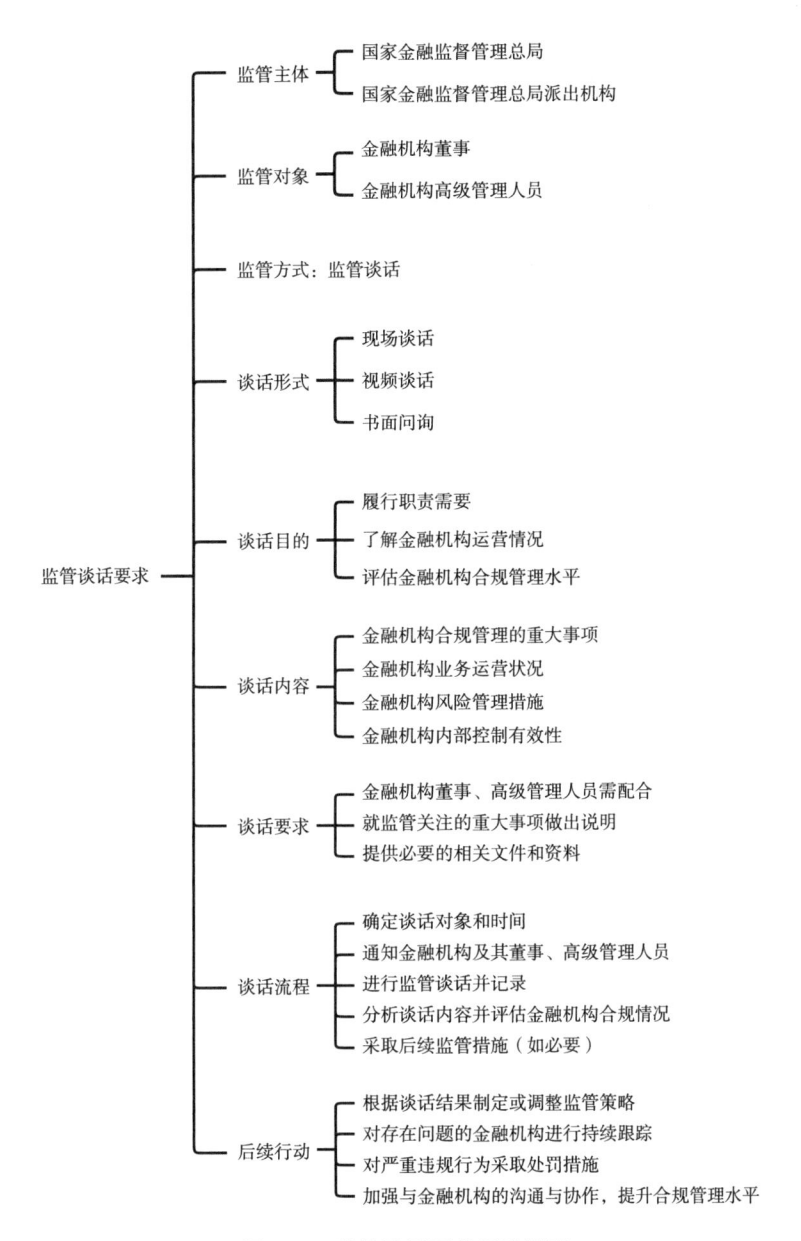

图 4-2　监管谈话要求思维导图

第二，表 4-2 展示了监管谈话的对象，即金融机构的董事、高级管理人员，他们是金融机构合规管理的直接责任人，对金融机构的合规情况有着全面的了解和掌握。

第三，表 4-2 还详细列出了监管谈话的主要内容，包括但不限于金融机构合规管理的重大事项、业务运营状况、风险管理措施、内部控制有效性等。这些内容是监管机构关注的重点，也是监管谈话的核心议题。

第四,表4-2还强调了监管谈话的形式和要求。监管机构会根据实际情况,采取现场谈话、视频谈话或书面问询等不同形式。同时,监管谈话要求金融机构董事、高级管理人员需配合监管机构提出的问题和要求,就监管关注的重大事项做出真实、准确、完整的说明,并提供必要的相关文件和资料。

第五,表4-2展示了监管谈话的后续行动。监管机构会根据谈话结果制定或调整监管策略,对存在问题的金融机构进行持续跟踪,对严重违规行为采取处罚措施,并加强与金融机构的沟通与协作,提升合规管理水平。

表4-2是监管机构进行监管谈话的重要工具,它为监管谈话提供了明确的指导和依据,有助于规范监管谈话的流程,提高监管谈话的效率和效果,也为金融机构更好地理解和配合监管机构的监管工作提供了便利。

表4-2 监管谈话要求检测实施一览表

项目	主题	检测项目	评价已经做到	评价尚未做到
监管谈话要求	监管主体	国家金融监督管理总局		
		国家金融监督管理总局派出机构		
	监管对象	金融机构董事		
		金融机构高级管理人员		
	监管方式	监管谈话		
	谈话形式	现场谈话		
		视频谈话		
		书面问询		
	谈话目的	履行职责需要		
		了解金融机构运营情况		
		评估金融机构合规管理水平		
	谈话内容	金融机构合规管理的重大事项		
		金融机构业务运营状况		
		金融机构风险管理措施		
		金融机构内部控制有效性		

续表

项目	主题	检测项目	评价已经做到	评价尚未做到
监管谈话要求	谈话要求	金融机构董事、高级管理人员需配合		
		就监管关注的重大事项做出说明		
		提供必要的相关文件和资料		
	谈话流程	确定谈话对象和时间		
		通知金融机构及其董事、高级管理人员		
		进行监管谈话并记录		
		分析谈话内容并评估金融机构合规情况		
		采取后续监管措施（如必要）		
	后续行动	根据谈话结果制定或调整监管策略		
		对存在问题的金融机构进行持续跟踪		
		对严重违规行为采取处罚措施		
		加强与金融机构的沟通与协作，提升合规管理水平		

五、案例

英国金融行为监管局对金融机构监管谈话要求

（一）背景与金融监管的核心任务

1. 英国金融行为监管局概述

英国金融行为监管局是英国最主要的金融监管机构之一，成立于2013年，负责监督金融市场和保护消费者的利益。其核心任务是确保金融市场公平、透明，防止金融欺诈和市场操控。其监管范围广泛，包括银行、保险公司、投资公司等各类金融机构。

英国金融行为监管局的监管职责不局限于制定规则，它还通过强有力的监管手段，包括对金融机构的持续监管、合规审查、现场检查，以及与金融机构管理层进行的监管谈话，确保所有金融机构严格遵守相关法规。

2. 英国金融行为监管局的监督框架与目标

英国金融行为监管局的监管工作依赖一套完善的框架，包括确保市场诚信、保护消费者、促进竞争、强化金融稳定等主要目标。

确保市场诚信是指英国金融行为监管局致力于通过制定和执行法规来保证金融市

场的诚信,防止操纵和不公平的市场行为。保护消费者是指英国金融行为监管局特别关注消费者的权益保护,确保金融产品和服务能够以公平透明的方式提供给所有消费者。促进竞争是指英国金融行为监管局支持金融市场的竞争,鼓励金融机构创新,以更好地服务于消费者。强化金融稳定是指英国金融行为监管局与其他监管机构如英国央行等合作,致力于维护金融系统的稳定,防止系统性风险的发生。

英国金融行为监管局通过一系列措施来确保这些目标的实现,其中包括金融机构的合规管理监督。

(二)英国金融行为监管局对金融机构合规管理的监管谈话

1. 监管谈话的定义与目的

监管谈话是英国金融行为监管局与金融机构的董事会成员或高级管理人员进行的一种正式交流方式。它通常用于讨论金融机构的合规管理情况,特别是关注那些可能对消费者权益和金融市场稳定性构成威胁的重大合规问题。

英国金融行为监管局通过监管谈话,能够获取金融机构的合规情况报告,促进管理层对合规问题的重视,推进监管整改。

获取金融机构的合规情况报告。英国金融行为监管局通过与高层管理人员的沟通,了解金融机构的合规管理情况,尤其是合规风险的识别、评估和应对情况。

促进管理层对合规问题的重视。监管谈话让高层管理人员更加重视合规问题,确保合规责任落实到个人。

推进监管整改。如果发现机构在合规管理上存在漏洞,英国金融行为监管局能够在监管谈话中指出并督促其进行整改。

2. 监管谈话的具体实施措施

英国金融行为监管局在与金融机构的高层管理人员进行监管谈话时,采取了系统化、细致化的实施措施。

事先准备和调研。英国金融行为监管局在进行监管谈话前,会进行充分的调查和准备,审阅金融机构的合规报告、历史记录和其他相关文件。

集中的问答环节。英国金融行为监管局会通过集中问答的方式,要求金融机构的高层管理人员就合规管理的重大事项做出详细解释,特别是关注风险控制、反洗钱、客户保护等关键领域。

详细记录与分析。监管谈话过程中,英国金融行为监管局会详细记录对话内容,并进行分析,评估金融机构的合规管理是否符合规定。

跟踪整改措施的实施情况。在谈话结束后，英国金融行为监管局会要求金融机构对发现的问题制订整改计划，并持续跟踪整改进度，确保问题得到有效解决。

3. 英国金融行为监管局监管谈话的对象与参与人员

英国金融行为监管局的监管谈话主要针对金融机构的高级管理人员，特别是那些负责合规管理的董事和高管人员。参与人员通常包括首席执行官、首席合规官、财务主管、风险管理部门负责人。

首席执行官作为金融机构的最高管理者，在监管谈话中需要对合规文化和管理体系的整体架构负责。首席合规官是负责合规管理的高层，需提供有关合规风险、合规监控，以及处理合规问题的措施等详细信息。财务主管是负责金融机构财务报告和资金流动的人员，监管谈话中也涉及其如何确保财务透明和合规。风险管理部门负责人是负责评估和管理金融风险的高管，英国金融行为监管局会关注其在风险合规方面的工作表现。这些高层管理人员需承担起对合规管理的主要责任，他们的解释和回答将直接影响英国金融行为监管局对金融机构合规管理情况的评价。

（三）案例特色和亮点

1. 高透明度、公开报告与媒体监督

英国金融行为监管局的监管谈话以高透明度为核心，其部分内容对外公开，极大增强了公众对金融监管的信任，并促使市场参与者更加重视合规要求。英国金融行为监管局定期发布与金融机构监管谈话的记录，特别是在重大事件发生时，公众能够清楚了解监管机构如何应对合规问题。例如，在某次金融机构违规事件后，英国金融行为监管局公开了详细的监管谈话记录，促使违规机构迅速整改，其整改进展还被纳入后续评估。公开的监管谈话内容受到媒体广泛关注，形成外部舆论压力，促使该金融机构主动改善合规表现，防止不当行为引发公众批评。一则案例显示，在英国金融行为监管局公开某家银行的监管谈话后，该行因媒体曝光面临公众质疑，迅速调整内部合规政策，并在后续报告中显示整改成效，赢回了市场信任。

2. 风险导向的监管方法

英国金融行为监管局在监管谈话中始终坚持"风险导向"的原则，重点关注那些可能对金融市场和消费者产生重大影响的合规风险领域。常见的监管话题包括反洗钱、跨境金融活动及金融诈骗等。对于涉及高风险的金融机构，英国金融行为监管局要求其提供详尽的合规控制措施和应急响应计划。随着市场环境变化和金融创新加速，英国金融行为监管局不断调整监管重点，确保能够及时捕捉和应对新兴的合规风险。在一次跨境支付风险监控中，英国金融行为监管局通过预先设定的风险指标发现某机构存在异常交易行为，并要求该机构提交详细的风险应对方案，最终成功防止了潜在的洗钱活动。

3. 强调高层管理人员的责任

英国金融行为监管局明确强调高层管理人员在合规管理中的核心责任，要求他们不仅确保合规政策的有效执行，还要以身作则，营造全员参与的合规文化氛围。英国金融行为监管局对高层管理人员的问责不仅体现在财务合规上，还包括对合规文化和政策执行力的考核。为此，英国金融行为监管局鼓励金融机构加强高层及员工的合规培训，确保他们及时掌握最新法律法规和行业最佳实践方法。高层管理者通过定期参与监管谈话和内部培训树立合规榜样，从而推动整个机构合规管理水平的提升。在一次监管评估中，一家银行的高层因积极推动合规培训及在公开场合分享整改案例，受到英国金融行为监管局的高度好评，该行在行业内树立了良好的合规标杆，其他金融机构纷纷效仿。

英国金融行为监管局通过透明公开、风险导向及强调高层责任的监管方式，不仅提升了金融机构的合规管理水平，也增强了公众对金融体系的信任。

（四）监管谈话的后续影响与整改

1. 监管谈话后的整改要求

英国金融行为监管局要求金融机构在监管谈话后，必须采取整改措施，以解决谈话中提到的合规问题。英国金融行为监管局会对整改进度进行跟踪，确保问题得到有效解决。金融机构需制订详细的整改计划，确定整改的时间表、责任人及具体的执行措施。英国金融行为监管局将在一段时间内对金融机构进行持续监督，确保其按照整改计划执行，并及时报告整改结果。

2. 提升合规管理水平

监管谈话不仅是对问题的纠正，还是促进金融机构提升合规管理水平的重要手段。通过英国金融行为监管局的监管谈话，金融机构能够识别自身的合规弱点，并根据英国金融行为监管局的反馈进行调整和改进。

（五）总结

英国金融行为监管局通过监管谈话对金融机构的合规管理进行严格监督，确保金融机构在运营过程中严格遵守法律法规，保护消费者利益，维护金融市场的稳定。英国金融行为监管局的监管谈话不仅是合规监督的重要手段,也是推动金融机构提升合规水平、强化管理责任的有效工具。

通过这一系列的措施,英国金融行为监管局展示了其对金融市场的责任和承诺,为全球金融监管提供了重要的示范。

第三节 未及时报告或提供资料的处理

一、未及时报告或提供资料的处理的监管政策

第四十九条 金融机构未及时报告重大违法违规行为或者重大合规风险隐患,未按照要求提供合规管理资料的,由国家金融监督管理总局或者其派出机构依照《中华人民共和国银行业监督管理法》《中华人民共和国商业银行法》《中华人民共和国保险法》等相关规定处理。

二、理解和学习:未及时报告或提供资料的处理

金融机构在运营过程中,承担着重要的合规管理责任,必须严格遵守相关法律法规和监管要求,及时报告重大违法违规行为及重大合规风险隐患,并按要求提供合规管理相关资料。然而,若金融机构未能履行这一职责,存在未及时报告重大违法违规行为或重大合规风险隐患、未按照监管机构的要求提供合规管理资料的情况,那么这将严重违背其合规管理义务,也可能对金融市场的稳定和健康发展构成潜在威胁。

针对此类情况,国家金融监督管理总局或者其派出机构将依据相关法律法规进行严肃处理。具体来说,依照《中华人民共和国银行业监督管理法》的相关规定,监管机构有权对金融机构的违法违规行为进行调查和处理,要求其采取必要的整改措施,以消除风险隐患,并可能对其处以相应的行政处罚。

同时,根据《中华人民共和国商业银行法》和《中华人民共和国保险法》等相关法律法规,金融机构作为金融市场的重要参与者,必须遵守法律、行政法规和有关金融监管规定,诚实守信,谨慎经营,履行客户身份识别义务和可疑交易报告义务等。若金融机构违反这些规定,未能及时报告重大违法违规行为或重大合规风险隐患,未按照要求提供合规管理资料,监管机构将依法对其进行处理,以维护金融市场的秩序

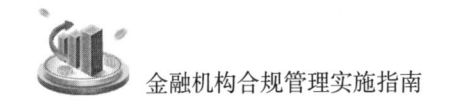

和公共利益。

综上所述，金融机构必须高度重视合规管理工作，严格遵守相关法律法规和监管要求，及时报告重大违法违规行为或重大合规风险隐患，并按要求提供合规管理相关资料。若存在违反规定的情况，国家金融监督管理总局或者其派出机构将依法进行处理，以确保金融市场的稳定和健康发展。

三、思维导图：未及时报告或提供资料的处理

为了清晰展现金融机构未及时报告重大违法违规行为、重大合规风险隐患，或未按照要求提供合规管理资料时的处理流程和责任追究机制，我们特别设计了未及时报告或提供资料的处理思维导图，如图4-3所示。

首先，图4-3明确了处理的起点，即金融机构存在未及时报告或未按照要求提供合规管理资料的行为。这一行为违反了相关法律法规和监管要求，严重损害了金融市场的秩序和公共利益，因此必须受到相应的处理。

其次，图4-3展示了处理流程中的法律依据。一旦监管机构发现金融机构存在未及时报告或未按照要求提供合规管理资料的行为，将立即启动调查程序，对金融机构的违法违规行为进行核实和取证。在调查过程中，监管机构将充分行使法律赋予的权力，采取必要的措施，确保调查工作的顺利进行。

最后，监管机构将根据调查结果，依法对金融机构进行处理。处理措施可能包括责令改正、处罚、问责等，具体取决于金融机构违法违规行为的性质和情节的严重程度。同时，监管机构还将对金融机构的负责人和其他直接责任人员进行责任追究，依法给予相应的行政处罚或纪律处分。

图4-3清晰地展示了金融机构未及时报告或提供资料时的处理流程和责任追究机制，为监管机构依法处理此类行为提供了明确的指导和依据，也有助于金融机构更好地理解和遵守相关法律法规和监管要求，维护金融市场的稳定和健康发展。

第四章 监督管理与法律责任

```
                    ┌─ 主体机构：国家金融监督管理总局或其派出机构
                    │
                    │              ┌─ 重大违法违规行为：金融机构内部发现的重大违法违规行为
                    │  ┌─ 未及时报告 ─┼─ 重大合规风险隐患：金融机构存在的可能引发合规风险的问题或隐患
                    ├─ 违规情形        └─ 未按时报告：首席合规官发现机构未按规定时间报告的情形
                    │  │              ┌─ 报表、报告缺失：金融机构未按规定提供必要的报表、报告等文件、资料
                    │  └─ 未按照要求提供合规管理资料 ─┤
                    │                 └─ 资料不完整：提供的报表、报告等文件、资料内容不全面，缺少关键信息
未及时报告或         │     ┌─《中华人民共和国银行业监督管理法》：银行业金融机构应遵守的法律，包括报告义务和资料提供要求
提供资料的处理 ─────┤─ 法律依据 ─┤《中华人民共和国商业银行法》：商业银行应遵守的法律，涉及合规管理和报告责任
                    │     └─《中华人民共和国保险法》：保险公司应遵守的法律，涵盖合规管理和风险报告的内容
                    │                    ┌─ 责令改正：要求金融机构在规定时间内进行整改，并报告整改情况
                    │     ┌─ 针对未及时报告 ─┼─ 处罚：对逾期不改正的金融机构进行罚款，罚款金额根据违规情况确定
                    │     │                └─ 问责：对直接负责的董事、高级管理人员和其他直接责任人员进行问责，包括纪律处分、
                    └─ 处理措施                                                                    罚款、取消任职资格等
                          │                         ┌─ 责令提供：要求金融机构在规定时间内补充提供缺失的报表、报告
                          ├─ 针对未按照要求提供合规管理资料 ─┤                                    等文件、资料
                          │                         └─ 处罚：对未按时提供或提供不完整资料的金融机构进行罚款
                          └─ 其他措施：包括但不限于责令停业整顿、吊销经营金融业务许可证等
```

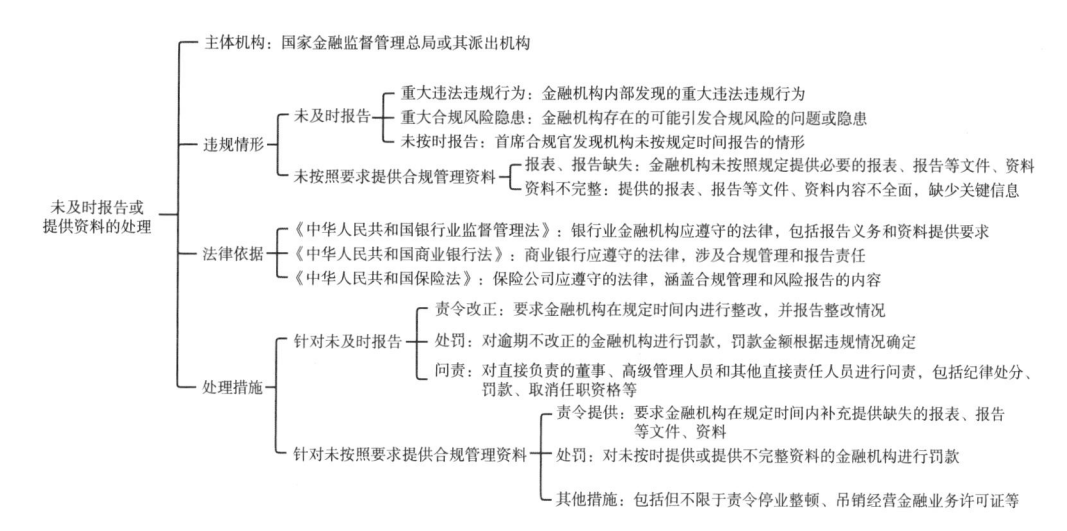

图 4-3　未及时报告或提供资料的处理思维导图

四、工具：未及时报告或提供资料的处理检测实施一览表

为了规范金融机构在未及时报告重大违法违规行为、重大合规风险隐患，或未按照要求提供合规管理资料时的处理流程，我们特别设计了未及时报告或提供资料的处理检测实施一览表，如图 4-3 所示。它以表格的形式，详细列出了监管机构对金融机构此类行为将采取的处理措施和步骤。

首先，表 4-3 明确了处理的触发条件，即金融机构存在未及时报告或未按照要求提供合规管理资料的行为。这一行为是违反相关法律法规和监管要求的，监管机构将对此进行严肃处理，以维护金融市场的秩序和公共利益。

其次，表 4-3 详细列出了处理流程中的法律依据。监管机构在发现金融机构存在此类行为后，将启动调查程序，对金融机构的违法违规行为进行核实和取证。调查过程中，监管机构将遵循公正、客观、透明的原则，确保调查结果的准确性和可靠性。

最后，监管机构将根据调查结果，依照相关法律法规和监管规定，对金融机构采取相应的处理措施。这些措施可能包括责令改正、处罚、问责等，具体取决于金融机构违法违规行为的性质和情节严重程度。

金融机构在受到处理后，必须按照监管机构的要求，及时采取措施进行整改，消除风险隐患，完善合规管理体系。监管机构将对金融机构的整改情况进行持续跟踪和评估，确保其整改措施得到有效落实。

表 4-3 为监管机构处理金融机构未及时报告或提供资料的行为提供了明确的指导

和依据，有助于规范处理流程，提高处理效率和效果，也为金融机构更好地理解和遵守相关法律法规和监管要求提供了便利。

表 4-3　未及时报告或提供资料的处理检测实施一览表

项目	主题	检测项目	评价已经做到	评价尚未做到
未及时报告或提供资料的处理	主体机构	国家金融监督管理总局或其派出机构		
	违规情形（未及时报告）	重大违法违规行为：金融机构内部发现的重大违法违规行为		
		重大合规风险隐患：金融机构存在的可能引发合规风险的问题或隐患		
		未按时报告：首席合规官发现机构未按规定时间报告的情形		
	违规情形（未按照要求提供合规管理资料）	报表、报告缺失：金融机构未按照规定提供必要的报表、报告等文件、资料		
		资料不完整：提供的报表、报告等文件、资料内容不全面，缺少关键信息		
未及时报告或提供资料的处理	法律依据	《中华人民共和国银行业监督管理法》：银行业金融机构应遵守的法律，包括报告义务和资料提供要求		
		《中华人民共和国商业银行法》：商业银行应遵守的法律，涉及合规管理和报告责任		
		《中华人民共和国保险法》：保险公司应遵守的法律，涵盖合规管理和风险报告的内容		
	处理措施（针对未及时报告）	责令改正：要求金融机构在规定时间内进行整改，并报告整改情况		
		处罚：对逾期不改正的金融机构进行罚款，罚款金额根据违规情况确定		
		问责：对直接负责的董事、高级管理人员和其他直接责任人员问责，包括纪律处分、罚款、取消任职资格等		
	处理措施（针对未按照要求提供合规管理资料）	责令提供：要求金融机构在规定时间内补充提供缺失的报表、报告等文件、资料		
		处罚：对未按时提供或提供不完整资料的金融机构进行罚款		
		其他措施：包括但不限于责令停业整顿、吊销经营金融业务许可证等		

五、案例

澳大利亚审慎监管局对金融机构监管

（一）背景分析

澳大利亚审慎监管局是澳大利亚负责监管金融机构合规性的官方机构，其主要职能是保障澳大利亚金融系统的稳定性、健康性和效率。为了完成这一目标，澳大利亚审慎监管局需要对所有的金融机构，包括银行、保险公司、养老金管理机构等，进行详细的合规监管。其监管工作不仅限于金融机构的日常经营，还包括合规风险管理、资本充足性、流动性风险和其他监管要求。

1. 澳大利亚金融监管体系的背景

澳大利亚的金融监管体系是高度发达且复杂的，涉及多个层次的监管和审查。澳大利亚审慎监管局是金融监管体系的核心组成部分，其职责包括确保金融机构履行法律义务、管理潜在的合规风险，并在必要时采取适当的监督行动。为了达到这些目标，澳大利亚审慎监管局有一系列机制，包括定期报告、合规检查、问询和监督会议等。

在该案例中，澳大利亚的金融监管框架要求金融机构应及时向监管机构报告其合规风险、重大违法违规行为及其他重大问题。如果金融机构未能按时报告或提供所需资料，澳大利亚审慎监管局可以采取进一步行动，如罚款、发布警告、对公司管理层进行监管谈话等。

2. 金融机构的合规管理

金融机构的合规管理是确保其业务不违反法律法规，并符合监管要求的基础工作。合规管理的核心是建立一套完整的管理框架、流程和程序，涵盖金融业务的各个层面，从资金流动到客户管理，保证合规风险得到有效控制。

合规管理不仅涉及日常的业务操作，还包括对内部控制、风险管理、法规遵循的深度分析。金融机构通常会设立专门的合规部门，负责对相关法规进行解读与执行，并确保公司高层领导对合规问题的重视。在这种环境下，及时的报告和资料提交至关重要，任何延误都可能对金融稳定和客户利益造成威胁。

（二）监管机构的角色和职责

澳大利亚审慎监管局的主要职责是确保金融系统的稳定，并保护存款人、保单持有人、退休金成员及其他金融服务消费者的利益。澳大利亚审慎监管局的工作涵盖了广泛的职能,具体包括监管金融机构的资本充足性、管理流动性风险、审查金融机构的内部控制和合规管理等。确保金融机构拥有足够的资本以应对市场波动和潜在风险,要求金融机构保持足够的流动性,以避免因资金短缺导致的支付危机,确保金融机构遵守相关法律、规则和行业标准。

澳大利亚审慎监管局对金融机构的合规监管具有强大的执行力,必要时可要求金融机构提交相关的报告、数据和文件,确保其遵守相关的合规管理要求。对未及时报告或提供资料的金融机构,澳大利亚审慎监管局不仅会进行详细调查,还可能通过监管谈话要求高层管理人员做出解释。

澳大利亚审慎监管局的合规监管通常包括定期检查和临时检查、监管报告要求、监管谈话。定期检查和临时检查是指澳大利亚审慎监管局会定期检查金融机构的合规情况,确保其运作不违背监管规定。监管报告要求是指金融机构必须定期向澳大利亚审慎监管局提供合规管理报告,包括重大违法违规行为、合规风险隐患及其他相关问题的详细信息。监管谈话是指澳大利亚审慎监管局与金融机构的董事、高级管理人员进行谈话,要求他们就合规管理中的重大事项进行说明,并解释未及时报告的原因。

在这一案例中,澳大利亚审慎监管局通过监管谈话的形式,要求金融机构高层管理人员就未及时报告重大违法违规行为或合规风险隐患做出说明,并采取了必要的处罚和改进措施。

(三)监管机构对合规管理的监管谈话

监管谈话是金融监管中一个重要的工具。它通常发生在监管机构发现金融机构存在合规问题或未能及时报告问题时。监管谈话的主要目的是厘清问题、要求解释、监督改进等。

厘清问题是通过面对面的对话,帮助监管机构厘清存在的合规风险或报告缺失的原因。要求解释是要求金融机构董事和高级管理人员对监管机构关心的合规问题提供详细解释。监督改进是通过谈话,促使金融机构及时改正问题,制订切实可行的改进计划。

1. 监管谈话的具体措施

在案例中,澳大利亚审慎监管局要求金融机构提供未及时报告重大违法违规行为和合规风险隐患的原因,并与该机构的董事和高级管理人员进行深入的监管谈话。澳大利亚审慎监管局通常会采取谈话前的准备、与高层管理人员会面、说明整改要求、后续监督等几步行动。

谈话前的准备。澳大利亚审慎监管局会准备好详细的背景材料，包括金融机构的合规管理报告、历史问题记录、相关法规要求等。

与高层管理人员会面。澳大利亚审慎监管局的代表与金融机构的董事和高级管理人员进行面对面的谈话，讨论存在的问题。

说明整改要求。澳大利亚审慎监管局会在谈话中明确要求金融机构在指定时间内整改，确保合规问题得到及时处理。

后续监督。澳大利亚审慎监管局会定期跟进，确保金融机构按照承诺进行整改，并提供相关报告和资料。

2. 监管谈话的特色和亮点

监管谈话的特色和亮点包括高层参与、详细的反馈机制、多维度监督等。

高层参与。澳大利亚审慎监管局要求金融机构的董事和高级管理人员参与监管谈话，确保对合规管理问题的重视和执行。

详细的反馈机制。谈话后，澳大利亚审慎监管局会根据讨论的结果发出正式反馈，要求金融机构改正存在的问题，并提供后续的整改计划。

多维度监督。监管谈话不仅是对金融机构的询问，它也涉及对合规管理体系的全面审查，确保其合规风险能够得到有效识别和管理。

（四）未及时报告或提供资料的处理

根据澳大利亚相关的金融监管法规，金融机构未能按时报告合规风险或重大违法违规行为，可能会面临罚款、业务整改、监管约谈、公共警告等处理措施。

罚款。澳大利亚审慎监管局可以对未按规定提交报告的金融机构处以罚款，作为对违规行为的处罚。

业务整改。金融机构必须在规定时间内整改，改进其合规管理程序，确保不再发生类似问题。

监管约谈。如在监管谈话中发现问题，澳大利亚审慎监管局可要求金融机构的管理层进行详细解释，并对其执行力进行评估。

公共警告。澳大利亚审慎监管局还可发布警告公告，公开金融机构存在的合规问题，增加市场对其信任度的考量。

处理时，首先，会细化法律责任。金融机构的管理层对未能及时报告合规问题负有法律责任。澳大利亚审慎监管局明确规定未遵守合规报告要求的处罚措施，确保金融机构重视合规工作。其次，进行持续的监督。即便在处罚之后，澳大利亚审慎监管局仍会持续监督金融机构的整改工作，确保问题得以解决，避免类似情况再次发生。

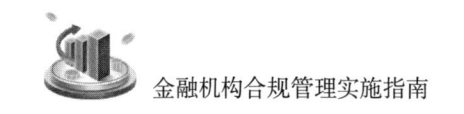

最后是透明的监管过程。澳大利亚审慎监管局的监管过程公开透明，金融机构的整改情况和处罚记录都会向公众披露，增强了市场的监督作用。

（五）结论

该案例揭示了金融监管中合规管理的重要性。金融机构必须建立健全的合规管理体系，并严格遵守监管要求，以避免违规行为影响公司的声誉与运营。而澳大利亚审慎监管局作为监管机构，通过监管谈话和对未及时报告的处理，进一步强化了金融机构的合规管理责任，维护了金融系统的稳定性。

这一案例不仅在澳大利亚国内具有示范意义，也为全球其他国家和地区的金融监管提供了重要的借鉴经验。通过对金融机构的合规监管和及时反馈，确保金融市场的透明性和公正性，是金融监管机构在推动行业健康发展的过程中不可或缺的责任。

在全球化的金融环境中，合规管理和监管机构的作用越来越重要。通过这一案例，我们可以看到监管谈话在金融监管中的关键作用，同时也认识到金融机构必须在监管框架下运作，确保合规行为的及时报告和处理。这一监管过程不仅是对金融机构的约束，也是对整个金融体系稳定的保障。

第四节　违法违规行为的整改要求

一、违法违规行为的整改要求的监管政策

第五十条　金融机构存在违法违规行为的，国家金融监督管理总局或者其派出机构责令限期整改，并可以明确要求金融机构设立专职的首席合规官或合规官，加强合规管理人员配备，上收金融机构下属责任机构的合规管理职责。金融机构逾期未完成整改的，国家金融监督管理总局或者其派出机构根据情节严重程度，采取行政处罚或者其他监管措施。

二、理解和学习：违法违规行为的整改要求

金融机构在运营过程中，若存在违法违规行为，则不仅违反了相关法律法规和监管要求，还对金融市场的稳定和健康发展构成了潜在威胁。针对此类情况，国家金融监督管理总局或者其派出机构将采取一系列严厉措施，以确保金融机构能够及时纠正错误，加强合规管理。

具体而言,一旦发现金融机构存在违法违规行为,国家金融监督管理总局或者其派出机构将立即责令其限期整改。这一整改要求具有明确的时限性,金融机构必须在规定的时间内完成整改工作,以消除违法违规行为带来的风险隐患。

同时,为了进一步加强金融机构的合规管理,国家金融监督管理总局或者其派出机构可以明确要求金融机构设立专职的首席合规官或合规官。这一职位的设立,旨在提升金融机构合规管理的层级和权威性,确保合规工作能够得到高层管理人员的充分重视和支持。此外,金融机构还需要加强合规管理人员的配备,确保合规管理工作的专业性和有效性。

除了设立专职的首席合规官或合规官外,国家金融监督管理总局或者其派出机构还可能上收金融机构下属责任机构的合规管理职责。这一措施旨在集中合规管理资源,提高合规管理的效率和效果,确保金融机构能够全面、准确地履行合规管理职责。

然而,如果金融机构逾期未完成整改工作,国家金融监督管理总局或者其派出机构将根据情节严重程度,采取一系列行政处罚或其他监管措施。这些措施可能包括罚款、暂停业务、吊销执照等,旨在通过严厉的处罚手段,促使金融机构认真对待整改工作,切实履行合规管理职责。

综上所述,国家金融监督管理总局或者其派出机构对金融机构存在违法违规行为的情况将采取一系列严厉措施,包括责令限期整改、要求金融机构设立专职的首席合规官或合规官、加强合规管理人员配备、上收金融机构下属责任机构的合规管理职责等。如果金融机构逾期未完成整改,还将面临行政处罚或其他监管措施。这些措施旨在确保金融机构能够严格遵守相关法律法规和监管要求,维护金融市场的稳定和健康发展。

三、思维导图:违法违规行为的整改要求

为了清晰、系统地展现金融机构在出现违法违规行为后所需遵循的整改要求及流程,我们特别设计了违法违规行为的整改要求思维导图,如图4-4所示。它以直观、易懂的方式,详细勾勒了监管机构对金融机构违法违规行为进行整改的全方位要求。

图4-4的背景是整改的触发条件,即金融机构存在违法违规行为。这一行为一旦被发现,监管机构就会立即启动整改程序,要求金融机构采取有效措施进行纠正。

接着图4-4展示了整改要求的核心内容。监管机构将责令金融机构限期整改,并

明确整改的时限和具体要求。为了确保整改工作的顺利进行，监管机构还可能要求金融机构设立专职的首席合规官或合规官，负责统筹和协调整改工作。

在整改过程的监督环节，图 4-4 也进行了详细描绘。监管机构将对金融机构的整改情况进行持续跟踪和评估，确保其按照要求完成整改工作。如果金融机构逾期未完成整改或整改不到位，监管机构将依据相关法律法规和监管规定，采取进一步的行政处罚或其他监管措施。

图 4-4 全面、系统地展示了金融机构在出现违法违规行为后所需遵循的整改要求及流程。该思维导图不仅为监管机构提供了明确的整改指导，也为金融机构提供了清晰的整改路径，有助于促进金融机构的合规经营和稳健发展。

```
违法违规行为的整改要求
├── 责令限期整改 ── 国家金融监督管理总局或其派出机构
│                    ├── 发现违法违规行为
│                    ├── 下发整改通知书
│                    └── 明确整改期限、标准和内容
├── 设立首席合规官或合规官
│        ├── 明确要求 ── 设立专职的首席合规官或合规官
│        └── 加强合规管理 ── 提升合规管理水平
│                            └── 确保合规政策执行
├── 合规管理人员配备
│        ├── 数量 ── 增加合规人员数量
│        ├── 素质 ── 提升合规人员素质
│        └── 效果 ── 确保合规工作有效进行
├── 上收合规管理职责
│        ├── 金融机构下属责任机构 ── 合规管理职责上收
│        └── 集中管理 ── 确保合规政策一致性
│                       └── 提高合规管理效率
├── 逾期未完成整改
│        ├── 金融机构 ── 未在规定期限内完成整改
│        └── 后果 ── 面临进一步监管措施
├── 行政处罚 ── 根据情节严重程度
│                 ├── 罚款
│                 ├── 业务限制
│                 └── 责令停业整顿等
└── 其他监管措施
         ├── 监管谈话 ── 与金融机构管理层沟通
         ├── 责令调整董事、高级管理人员 ── 对不合规人员进行更换
         ├── 限制分配红利和其他收入 ── 对金融机构进行经济制裁
         └── 停止批准增设分支机构 ── 限制金融机构扩张
```

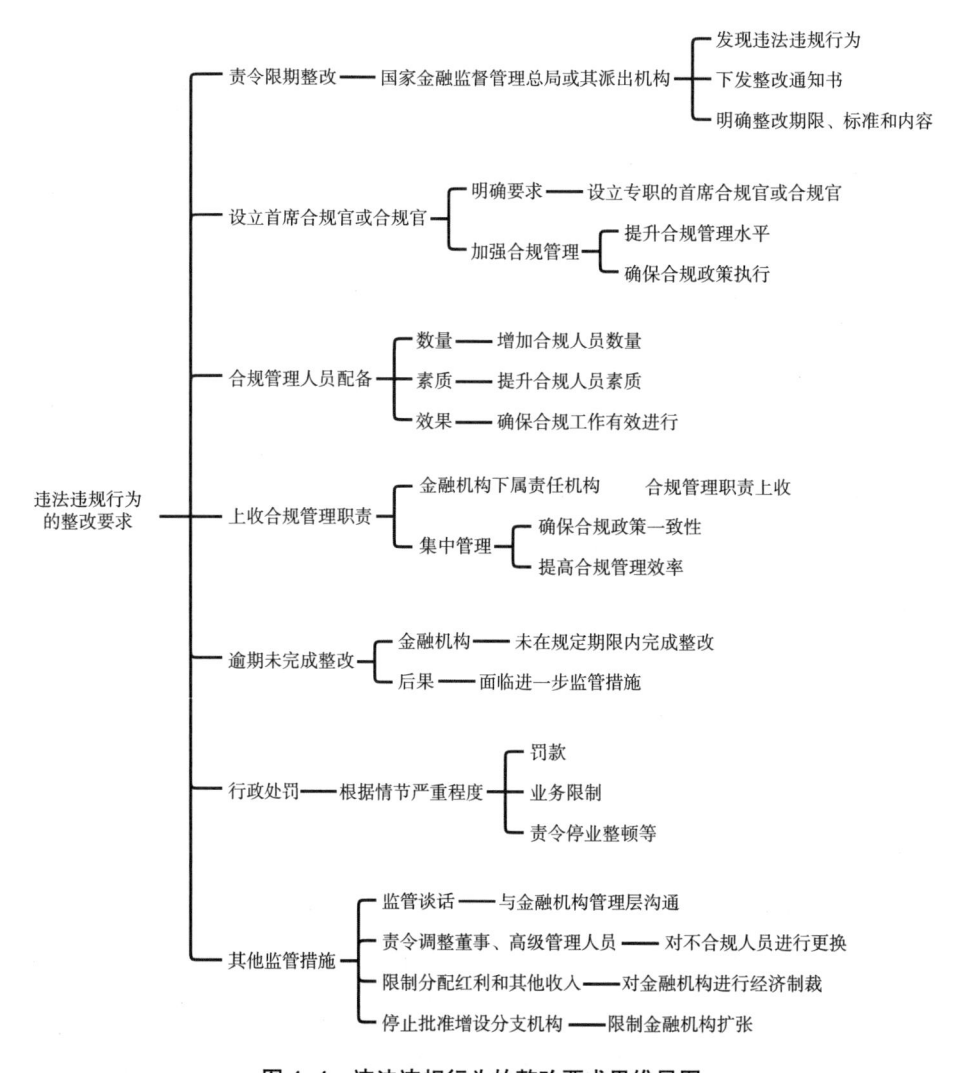

图 4-4　违法违规行为的整改要求思维导图

四、工具：违法违规行为的整改要求检测实施一览表

为了规范金融机构在出现违法违规行为后的整改工作，确保整改措施有序、有效地进行，我们特别设计了违法违规行为的整改要求检测实施一览表，如表4-4所示。它以表格的形式，详细列出了监管机构对金融机构违法违规行为所提出的整改要求，为金融机构提供了清晰的整改指南。

表4-4首先明确了整改的触发条件，即金融机构存在违反相关法律法规和监管要求的行为。一旦此类行为被发现，监管机构就会依据表中的要求，责令金融机构立即启动整改程序。

表4-4详细列出了整改工作的核心要点。监管机构将责令金融机构限期整改，并具体说明了整改的内容、标准和期限。为了确保整改工作的专业性和有效性，监管机构还可能要求金融机构设立专职的首席合规官或合规官，负责整改工作的统筹和协调。同时，金融机构需要加强合规管理团队的配备，提升合规管理的整体水平和能力。

此外，表4-4还强调了监管机构对金融机构下属责任机构合规管理职责的上收要求。这意味着，金融机构的下属机构在合规管理方面将接受更严格的监督和指导，以确保整改工作能够全面、深入地推进。

最后，表4-4明确了监管机构对整改工作的监督机制。金融机构需要按照一览表中的要求，定期向监管机构报告整改进展情况，并接受监管机构的现场检查和非现场监管。如果金融机构逾期未完成整改或整改不到位，监管机构将依据相关法律法规和监管规定，采取相应的行政处罚或其他监管措施。

表4-4为金融机构提供了全面、系统的整改指南，有助于金融机构规范整改工作，提高整改效率和效果，促进其合规经营和稳健发展。

表4-4 违法违规行为的整改要求检测实施一览表

项目	主题	内容	检测项目	评价已经做到	评价尚未做到
违法违规行为的整改要求	责令限期整改	国家金融监督管理总局或其派出机构	发现违法违规行为		
			下发整改通知书		
			明确整改期限、标准和内容		

续表

项目	主题	内容	检测项目	评价已经做到	评价尚未做到
违法违规行为的整改要求	设立首席合规官或合规官	明确要求	设立专职的首席合规官或合规官		
		加强合规管理	提升合规管理水平		
			确保合规政策执行		
	合规管理人员配备	数量	增加合规人员数量		
		素质	提升合规人员素质		
		效果	确保合规工作有效进行		
	上收合规管理职责	金融机构下属责任机构	合规管理职责上收		
		集中管理	确保合规政策一致性		
			提高合规管理效率		
	逾期未完成整改	金融机构	未在规定期限内完成整改		
		后果	面临进一步监管措施		
	行政处罚	根据情节严重程度	罚款		
			业务限制		
			责令停业整顿等		
	其他监管措施	监管谈话	与金融机构管理层沟通		
		责令调整董事、高级管理人员	对不合规人员进行更换		
		限制分配红利和其他收入	对金融机构进行经济制裁		
		停止批准增设分支机构	限制金融机构扩张		

五、案例

新加坡金融管理局对金融机构违法违规行为整改

（一）金融监管机构介绍

新加坡金融管理局是新加坡的中央银行及金融监管机构，负责监管所有金融机构，包括银行、保险公司、证券公司、支付服务提供商等。其不仅在新加坡国内执行金融监管职能，还在全球金融体系中起到至关重要的作用，确保新加坡作为金融中心的地位不受威胁。该机构的监管目标包括维持金融稳定、促进金融服务业的发展、保护消费者权益以及防范系统性风险。

新加坡的金融体系高度发展并且具有全球影响力,尤其在银行业、资产管理、保险业等领域,新加坡一直处于全球领先地位。因此,新加坡金融管理局对金融机构的监管一直都是严谨且系统的,以确保市场透明、公正并且稳定。为此,新加坡金融管理局通过各种监管手段,确保所有金融机构遵守严格的法律法规,及时向监管机构报告相关的财务和合规信息。

(二)违法违规行为概述

金融机构违反法规的情况,通常表现为未能遵守或延迟报告重大合规风险或违法行为。这些违规行为不仅危及金融机构的正常运营,还可能对市场产生系统性风险。金融机构可能会发生的违法违规行为如下。

(1)未及时报告合规风险或重大事项。金融机构在运营中,如果未能及时向监管机构报告潜在的合规风险,可能会导致无法及时采取有效的补救措施。例如,未向新加坡金融管理局报告可能影响金融稳定的系统性风险事件,或延误报告可疑的反洗钱或反恐融资活动。

(2)未按规定提供合规管理资料。在某些情况下,金融机构可能未能按时向监管机构提供其合规管理相关的材料和报告。这包括合规审查的报告、合规风险评估、客户尽职调查程序以及反洗钱报告等。如果这些资料未能按时提交,可能会影响新加坡金融管理局对该金融机构合规性和风险状况的准确评估。

(3)忽视合规管理职责。一些金融机构可能会忽视合规管理职责,导致合规部门缺乏足够的资源或人员配置。这可能会使金融机构未能在风险发生时及时采取应对措施,最终导致违法行为的发生。例如,未能设置专职合规官或合规人员不足,导致金融机构合规管理不到位,进而导致未能及时发现潜在的合规问题。

(4)违反反洗钱和反恐融资规定。在一些情况下,金融机构可能未能有效监控和报告可疑交易,或未进行足够的客户背景调查。这类违规行为可能导致金融机构成为非法资金流动的渠道,从而违反了国际和国内的反洗钱和反恐融资规定。

(5)数据泄露或信息管理不当。随着数字化的进程加快,金融机构管理客户数据的能力也成为监管的重点。如果金融机构未能有效保护客户隐私或未能遵守数据保护法规,则可能违反相关规定,导致监管机构介入处理。

（三）违规整改要求及具体措施

针对金融机构的违法违规行为，新加坡金融管理局通常会依据相关法律法规，采取一系列严密的整改措施。新加坡金融管理局常见的整改要求及具体措施如下。

（1）限期整改。新加坡金融管理局在发现金融机构存在违法违规行为后，通常会要求其在规定的时间内完成整改。整改措施包括但不限于加强合规审查流程、调整合规管理架构、强化合规风险识别机制等。金融机构需在整改期内，向新加坡金融管理局提供整改进度报告，并配合相关检查和审查工作。

（2）要求设立首席合规官。在金融机构出现合规管理薄弱的情况时，新加坡金融管理局会明确要求金融机构设立首席合规官或合规官。首席合规官需拥有足够的权力和资源，以确保其能够独立地执行合规管理任务，并直接向高层管理人员和董事会报告合规风险。新加坡金融管理局通常会要求首席合规官负责制定和执行整个机构的合规计划，确保全员遵循合规流程，且及时向监管机构报告合规问题。

（3）增加合规人员的配备。对于违规机构，新加坡金融管理局通常会要求加强合规部门的人员配备。金融机构可能被要求增设专职的合规岗位，并定期开展合规培训。此外，新加坡金融管理局会督促机构招聘更多经验丰富的合规人员，提升整体合规团队的能力。

（4）上收下属机构合规管理职责。如果金融机构是跨国集团或拥有多个分支机构，新加坡金融管理局可能会要求该机构将下属子公司的合规管理职能上收至总部，确保集团内各个分支机构的合规管理标准统一。这有助于消除潜在的合规盲点，确保全集团遵守相同的合规政策。

（5）加强董事会和高层管理人员的责任。新加坡金融管理局会特别强调金融机构董事会和高层管理人员在合规管理中的责任。合规管理不应仅仅是合规部门的任务，而是需要整个管理层的共同参与。新加坡金融管理局要求金融机构在整改过程中，明确高层管理人员对于合规事务的最终责任，确保他们在合规文化的建设中发挥主导作用。

（6）要求进行外部合规审计。在一些合规问题较为严重的情况下，新加坡金融管理局会要求金融机构聘请独立的第三方审计公司，对其整改措施进行评估。这不仅有助于确保整改工作的有效性，还能增加透明度，避免金融机构因整改不彻底导致问题复发。

(四)行政处罚与其他监管措施

在金融机构未能按期整改或整改效果未达到预期时,新加坡金融管理局将根据情况采取一系列行政处罚或其他监管措施。这些措施包括但不限于以下几项。

(1)罚款。新加坡金融管理局根据金融机构违规的严重程度和影响,可能对其处以罚款。罚款的金额通常会根据金融机构的规模、违规行为的性质以及该行为对市场的影响来决定。对于大规模的金融机构或性质严重、影响恶劣违规行为,罚款数额可能非常庞大,旨在起到威慑作用。

(2)限制或暂停业务。如果金融机构未能及时整改或整改效果不佳,新加坡金融管理局可以选择对其部分业务进行限制或暂停。这可能包括暂停某些高风险的金融产品、限制新客户的接纳或停止某些市场活动等。这种措施可在一定程度上减少违规行为对市场的负面影响。

(3)撤销经营许可证。在严重违规或违法的情况下,新加坡金融管理局有权撤销金融机构的经营许可证。这是对金融机构最严厉的惩罚,通常适用于那些多次违规、无法达到合规标准的金融机构。撤销许可证意味着该金融机构将不再被允许在新加坡运营,其业务将被完全停止。

(4)限制高级管理人员的职责。如果高层管理人员在合规管理中存在重大失职,新加坡金融管理局可能会限制其在其他金融机构的管理职责,甚至禁止其从事金融行业的工作。这样做的目的是确保金融机构的高管能够负起责任,同时保护市场的稳定性。

(5)公开披露处罚信息。新加坡金融管理局还可能将金融机构的违规行为和处罚结果公开披露,以增强市场的透明度。这种公开披露有助于提醒其他金融机构加强合规管理,同时也能够向公众传达新加坡金融管理局对合规问题的严肃态度。

(五)整改要求的特色和亮点

新加坡金融管理局在对金融机构的监管中展现出独特的治理特色,其整改要求措施具有以下亮点。

(1)细化的整改措施。

新加坡金融管理局不仅对金融机构提出整改要求,而且要求整改措施细化到每个层面,从高层管理人员责任落实到合规部门人员配置细节,处处体现出对合规文化的全面深刻理解。针对发现的问题,新加坡金融管理局要求金融机构制订详细整改计划,并明确各项整改措施的责任人和完成时限,并要求整改方案中必须涵盖内部控制、风险管理、员工培训等各个环节,形成闭环管理。某商业银行在一次监管检查中被指出存在内部控制不足的问题，监管局要求该行在 30 天内提交整改方案，并细化到各部门负责人的责任划分。该银行随后组织专题培训、重新修订内部规章制度，并在整改后通过内部审计确认，最终其整改效果显著。

（2）严格的责任追究机制。

为防止责任推诿，新加坡金融管理局强化了董事会及高层管理人员的责任追究机制，确保每个整改环节都有明确的责任人，并将整改结果与高层业绩考核挂钩，要求董事会对整改进程进行定期跟踪和评估，对整改不力的机构及责任人将采取公开警示、罚款甚至更严厉的行政处罚措施。在一起涉及信贷风险控制失效的案例中，监管局通过严格追责，要求相关高层管理人员过问整改进度，最终促使问题彻底解决，并在后续监管报告中公开表扬整改成果，有效震慑了其他金融机构。

（3）注重全面合规架构的建设。

新加坡金融管理局要求金融机构建立健全的合规管理架构，包括设立专职合规官和完善合规人员配置，确保整改措施能够从组织结构上得以落实。其强制要求各金融机构配备专职合规官，确保在整改过程中有专人负责监控和落实，并鼓励机构建立内部合规委员会，形成多层次、多角度的监督机制。一家大型银行在被新加坡金融管理局指出合规人员不足后，迅速增设专职合规岗，并成立合规委员会。整改后，该行不仅在内部风险控制方面显著改善，也在外部监管考核中获得了较高的评分。

（4）可持续的合规监管。

新加坡金融管理局不仅要求金融机构完成一次性整改任务，更强调整改后的长效机制建设，通过定期外部合规审计和持续整改来推动合规管理能力的长期提升。其要求金融机构整改完成后，定期进行外部合规审计，确保整改措施持续有效，并制订持续改进计划，保证金融机构根据市场变化和监管要求不断更新内部合规制度。某金融机构在完成整改后，建立了年度外部审计制度，并设立了合规改进专项基金，用于不断更新和完善内控体系。经过连续两年的监控，该机构在最新监管评估中表现优异，成为同行业中的标杆。

（六）总结

新加坡金融管理局对金融机构的监管案例，体现了其在全球金融监管中的领导地位。通过细化的整改措施、严格的责任追究机制以及全面的合规管理架构，其成功地维护了新加坡金融市场的稳定，并有效防止了合规风险对金融体系的潜在威胁。这一案例不仅为新加坡金融市场的健康发展提供了保障，也为全球金融监管提供了宝贵的经验和启示。

第五节 董事、高管未能勤勉尽责的处罚

一、董事、高管未能勤勉尽责的处罚的监管政策

第五十一条 董事、高级管理人员未能勤勉尽责,致使金融机构发生重大违法违规行为或者重大合规风险的,由国家金融监督管理总局或者其派出机构依照相关法律规定采取行政处罚或者其他监管措施;涉嫌犯罪的,依法移送监察机关或者公安机关。

二、理解和学习:董事、高管未能勤勉尽责的处罚

董事、高级管理人员作为金融机构的核心领导力量,肩负着确保金融机构合规运营、稳健发展的重任。他们不仅需要对金融机构的日常经营管理负责,还需要时刻保持高度的合规意识和风险防控意识,以确保金融机构在激烈的市场竞争中始终坚守法律底线,不触碰监管红线。然而,一旦董事、高级管理人员未能勤勉尽责,疏忽了对金融机构的合规管理和风险防控,就极有可能导致金融机构发生重大违法违规行为或者面临重大合规风险。

对于此类严重失职行为,国家金融监督管理总局或者其派出机构将依照相关法律规定,采取一系列严厉的行政处罚或者其他监管措施。这些措施旨在通过法律手段,对失职的董事、高级管理人员进行惩戒,以儆效尤,同时督促金融机构加强内部管理,完善合规体系,防止类似问题再次发生。

具体来说,行政处罚可能包括罚款、警告、撤销任职资格等,这些措施将直接对失职的董事、高级管理人员产生实质性的影响,让他们为自己的失职行为付出应有的代价。而其他监管措施则可能包括责令金融机构限期整改、暂停部分或全部业务、加强内部控制等,这些措施旨在帮助金融机构及时纠正错误,消除风险隐患,恢复合规运营状态。

更为严重的是,如果董事、高级管理人员的失职行为涉嫌犯罪,那么国家金融监督管理总局或者其派出机构会依法将其移送监察机关或者公安机关处理。这意味着,失职的董事、高级管理人员不仅可能面临行政处罚和监管措施,还可能因为涉嫌犯罪

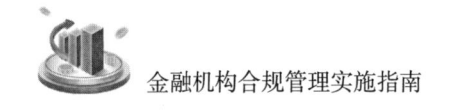

受到刑事追究，承担更为严重的法律责任。

综上所述，董事、高级管理人员未能勤勉尽责，致使金融机构发生重大违法违规行为或者重大合规风险的，将受到国家金融监督管理总局或者其派出机构的严厉惩处。这不仅是对失职行为的惩戒，还是对金融机构合规运营和稳健发展的有力保障。因此，董事、高级管理人员必须时刻保持高度的合规意识和风险防控意识，勤勉尽责，为金融机构的合规运营和稳健发展贡献自己的力量。

三、思维导图：董事、高管未能勤勉尽责的处罚

为了清晰、直观地展现董事、高级管理人员未能勤勉尽责可能面临的处罚体系，我们特别设计了董事、高管未能勤勉尽责的处罚思维导图，如图4-5所示。它详细描绘了当董事、高管因疏忽职责导致金融机构发生重大违法违规行为或重大合规风险时，监管机构将依法依规进行处罚。

首先，图4-5明确了责任主体，即董事、高级管理人员未能勤勉尽责，这一行为直接关系到金融机构的合规运营和稳健发展。一旦此类失职行为被发现，监管机构将立即启动处罚程序，对失职的董事、高管进行严肃处理。

其次，图4-5进一步展示了处罚的责任情形、监管机构、处罚或措施依据、处罚或措施类型、涉嫌犯罪的处理等。监管机构将依据相关法律规定，对失职的董事、高管采取行政处罚措施。这些措施可能包括罚款、警告、撤销任职资格等，旨在通过法律手段对失职行为进行惩戒，以维护金融市场的秩序和公共利益。

除了行政处罚外，监管机构还可能采取监管措施。这些监管措施的实施，将直接对金融机构的运营产生实质性的影响，促使金融机构更加重视董事、高管的勤勉尽责义务。

图4-5全面、系统地展示了失职董事、高管可能面临的处罚体系。该思维导图不仅为监管机构提供了明确的处罚指导，也使金融机构和董事、高管认识到了勤勉尽责的重要性，有助于促进金融机构的合规运营和稳健发展。

```
                            ┌─ 董事
              ┌─ 责任主体 ──┤
              │            └─ 高级管理人员
              │
              │                          ┌─ 重大违法违规行为
              ├─ 责任情形 ── 未能勤勉尽责 ──┤
              │                          └─ 重大合规风险
              │
              │            ┌─ 国家金融监督管理总局
董事、高管未能 ├─ 监管机构 ──┤
勤勉尽责的处罚 │            └─ 国家金融监督管理总局派出机构
              │
              ├─ 处罚或措施依据 ── 相关法律规定
              │
              │              ┌─ 行政处罚
              ├─ 处罚或措施类型 ──┤
              │              └─ 其他监管措施
              │
              │              ┌─ 依法移送监察机关
              └─ 涉嫌犯罪处理 ──┤
                              └─ 依法移送公安机关
```

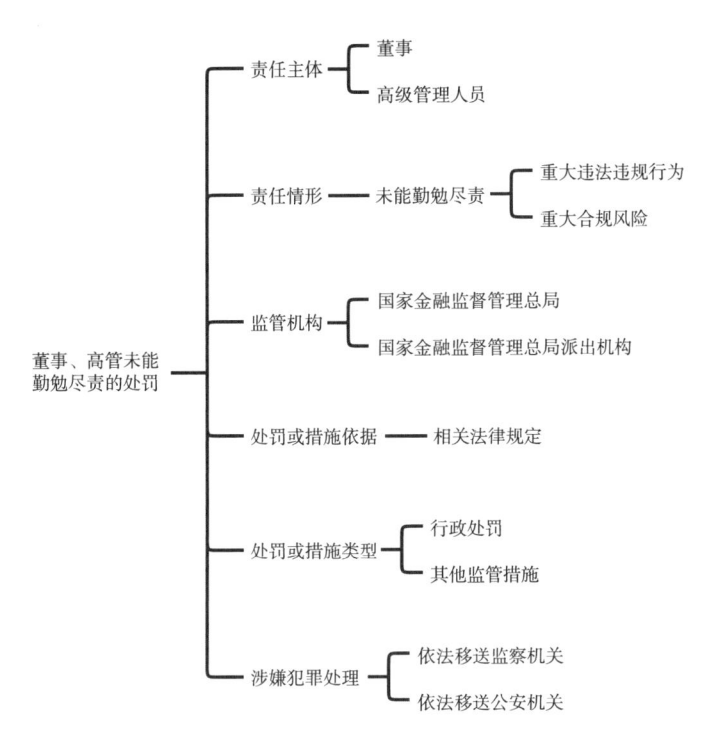

图 4-5　董事、高管未能勤勉尽责的处罚思维导图

四、工具：董事、高管未能勤勉尽责的处罚检测实施一览表

为了明确董事、高级管理人员在未能勤勉尽责时可能面临的处罚种类和具体情形，我们特别设计了董事、高管未能勤勉尽责的处罚检测实施一览表，如表 4-5 所示。

首先，表 4-5 明确了处罚的触发条件，即董事、高管因未能勤勉尽责导致金融机构发生重大违法违规行为或重大合规风险。这是处罚的前提和基础，也是监管机构对失职董事、高管进行处罚的责任情形。

其次，表 4-5 列出了处罚或措施类型。这些处罚类型包括但不限于罚款、警告、撤销任职资格等行政处罚措施，以及责令金融机构限期整改、加强内部控制、暂停部分或全部业务等监管措施。这些处罚措施旨在通过法律手段和监管手段，对失职董事、高管进行惩戒，督促其认真履行职责，维护金融市场的秩序和公共利益。

通过表 4-5，金融机构和董事、高管可以更加清晰地了解失职行为可能带来的法律后果，从而更加自觉地履行职责，促进金融机构的合规运营和稳健发展。

表 4-5　董事、高管未能勤勉尽责的处罚检测实施一览表

项目	主题	检测项目	评价已经做到	评价尚未做到
董事、高管未能勤勉尽责的处罚	责任主体	董事		
		高级管理人员		
	责任情形	重大违法违规行为		
		重大合规风险		
	监管机构	国家金融监督管理总局		
		国家金融监督管理总局派出机构		
	处罚或措施依据	相关法律规定		
	处罚或措施类型	行政处罚		
		其他监管措施		
	涉嫌犯罪处理	依法移送监察机关		
		依法移送公安机关		

五、案例

德国联邦金融监督管理局对金融机构董事、高管未能勤勉尽责的处罚

（一）案例背景

德国联邦金融监督管理局是德国的金融监管机构，负责确保德国金融市场的稳定、透明和合法。其任务是监督和管理德国的金融机构，以防止金融市场的风险，确保投资者的利益受到保护，并维护金融市场的信任。

在金融机构的监管过程中，德国联邦金融监督管理局特别关注金融机构董事和高级管理人员的责任，尤其是在合规管理方面。董事和高管的职责任务不仅包括制定战略和监督日常运营，还包括确保金融机构遵守适当的合规标准。如果董事或高管未能履行其责任，可能会导致金融机构发生严重的违法违规行为或合规风险。

（二）金融机构介绍

此案例中的金融机构为一家大型银行，该银行由于其内部控制管理的缺陷，未能有效遵守金融监管规定。问题主要出现在其高管未能有效执行合规职能，导致了该银行未

能及时发现并纠正一些关键的合规问题，进而发生了重大违法行为。比如，银行没有按照规定向监管机构报告其金融产品的风险，或未能适时处理内部反洗钱等合规性事务。

（三）董事、高管未能勤勉尽责的具体表现

在这个案例中，德国联邦金融监督管理局对金融机构董事和高管未能履行责任的行为展开了调查，尤其是他们在以下几个方面的表现。

1. 缺乏对合规的重视

董事会未能给予足够的重视和资源来实施合规控制。高级管理人员未能主动检查和改进公司的合规管理系统，导致一些合规缺失没有被及时发现。

2. 管理疏忽导致合规风险

金融机构的高管未能监控其风险管理部门的工作，尤其是在对客户资金、投资策略和金融产品的合规审查中，表现出严重的疏忽。例如，银行未能及时报告某些金融交易所涉及的高风险行为，这给投资者和市场造成了潜在的损害。

3. 合规部门的管理不力

银行的合规部门未能充分履行其职能，部分高管未能支持合规团队的工作，导致部分重要的合规问题没有及时被上报。高级管理人员未能确保合规部门有足够的资源和权限来执行其职责。

4. 未能及时采取纠正措施

尽管存在合规风险的迹象，董事和高管未能及时采取必要的纠正措施，如加强对合规管理人员的培训，或者推动系统升级以适应新的监管要求。高管未能确保合规管理策略和流程的有效实施。

（四）德国联邦金融监督管理局的反应与处罚措施

德国联邦金融监督管理局的任务是保护市场的稳定，确保金融机构遵守监管规定。如果金融机构未能履行这些职责，德国联邦金融监督管理局有权采取以下措施。

1. 命令整改

德国联邦金融监督管理局要求该银行董事会和高级管理人员立即进行整改，特别是在加强合规管理和合规报告方面。整改的具体要求包括：及时设立专职的首席合规官，增强合规团队的资源和权力，确保银行所有下属部门的合规问题上报至总部高层。

2. 罚款与行政处罚

德国联邦金融监督管理局根据德国的金融监管法令,对该银行及其相关高管处以罚款。处罚的金额基于该银行违法行为的严重性以及未按时纠正这些行为的延误情况。德国联邦金融监督管理局还可能采取其他行政处罚措施,例如禁止某些高级管理人员在特定时间内担任金融机构的职务。

3. 加强高管责任

除了对银行处以罚款,德国联邦金融监督管理局还特别要求该银行重新审视董事会和高层管理人员的责任体系,明确指出其未能履行责任导致违法行为的后果。监管机构对高级管理人员的责任进行了深刻反思,并要求高管团队进行结构调整,以加强对合规管理的监督和执行力度。

4. 法院诉讼与刑事调查

在某些严重情况下,德国联邦金融监督管理局将银行及其高级管理人员移交司法机关处理。若违法行为符合刑事标准,银行的董事和高管可能面临刑事诉讼,依法追究其责任。

（五）整改与亮点

1. 高管更换与责任再分配

为防范未来可能出现的合规问题,该银行果断进行了高层更换,尤其在合规和风险管理领域引入了全新的领导班子。新任命的首席合规官不仅在合规流程监督上加大力度,还推动了跨部门协作机制的全面升级。该银行对原有高层进行调整,确保关键岗位由具备丰富风险管理经验的专业人才担任,并明确各部门在合规整改中的责任分工,设立专门的协调小组,定期召开工作会议跟进整改进度。在一次内部审计中,银行发现部分业务流程存在漏洞,新任首席合规官迅速重组高层团队,制定详细整改方案,仅用三周时间就完成了全流程的优化,避免了潜在的监管处罚。

2. 加强合规文化建设

该银行认识到,合规文化的建设不仅依赖合规部门的推动,更需要全员参与。为此,银行全面启动了针对各层级员工的合规培训计划,确保每位员工都能深刻理解合规的重要性,并掌握如何在日常工作中严格遵守相关法规。银行开展了全员合规培训和专题研讨,将最新法规、案例分析和内部规章制度融入培训课程,并设立合规文化宣传专栏,通过内部刊物、视频及互动问答等形式,持续强化合规理念。在一次合规培训后,该银行一位基层员工主动向管理层反映发现的操作风险,经过内部讨论和整改,既提高了部门的风险控制能力,也成为了激励其他员工积极参与合规建设的典型范例。

3. 强化技术支持

该银行通过信息化手段大幅提升了合规管理的执行力,成功引入自动化合规监控工具,实现对交易数据和流程的实时检测与风险识别。同时,银行部署了智能监控系统,利用大数据和人工智能对业务进行全天候风险监控,并建立实时预警机制,一旦检测到异常,系统自动发出报警信号,合规部门迅速介入处理。在一次跨境交易监控中,自动化系统在 30 秒内识别出一笔异常交易并触发预警,合规团队迅速调查,成功阻止了可能引发重大风险的操作,彰显了信息化技术在合规管理中的关键作用。

4. 加大监管沟通与报告

为确保整改工作公开透明并满足监管要求,该银行与德国联邦金融监督管理局建立了定期沟通机制,及时向监管机构报告整改和合规执行情况。该银行定期编制并发布整改进度报告,详细记录整改措施、执行情况和取得的成效,并与监管机构保持定期会晤,听取监管意见并进行实时反馈,确保整改工作不留盲区。某次重大合规问题整改后,该银行及时向德国联邦金融监督管理局提交详尽的整改报告,并在后续监管会议上进行汇报,监管部门对此给予高度评价,提升了该银行在监管机构中的信誉度和透明度。

通过高管更换与责任再分配、全员合规文化建设、信息技术支持的强化及与监管机构的紧密沟通,该银行不仅有效解决了历史遗留问题,还为未来构建了一个高效、透明、全覆盖的合规管理体系。

(六)案例反思

1. 高管责任的重大意义

本案例中凸显了金融机构董事和高级管理人员在合规管理中的核心作用。高管不仅需要关注金融产品的创新和市场份额的增长,还需要关注合规性,确保企业不会因合规风险遭受重大损失或法律后果。

2. 合规文化的必要性

本案例提醒金融机构,合规不仅仅是一个部门的职责,而是全体员工的共同责任。董事会和高级管理层应当为合规文化的推广做出表率,并为合规管理提供足够的资源和支持。

3. 强化内部控制和技术工具的应用

银行的整改措施表明,利用现代化技术加强合规管理和风险监控已成为金融机构提升合规性的一项重要举措。自动化工具可以帮助检测违规行为并及时做出响应,从而降低合规风险。

(七)结论

本案例中,德国联邦金融监督管理局通过严厉的处罚和要求整改,强调了金融机构在合规管理中的责任,尤其是高级管理层的责任。金融机构需要认识到合规管理不仅是应对监管机构要求的一项任务,还是保护客户权益和市场稳定的核心任务。

德国联邦金融监督管理局的这一行为展现了其对金融市场健康和透明度的坚定立场,并对其他金融机构起到了警示作用。金融机构应当加强合规管理,确保董事和高管履行职责,从而避免违法违规行为的发生,确保企业的长期健康发展。

第六节 违反规定的法律责任

一、违反规定的法律责任的监管政策

第五十二条 金融机构及其工作人员违反本办法规定,法律、行政法规对法律责任有规定的,适用法律、行政法规的规定;法律、行政法规没有规定的,国家金融监督管理总局及其派出机构根据情节严重程度,对金融机构及其直接负责的董事、高级管理人员和其他直接责任人员,处以警告、通报批评、十万元以下罚款;危害金融安全且有危害后果的,处以警告、通报批评、二十万元以下罚款。

二、理解和学习:违反规定的法律责任

金融机构及其工作人员在业务运营过程中,必须严格遵守相关法律法规及监管办法的规定,确保金融活动的合规性与安全性。然而,一旦金融机构及其工作人员违反了《办法》的相关规定,就必将面临相应的法律责任。对于此类违规行为,法律、行政法规若已有明确规定,应当严格依照其规定执行,确保法律的权威性与统一性。

但值得注意的是,当法律、行政法规对某些违规行为尚未做出具体规定时,国家金融监督管理总局及其派出机构便承担起了重要的监管职责。其将根据违规行为的情节严重程度,对金融机构及其直接负责的董事、高级管理人员和其他直接责任人员采取一系列相应的行政处罚措施。

具体来说，对于情节相对较轻的违规行为，国家金融监督管理总局及其派出机构将处以警告或通报批评的处罚。这些措施旨在通过公开或不公开的方式，对违规机构及人员进行警示，提醒其及时纠正错误，遵守法律法规。

而对于情节较为严重，或者已经对金融秩序造成一定影响的违规行为，国家金融监督管理总局及其派出机构则将处以更为严厉的罚款处罚。罚款金额将根据违规行为的性质、影响范围以及危害程度等因素综合考虑，但最高不超过十万元。这一处罚力度既体现了对违规行为的惩戒，也兼顾了金融机构的运营实际。

特别需要强调的是，对于那些不仅违反了《办法》的规定，而且已经危害到金融安全，并产生了实际危害后果的严重违规行为，国家金融监督管理总局及其派出机构将采取更为严厉的处罚措施。除了警告、通报批评外，还将处以最高不超过二十万元的罚款。这一处罚力度旨在通过经济手段，对违规机构及人员进行更为有力的惩戒，以维护金融市场的稳定与安全。

综上所述，金融机构及其工作人员必须严格遵守相关法律法规及监管办法的规定，一旦违规，必将承担相应的法律责任。国家金融监督管理总局及其派出机构将根据违规行为的情节严重程度，采取相应的行政处罚措施，以维护金融市场的秩序与安全。

三、思维导图：违反规定的法律责任

为了全面、直观地展现违反规定后所需承担的法律责任框架，我们精心设计了违反规定的法律责任思维导图，如图4-6所示。它以清晰明了的方式，详细勾勒了当金融机构或其工作人员违反相关法律法规、监管办法规定时，所需面对的法律责任体系及其层次结构。

图4-6首先明确指出了违反规定的处理主体，即国家金融监督管理总局及其派出机构。接着，其展示了法律责任的处理依据，包括法律、行政法规已有明确规定的法律责任，或者法律、行政法规尚未做出具体规定时，由国家金融监督管理总局及其派出机构根据情节严重程度所裁定的法律责任。同时包含了处理对象、违规行为、处理措施等内容。

图4-6全面、直观地展示了违反规定的法律责任。该思维导图不仅有助于金融机构及其工作人员了解违规行为的法律后果，也便于监管机构依法依规进行管理，维护金融市场的稳定和健康发展。

```
违反规定的
法律责任
├─ 处理主体 ─┬─ 国家金融监督管理总局
│            └─ 国家金融监督管理总局派出机构
├─ 处理依据 ─┬─ 《中华人民共和国银行业监督管理法》
│            ├─ 《中华人民共和国商业银行法》
│            ├─ 《中华人民共和国保险法》
│            └─ 其他相关法律法规
├─ 处理对象 ─┬─ 银行
│            ├─ 保险公司
│            └─ 其他金融机构
├─ 违规行为 ─┬─ 未及时报告重大违法违规行为
│            ├─ 未及时报告重大合规风险隐患
│            └─ 未按照要求提供合规管理资料
└─ 处理措施 ─┬─ 警告
             ├─ 通报批评
             └─ 罚款
```

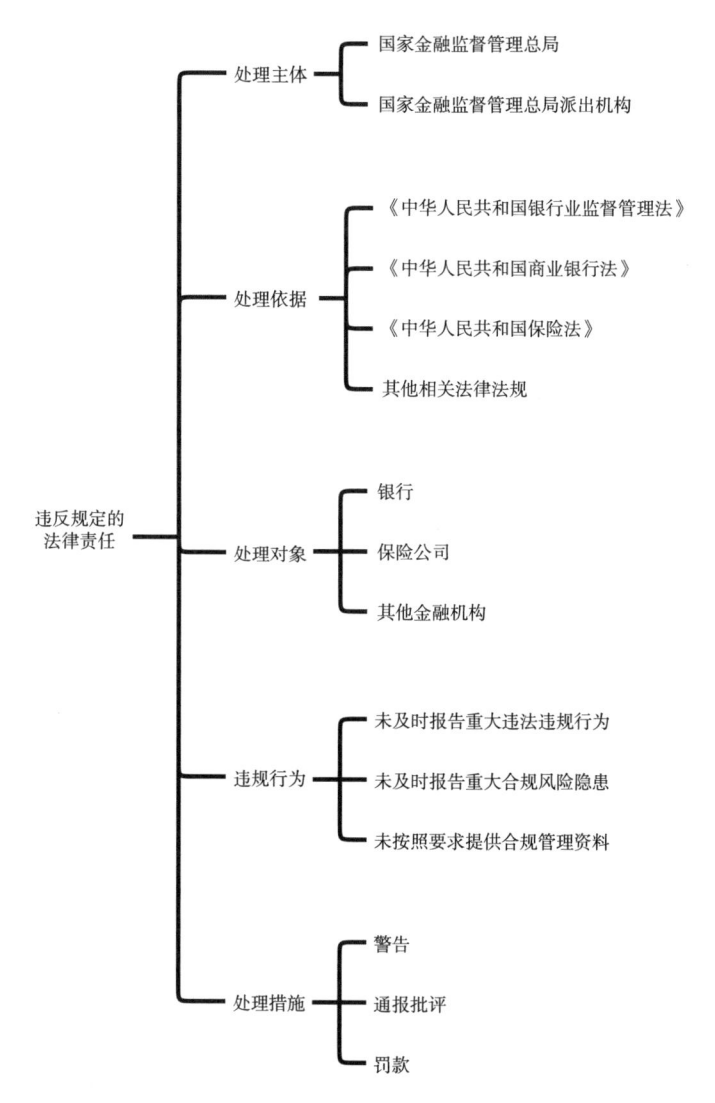

图 4-6 违反规定的法律责任思维导图

四、工具：违反规定的法律责任检测实施一览表

为了帮助金融机构及其工作人员更好地了解和掌握违反相关法律法规、监管办法规定后可能承担的法律责任，我们特别设计了违反规定的法律责任检测实施一览表，如表 4-6 所示。

表 4-6 首先明确了违反规定的具体行为模式，涵盖了金融机构运营过程中的各个环节，如处理主体、处理依据、处理对象、违规行为、处理措施等。

此外，表 4-6 还特别设置了检测栏目，金融机构及其工作人员可以根据自身的实际情况，对照一览表中的行为类型进行检测和评估。通过这一过程，金融机构及其工作人员可以及时发现自身存在的问题和不足，采取相应的措施进行整改和完善，从而避免违反规定所带来的法律风险和经济损失。

表4-6是一个实用、便捷的工具，它可以帮助金融机构及其工作人员更好地了解和掌握违反规定后可能承担的法律责任，提高合规意识和风险管理能力，确保金融机构的稳健运营和健康发展。

表4-6 违反规定的法律责任检测实施一览表

项目	主题	检测项目	评价已经做到	评价尚未做到
违反规定的法律责任	处理主体	国家金融监督管理总局		
		国家金融监督管理总局派出机构		
	处理依据	《中华人民共和国银行业监督管理法》		
		《中华人民共和国商业银行法》		
		《中华人民共和国保险法》		
		其他相关法律法规		
	处理对象	银行		
		保险公司		
		其他金融机构		
	违规行为	未及时报告重大违法违规行为		
		未及时报告重大合规风险隐患		
		未按照要求提供合规管理资料		
	处理措施	警告		
		通报批评		
		罚款		

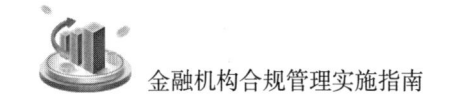

五、案例

印度储备银行对金融机构违反规定的法律责任处理

(一) 金融机构简介

印度储备银行是印度的中央银行，成立于1935年，主要职责是维持金融系统的稳定，管理货币政策，监督金融机构的合规行为，并确保金融市场的流动性和健康运行。作为国家的金融监管机构，印度储备银行有责任维护整个金融体系的稳定性，通过一系列法律和规定对金融机构进行监管，确保其运营符合国家经济的利益。

在其日常运作中，印度储备银行负责对所有银行、非银行金融公司、外资银行和其他金融机构进行监管。它的监管职能包括但不限于：制定和执行货币政策、管理外汇储备，监督银行运营并保护消费者利益等。

(二) 金融机构违法违规行为概述

在印度的金融体系中，违规行为通常涉及未遵守监管规定，未如实报告合规事项，甚至管理层未能履行合规职责。金融机构可能出现的违法违规行为包括内部控制失效、合规报告未按时提交、未遵守资本充足率要求、违规贷款和风险管理失败。

内部控制失效指监管机构通过对金融机构的审查发现，某些银行未能有效执行内部控制政策，导致了重大财务漏洞。合规报告未按时提交指一些金融机构未按照印度储备银行的规定，在规定的时间内提交必要的合规报告，甚至缺乏透明度，导致监管机构无法及时发现潜在的合规风险。未遵守资本充足率要求指金融机构未按照监管规定，维持充足的资本金以应对可能的财务危机，这种行为直接威胁到金融机构的偿债能力和市场稳定性。违规贷款和风险管理失败指部分金融机构在发放贷款时未能严格审查借款人的还款能力，导致不良贷款比例上升，影响银行的财务健康。这些违规行为通常是管理层的失误、内部控制的薄弱、缺乏透明的合规文化或过度冒险的商业行为所致。印度储备银行的责任就是通过严格的监控和审查，确保这些违规行为能够及时被发现并予以处理。

(三) 印度储备银行的监管措施和处罚

印度储备银行在处理金融机构的违规行为时，采取了多种措施来强化监管并实施处罚。

1. 审计与调查

印度储备银行定期对银行和金融机构进行合规检查、审计和调查。通过内部审计以及独立第三方机构的调查，印度储备银行可以发现潜在的违规行为。例如，审计可能会揭露银行未能提交必要的风险管理报告，或在合规方面存在的其他问题。

2. 要求整改

一旦金融机构被发现存在违规行为，印度储备银行就会通过正式文件或信函向该机构发出整改要求，要求其限期整改，确保合规管理的有效性。整改内容通常包括加强合规团队建设、明确高管的合规责任、加强内控审查等。

3. 罚款和处罚

对于未及时整改的金融机构，印度储备银行根据违规的情节严重程度采取相应的处罚措施。例如，如果银行未按时改正资本充足率不足的问题，印度储备银行可以对其实施罚款或要求其支付高额罚金，作为惩戒措施。

4. 更严厉的处罚措施

在某些情况下，如果金融机构的违规行为涉及违法犯罪、严重的市场操纵或金融诈骗，印度储备银行会将其移交给当地公安机关或司法部门进行进一步调查和起诉。处罚措施包括撤销银行牌照、对高级管理人员进行处罚，甚至可能导致董事、高级管理人员被永久禁止从事金融行业工作。

（四）法律责任与处罚

在印度储备银行的监管框架下，金融机构的违规行为需要依据具体的法律进行处理。根据《印度银行法》《印度储备银行法》等法律规定，金融机构及其高管的责任分为以下几个层级。

1. 个人责任

根据印度的法律，银行高管（如董事长、首席执行官、财务总监等）必须承担个人责任，如果其未能履行合规职责，导致重大违规行为发生，他们可能会受到警告、罚款或其他行政处罚，甚至会面临刑事指控。如果是其失职，导致银行严重违反法律或造成客户损失，他们可能会被禁止再担任银行高管职位。

2. 机构责任

银行作为法律实体，需要对外部违反规定的行为负责。如果银行未能满足法规要求，或者未能及时报告违规行为，印度储备银行可以要求银行支付罚款并加重监管措施。

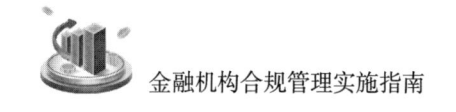

3. 刑事责任

对于严重违法违规的金融行为，如欺诈、市场操纵、虚假报表等，印度储备银行将把案件移交给执法机关进行刑事处理。涉嫌犯罪的银行高管可能会被起诉并追究刑事责任。

（五）金融机构整改与合规管理

印度储备银行针对违规行为的整改措施通常包括以下几点。

1. 设立专职合规官

印度储备银行要求违规金融机构设立专职的首席合规官或合规负责人，确保机构的合规文化得到有效管理和执行。合规官需要定期向高管汇报合规风险和问题，确保管理层对合规问题的重视。

2. 加强内控机制

整改过程中，金融机构需要建立更为严格的内部控制机制，明确各个部门和岗位的责任，防止类似违规事件的发生。

3. 合规报告和审查

金融机构需重新审查其合规报告和审计流程，确保信息披露的透明性和准确性。此外，印度储备银行可能要求金融机构引入外部审计，确保合规管理的独立性和公正性。

（六）启示与国际对比

通过分析印度储备银行对金融机构违规行为的处理措施，可以从中提炼出一系列国际化的启示。

1. 监管的独立性与公正性

金融监管机构必须保持独立性，确保处罚的公正性，不受政治压力或市场利益影响。监管机构应严格按照法律规定行事，对金融机构的违规行为采取及时和有效的措施。

2. 强化高管责任

通过本案例可以看出，金融机构的高管对合规管理的失职会导致严重后果。因此，加强高管的责任落实，制定明确的合规要求，确保高管亲自参与合规工作，是防范违规行为的有效措施。

3. 国际监管的互通性

印度储备银行的监管体系与其他国家的金融监管体系存在相似性，如与美国、欧盟等金融市场的监管方法互通。因此，在全球化的背景下，各国监管机构应加强合作，打击跨境金融违规行为。

（七）社会与经济影响

案件对印度金融市场、消费者信心以及国际投资者产生了重要影响。金融机构的违规行为降低了消费者对金融机构的信任，影响了市场的整体稳定性。同时，国际投资者可能会对印度的金融体系产生怀疑，影响资金流入。为了恢复信任，印度储备银行在监管过程中采用的严格措施为国际投资者树立了良好的示范。

（八）总结

通过分析印度储备银行对金融机构违规行为的监管案例，我们可以得出如下的学习结果。金融机构必须加强合规管理，确保高管对合规工作负责。监管机构需要不断强化内部控制与审计机制，确保金融机构的合规文化。通过国际合作和信息共享，可以提升全球金融市场的监管效能。

总体来说，印度储备银行的案例为其他国家的金融监管提供了宝贵的经验，也体现了金融机构改进合规管理的紧迫性。

第七节 首席合规官或合规官违规的责任

一、首席合规官或合规官违规的监管政策

第五十三条 首席合规官或者合规官违反本办法规定，情节严重，致使金融机构发生重大违法违规行为或者重大合规风险的，国家金融监督管理总局及其派出机构除依法采取行政处罚或者其他监管措施外，还可以依法责令金融机构调整首席合规官或者合规官；涉嫌犯罪的，依法移送监察机关或者公安机关。

二、理解和学习：首席合规官或合规官违规的责任

首席合规官或合规官作为金融机构合规管理的核心人员，承担着确保金融机构业务运营符合法律法规、监管要求以及内部规章制度的重要职责。然而，一旦首席合规

官或合规官违反了《办法》的规定，并且情节严重，以至于导致金融机构发生了重大违法违规行为或者面临重大合规风险，那么这一行为的后果将是十分严重的。

在这种情况下，国家金融监督管理总局及其派出机构将依据相关法律法规和监管职责，对首席合规官或合规官的违规行为进行严肃处理。除了依法采取行政处罚或其他必要的监管措施外，监管机构还有权依法责令金融机构对首席合规官或合规官进行调整。这种调整可能包括撤换、调岗或其他适当的组织处理措施，以确保金融机构的合规管理工作能够得到有效的改进和加强。

更为严重的是，如果首席合规官或合规官的违规行为涉嫌犯罪，那么监管机构会将其依法移送监察机关或者公安机关进行处理。这意味着，首席合规官或合规官不仅可能面临行政处罚和职业前途的损毁，还可能因为触犯法律承担刑事责任，受到法律的严厉制裁。

因此，首席合规官或合规官必须时刻保持高度的合规意识和责任心，严格遵守相关法律法规和监管要求，确保金融机构的合规管理工作得到有效执行。同时，金融机构也应该加强对首席合规官或合规官的监督和管理，建立健全的合规管理机制，为金融机构的稳健运营和持续发展提供有力的保障。

三、思维导图：首席合规官或合规官违规的责任

为了清晰、直观地展现首席合规官或合规官在违规行为中所需承担的责任，我们特别设计了首席合规官或合规官违规的责任思维导图，如图4-7所示。它以层次分明的方式，详细展示了首席合规官或合规官一旦违反相关规定，可能引发的责任链条及其后果。

首先，图4-7明确指出了责任主体，即首席合规官或合规官违反《办法》的规定。作为金融机构合规管理的关键角色，他们肩负着确保金融机构业务运营合规的重要使命。他们一旦违反了相关规定，就将触发一系列的责任追究机制。

其次，图4-7进一步展示了违规行为的严重程度与所承担责任的对应关系。如果首席合规官或合规官的违规行为情节较轻，可能仅会面临内部的纪律处分或警告。但随着违规情节的加重，他们所承担的责任也将相应增加。

当违规行为达到严重程度，致使金融机构发生重大违法违规行为或重大合规风险时，首席合规官或合规官将面临更为严厉的责任追究。国家金融监督管理总局及其派出机构将依法采取行政处罚或其他监管措施，甚至可能依法责令金融机构调整首席合

规官或合规官的职位。

更为严重的是,如果首席合规官或合规官的违规行为涉嫌犯罪,思维导图也明确指出了这一情况下的处理路径。监管机构会将其依法移送监察机关或者公安机关,由司法机关对其依法追究刑事责任。这意味着,首席合规官或合规官不仅可能失去职位,还可能面临法律的严厉制裁。

图4-7全面、系统地展示了首席合规官或合规官违规行为可能引发的责任链条及其后果。其不仅有助于金融机构和首席合规官、合规官了解违规行为的严重性,也提醒他们要时刻保持合规意识,严格遵守相关法律法规和监管要求,为金融机构的稳健运营和持续发展提供有力保障。

```
首席合规官或合  ┬─ 违规情形 ┬─ 首席合规官或合规官违反《办法》的规定
规官违规的责任  │          ├─ 情节严重
                │          ├─ 致使金融机构发生重大违法违规行为
                │          └─ 致使金融机构发生重大合规风险
                │
                ├─ 监管机构 ┬─ 国家金融监督管理总局
                │          └─ 国家金融监督管理总局派出机构
                │
                ├─ 处罚措施 ┬─ 依法采取行政处罚
                │          └─ 依法采取其他监管措施
                │
                ├─ 特别措施 ── 依法责令金融机构调整首席合规官或者合规官
                │
                └─ 移送机关 ┬─ 涉嫌犯罪,依法移送监察机关
                           └─ 涉嫌犯罪,依法移送公安机关
```

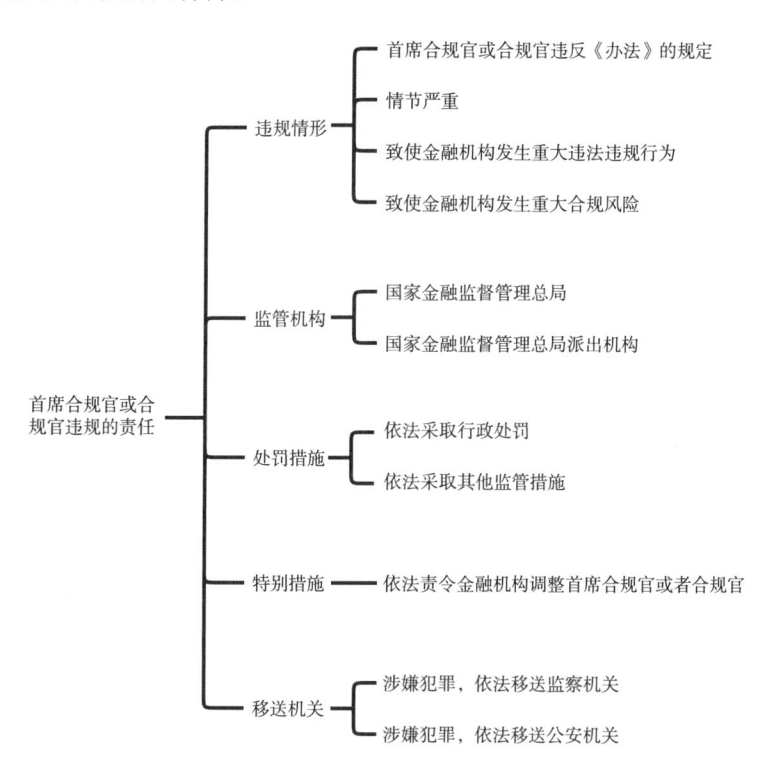

图 4-7 首席合规官或合规官违规的责任思维导图

四、工具:首席合规官或合规官违规的责任检测实施一览表

为了帮助首席合规官或合规官更好地认识和评估自身在履职过程中可能存在的违规风险及相应责任,我们特别设计了首席合规官或合规官违规的责任检测实施一览表,如表4-7所示。

首先,表4-7明确了首席合规官或合规官违规行为的具体表现,这些表现可能包括违反法律法规、监管要求、内部规章制度,或者未能有效履行合规管理职责等。

其次,表4-7设置了评估栏目,首席合规官或合规官可以根据自身的实际情况,对照表4-7中的违规情形和责任后果,对自己的履职情况进行客观、全面的评估。通过这一过程,首席合规官或合规官可以及时发现自身存在的问题和不足,明确改进方向,从而有效提升合规管理水平和风险防控能力。

此外,表4-7还可以作为金融机构内部合规管理的重要参考依据。金融机构可以根据首席合规官或合规官的评估结果,对其履职情况进行监督和评价,及时发现并纠正潜在的违规风险,确保金融机构的合规运营和稳健发展。

表4-7是一个实用、有效的工具,可以帮助首席合规官或合规官更好地认识和评估自身在履职过程中可能存在的违规风险及相应责任,提升合规管理水平和风险防控能力,为金融机构的合规运营和稳健发展提供有力保障。

表4-7 首席合规官或合规官违规的责任检测实施一览表

项目	主题	检测项目	评价已经做到	评价尚未做到
首席合规官或合规官违规的责任	违规情形	首席合规官或合规官违反《办法》的规定		
		情节严重		
		致使金融机构发生重大违法违规行为		
		致使金融机构发生重大合规风险		
	监管机构	国家金融监督管理总局		
		国家金融监督管理总局派出机构		
	处罚措施	依法采取行政处罚		
		依法采取其他监管措施		
	特别措施	依法责令金融机构调整首席合规官或者合规官		
	移送机关	涉嫌犯罪,依法移送监察机关		
		涉嫌犯罪,依法移送公安机关		

五、案例

巴西中央银行对金融机构首席合规官或合规官违规的责任处理

(一) 案例背景

巴西中央银行是巴西金融监管体系的核心机构之一,负责确保巴西金融系统的稳定、效率和发展。作为金融体系的监管者,巴西中央银行的职能包括但不限于货币政策的实施、金融市场的监管以及金融机构合规的监督。根据巴西的法律,金融机构的合规管理工作是金融机构管理架构中举足轻重的一部分,尤其是首席合规官或者合规官的职责至关重要。

金融机构必须根据巴西中央银行的法规和指引,设立专门的合规部门,配备具有相应资质的首席合规官或合规官,负责确保金融机构遵守所有监管规定。这一岗位的主要职责包括确保机构遵守反洗钱、反恐融资、客户尽职调查等一系列合规要求。如果金融机构的合规官未能履行职责,导致发生重大违法违规行为或合规风险,金融监管机构有权采取一系列监管措施。

(二) 首席合规官违规的具体事项与法律责任

在这个案例中,我们关注的是巴西中央银行对金融机构首席合规官或合规官未履行职责,导致发生重大违法违规行为或合规风险的处罚。首席合规官的职责是确保金融机构的所有业务活动符合巴西金融市场的监管要求,并对其合规管理体系的有效性负责。

如果金融机构的首席合规官未能履行合规管理职责,可能会导致如下几种情况:

1. 未及时发现或报告违法违规行为

首席合规官未能及时监控到金融机构内部发生的合规问题,未能根据法律法规要求上报相关监管机构。这种疏忽可能导致金融机构未能及时进行风险整改,进而影响金融体系的稳定。

2. 未有效实施合规政策

合规官未能执行有效的合规政策或未向高层管理人员提供足够的合规建议,导致金融机构在实际操作中存在合规漏洞。例如,金融机构可能未能妥善实施反洗钱政策,未能进行充分的客户背景检查,进而导致洗钱行为的发生。

3. 对合规问题的不当处理

即使在发现合规问题后,合规官未能采取有效的整改措施,甚至未能与监管机构

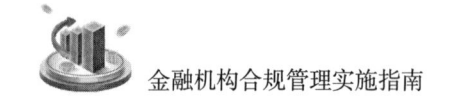

进行及时沟通和汇报。

巴西中央银行的相关规定明确，首席合规官如果未能履行上述责任，监管机构将依据金融机构违法违规行为的性质和严重程度采取相应的处罚措施。这些处罚措施不仅限于罚款、警告或公开批评，还可能要求金融机构调整其合规管理层，甚至对责任人员进行进一步处罚。

（三）巴西中央银行的监管措施

在发现金融机构首席合规官未履行职责或合规管理存在严重疏漏的情况下，巴西中央银行可采取以下几种监管措施。

1. 行政处罚

根据违规行为的情节，巴西中央银行有权对金融机构及其高管处以罚款、警告、通报批评等行政处罚。这些处罚可以单独实施，也可以联合实施，以督促金融机构加强内部控制与合规管理。

2. 整改措施

巴西中央银行可以责令金融机构限期整改，包括但不限于：提升合规管理的能力，要求金融机构增设合规职位，加强合规管理队伍的建设；对违规行为进行整改，确保未来不再发生类似问题；在一定时间内提交整改报告并接受中央银行的检查。

3. 要求更换首席合规官或合规官

如果金融机构的合规官存在严重失职行为，巴西中央银行有权要求金融机构调整其首席合规官或合规官，甚至任命一个新的合规管理团队，以确保机构能够履行合规职责。

4. 情节严重时移送司法机关

如果金融机构及其合规官的行为已经构成犯罪，且危害金融安全的后果较为严重，巴西中央银行会依法将案件移送给司法机关，进一步追究刑事责任。

（四）案例启示

这个案例给金融机构合规管理以及金融监管机构的职责提供了多个启示。

1. 加强合规管理文化建设

从这个案例中可以看出，金融机构必须高度重视合规管理，特别是首席合规官或合规官的角色。金融机构的高级管理层应该设立明确的合规管理目标和标准，并确保合规团队获得足够的资源与支持来履行职责。

2. 加强监管与合作

巴西中央银行在本案例中的监管措施表明，金融机构与监管机构之间的合作至关重要。金融机构不仅需要向监管机构报告潜在的合规风险，还应及时处理和整改已发现的问题。监管机构与金融机构应建立起有效的沟通机制，以确保合规风险得到及时解决。

3. 法律与合规要求的严密性

巴西中央银行对首席合规官的监管措施体现了监管机构对金融机构的高度关注。金融监管法规必须详尽、严密，确保所有金融机构都能够遵守相应的法律规定，避免因合规疏忽造成的法律责任和经济损失。

4. 合规责任的追溯性

从这个案例的处理措施来看，合规责任的追溯性尤为重要。金融机构及其高管需要明确自己在合规管理中的职责，一旦出现失职，责任人必须承担相应后果，既包括金融机构的财务责任，也可能包括个人的行政责任或刑事责任。

通过这些分析，可以看出合规管理不仅是法律要求，还是金融机构稳健运营的基石。巴西中央银行的案例提醒我们，在金融行业，合规问题不容忽视，金融机构应高度重视合规管理层的建设，避免因管理漏洞造成法律风险和声誉损失。

在这一案例中，金融机构的首席合规官或合规官未能履行其职责，导致了严重的合规问题。巴西中央银行采取了一系列的监管措施来处理这一问题，从行政处罚到要求金融机构调整合规管理团队，再到将责任人员移交司法机关，这一系列举措强调了合规管理对金融机构的重要性，以及合规管理人员的责任。这个案例为金融行业提供了深刻的教训，即合规管理不仅是合规官的责任，也是整个金融机构管理层的责任，合规管理失败的后果不仅仅是罚款和批评，更可能是对金融机构声誉的严重损害。

第八节　合规管理有效的从轻、减轻处理

一、合规管理有效的从轻、减轻处理的监管政策

第五十四条　金融机构通过有效的合规管理，主动发现违法违规行为或者合规风险隐患，积极妥善处理，落实责任追究，完善内部控制制度和业务流程，符合法定情形的，国家金融监督管理总局及其派出机构依法可以从轻、减轻处理；情节轻微并及时纠正违法违规行为，没有造成危害后果的，或者仅违反金融机构内部规定的，不予追究责任。

对于金融机构的违法违规行为，首席合规官或者合规官、合规管理部门、合规管

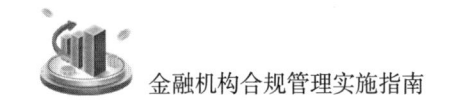

理人员已经按照本办法的规定尽职履责的，不予追究责任。

二、理解和学习：合规管理有效的从轻、减轻处理

金融机构在运营过程中，深知合规管理的重要性，因此致力于构建和完善合规管理体系，以确保业务活动的合法合规。通过实施有效的合规管理，金融机构能够主动发现潜在的违法违规行为或合规风险隐患。一旦发现这些问题，金融机构会立即采取行动，积极妥善地进行处理，确保问题得到及时解决，防止风险进一步扩大。

在处理违法违规行为或合规风险隐患的过程中，金融机构不仅注重问题的纠正，还严格落实责任追究机制。对于相关责任人，金融机构会依据内部规章制度进行严肃处理，以确保责任到位，形成有效的威慑力。同时，金融机构还会针对发现的问题，不断完善内部控制制度和业务流程，堵塞漏洞，防范类似问题的再次发生。

值得注意的是，对于金融机构主动发现并及时纠正违法违规行为，且没有造成危害后果的，或者仅违反金融机构内部规定的情况，国家金融监督管理总局及其派出机构在依法监管的过程中，会充分考虑金融机构的合规管理努力和实际表现，依法可以从轻、减轻处理。这一政策导向旨在鼓励金融机构加强合规管理，主动发现问题、解决问题，降低违法违规行为和合规风险的发生概率。

此外，对于金融机构的违法违规行为，如果首席合规官或者合规官、合规管理部门、合规管理人员已经按照《办法》的相关规定尽职履责，那么他们将不会被追究责任。这一规定充分体现了对合规管理人员的保护和尊重，鼓励他们大胆履职、积极作为，为金融机构的合规管理贡献自己的力量。

综上所述，金融机构通过有效的合规管理，不仅能够主动发现、及时处理违法违规行为和合规风险隐患，还能够完善内部控制制度和业务流程，降低风险发生概率。同时，对于合规管理努力和实际表现突出的金融机构，以及尽职履责的合规管理人员，监管机构将依法给予从轻、减轻处理或不予追究责任的待遇，以激励金融机构和合规管理人员更加积极地参与合规管理，共同维护金融市场的稳定和健康发展。

三、思维导图：合规管理有效的从轻、减轻处理

为了直观、清晰地展示合规管理在金融机构违法违规行为处理中的重要作用，我们特别设计了合规管理有效的从轻、减轻处理思维导图，如图4-8所示。它以结构化的方式，详细阐述了当金融机构通过有效的合规管理，主动发现、及时纠正违法违规行为，并落实责任追究、完善内部控制制度和业务流程时，可能获得的从轻、减轻处

第四章 监督管理与法律责任

理的情形。

图 4-8 首先明确指出了合规管理的目标，强调其是需要通过有效合规管理，主动发现违法违规行为，发现合规风险隐患。其次，它展示了金融机构在合规管理方面的积极作为，包括积极妥善处理违法违规行为，严格落实责任追究机制，以及不断完善内部控制制度和优化业务流程等。

这些积极作为不仅有助于金融机构自身的稳健运营，也为监管机构提供了重要的参考依据。当金融机构能够证明其在合规管理方面已经尽到了应有的责任和义务，且违法违规行为情节轻微、及时纠正并未造成危害后果，或者仅违反金融机构内部规定时，监管机构在依法处理的过程中，会充分考虑金融机构的合规管理努力，依法给予从轻、减轻处理的待遇。

通过图 4-8，我们可以清晰地看到合规管理在金融机构违法违规行为处理中的重要作用，以及金融机构通过有效合规管理可能获得的积极结果。这不仅有助于金融机构更加重视合规管理工作，也激励合规管理人员更加积极地履行职责，共同维护金融市场的稳定和健康发展。

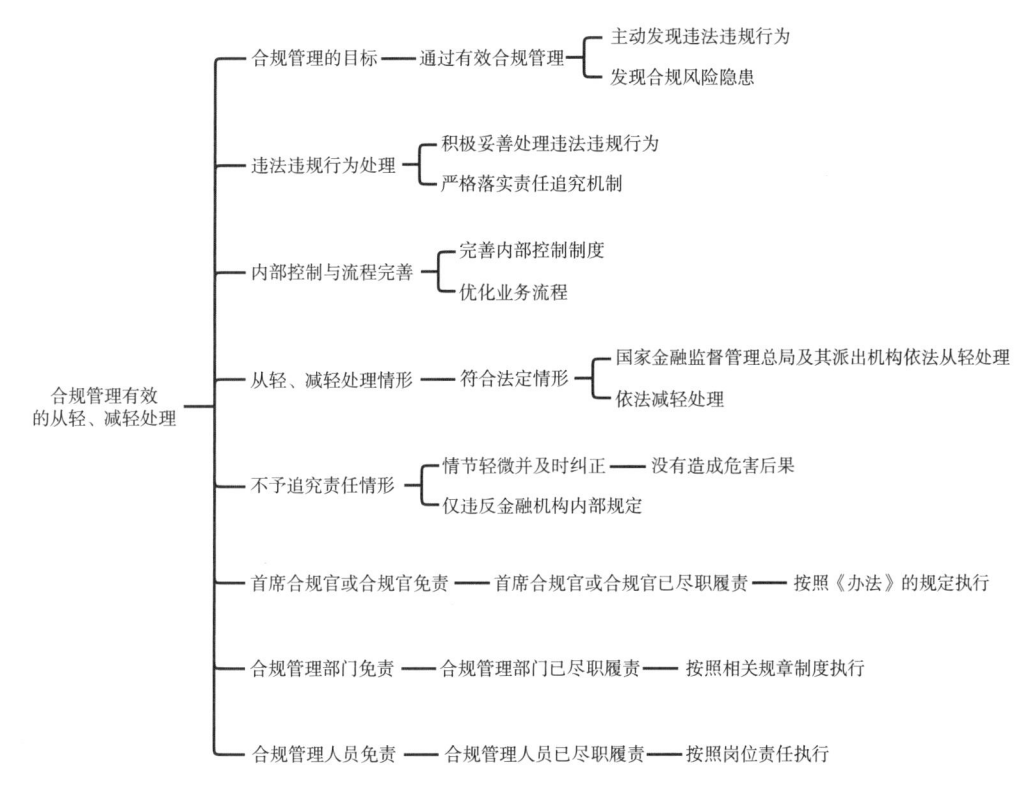

图 4-8 合规管理有效的从轻、减轻处理思维导图

四、工具：合规管理有效的从轻、减轻处理检测实施一览表

为了帮助金融机构更好地评估其在合规管理方面的表现，以及了解在面临违法违规行为时可能获得的从轻、减轻处理情况，我们特别设计了合规管理有效的从轻、减轻处理检测实施一览表，如表 4-8 所示。它详细列出了金融机构在合规管理方面的关键要素，以及这些要素对于获得从轻、减轻处理的影响。

表 4-8 设置了空白项的评估栏目，金融机构可以根据自身的实际情况，对照表格中的关键要素进行逐项评估。通过评估，金融机构可以清晰地了解自己在合规管理方面的优势和不足，以及需要改进的方向。

此外，表 4-8 还与监管机构可能给予的从轻、减轻处理情况相关联。当金融机构在合规管理方面表现良好，符合法定情形时，监管机构在依法处理其违法违规行为时，可能会考虑给予从轻、减轻处理的待遇。因此，通过填写评估表，金融机构可以初步判断自己在面临违法违规行为时可能获得的处理结果。

表 4-8 是一个实用、有效的工具，它可以帮助金融机构更好地评估其在合规管理方面的表现，了解可能获得的从轻、减轻处理情况，从而激励金融机构更加重视合规管理工作，不断提升合规管理水平和风险防控能力。

表 4-8 合规管理有效的从轻、减轻处理检测实施一览表

项目	主题	内容	检测项目	评价已经做到	评价尚未做到
合规管理有效的从轻、减轻处理	合规管理的目标	通过有效合规管理	主动发现违法违规行为		
			发现合规风险隐患		
	违法违规行为处理	处理	积极妥善处理违法违规行为		
		落实	严格落实责任追究机制		
	内部控制与流程完善	完善	完善内部控制制度		
		优化	优化业务流程		
	从轻、减轻处理情形	符合法定情形	国家金融监督管理总局及其派出机构依法从轻处理		
			依法减轻处理		

续表

项目	主题	内容	检测项目	评价已经做到	评价尚未做到
合规管理有效的从轻、减轻处理	不予追究责任情形	情节轻微并及时纠正	没有造成危害后果		
		内部规定	仅违反金融机构内部规定		
	首席合规官或合规官免责	首席合规官或合规官已尽职履责	按照《办法》的规定执行		
	合规管理部门免责	合规管理部门已尽职履责	按照相关规章制度执行		
	合规管理人员免责	合规管理人员已尽职履责	按照岗位责任执行		

五、案例

日本金融厅对金融机构合规管理有效的从轻、减轻处理

（一）案例背景

日本金融厅是日本的金融监管机构，负责监管和指导国内外所有在日本运营的金融机构。其职责包括保护金融消费者利益，维护金融体系稳定，监督金融机构的内部管理与业务合规性。近年来，全球金融行业面临的合规要求不断提高，各类反洗钱、反恐融资、数据保护和环境社会治理合规事项成为金融机构的重点关注领域。

在日本，日本金融厅对金融机构的合规管理要求严格，特别是在反洗钱领域。洗钱问题会严重威胁到国家的金融体系稳定，成为犯罪活动的重要工具，因此金融机构需高度重视反洗钱合规。日本金融厅强调，通过完善内部控制、强化员工培训和提升监控技术，金融机构能够在日常经营中实现合规的"主动发现与处理"，从而避免潜在风险的扩大化。

银行A是日本国内具有重要影响力的大型商业银行，其业务范围涵盖零售银行、企业银行、投资银行、财富管理等。作为行业领先者，银行A在日本和国际金融市场上均占有重要地位。银行A的客户包括个人储户、中小企业、大型跨国企业及政府机构。在这样的复杂业务结构中，银行A一直强调合规管理的重要性，其内部设有专门的合规部门，配备首席合规官和相关合规管理团队，负责监督和执行各类内部控制政策。

2023年，银行A的内部审计部门启动了一项针对分支机构的年度例行审查活动，

发现某区域分行在反洗钱流程中存在多个合规漏洞。这些漏洞集中表现在客户尽职调查不足、可疑交易报告延迟、监控流程自动化不足；部分高风险客户的背景调查未能完成必要的文档核实；对于一些明显异常的大额资金转移，该分行未在规定时限内向日本金融厅或相关执法机构上报；用于检测洗钱活动的交易监控系统存在技术缺陷，导致部分异常交易未被及时识别。这些问题暴露出分行在反洗钱流程上存在重大隐患，可能导致未能及时阻止和报告可疑交易行为。为此，银行 A 迅速展开行动。

（二）银行 A 的应对措施

在问题被发现后，银行 A 总行管理层迅速采取了一系列措施以避免风险进一步扩大，同时表明其积极的合规管理态度。这些措施包括以下几点。

1. 启动内部调查

银行 A 总行成立了由首席合规官牵头的专项调查小组，对涉事分行的反洗钱合规问题进行全面审查。调查小组对该分行近两年的所有交易记录、高风险客户档案和相关业务流程进行了细致梳理，明确问题的来源与责任人。

2. 主动报告与沟通

银行 A 在发现问题后第一时间向日本金融厅报告了这一事件，并提供了详细的初步调查结果。主动汇报问题不仅符合日本金融监管的要求，也体现了银行 A 在面对问题时的透明态度。

3. 制订整改计划

银行 A 在调查结束后，针对暴露出的漏洞制订了详细的整改计划，重点包括修订反洗钱政策、升级监控技术、完善流程时效性；强化对高风险客户的尽职调查要求，规定必须获取和验证客户的核心背景信息（如收入来源、资金用途等）；与第三方技术公司合作，对现有的交易监控系统进行优化，确保其能够识别更复杂的可疑行为模式；将所有交易和客户审查的处理时限缩短至法律要求的最低标准，并引入自动化工具，减少人工延迟。

4. 强化培训与内部沟通

银行 A 发现，部分问题源于员工对反洗钱政策的理解不充分，因此组织了全行范围的合规培训活动。培训内容包括反洗钱法规与反洗钱措施的基础知识、如何识别并处理可疑交易的实际案例分析、使用新交易监控工具的操作指南。

此外，银行 A 要求分行管理层向员工通报此次事件的教训，提升全体员工的合规意识。

5. 设立新机制

银行 A 在整改过程中新增了合规季度汇报、合规审查委员会设立了多项内部监督和沟通机制；要求所有分行每季度向总行提交合规报告，涵盖反洗钱执行情况和可疑交易处理进展；设立独立的内部委员会，对分行的业务进行随机审查，确保任何潜在问题都能被及时发现。

（三）日本金融厅的处理结果

在接收到银行 A 的主动报告和整改计划后，日本金融厅对其合规管理的执行情况进行了详细评估。日本金融厅认为，银行 A 在以下方面表现出积极合规态度。

（1）主动发现问题：银行 A 通过内部审计发现了潜在合规风险，并未隐瞒或试图掩盖问题。

（2）快速反应：在问题曝光后，银行 A 迅速采取了补救措施并制订了全面的整改计划。

（3）完善机制：银行 A 在现有制度的基础上增加了多项合规管理机制，显示出其对持续改进的重视。

基于以上考量，日本金融厅决定对银行 A 从轻处理，采取了以下行动。

（1）未对银行 A 实施行政罚款，仅发布监管建议。

（2）要求银行 A 提交定期整改报告，跟踪其执行进展。

（3）对银行 A 的整改成果进行公开表扬，以鼓励其他金融机构主动加强合规管理。

（四）案例启示

1. 合规管理的主动性至关重要

本案例表明，金融机构应积极构建内部合规机制，主动发现并处理潜在问题，而非依赖监管机构的检查或外部压力推动改进。这不仅能减少实际的风险损失，也能在与监管机构的互动中赢得更多信任。

2. 培养全员合规文化

银行 A 的问题一部分源于员工对反洗钱政策的理解不足。因此，合规文化的建设需从全员教育入手，确保每位员工都能清楚自己的职责，了解如何识别并处理潜在合规问题。

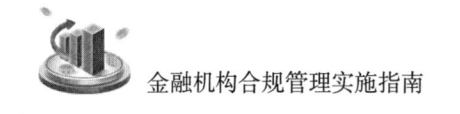

3. 强化技术支持

随着金融犯罪手段日益复杂化，仅靠传统的人工审查已不足以应对合规挑战。金融机构应通过技术升级，例如应用人工智能和大数据分析，提升监控和识别能力。

4. 监管机构的柔性执法

日本金融厅在本案例中采取的从轻处理措施，体现了其对金融机构积极整改态度的认可。这种柔性执法方式不仅能鼓励其他机构效仿银行A的主动性，也能形成良性循环，提升整个行业的合规水平。

5. 持续改进的必要性

金融机构的合规工作不能一劳永逸，而需在实践中不断完善。在面对新的风险和监管要求时，金融机构需始终保持敏感性和灵活性，适时调整合规策略。

通过本案例，日本金融厅展现了其监管的灵活性与包容性，而银行A则展示了主动合规管理的重要性。这一案例不仅为日本的金融行业提供了良好示范，也为其他国家的金融机构提供了宝贵的经验。

本章小结

本章详细阐述了金融机构合规管理中的监督管理与法律责任相关内容。强调了监管机构在合规管理中的监督检查职责和金融机构的报告与配合义务，明确了相关主体在合规管理中的法律责任和从轻、减轻处理的条件。通过本章内容的学习，金融机构和相关主体应充分认识到合规管理的重要性，加强合规管理体系建设，提高合规管理水平，共同维护金融市场的稳定和健康发展。

一、监管机构的监督检查职责

1. 监督检查的必要性

（1）国家金融监督管理总局及其派出机构负责对金融机构的合规管理工作进行监督检查，确保金融机构遵守法律法规和监管要求。

（2）监督检查是维护金融市场秩序、保护投资者利益的重要手段。

2. 监督检查的内容

（1）涵盖金融机构合规管理体系的建设、合规制度的执行情况、合规文化的培育等方面。

（2）监督检查结果将作为金融机构综合评级的重要依据。

3. 监督检查的方式

（1）包括现场检查、非现场监管、风险评估等多种手段。

（2）监管机构将根据实际情况选择适当的监督检查方式。

二、金融机构的报告与配合义务

1. 报告义务

（1）金融机构应及时向监管机构报告重大违法违规行为或重大合规风险隐患。

（2）报告内容应真实、准确、完整，不得隐瞒、谎报或漏报。

2. 配合义务

（1）金融机构应积极配合监管机构的监督检查工作，提供必要的资料和协助。

（2）不得限制、阻挠监管机构依法履行职责。

三、法律责任

1. 金融机构的法律责任

（1）金融机构未履行报告义务或配合义务的，将面临监管机构的处罚。

（2）处罚措施包括警告、罚款、暂停业务、吊销执照等。

2. 董事、高级管理人员的法律责任

（1）董事、高级管理人员未能勤勉尽责，导致金融机构发生重大违法违规行为或重大合规风险的，将依法承担行政责任或刑事责任。

（2）监管机构可依法对其采取警告、罚款、撤销任职资格等处罚措施。

3. 首席合规官或合规官的法律责任

（1）首席合规官或合规官违反规定，情节严重的，将依法承担行政责任或刑事责任。

（2）监管机构可依法责令金融机构调整首席合规官或合规官。

四、合规管理的从轻、减轻处理

1. 从轻、减轻处理的条件

（1）金融机构通过有效的合规管理，主动发现违法违规行为或合规风险隐患，并积极妥善处理、落实责任追究的，可依法从轻或减轻处理。

（2）情节轻微并及时纠正，未造成危害后果的，或仅违反金融机构内部规定的，可不予追究责任。

2. 合规管理人员的免责

首席合规官、合规官、合规管理部门及合规管理人员已尽职履责的，不予追究责任。

五、案例分析

1. 国内外监管案例

（1）通过分析国内外金融监管机构的合规管理案例，展示监管机构在合规管理中的实际操作和效果。

（2）强调合规管理的重要性和必要性。

2. 金融机构合规实践案例

（1）展示金融机构在合规管理中的成功经验和做法。

（2）为其他金融机构提供可借鉴的合规管理模板和思路。

六、总结与展望

随着金融市场的不断发展和监管政策的持续完善，金融机构应继续加强合规管理。监管机构应进一步提高监督检查的效率和准确性，确保金融市场的稳定和健康发展。

第五章

附　则

本书第五章为附则部分，主要对《金融机构合规管理办法》（以下简称《办法》）的适用范围、过渡期安排以及与其他规章文件的衔接等问题进行了规定。该章明确，金融控股公司、农村合作银行等由国家金融监督管理总局及其派出机构监管的金融机构，需参照执行《办法》。对于在《办法》施行前已设置的首席合规官等合规管理人员，可继续履行相关职责，并在过渡期内完成整改以符合《办法》要求。此外，该章节还明确了"以上""以下"等表述均包含本数，并对《办法》的解释权、施行日期及废止的规章文件进行了说明。这些规定确保了《办法》的顺利实施和有效衔接。

第五章 附 则

第一节 其他金融机构参照执行

一、其他金融机构参照执行的监管政策

第五十五条 金融控股公司、农村合作银行、农村信用合作社、外国银行分行、外国再保险公司分公司以及其他由国家金融监督管理总局及其派出机构监管的金融机构根据行业特点和监管要求参照执行。

二、理解和学习：其他金融机构参照执行

金融控股公司、农村合作银行、农村信用合作社、外国银行分行、外国再保险公司分公司以及其他所有由国家金融监督管理总局及其派出机构负责监管的各类金融机构，在遵循金融行业的基本规范与原则的同时，还需根据各自行业的独特性和具体的监管要求，参照执行相关的合规管理与风险控制措施。

具体来说，金融控股公司作为跨行业、跨领域的金融集团，其合规管理需兼顾不同子公司的业务特性和风险状况，确保整体运营的稳健性。农村合作银行和农村信用合作社，作为服务农村、支持农业的重要金融力量，其合规管理需紧密结合农村金融市场的实际情况，保障农民和农业企业的合法权益。

外国银行分行和外国再保险公司分公司，作为国际金融市场的参与者，其在中国境内的运营需严格遵守中国的法律法规和监管要求，同时参照国际通行的金融标准和最佳实践，提升合规管理的国际化水平。

此外，其他由国家金融监督管理总局及其派出机构监管的金融机构，也需根据自身的业务特点和风险情况，制定并执行相应的合规管理制度和流程。这些金融机构应密切关注监管政策的变化，及时调整合规管理策略，确保业务运营的合法合规。

各类金融机构在合规管理方面，既要遵循金融行业的普遍原则，又要根据自身的行业特点和监管要求，制定并执行具体的合规管理措施。通过参照执行相关的合规管理与风险控制措施，金融机构可以有效提升合规管理水平，降低风险发生概率，保障金融市场的稳定和健康发展。

三、思维导图：其他金融机构参照执行

为了更直观地展示其他金融机构在合规管理方面的参照执行路径，我们特别设计

了其他金融机构参照执行思维导图，如图 5-1 所示。它以清晰、有条理的方式，呈现了其他金融机构在遵循金融行业基本规范与原则的基础上，如何根据自身的行业特点、业务模式和监管要求，是否参照执行《办法》。

图 5-1 首先明确了其他金融机构的范畴，包括金融控股公司、农村合作银行、农村信用合作社、外国银行分行、外国再保险公司分公司等各类机构。这些金融机构虽然业务各异，但在合规管理方面都需遵循相同的基本原则和监管要求。

这些金融机构需要密切关注监管政策的变化，及时了解并掌握最新的合规要求。同时，它们还需结合自身的行业特点和业务模式，制定符合自身实际的合规管理制度和流程。在执行过程中，金融机构需确保各项合规措施得到有效落实，并持续监测和评估合规管理的效果。

图 5-1 为我们提供了一个清晰、直观的视角，帮助我们更好地理解其他金融机构在合规管理方面的参照执行路径。通过遵循这一路径，其他金融机构可以有效提升合规管理水平，降低风险发生概率，为金融市场的稳定和健康发展贡献自己的力量。

四、工具：其他金融机构合规管理参照执行检测实施一览表

为了帮助其他金融机构更好地对照监管要求，规范自身合规管理行为，我们特别设计了其他金融机构合规管理参照执行检测实施一览表，如表 5-1 所示。它以表格的形式，详细列出了其他金融机构在合规管理方面是否需要参照《办法》，为金融机构提供了一个全面、系统的自查框架。

金融机构可以根据自身实际情况，对照表 5-1 中的项目，逐一进行排查和评估。通过自查，金融机构可以及时发现自身是否适合此合规管理要求，查找自身存在的问题和不足，明确改进方向，并采取相应的措施加以完善。

此外，表 5-1 还注重实用性和可操作性。表格中的自查项目具体、明确，便于金融机构进行实际操作。同时，该表还提供了相应的填写空白项，帮助金融机构更准确地评估自身的合规管理是否适合，并为后续的改进和提升提供参考。

表 5-1 是一个实用、有效的工具，可以帮助其他金融机构更好地对照监管要求，规范自身合规管理行为，提升合规管理水平，降低风险发生概率，为金融市场的稳定和健康发展贡献自己的力量。

第五章 附 则

```
其他金融机构参照执行
├─ 金融控股公司
│  ├─ 定义与范围
│  │  ├─ 金融控股公司的界定
│  │  └─ 涵盖的子公司类型
│  ├─ 行业特点
│  │  ├─ 跨行业经营
│  │  ├─ 资本管理复杂性
│  │  └─ 风险管理需求
│  ├─ 监管要求
│  │  ├─ 资本充足率
│  │  ├─ 风险管理机制
│  │  └─ 内部交易监控
│  └─ 参照执行
│     ├─ 遵循的具体规定
│     ├─ 提交报告与数据
│     └─ 配合监管检查
├─ 农村合作银行
│  ├─ 定义与范围
│  │  ├─ 农村合作银行的定义
│  │  └─ 服务对象与地域
│  ├─ 行业特点
│  │  ├─ 服务农村经济
│  │  ├─ 以信贷业务为主
│  │  └─ 地方政府支持
│  ├─ 监管要求
│  │  ├─ 风险承受能力
│  │  ├─ 贷款政策执行
│  │  └─ 内部控制与审计
│  └─ 参照执行
│     ├─ 适用的监管标准
│     ├─ 报告与数据提交
│     └─ 监管沟通与协作
├─ 农村信用合作社
│  ├─ 定义与范围
│  │  ├─ 农村信用合作社的界定
│  │  └─ 成员构成与服务
│  ├─ 行业特点
│  │  ├─ 基层金融服务
│  │  ├─ 以小额信贷为主
│  │  └─ 地域性经营
│  ├─ 监管要求
│  │  ├─ 资本充足性
│  │  ├─ 信贷风险管理
│  │  └─ 合作社治理
│  └─ 参照执行
│     ├─ 监管政策的适应性
│     ├─ 定期报告与审计
│     └─ 监管培训与指导
├─ 外国银行分行
│  ├─ 定义与范围
│  │  ├─ 外国银行分行的设立
│  │  └─ 业务范围与限制
│  ├─ 行业特点
│  │  ├─ 跨国金融服务
│  │  ├─ 跨境资金流动
│  │  └─ 国际监管合作
│  ├─ 监管要求
│  │  ├─ 资本与流动性
│  │  ├─ 风险隔离与报告
│  │  └─ 反洗钱与合规
│  └─ 参照执行
│     ├─ 遵循的监管框架
│     ├─ 提交的资料与数据
│     └─ 监管协调与沟通
├─ 外国再保险公司分公司
│  ├─ 定义与范围
│  │  ├─ 外国再保险公司分公司的设立
│  │  └─ 再保险业务类型
│  ├─ 行业特点
│  │  ├─ 全球风险分散
│  │  ├─ 技术与服务专业性
│  │  └─ 国际再保险市场联系
│  ├─ 监管要求
│  │  ├─ 偿付能力
│  │  ├─ 再保险合约管理
│  │  └─ 跨境交易监控
│  └─ 参照执行
│     ├─ 适用的监管标准
│     ├─ 定期报告与审计
│     └─ 监管合作与交流
└─ 国家金融监督管理总局及其派
   出机构监管的其他金融机构
   ├─ 金融机构类型
   │  ├─ 信托公司
   │  ├─ 租赁公司
   │  └─ 消费金融公司等
   ├─ 行业特点
   │  ├─ 特定业务领域
   │  ├─ 复杂的金融产品
   │  └─ 风险管理需求
   ├─ 监管要求
   │  ├─ 业务合规性
   │  ├─ 风险管理机制
   │  └─ 资本与流动性管理
   └─ 参照执行
      ├─ 具体的监管政策
      ├─ 监管沟通与协作
      └─ 监管培训与指导
```

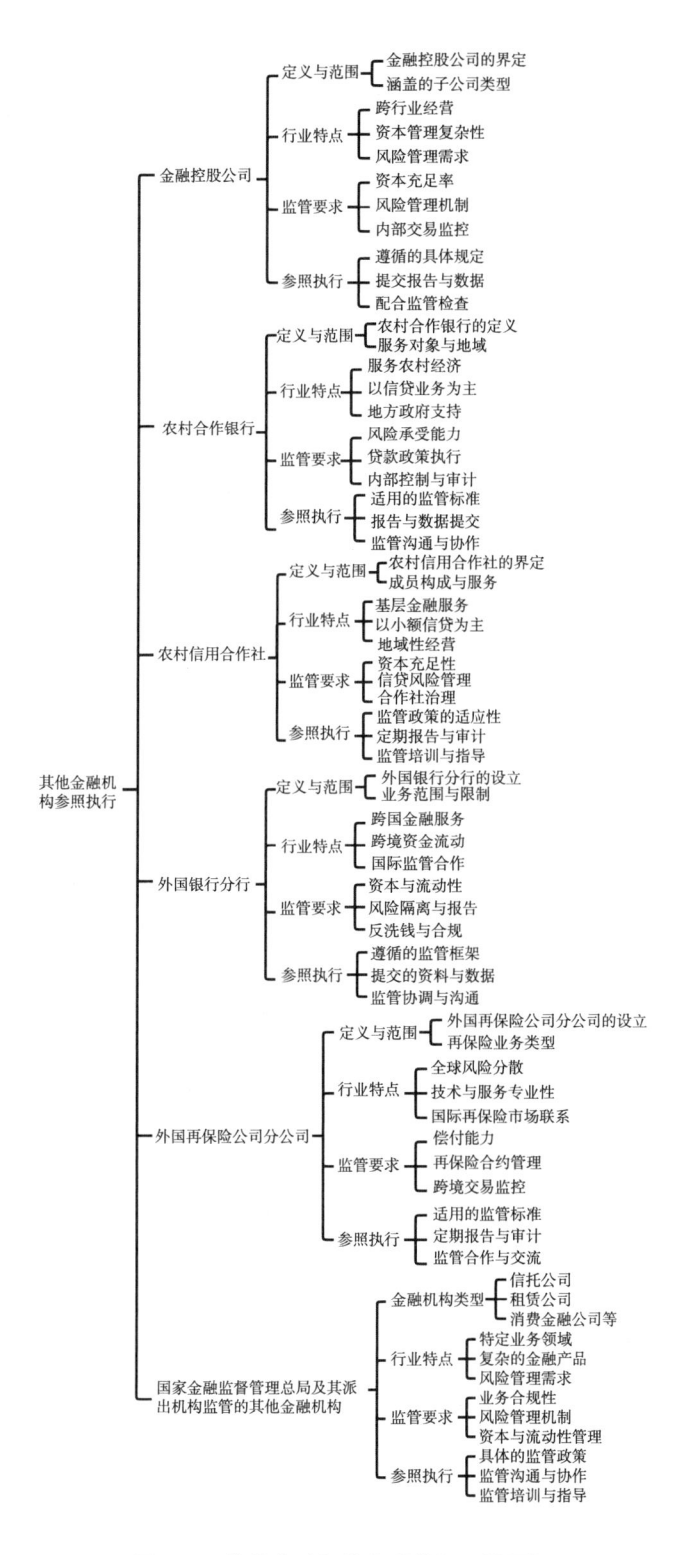

图 5-1 其他金融机构参照执行思维导图

表 5-1　其他金融机构合规管理参照执行检测实施一览表

项目	主题	内容	检测项目	评价属于此类	评价不属于此类
其他金融机构参照执行	金融控股公司	定义与范围	金融控股公司的界定		
			涵盖的子公司类型		
		行业特点	跨行业经营		
			资本管理复杂性		
			风险管理需求		
		监管要求	资本充足率		
			风险管理机制		
			内部交易监控		
		参照执行	遵循的具体规定		
			提交报告与数据		
			配合监管检查		
	农村合作银行	定义与范围	农村合作银行的定义		
			服务对象与地域		
		行业特点	服务农村经济		
			以信贷业务为主		
			地方政府支持		
		监管要求	风险承受能力		
			贷款政策执行		
			内部控制与审计		
		参照执行	适用的监管标准		
			报告与数据提交		
			监管沟通与协作		

续表

项目	主题	内容	检测项目	评价属于此类	评价不属于此类
其他金融机构参照执行	农村信用合作社	定义与范围	农村信用合作社的界定		
			成员构成与服务		
		行业特点	基层金融服务		
			以小额信贷为主		
			地域性经营		
		监管要求	资本充足性		
			信贷风险管理		
			合作社治理		
		参照执行	监管政策的适应性		
			定期报告与审计		
			监管培训与指导		
	外国银行分行	定义与范围	外国银行分行的设立		
			业务范围与限制		
		行业特点	跨国金融服务		
			跨境资金流动		
			国际监管合作		
		监管要求	资本与流动性		
			风险隔离与报告		
			反洗钱与合规		
		参照执行	遵循的监管框架		
			提交的资料与数据		
			监管协调与沟通		

续表

项目	主题	内容	检测项目	评价属于此类	评价不属于此类
其他金融机构参照执行	外国再保险公司分公司	定义与范围	外国再保险公司分公司的设立		
			再保险业务类型		
		行业特点	全球风险分散		
			技术与服务专业性		
			国际再保险市场联系		
		监管要求	偿付能力		
			再保险合约管理		
			跨境交易监控		
		参照执行	适用的监管标准		
			定期报告与审计		
			监管合作与交流		
	国家金融监督管理总局及其派出机构监管的其他金融机构	金融机构类型	信托公司		
			租赁公司		
			消费金融公司等		
		行业特点	特定业务领域		
			复杂的金融产品		
			风险管理需求		
		监管要求	业务合规性		
			风险管理机制		
			资本与流动性管理		
		参照执行	具体的监管政策		
			监管沟通与协作		
			监管培训与指导		

五、案例

硅谷银行倒闭事件对美国联邦储备系统的监管启示

（一）案件背景

2023年3月10日，美国硅谷银行宣布倒闭，成为美国历史上第二大银行倒闭事件。这一事件不仅震惊了金融市场，也对全球的科技行业、风险投资界及金融监管体系产生了深远影响。硅谷银行的倒闭暴露了其在流动性管理、风险控制、资本充足性等多个方面的严重问题，同时也暴露了美国联邦储备系统（以下简称美联储）和其他监管机构在对其监管过程中存在的疏漏。

（二）硅谷银行介绍

硅谷银行成立于1983年，总部位于美国加利福尼亚州，是一家专注于为科技公司、创业公司、风险投资公司、私募股权公司以及生命科学行业提供银行服务的金融机构。硅谷银行的业务模式依赖其与科技领域的紧密联系，客户群体主要包括初创企业、风投公司及一些大型科技企业。在其巅峰时期，硅谷银行成为全球风险投资、科技创新等领域的关键金融支持平台。

硅谷银行的业务非常依赖科技行业的快速增长，尤其是在"硅谷"这样的科技创新中心。然而，随着全球经济增长放缓、利率上升以及风险投资市场的衰退，硅谷银行的核心业务受到了巨大的冲击。此外，硅谷银行的客户群体大多是高风险、高回报的科技公司和初创企业，这使它的业务更加波动。

（三）监管事项

硅谷银行的倒闭引发了关于美联储及其他监管机构在其监管过程中失职的讨论。硅谷银行倒闭背后的主要监管事项及其启示如下。

1. 流动性风险管理不足

硅谷银行倒闭的关键原因主要源于其流动性危机。硅谷银行大约一半的资产投资于长期债务工具，尤其是美国国债和政府担保的证券，而这些投资在利率上升的背景下面临了巨大的市场价值损失。硅谷银行在2008年国际金融危机后采取了类似的投资策略，但当时的低利率环境为这些投资提供了相对安全的回报。然而，当美联储开始加息时，这些长期债务的市场价值迅速缩水。

硅谷银行客户的大多数存款来自风险投资和科技公司，这些客户非常依赖市场和行业资金流的变化。2022年下半年以来，科技行业和初创公司面临资金紧张，许多客户开始大量提款。硅谷银行未能有效应对这些提款需求，从而引发了银行的资金链断裂。

美联储作为美国的金融监管机构，应当在多个层面采取措施来识别、监督和应对硅谷银行所面临的流动性风险。尽管美联储采取了部分措施来提高监管标准，但硅谷银行未能有效评估其资产负债表的风险敞口，尤其是在全球利率上升的背景下。美联储对硅谷银行的监管未能及时发现其资本充足性和流动性管理的问题，导致银行出现了挤兑危机。

2. 资本充足性监管的缺失

在美联储的监管框架中，资本充足性是一个重要指标，它反映了银行在面临突发事件或市场压力时的承受能力。硅谷银行的资本结构相对脆弱，尤其在风险资产上有较高的敞口。硅谷银行长期持有大量的低利率环境下购买的长期国债，导致当利率上升时，其资产的市值出现大幅缩水。

尽管美联储定期要求银行进行压力测试，但硅谷银行未能通过压力测试应对不同经济环境的挑战。尤其是在经济衰退或利率快速上升的情境下，硅谷银行未能有效对其风险敞口进行调整。这表明美联储在监管时可能未能充分考虑到硅谷银行的特定风险因素，导致其资本充足性的评估存在疏漏。

3. 市场监管与风险沟通不足

硅谷银行倒闭的另一个关键原因是缺乏有效的市场监管和沟通。当硅谷银行的客户开始大量提款时，监管机构和硅谷银行未能及时有效地向市场发布关于银行稳健性和流动性状况的准确信息。加之硅谷银行的存款主要来自一些高风险行业，其客户群体的高度集中使银行在客户信心丧失时容易发生挤兑危机。

美联储和其他监管机构应当在这一过程中发挥更为主动的作用，特别是在处理信息披露和市场沟通方面。监管机构应加强对银行的实时监控，及时发现潜在的流动性危机，并通过公开透明的方式与市场沟通，防止市场恐慌和不必要的风险蔓延。

（四）案例启发

硅谷银行的倒闭为美联储及全球金融监管体系在以下几个方面提供了深刻的启示。

1. 加强流动性风险监管

美联储和其他监管机构应加强对银行流动性风险的监管，特别是对于那些面临高度市场波动的机构。硅谷银行在面对存款客户的集中提款时，未能迅速调动流动性资源，而美联储应在银行的流动性管理中起到更有效的引导作用。

2. 资本充足性要求与压力测试的增强

美联储应加强对银行资本充足性的监管，并在压力测试中加入更多的现实情境分析，尤其是在利率上升、市场不确定性增加的背景下。硅谷银行未能在压力测试中发现其投资组合的巨大风险，这也反映出美联储在进行监管时的某些不足。

3. 对新兴行业银行的专门监管

硅谷银行的客户主要集中在风险投资、科技行业等高风险、高回报领域，这使银行面临较高的不确定性。美联储和其他监管机构需要针对这种行业特性，制定专门的监管规则，对风险较大的金融机构进行特别监管，以防止类似事件的发生。

4. 透明的信息披露和市场沟通

金融机构和监管机构应加强信息披露和市场沟通的透明度。当银行面临危机时，及时、透明的沟通能够帮助缓解市场恐慌，减少金融系统的不稳定性。美联储应确保所有金融机构都遵守严格的信息披露要求，确保市场能够及时了解银行的流动性状况和资本充足性。

（五）结语

硅谷银行的倒闭事件深刻揭示了金融监管体系中的不足，尤其是在流动性管理、资本充足性和市场透明度方面的缺陷。美联储作为美国金融监管的核心机构，应从这次事件中吸取教训，加强对银行流动性风险、资本充足性以及市场沟通的监管，确保金融系统在面对未来的挑战时能够保持稳定和韧性。同时，金融机构也应加强风险管理，尤其是在面对高波动行业的客户时，确保其资本充足性和流动性足够应对不确定的市场环境。

第二节　已设置合规管理人员过渡期安排

一、已设置合规管理人员过渡期安排的监管政策

第五十六条　本办法施行前，金融机构和其省级分支机构或者一级分支机构已设置的首席合规官、合规总监、合规负责人、作为高级管理人员的总法律顾问，可以履行本办法规定的首席合规官、合规官各项职责。上述人员工作调动前，不受本办法规定的任职条件限制，不需要重新取得国家金融监督管理总局或者其派出机构核准的任

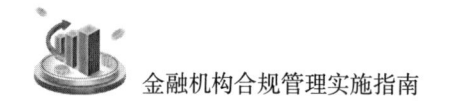

职资格。

二、理解和学习：已设置合规管理人员过渡期安排

《办法》在正式施行之前，对于金融机构及其省级分支机构或者一级分支机构中已经设置的首席合规官、合规总监、合规负责人以及担任高级管理人员的总法律顾问进行了明确的规定和认可。这些人员在《办法》施行前就已经在金融机构中肩负着合规管理的重要职责，他们不仅具备深厚的合规专业知识和丰富的实践经验，还是金融机构合规文化建设和风险防控的关键推动者。

根据《办法》的相关规定，上述人员可以继续履行首席合规官、合规官的各项职责。这一规定充分考虑了金融机构合规管理的连续性和稳定性，确保了合规管理工作的无缝衔接和顺利推进。他们将继续按照原有的工作方式和流程，运用自己的专业知识和经验，为金融机构的合规管理提供有力的支持和保障。

同时，《办法》还进一步明确了在上述人员工作调动前，他们不受《办法》规定的任职条件限制。这一规定充分体现了对已有合规管理人员的尊重和信任。即使《办法》对首席合规官、合规官的任职条件提出了新的要求，但对于这些已经在职的人员来说，他们并不需要重新满足这些条件，也不需要重新取得国家金融监督管理总局或者其派出机构核准的任职资格。这一灵活的规定，既保证了金融机构合规管理工作的顺利进行，也激发了合规管理人员的积极性和创造力。

综上所述，《办法》对于金融机构中已经设置的首席合规官、合规总监、合规负责人以及担任高级管理人员的总法律顾问，给予了充分的认可和肯定。他们可以继续履行自己的职责，为金融机构的合规管理贡献力量。这一规定有助于保持金融机构合规管理工作的连续性和稳定性，推动金融机构合规管理水平的不断提升。

三、思维导图：已设置合规管理人员过渡期安排

为了清晰展现金融机构在已设置合规管理人员的情况下的过渡期安排，我们特别设计了已设置合规管理人员过渡期安排思维导图，如图5-2所示。它以直观、系统的方式，呈现了金融机构在合规管理人员调整或制度变更期间，如何确保合规管理工作的连续性和稳定性所做出的过渡性安排。

图5-2首先明确了已设置的合规管理人员，包括首席合规官、合规总监、合规负责人和作为高级管理人员的总法律顾问等关键角色，他们在金融机构中承担着重要的

合规管理职责。为了确保合规管理工作的无缝衔接,金融机构会制订详细的过渡期计划,明确各位合规管理人员的职责范围、工作交接流程以及时间安排。

此外,图 5-2 还突出了过渡期期间的关键节点和注意事项。金融机构需要密切关注合规管理人员的变动情况,及时调整合规管理策略,确保合规工作的顺利进行。

图 5-2 为金融机构提供了一个清晰、系统的过渡期安排框架,有助于确保合规管理工作的连续性和稳定性,为金融机构的稳健发展提供有力保障。

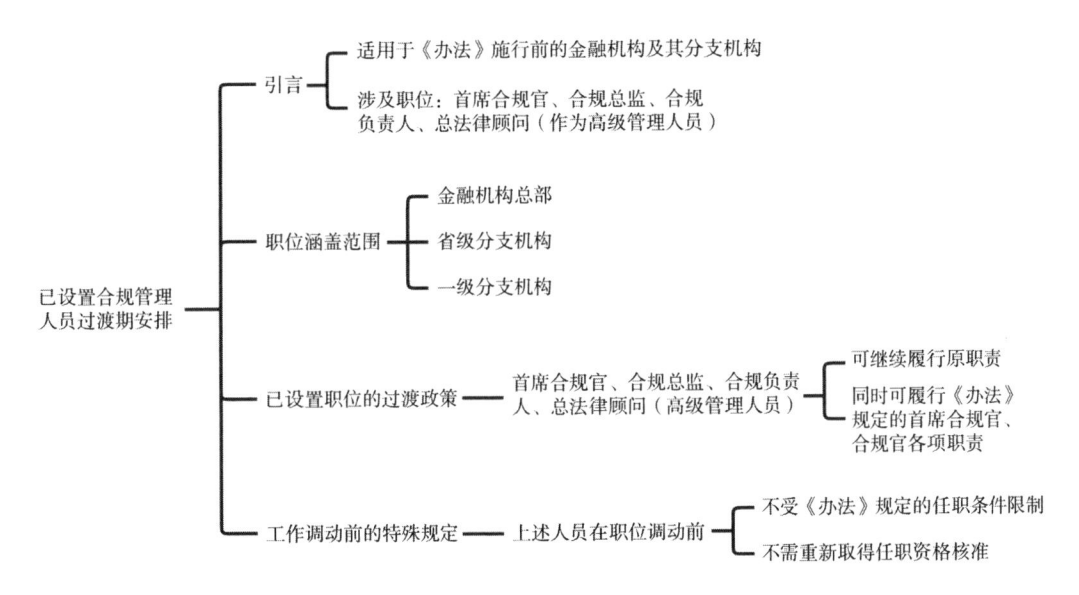

图 5-2 已设置合规管理人员过渡期安排思维导图

四、工具:已设置合规管理人员过渡期安排检测实施一览表

为了有效管理和规划已设置合规管理人员在过渡期的工作安排,我们特别设计了已设置合规管理人员过渡期安排检测实施一览表,如表 5-2 所示。

表 5-2 首先明确了过渡期的起始时间和结束时间,以及涉及的关键合规管理人员岗位,如首席合规官、合规总监、合规负责人等。

此外,表 5-2 还考虑了过渡期可能遇到的风险和挑战,并提前制定了相应的应对措施和预案。这样,一旦出现问题,金融机构可以迅速反应,及时调整计划,确保合规管理工作的顺利进行。

表 5-2 是一个实用、有效的工具,它能够帮助金融机构在合规管理人员调整或制

度变更期间，确保合规管理工作的连续性和平稳过渡，为金融机构的稳健发展提供有力支持。

表 5-2 已设置合规管理人员过渡期安排检测实施一览表

项目	主题	内容	检测项目	评价符合	评价不符合
已设置合规管理人员过渡期安排	引言	《办法》施行前	适用于《办法》施行前的金融机构及其分支机构		
		涉及职位	首席合规官、合规总监、合规负责人、总法律顾问（作为高级管理人员）		
	职位涵盖范围	总部	金融机构总部		
		分支	省级分支机构		
		一级分支	一级分支机构		
	已设置职位的过渡政策	首席合规官、合规总监、合规负责人、总法律顾问（高级管理人员）	可继续履行原职责		
			同时可履行《办法》规定的首席合规官、合规官各项职责		
	工作调动前的特殊规定	上述人员在职位调动前	不受《办法》规定的任职条件限制		
			不需重新取得任职资格核准		

五、案例

G 银行事件对美国联邦存款保险公司的监管启示

（一）金融机构介绍

G 银行成立于 20 世纪初，是一家中型区域性银行，总部位于美国密歇根州。多年来，银行通过提供传统的储蓄账户、商业贷款和个人住房贷款等服务，逐步发展成为地区性金融服务的主力军。银行的战略重点是面向个人消费者及中小企业，尤其在房屋贷款和小型企业融资方面取得了显著成绩。

然而，随着 2008 年国际金融危机的爆发，G 银行的经营环境发生了剧变。由于美国房地产市场的崩溃，银行的贷款业务面临重大压力，尤其是在高风险的次贷业务上。银行大量的房贷投资在房价暴跌后遭遇违约，导致其资产质量严重恶化。G 银行开始感受到资本链的紧张，贷款损失迅速增加，银行经营风险进一步加剧。

截至2015年，G银行未能有效化解资本不足和资产负债表上的不良贷款问题。监管机构在多次检查中发现，银行未能按时增加资本充足率，并且存在着较高的流动性风险。最终，2017年，G银行因资金链断裂和监管不足被美国联邦存款保险公司接管，成为当时美国区域性银行中最大的倒闭案件之一。

（二）美国联邦存款保险公司的监管框架

美国联邦存款保险公司是负责保护存款人并监管国家银行和联邦储蓄机构的独立联邦机构。其主要职能包括以下几方面。

（1）存款保险。美国联邦存款保险公司为银行存款提供保险，可保障每个账户持有人最高25万美元的存款安全。这一保险制度旨在防止银行倒闭时存款人遭受严重损失。

（2）资本充足性监管。美国联邦存款保险公司要求金融机构保持足够的资本，以应对潜在的财务危机。资本充足率是银行财务健康状况的一个关键指标，能够反映银行是否有足够的资金来吸收贷款损失和其他负担。

（3）风险管理与合规性检查。美国联邦存款保险公司负责监督银行的信贷质量、流动性状况以及内部管理体系的合规性。监管过程中，其会检查银行是否遵守银行法、反洗钱法，以及其他适用的金融法律法规。

（4）压力测试与风险评估。美国联邦存款保险公司还会定期对银行进行压力测试，以预测银行在极端经济环境下的表现，并要求银行根据测试结果进行调整，以增强金融机构的抗风险能力。

（5）接管破产银行并保障存款人利益。当银行破产或面临系统性风险时，美国联邦存款保险公司会及时接管并尽最大努力保障存款人的利益，通常通过管理银行资产的出售或转移等方式尽量减少损失。

（三）G银行的监管过程与失误

1. 资本充足性问题：监管迟缓导致恶化

G银行的问题之一是其资本充足率不足，尤其是在其资产质量开始恶化后。银行的贷款组合中，包含大量与房地产相关的高风险贷款。这些贷款的违约率随着房地产市场崩盘而激增，造成银行面临巨大的财务压力。根据美国联邦存款保险公司的要求，银行必须保持一定比例的资本充足率，以应对突发的损失。

2008年金融危机爆发后，美国联邦存款保险公司对G银行的检查发现，银行的资本充足率急剧下降，已经接近监管最低要求。然而，美国联邦存款保险公司并未立即采取强制性的监管措施，直到2015年银行的资本出现严重赤字时，监管机构才开始对其加大监管力度，并要求其进行资本注入。

尽管美国联邦存款保险公司多次要求G银行增加资本或进行资产重组，但银行管理层并未积极采取措施，未能及时增加资本缓冲。此时，监管机构应当采取更为果断的措施，例如要求银行执行资本重组或资产剥离等，然而监管的滞后和银行管理层的拖延导致了资本问题的进一步恶化，最终为其破产埋下伏笔。

2. 贷款质量监管失误：高风险贷款未得到有效控制

G银行在房地产贷款领域的过度暴露也是其破产的原因之一。尽管美国联邦存款保险公司在对银行进行的定期检查中发现了贷款质量问题，特别是次贷贷款的高违约率，但监管机构并未及时采取有效措施要求银行减少风险敞口。尤其是银行未能及时清理不良贷款，导致其贷款组合中积累了大量违约资产。

美国联邦存款保险公司应当对G银行的高风险贷款进行更加严格的审查，并要求银行采取措施，如减少贷款额度、提高风险管理要求或增加贷款准备金。然而，银行未能有效回应监管要求，未能及时削减风险敞口，反而在金融危机期间继续进行高风险的贷款扩张，导致其违约率大幅攀升。

3. 流动性危机管理不足：资金链断裂

在G银行面临财务压力时，银行未能有效管理其流动性。2016年，银行开始出现存款流失，流动性状况急剧恶化。美国联邦存款保险公司发出预警，要求银行改善流动性管理，确保能够在短期内应对资金需求。然而，G银行未能及时加强现金流管理，未能有效稳定存款人信任，导致存款进一步流失。

在这种情况下，监管机构应当更早介入，要求银行采取额外的流动性风险防范措施，如提高现金储备、引入外部资本或加强资金流动性监控。遗憾的是，美国联邦存款保险公司的干预未能阻止银行资金流失的加剧，最终导致银行因流动性问题和资本问题陷入破产困境。

4. 管理层失职与监管机构未能充分干预

G银行的管理层未能有效应对银行面临的财务危机和风险敞口，在多次监管检查中未能真正采取措施解决问题。虽然美国联邦存款保险公司多次要求银行采取积极的调整措施，包括资本注入、贷款重组和提高风险控制，但管理层的反应迟缓，未能积极应对监管机构的要求。

美国联邦存款保险公司的监督机构在银行危机中的反应较为滞后。监管机构应当在银行资产负债表出现不良资产时，立即采取强有力的措施，包括要求银行进行资产剥离、增加资本缓冲等，而不是等到问题进一步加剧。在 G 银行的案例中，监管未能及时介入并采取必要的预防措施，造成了银行最终走向破产。

(四) 案例启发与教训

1. 加强资本充足性要求和资本监控

G 银行的破产暴露出其资本充足性监管存在的重大缺陷，说明在金融危机时期，银行的资本需求可能急剧上升。美国联邦存款保险公司应建立实时监控系统，对银行资本充足率进行动态跟踪，及时预警潜在的资金短缺风险。监管机构应要求银行在经济景气时主动增加资本储备，以便在遇到大规模违约风险时能够保持足够的资金缓冲。例如，某银行在经济下行前通过内部风险评估主动增加了资本储备，在随后的市场动荡中，其资本充足率保持在安全区间，成功抵御了违约冲击，避免了在类似事件中破产的风险。

2. 严格审查贷款质量和风险管理

金融机构，特别是在高风险市场的贷款业务中，容易出现不良贷款风险。监管机构应要求银行对高风险贷款进行更为严格的审查，采用多维度评估模型来降低不良贷款比例。银行需要加大对风险管理系统的投入，建立快速反应机制，确保一旦出现潜在违约情况，能及时采取措施防止损失扩大。例如，某银行在对房地产贷款进行审查时，通过引入第三方信用评级和内部风险评估模型，提前识别出部分贷款存在隐患，并及时进行风险化解，从而避免了违约风险扩散，保护了银行资产安全。

3. 强化流动性管理和预警机制

面对市场波动和流动性风险，银行需要采取积极措施防止存款流失和资金链断裂。美国联邦存款保险公司应要求银行建立全面的流动性管理系统，确保资金流动状况实时可控。在市场不确定性增大时，监管机构应密切监控银行流动性，并提前启动预警和干预机制，防止银行陷入偿付危机。在一次突发的市场波动中，一家银行由于提前部署了流动性监控系统，迅速检测到资金流出异常，通过及时调拨短期融资，成功缓解了流动性压力，规避了潜在的流动性危机。

4. 监管机构需加快响应并加强干预

G 银行的破产案例表明，监管机构的响应速度和干预力度直接决定了银行能否稳定运营。美国联邦存款保险公司应在银行出现财务风险迹象时，迅速采取包括资本注入和资产重组在内的救助措施，帮助银行渡过难关。并应通过明确管理层的责任，确保银行一旦出现问题，监管机构能及时介入并实施必要的救助政策，防止因管理层失误导致银行走向破产。在某次银行风险暴露时,监管机构迅速启动紧急响应程序,通过临时资本注入和资产重组,使银行在短时间内恢复正常运营,避免了破产事件的发生,同时也为整个金融体系赢得了宝贵的稳定期。

G 银行的破产案例给监管部门敲响了警钟,提醒其必须加强资本充足性监控、严格贷款审查、强化流动性管理,并要求监管机构在风险出现时能够迅速响应、果断干预。上述启示和实践案例为其他金融机构和监管机构提供了重要借鉴,帮助它们在未来应对类似风险时行动更加从容,措施更加有效。

第三节　条文中"以上""以下"含义

一、条文中"以上""以下"含义的监管政策

第五十七条　本办法所称"以上""以下"均包含本数。

二、理解和学习:条文中"以上""以下"含义

《办法》在表述中,对"以上"和"以下"这两个词汇的含义进行了明确且具有包容性的界定。具体而言,"以上"一词,在《办法》的语境下,不仅指代着某一数值或标准的直接上限之上,还特别地包含了这个数值或标准本身。同样地,"以下"一词,也并非仅仅局限于某一数值或标准的直接下限之下,而是将这个数值或标准本身也纳入其中。

这样的界定方式,体现了《办法》在制定过程中的严谨性和周全性。它确保了在执行过程中,对于涉及数值或标准范围的条款,能够有一个清晰、明确的解释和执行依据。无论是"以上"还是"以下",都明确地包含了本数,避免了因理解差异或解释歧义导致的执行困扰或纠纷。

因此,《办法》对"以上"和"以下"的界定,不仅简洁明了,而且具有高度的实用性和可操作性。它确保了《办法》在执行过程中的准确性和公正性,为相关各方提供了明确、一致的执行标准。

三、思维导图:条文中"以上""以下"的含义

为了更直观地解释和阐明本条文中"以上"和"以下"这两个词汇的具体含义,

我们特别设计了条文中"以上""以下"的含义解释图,如图 5-3 所示。它以清晰、简洁的方式,向读者展示了这两个词汇在条文语境下的确切范围。

如图 5-3 所示,"以上"一词被明确解释为不仅包含某一数值或标准的直接上限之上,还特别地包括了这个数值或标准本身。这意味着,当条文中出现"以上"时,我们应将这个数值或标准也纳入考虑范围,而不仅仅是其上方的数值或标准。

同样,图 5-3 中的"以下"一词也被详细解释为不仅局限于某一数值或标准的直接下限之下,而是将这个数值或标准本身也包含在内。这确保了我们在理解和执行条文时,能够准确地把握"以下"所涵盖的范围,避免因为理解偏差导致的误解或执行错误。

通过图 5-3,我们可以更加清晰地理解条文中"以上"和"以下"的含义,确保在执行过程中能够准确无误地遵守条文的规定。其不仅提高了条文的可读性和易理解性,还为我们提供了直观、明确的执行依据,有助于条文的准确实施和有效执行。

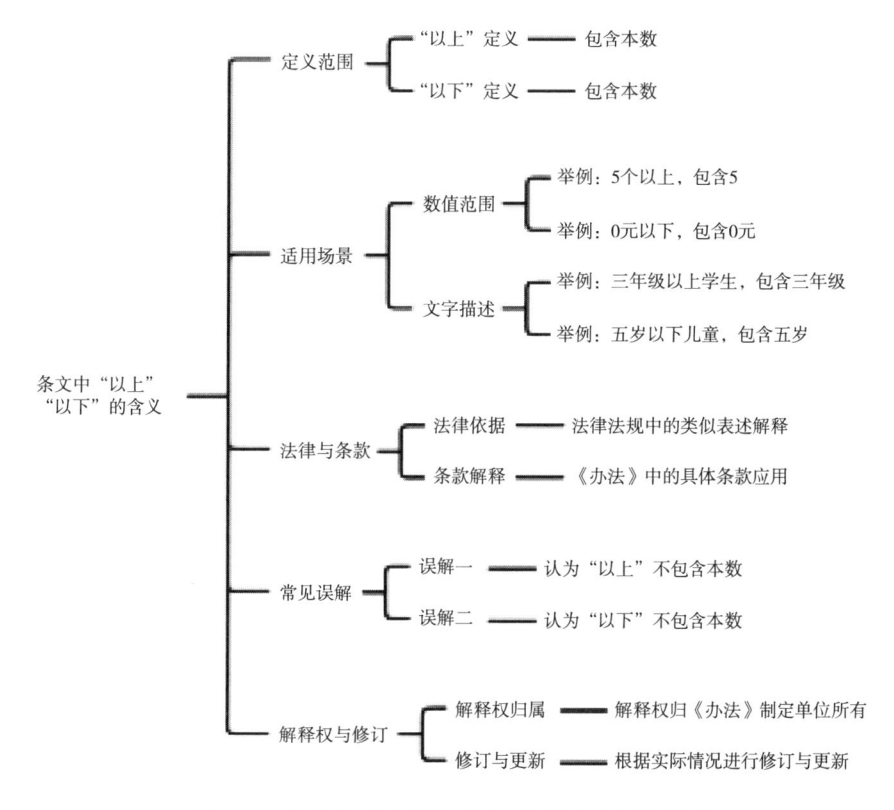

图 5-3 条文中"以上""以下"的含义思维导图

四、工具：条文中"以上""以下"的含义检测实施一览表

为了帮助大家更准确地理解和把握条文中"以上"和"以下"这两个词汇的具体含义，我们特别设计了一份条文中"以上""以下"的含义检测实施一览表，如表5-3所示。作为一种实用的工具，它旨在通过一系列精心设计的题目和情境，引导使用者对"以上"和"以下"在条文语境中的应用进行检测和巩固。

表5-3涵盖了各种可能涉及"以上"和"以下"的条文情境，包括但不限于学历、年限、金额等各个方面的范围界定。每个题目都明确给出了一个条文语句，并要求使用者根据自己对"以上"和"以下"的理解，判断某个特定数值或情况是否属于条文规定的范围。

通过使用表5-3，使用者可以逐一检验自己对"以上"和"以下"含义的掌握程度，及时发现并纠正可能存在的理解偏差。同时，该表中的题目和情境设计也贴近实际，有助于使用者在实践中加深对这两个词汇在条文语境中的应用和理解。

表5-3是一份实用、有效的工具，能够帮助使用者更准确地理解和把握条文中"以上"和"以下"的含义，提高条文理解和执行的能力，确保在实际应用中能够准确无误地遵守条文的规定。

表5-3　条文中"以上""以下"的含义检测实施一览表

项目	主题	内容	检测项目	评价已经理解	评价尚未理解
条文中"以上""以下"的含义	定义范围	"以上"定义	包含本数		
		"以下"定义	包含本数		
	适用场景	数值范围	举例：5个以上，包含5		
			举例：0元以下，包含0元		
		文字描述	举例：三年级以上学生，包含三年级		
			举例：五岁以下儿童，包含五岁		
	法律与条款	法律依据	法律法规中的类似表述解释		
		条款解释	《办法》中的具体条款应用		
	常见误解	误解一	认为"以上"不包含本数		
		误解二	认为"以下"不包含本数		
	解释权与修订	解释权归属	解释权归《办法》制定单位所有		
		修订与更新	根据实际情况进行修订与更新		

五、案例

皇家银行破产事件对英国金融行为监管局的监管启示

（一）金融机构介绍

皇家银行成立于1727年，是英国最具影响力和规模的国际银行之一，曾是全球前十位的大型银行。其业务范围包括零售银行、商业银行、投资银行以及财富管理服务。皇家银行总部设在爱丁堡，主要面向个人和中小企业提供全方位的银行服务。21世纪初，皇家银行在收购扩张方面表现积极，其中最具代表性的是收购荷兰银行的一个部门，使其一度成为全球第六大银行。

然而，随着2008年国际金融危机的爆发，皇家银行陷入了巨大的财务困境。银行的投资组合中，包含大量与房地产相关的高风险贷款，特别是在次级贷款市场的过度暴露，使银行的资产质量迅速恶化。由于债务违约和房价下跌，皇家银行遭遇了巨额损失，银行的资本基础出现严重不足。为了避免系统性风险，英国政府对皇家银行进行了紧急注资，银行也成了政府控股的机构。

在政府资助下，皇家银行开始了大规模的重组和危机管理，并面临英国金融行为监管局的严格监管。

（二）英国金融行为监管局的监管框架与介入

英国金融行为监管局成立于2013年，旨在加强金融市场的透明度、促进竞争、保护消费者以及提高金融机构的道德和运营标准。其主要职能包括对金融市场的监管、对金融产品的监督、保护消费者免受不公平和欺诈行为的侵害、提升公司治理和风险管理能力等。

在皇家银行的案例中，英国金融行为监管局扮演了至关重要的角色，确保皇家银行按照法律要求进行改革，保证公众和消费者的利益不受侵害，并推动银行的资本恢复和业务重组。

1. 资金注入与资本充足监管

2008年金融危机后，皇家银行迅速暴露出资金链断裂、资本短缺的严重问题，迫使英国政府出手，注资以防止银行倒闭。这一过程是由英国金融行为监管局和英国财政部密切协调的，英国金融行为监管局作为主要监管者，确保政府资金注入的合规性，同时监督银行的重组过程。

英国金融行为监管局通过一系列审查，确保皇家银行实施有效的资本重组和风险管理措施。特别是在资本充足率方面，英国金融行为监管局要求皇家银行及时调整资产负债结构，保持符合巴塞尔协议规定的资本要求。这些措施意在确保皇家银行能够承受未来可能出现的经济冲击，并减少系统性风险。

2. 对消费者的保护

皇家银行在危机前的信贷操作和产品销售中存在诸多违规行为。特别是银行在提供次级贷款和不透明的衍生品投资产品方面，给消费者和投资者带来了巨大损失。英国金融行为监管局对皇家银行展开了调查，重点审查其是否存在不当销售行为以及是否遵守消费者保护法律。

例如，皇家银行在向消费者销售次级贷款时，未能充分披露风险，使许多消费者在银行破产后失去了资产和存款。英国金融行为监管局要求皇家银行对这些受害的消费者进行补偿。银行需要向消费者支付赔偿金，并重新审查和调整其信贷政策。

此外，英国金融行为监管局还要求皇家银行改进其对金融产品的透明度，确保消费者能够清楚理解其所购买的金融产品的风险和收益。银行必须在产品销售中遵循"适当性"原则，即确保产品适合目标消费者，并避免销售高风险、不合适的产品。

3. 公司治理和管理层监督

金融危机暴露了皇家银行在治理结构和内部控制方面的严重缺陷。英国金融行为监管局对皇家银行的高层管理者进行了严密审查，要求银行在改组过程中加强公司治理，提升透明度和完善责任制。特别是在高管薪酬方面，英国金融行为监管局要求皇家银行调整其激励机制，确保薪酬结构能够更好地与银行的长期稳定发展对接，避免过度受短期利益驱动。

英国金融行为监管局还要求皇家银行对其投资决策和风险管理体系进行根本性改革，特别是对曾经参与过高风险投资的管理层进行问责，确保类似的风险行为不会在未来重复发生。

4. 银行的重组与业务调整

在英国金融行为监管局的监管下，皇家银行实施了资产出售和业务剥离计划，逐步削减其高风险业务，专注于核心银行业务。例如，皇家银行出售了其在欧洲大陆和北美的部分零售银行业务，同时削减了其在投资银行业务中的规模。英国金融行为监管局要求皇家银行定期报告其重组进度，并对其资产处置、资金流动性和资本重组等方面进行监督。这些措施不仅帮助皇家银行恢复了资本充足性，也减少了银行在未来经济危机中的风险暴露。英国金融行为监管局的监督确保银行在重组过程中始终符合监管要求，避免了更多的债务违约和系统性风险。

5. 处罚与法律责任

随着调查的深入，英国金融行为监管局还对皇家银行进行了多轮的罚款和处罚。例如，2014年，英国金融行为监管局对皇家银行处以5亿英镑的罚款，主要原因是该银行未能有效管理其在金融危机中暴露的衍生品投资风险和不良贷款。英国金融行为监管局表示，皇家银行未能及时揭示其资产负债表中的问题，导致投资者和消费者遭受损失。

（三）案例启发与教训

1. 监管机构的及时介入与行动

皇家银行的案例表明，金融危机期间，及时的监管介入对于遏制银行风险蔓延至关重要。英国金融行为监管局的角色不仅限于对银行行为的监督，还在于引导银行走出困境，通过适时的资金注入、管理层改组和治理结构调整，使银行能够恢复健康经营。其他金融机构应从中吸取教训：在面临危机时，监管机构的迅速反应和有效干预能够帮助银行稳定金融市场，恢复公众信任。

2. 消费者保护

皇家银行的失败很大程度上源于其对消费者风险的忽视。英国金融行为监管局对皇家银行的监管强调了金融机构在销售金融产品时必须遵循的"适当性"原则。金融机构应确保其产品设计和销售过程符合消费者的实际需求，并在充分披露风险的前提下进行销售。金融产品的透明度和适当性不仅是对消费者的保护，也是确保金融市场健康发展的基础。

3. 加强公司治理与高管责任

皇家银行的治理失败暴露了大银行在管理层控制、决策透明度以及企业文化方面的重大缺陷。英国金融行为监管局要求皇家银行进行管理层问责和公司治理重组，强调银行必须建立健全的内部控制机制，提升管理层的社会责任感。此举提醒我们，金融机构的管理层应当对其经营行为和社会责任负有深远的责任，而不仅仅是追求短期经济利益。

4. 资本充足性与流动性管理

英国金融行为监管局在皇家银行的监管过程中，强调了资本充足性和流动性管理的重要性。银行必须在平稳的市场环境中保持足够的资本缓冲，并具备在市场动荡时应对的流动性能力。特别是在金融危机后，监管机构应当加强对银行资本结构、贷款质量、流动性风险的监管，确保金融机构能够有效应对潜在的市场冲击。

5. 长期改革与风险管控

英国金融行为监管局的监管不仅局限于危机中的应急干预，还包括对银行长期战略的指导。皇家银行在重组过程中进行的业务调整、风险管控和公司治理改革，展示了金融危机后，银行如何从根本上改变经营策略，降低未来风险暴露。这一过程不仅保障了消费者利益，也为全球金融体系的稳定奠定了基础。

（四）总结

皇家银行破产案件和英国金融行为监管局的监管行动深刻反映了金融危机中的监管挑战以及金融机构的治理和风险管理的关键性。英国金融行为监管局在此案例中的有效介入，确保了皇家银行在重组过程中遵守法律要求，保护了消费者利益，推动了银行的资本恢复和风险管控改革。这一案例为全球金融行业提供了宝贵的经验，强调了金融监管的必要性和有效性。

第四节　《办法》解释权、施行日期及过渡期

一、《办法》解释权、施行日期及过渡期的监管政策

第五十八条　本办法由国家金融监督管理总局负责解释，自2025年3月1日起施行，过渡期为本办法施行之日起一年。不符合本办法规定的，应当在过渡期内完成整改。《商业银行合规风险管理指引》（银监发〔2006〕76号）、《保险公司合规管理办法》（保监发〔2016〕116号）、《中国保监会关于进一步加强保险公司合规管理工作有关问题的通知》（保监发〔2016〕38号）同时废止。其他部门规章、规范性文件与本办法不一致的，以本办法为准。

二、理解和学习：《办法》解释权、施行日期及过渡期

《办法》由国家金融监督管理总局全面负责解释工作，确保各相关机构和人员在执行过程中能够准确理解并遵守其各项规定。《办法》自2025年3月1日起正式施行，标志着我国金融监管领域又迈出了坚实的一步。为了确保各金融机构能够平稳过渡并顺利适应《办法》的要求，特设定了一年的过渡期。在过渡期内，各金融机构应认真对照《办法》的各项规定，对自身存在的与《办法》不符的情况进行全面梳理和整改。

对于那些在《办法》施行前已经存在但不符合新规定的要求，各金融机构必须高度重视，积极采取措施，在过渡期内完成整改工作。这不仅是对金融机构合规管理的一次全面检验，也是提升金融机构风险管理能力、保障金融稳定安全的重要举措。

同时，随着《办法》的施行，《商业银行合规风险管理指引》（银监发〔2006〕76号）、《保险公司合规管理办法》（保监发〔2016〕116号）以及《中国保监会关于进一步加强保险公司合规管理工作有关问题的通知》（保监发〔2016〕38号）等相关规章文件将同时废止。这一举措体现了金融监管政策的与时俱进和不断完善，也彰显了国家金融监督管理总局在推动金融监管体制改革、加强金融风险防控方面的决心和力度。

此外，对于其他部门规章、规范性文件与《办法》存在不一致的情况，《办法》具有优先适用权。这意味着，在金融监管领域，《办法》将成为各金融机构必须遵循的基本准则和规范。各金融机构应严格遵守《办法》的各项规定，确保自身合规管理工作的有效开展，为金融市场的稳定和健康发展贡献力量。

三、思维导图：《办法》解释权、施行日期及过渡期

为了更直观地呈现《办法》的关键信息，我们特别设计了一张思维导图，即《办法》解释权、施行日期及过渡期思维导图，如图5-4所示。它清晰地展示了《办法》的解释权归属、正式施行日期以及过渡期的安排。

图5-4首先明确了《办法》的解释权由国家金融监督管理总局负责，这确保了《办法》在执行过程中的权威性和一致性。接着，其明确了《办法》的正式施行日期，即2025年3月1日，这一日期的确定标志着《办法》将正式生效，各相关机构和人员需遵照执行。

此外，图5-4还详细描绘了过渡期的安排。过渡期为自《办法》施行之日起一年。在过渡期内，各相关机构和人员需按照《办法》的规定，对自身存在的不符合《办法》规定的，需在过渡期内完成整改，以确保顺利过渡到新的监管要求下。

通过图5-4，我们可以一目了然地了解《办法》的解释权归属、施行日期以及过渡期的安排，为各相关机构和人员提供了清晰、明确的执行指南。

```
                    ┌─ 法规解释权归属 ── 国家金融监督管理总局
                    │
                    ├─ 施行日期 ── 2025年3月1日
                    │
                    │                    ┌─ 期限：《办法》施行之日起一年
                    ├─ 过渡期的安排 ──┤
《办法》解释权、      │                    └─ 任务：不符合《办法》规定的，需在过渡期内完成整改
施行日期及过渡期 ──┤
                    │                 ┌─《商业银行合规风险管理指引》（银监发〔2006〕76号）
                    │                 │
                    ├─ 废止文件 ──────┤─《保险公司合规管理办法》（保监发〔2016〕116号）
                    │                 │
                    │                 └─《中国保监会关于进一步加强保险公司合规管理
                    │                    工作有关问题的通知》（保监发〔2016〕38号）
                    │
                    └─ 法规优先级 ── 与其他部门规章、规范性文件冲突处理：以《办法》为准
```

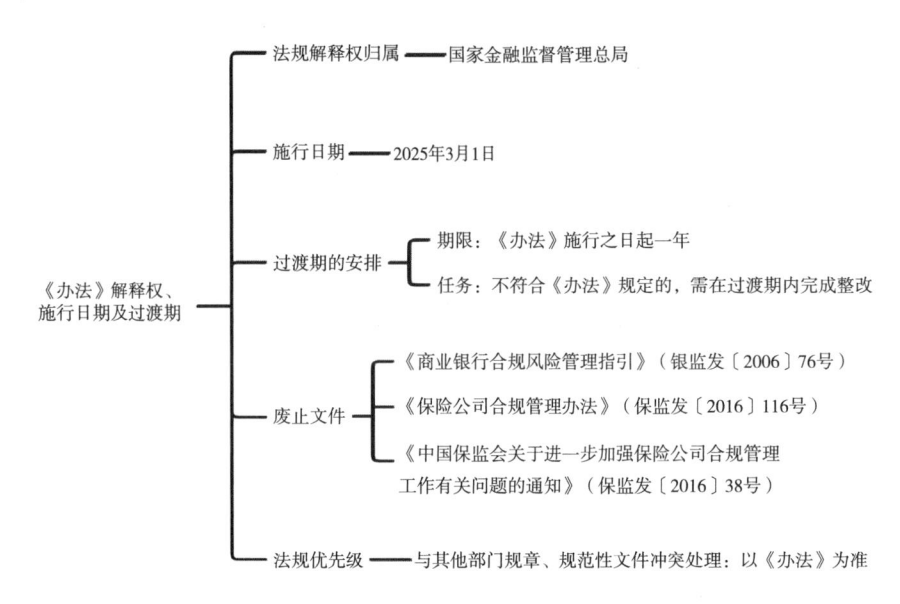

图 5-4　《办法》解释权、施行日期及过渡期思维导图

四、工具：《办法》解释权、施行日期及过渡期检测实施一览表

为了帮助各相关机构和人员更好地理解和执行《办法》，我们特别设计了《办法》解释权、施行日期及过渡期检测实施一览表，如表 5-4 所示。作为一份实用的工具，它旨在引导使用者对《办法》的解释权归属、正式施行日期以及过渡期的安排进行全面、细致的自我检查。

首先，表 5-4 列出了《办法》的解释权归属，明确指出了由国家金融监督管理总局负责解释。这有助于使用者在使用过程中，遇到疑问或不确定的情况时，能够及时、准确地找到解释权的归属，确保对《办法》的理解和执行不出现偏差。

其次，表 5-4 明确了《办法》的正式施行日期。使用者可以根据这一日期，提前做好准备，确保在《办法》正式施行时，能够顺利过渡到新的监管要求下，避免因不熟悉《办法》产生的问题和风险。

最后，表 5-4 还详细列出了过渡期的安排，包括过渡期的期限以及过渡期内需要完成的任务等。使用者可以根据这些信息，制订详细的整改计划，确保在过渡期内完成所有必要的整改工作，符合《办法》的规定要求。

通过表 5-4，使用者可以全面、系统地了解《办法》的解释权归属、施行日期以及过渡期的安排，为顺利执行《办法》提供有力的支持和保障。

表 5-4 《办法》解释权、施行日期及过渡期检测实施一览表

项目	主题	检测项目	评价已经掌握	评价尚未掌握
《办法》解释权、施行日期及过渡期	法规解释权归属	国家金融监督管理总局		
	施行日期	2025 年 3 月 1 日		
	过渡期安排	期限：《办法》施行之日起一年		
		任务：不符合《办法》规定的，需在过渡期内完成整改		
	废止文件	《商业银行合规风险管理指引》（银监发〔2006〕76 号）		
		《保险公司合规管理办法》（保监发〔2016〕116 号）		
		《中国保监会关于进一步加强保险公司合规管理工作有关问题的通知》（保监发〔2016〕38 号）		
	法规优先级	与其他部门规章、规范性文件冲突处理：以《办法》为准		

五、案例

加拿大金融机构监管局金融机构监管

2018 年，加拿大多伦多的一家大型银行因未能遵守加拿大金融交易与报告分析中心以及加拿大金融机构监管局关于反洗钱和反恐怖主义融资新规的要求，面临监管压力。该银行是一家历史悠久的金融机构，拥有广泛的零售和企业客户群，涵盖储蓄、贷款、投资、资产管理等多种业务。由于长期依赖过时的内部系统和软件，该银行未能及时更新以符合新的反洗钱和反恐怖融资要求。此事件凸显了金融机构在快速变化的监管环境中进行合规操作的挑战，以及监管机构在确保金融市场稳定方面的重要角色。

加拿大金融机构监管局负责确保加拿大联邦监管的金融机构的稳健性与可持续性。加拿大金融机构监管局的核心职责之一就是通过发布一系列风险管理的政策和规定，确保金融机构符合高标准的合规要求，保护存款人的利益并保障金融系统的稳定。金融交易与报告分析中心则是加拿大政府负责金融犯罪预防与反洗钱的机构。加拿大金融机构监管局与加拿大金融交易与报告分析中心的职责是相辅相成的，前者关注银行的稳健运营与风险管理，后者则专注于确保金融机构防范与报告非法资金流动情况，

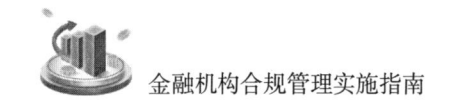

包括洗钱和恐怖主义融资等活动。

2018年,加拿大金融机构监管局和加拿大金融交易与报告分析中心针对反洗钱与反恐怖主义融资制定了一系列新的监管要求。这些要求主要集中在提升金融机构在数据管理和交易监控方面的能力,要求金融机构及时识别可疑交易并报告相关信息。与此同时,这也要求银行必须确保其计算机系统能够实时且准确地记录与管理客户的金融交易活动,并按照监管要求提交相关报告。

(一)金融机构介绍

本案例中的银行,是加拿大的一家顶尖金融机构,总部位于多伦多,广泛提供个人银行、商业银行和财富管理服务。该银行的资产规模庞大,年收入达180亿加元,涉及储蓄、投资、信贷等多个业务领域。它有数百万零售客户和成千上万的商业客户,业务遍及全国。尽管这家银行在业内享有较高的声誉,但在技术和合规性方面滞后,最终导致了这次合规危机的发生。

该银行使用的专有软件系统已经服务多年,但在近年来的技术更新中,未能及时进行足够的升级与调整。随着金融监管环境的不断变化,尤其是在反洗钱与反恐怖融资领域的要求日益严格,这些老旧系统逐渐暴露出无法有效捕捉和分析可疑交易的不足。

(二)监管事项

加拿大金融机构监管局与加拿大金融交易与报告分析中心在2018年联合发布了针对反洗钱与反恐怖融资的新规,这些新规要求所有金融机构必须采用更加高效、智能的系统来进行交易监控、客户身份识别及报告工作。银行需要确保其系统能够及时、准确地记录客户的所有金融活动,尤其是高风险的交易活动,并能快速响应监管要求,向加拿大金融交易与报告分析中心报告任何可疑的交易或资金流动。

对于案例中的银行,加拿大金融机构监管局和加拿大金融交易与报告分析中心的监管要求包括但不限于:评估和升级现有的计算机系统,确保其具备符合新规的能力,能够处理更加复杂的数据流和交易信息;强化银行合规部门的操作流程,尤其是与反洗钱相关的程序;确保员工在执行反洗钱政策和程序时,能够识别和处理可能涉及洗钱或恐怖融资的高风险交易;确保及时、准确地向加拿大金融交易与报告分析中心报告所有可疑活动,避免未报告的违规行为。

(三)案例启发

此次事件为金融机构提供了深刻的启示,包括技术升级与合规风险,持续合规教育与内部审核，监管机构的作用，应对法规变化的敏捷性。

（1）技术升级与合规风险。银行和其他金融机构必须重视技术的及时更新。随着金融市场和监管要求的不断变化，老旧的系统和软件不仅可能导致效率低下，还可能导致合规风险，进而损害金融机构的声誉和经营能力。该银行在更新其反洗钱监控系统方面的滞后，最终导致了与监管机构之间的矛盾。

（2）持续合规教育和内部审核。银行应加强员工的合规培训，尤其是对新法规和政策的理解。同时，内部审计和监管审核机制也应得到加强，以确保合规性不会仅停留在制度上，而是能够贯彻到每一位员工的实际操作中。加强对系统的定期审查，可以及时发现潜在的合规问题。

（3）监管机构的作用。加拿大金融机构监管局和加拿大金融交易与报告分析中心在此次事件中扮演了非常关键的角色。他们不仅在早期识别出了银行在技术和流程上的不足，还提供了具体的整改措施，确保银行在最短的时间内纠正了问题。这凸显了金融监管机构在防范金融犯罪、维护金融系统稳定方面的重要性。

（4）应对法规变化的敏捷性。金融机构必须具备应对快速变化的法规环境的能力。无论是在技术还是操作流程上，金融机构应建立敏捷的机制来适应新兴的监管要求。该银行能够及时识别合规问题并采取行动，避免了可能的重罚和声誉损害。

该案例强调了金融机构在合规管理中的复杂性以及技术与合规性之间的紧密关系。监管机构如加拿大金融机构监管局和加拿大金融交易与报告分析中心所提出的合规要求是防止金融犯罪、维护经济体系稳定的必要手段。对于金融机构而言，只有不断进行技术升级与合规培训，才有可能保持合规，并在激烈的金融竞争中立于不败之地。

同时，该案例也警示金融机构在全球化日益加深的背景下，不仅要处理好国内的法规要求，还要时刻关注国际合规标准的变化，做到合规管理的前瞻性和持续性。

本章小结

第五章作为《办法》的附则部分，对《办法》的适用范围、过渡期安排、与其他规章文件的衔接等问题进行了全面、系统且详细的规定。这些规定不仅确保了《办法》的顺利实施和有效衔接，也为金融机构在合规管理方面的实际操作提供了明确的指导和依据。

一、适用范围

1. 主要适用对象

（1）金融控股公司：包括其所有子公司和业务领域，需全面参照执行《办法》。

（2）农村合作银行与农村信用合作社：作为服务农村、支持农业的重要金融力量，其合规管理需紧密结合农村金融市场的实际情况。

（3）外国银行分行与外国再保险公司分公司：在中国境内的运营需严格遵守中国的法律法规和监管要求，同时参照国际通行的金融标准和最佳实践。

（4）其他金融机构：由国家金融监督管理总局及其派出机构监管的各类金融机构，如信托公司、财务公司、金融租赁公司、消费金融公司等，也需根据自身的业务特点和风险状况，参照执行《办法》。

2. 参照执行的原则

（1）行业特点与监管要求：各类金融机构在执行《办法》时，需充分考虑自身行业的独特性和监管要求的差异性，制定并执行相应的合规管理制度和流程。

（2）全面性与灵活性：在参照执行过程中，既要确保合规管理的全面性，覆盖所有业务领域和环节，又要根据实际情况进行灵活调整和创新实践。

二、过渡期安排

1. 已设置合规管理人员的过渡期

（1）继续履行职责：《办法》施行前，金融机构和其省级分支机构或一级分支机构已设置的首席合规官、合规总监、合规负责人等，可以继续履行相关职责。

（2）免重新核准：上述人员在工作调动前，不受《办法》规定的任职条件限制，不需要重新取得国家金融监督管理总局或其派出机构核准的任职资格。

2. 过渡期的目的与意义

（1）保持合规管理的连续性：过渡期安排旨在确保金融机构合规管理工作的连续性和稳定性，避免因《办法》施行导致的合规管理中断或混乱。

（2）促进合规管理的逐步完善：通过过渡期，金融机构可以逐步调整和完善合规管理制度和流程，确保最终符合《办法》的要求。

三、与其他规章文件的衔接

1. 废止的规章文件

（1）明确废止：随着《办法》的施行，《商业银行合规风险管理指引》（银监发〔2006〕76号）、《保险公司合规管理办法》（保监发〔2016〕116号）、《中国保监会关于进一步加强保险公司合规管理工作有关问题的通知》（保监发〔2016〕38号）等相关规章文件将同时废止。

（2）确保一致性：废止相关规章文件，旨在确保金融监管政策的统一性和权威性，避免不同规章文件之间的冲突和矛盾。

2. 与其他规章文件的冲突处理

（1）以《办法》为准：对于其他部门规章、规范性文件中与《办法》存在不一致之处，均以《办法》为准。

（2）协调与衔接：国家金融监督管理总局将负责协调《办法》与其他规章文件之间的衔接工作，确保金融监管政策的连贯性和一致性。

四、条款解释与施行日期

1. 解释权归属

《办法》由国家金融监督管理总局负责解释，确保对《办法》中各项条款的权威解读和说明。

2. 施行日期与过渡期

（1）施行日期：《办法》自2025年3月1日起施行。

（2）过渡期安排：过渡期为《办法》施行之日起一年，不符合《办法》规定的，应当在过渡期内完成整改。

五、具体案例分析与启示

1. 美国硅谷银行倒闭事件

（1）监管失职：硅谷银行的倒闭暴露了美联储在流动性风险管理、资本充足性监管以及市场监管与风险沟通等方面的失职。

（2）启示：加强流动性风险监管、资本充足性要求与压力测试的增强、对新兴行业银行的专门监管以及透明的信息披露和市场沟通等措施的重要性。

2. 其他国内外案例

（1）案例多样性：书中还涵盖了其他国内外合规管理案例，如英国皇家银行破产事件等，这些案例为金融机构提供了丰富的实战经验和教训。

（2）综合启示：通过对这些案例的深入分析和研究，金融机构可以更加全面地了解合规管理的重要性和复杂性，为自身的合规管理工作提供有益的参考和借鉴。

六、思维导图与工具模板的利用

1. 思维导图

（1）系统展示：本章提供了4张思维导图，以直观、系统的方式展示了合规管理的各个环节和要点。

（2）辅助理解：读者可以通过思维导图更好地理解合规管理的复杂流程和逻辑关系，提高阅读效率和记忆效果。

2. 工具模板

（1）实战导向：本章提供了4个合规管理工具模板，如合规管理参照执行自查表、合规管理组织架构图、合规风险识别清单等。

（2）直接应用：这些工具模板可以直接应用于金融机构的合规管理工作中，提高工作效率和合规水平。读者可以根据自身的工作需求进行适当的修改和完善，以满足实际工作的需要。

七、结语

通过深入学习和理解本章内容，金融机构可以更加全面地掌握合规管理的核心理念与原则，提升合规管理水平，为自身的稳健运营和持续发展奠定坚实基础。

对读者的感谢与期待

亲爱的读者：

在这个瞬息万变的时代，合规管理已成为金融机构稳健运营的基石，是确保市场稳定、维护金融秩序、保障消费者权益的重要防线。我深知，每一份对合规的坚持与努力，都凝聚着每一位从业者的智慧与汗水。因此，当您手捧这本《金融机构合规管理实施指南》时，我心中充满了无比的感激与期待。

首先，我要向所有购买并阅读本书的读者致以最诚挚的感谢！您的信任与支持，是我不断前行的最大动力。在撰写这本书的过程中，我们倾注了大量心血，力求将最前沿的合规理念、最实用的管理工具、最生动的实践案例呈现给您。我们深知，每一页文字、每一个图表、每一个案例，都是对合规管理深刻理解的结晶，都是对金融行业稳健发展的殷切期望。而您的选择，正是对我们这份努力的最好肯定。

同时，我也要感谢企业管理出版社的信任与支持。没有企业管理出版社的精心策划与编辑，这本书无法如此完美地呈现在您的面前。企业管理出版社的专业团队对内容的严格把关、对排版设计的精心雕琢，都使这本书更加具有可读性和实用性。我们相信，正是有了企业管理出版社的鼎力相助，这本书才能够成为您合规管理道路上的得力助手。

在撰写本书的过程中，我们深刻体会到合规管理的重要性和复杂性。金融机构作为经济体系的重要组成部分，其合规状况直接关系到市场的稳定和消费者的权益。因此，我们希望通过这本书，为您提供一套全面、系统、实用的合规管理实施指南，帮助您在合规的道路上越走越远。

亲爱的读者，合规之路漫长且艰难，但只要我们心怀信念、脚踏实地，就一定能够走出一条属于自己的合规之路。我们衷心希望，这本书能够成为您合规管理道路上的良师益友，陪伴您一路前行。在未来的日子里，无论您遇到什么困难和挑战，都请记得回头看看这本书，或许这里就有您需要的答案和启示。

我们也期待与您共同见证金融行业的合规发展。我们相信，在您的努力和推动下，金融行业的合规管理水平将不断提升，为市场的稳定和消费者的权益提供更加坚实的保障。让我们携手共进，为金融行业的合规发展贡献自己的力量！

最后，再次感谢您选择并阅读这本书！愿您在合规的道路上越走越远，取得更大的成就和收获！期待与您在未来的日子里共同见证金融行业的辉煌与繁荣！

曹军武

AI管理专家 "码"上带你查收

金融机构合规管理
实施指南

AI管理专家

在线问答 配套资料 同步视频 辅助理解

学·知识体系	练·管理办法	智·智慧学习
▶ 思维导图 提炼核心要点	▶ 表单案例 提升合规管理水平	▶ 数字人 智能体 AI定制专属大模型